W0406655

MICROMATA

Micromata GmbH
Marie-Calm-Straße 3
D-34 131 Kassel

http://www.micromata.com
info@micromata.com

PostgreSQL-Administration

PostgreSQL-Administration

Peter Eisentraut & Bernd Helmle

O'REILLY®

Beijing · Cambridge · Farnham · Köln · Sebastopol · Taipei · Tokyo

Kommentare und Fragen können Sie gerne an uns richten:
O'Reilly Verlag
Balthasarstr. 81
50670 Köln
Tel.: 0221/9731600
Fax: 0221/9731608
E-Mail: kommentar@oreilly.de

1. Auflage 2009

Bibliografische Information Der Deutschen Bibliothek
Die Deutsche Bibliothek verzeichnet diese Publikation in der Deutschen Nationalbibliografie; detaillierte bibliografische Daten sind im Internet über *http://dnb.ddb.de* abrufbar.

Lektorat: Volker Bombien, Köln
Fachliche Begutachtung: Sven Riedel, München
Korrektorat: Eike Nitz, Köln
Satz: III-satz, Husby, www.drei-satz.de
Umschlaggestaltung: Michael Oreal, Köln
Produktion: Andrea Miß und Astrid Sander, Köln
Belichtung, Druck und buchbinderische Verarbeitung:
Druckerei Kösel, Krugzell; www.koeselbuch.de

ISBN 978-3-89721-777-5

Dieses Buch ist auf 100% chlorfrei gebleichtem Papier gedruckt.

Inhalt

Vorwort

Das fortschrittlichste Open-Source-Datenbankmanagementsystem der Welt. So lautet weithin unangefochten seit einem Jahrzehnt der Untertitel zu PostgreSQL. Mittlerweile ist es millionenfach im Einsatz, Teil der kritischen öffentlichen Infrastruktur des Internets und der Gesellschaft und ein zentrales Element in der Zukunft der Datenbankwelt.

Doch jeder kann Teil dieser Erfolgsgeschichte sein. PostgreSQL ist Open Source, es ist kostenlos verfügbar und wird von einer großen, offenen Community aus Anwendern und Entwicklern vorangetrieben. Dieses Buch möchte einen Teil dazu beitragen, dieses Software-Produkt allen interessierten Anwendern zugänglich zu machen.

Zielgruppe

Dieses Buch richtet sich primär an Administratoren von PostgreSQL-Datenbanksystemen. Es soll dabei helfen, PostgreSQL-Datenbanksysteme erfolgreich stabil und performant zu betreiben. Es wird davon ausgegangen, dass der Leser entweder schon Umgang mit PostgreSQL hatte oder Erfahrungen mit der Administration von anderen Datenbanksystemen hat. Vertrautheit mit SQL und Unix-Shells wird von Vorteil sein.

Die Entwicklung von Datenbankanwendungen wird in diesem Buch nicht behandelt und fortgeschrittene Programmierkenntnisse sind auch nicht vonnöten. Allerdings wird im Zuge der Administration eines Datenbanksystems oft die Kommunikation zwischen Administration und Entwicklung notwendig sein. Daher können Kenntnisse in Sachen Anwendungsentwicklung generell von Vorteil sein.

Dieses Buch soll die PostgreSQL-Dokumentation um praktische Erfahrungswerte ergänzen. Es kann für den PostgreSQL-Administrator im Alltag aber auch als alleinige Dokumentation und Referenz nützlich sein, wobei dieses Buch aber niemals den Anspruch haben kann, den gesamten Umfang des PostgreSQL-Systems abzudecken.

Struktur dieses Buchs

Dieses Buch besteht aus zehn Kapiteln. Die Kapitel sind in der Reihenfolge ausgelegt, in der man die entsprechenden Themen im Laufe des Lebens eines Datenbanksystems ungefähr betrachten wird. Wer also schnell »von 0 auf 100« kommen möchte, kann dieses Buch von vorne bis hinten durchlesen. Jedes Kapitel soll aber auch für sich stehen und Anwendern, die schon einen gewissen Kenntnis- und Erfahrungsstand haben, die Möglichkeit geben, sich in bestimmten Themenbereichen weiterzubilden. Auch kann das Buch so als tägliche Referenz verwendet werden. Es ist also auch möglich – und in vielen Fällen wohl auch empfehlenswert –, das Buch in einer selbst gewählten Reihenfolge durchzuarbeiten.

Kapitel 1, *Installation*
: Das Leben jeder Software beginnt mit der Installation.

Kapitel 2, *Konfiguration*
: Behandelt die Einstellung der Konfigurationsparameter im PostgreSQL-Server.

Kapitel 3, *Wartung*
: Hier werden wiederkehrende Aufgaben beschrieben, die zur Wartung eines PostgreSQL-Servers notwendig sind.

Kapitel 4, *Datensicherung*
: Teil der Wartungsaufgaben ist die Datensicherung, der ein eigenes Kapitel gewidmet ist.

Kapitel 5, *Überwachung*
: Stellt Verfahren vor, mit denen Zustand und Verhalten eines PostgreSQL-Servers überwacht und analysiert werden können.

Kapitel 6, *Wiederherstellung*
: Hier wird behandelt, was man tun kann, wenn irgendetwas kaputt gegangen zu sein scheint.

Kapitel 7, *Sicherheit*
: Die Absicherung der Daten vor unberechtigtem Zugriff ist Thema dieses Kapitels.

Kapitel 8, *Performance*
: Behandelt, wie man SQL-Befehle schneller machen kann.

Kapitel 9, *Replikation*
: Stellt verschiedene Lösungen vor, PostgreSQL-Datenbanken zu replizieren und zu clustern, um bessere Verfügbarkeit oder bessere Leistung zu erreichen.

Kapitel 10, *Hardware*
: Enthält Hinweise zu Auswahl und Einrichtung von Hardware für PostgreSQL-Systeme. Von der Logik her würde die Hardware-Auswahl wohl noch vor der Installation stattfinden, aber es ist auch sinnvoll, diese Fragen erst zu betrachten, nachdem man die Interna eines PostgreSQL-Systems gut verstanden hat.

In diesem Buch behandelte Versionen

Dieses Buch ist auf PostgreSQL 8.3 ausgelegt. Die aktuellste PostgreSQL-Version zum Zeitpunkt der Drucklegung ist 8.3.4, aber alle Releases der Reihe 8.3 unterscheiden sich – wenn überhaupt – nur geringfügig in den Benutzerschnittstellen und in der Verhaltensweise.

Wo es bedeutende Unterschiede gibt, wird auch kurz auf Version 8.2 und ältere Versionen eingegangen. Aber gerade bei der Datenbankadministration hat sich sowohl bei den Möglichkeiten als auch bei den Anforderungen über die letzten Hauptversionen sehr viel getan, weswegen ältere Versionen erstens aus Platzgründen nur kurz behandelt werden können und zweitens weniger zu empfehlen sind, wenn man die maximalen Möglichkeiten bei der Datenbankadministration ausnutzen möchte.

An den Stellen wo es um Betriebssystemeinstellungen und die Einbindung externer Programmpakete geht, haben wir natürlich eine Auswahl treffen müssen, die sich letztlich daran orientiert, womit wir selbst Umgang haben und was wir weiterempfehlen wollen. In den allermeisten Teilen ist dieses Buch aber komplett unabhängig von der Wahl des Betriebssystems oder der Zusatzwerkzeuge.

Typografische Konventionen

In diesem Buch werden die folgenden typografischen Konventionen verwendet:

Kursivschrift
: Wir für die Namen von Programmen, Befehlen, Dateien, Verzeichnissen sowie für URLs verwendet.

`Nichtproportionalschrift`
: Wird für SQL-Anweisungen sowie Codeteile, Codebeispiele und Systemausgaben verwendet.

`Nichtproportionalschrift kursiv`
: Wird in Codebeispielen für Platzhalter dort verwendet, wo Sie selbst eigene Werte einsetzen müssen.

Dieses Symbol kennzeichnet einen Hinweis, der eine nützliche Bemerkung zum nebenstehenden Text enthält.

Dieses Symbol kennzeichnet eine Warnung, die sich auf den nebenstehenden Text bezieht.

Danksagungen

Treibende Kraft bei diesem Buch war wieder einmal unser Lektor Volker Bombien. Seine Geduld und Ausdauer waren durch nichts zu ersetzen.

Wir danken dem Fachlektor Sven Riedel und allen Kollegen, Probelesern und Vorabkritikern für ihre Hinweise.

Die credativ GmbH hat es uns ermöglicht, unser Hobby zum Beruf zu machen. Unseren Erfahrungsschatz, den wir in diesem Buch teilen möchten, konnten wir nur so aufbauen.

Wir grüßen das Linuxhotel und alle Schulungsteilnehmer, die gewissermaßen unsere Versuchskaninchen und Betatester beim Aufbau dieses Materials waren.

KAPITEL 1

Installation

In diesem Kapitel wird die Installation der PostgreSQL-Software beschrieben. Für geübte und erfahrene Administratoren mit den geeigneten Werkzeugen geht die Installation eines PostgreSQL-Servers leicht von der Hand. Ein Großteil des Vorgangs ist automatisiert.

Softwareinstallation

Der erste Schritt, um ein PostgreSQL-System einzurichten, ist die Installation der Software. In den meisten Situationen bieten sich dem Administrator zwei Varianten, wie sie durchgeführt werden kann: Entweder man baut die Software aus dem Quellcode selbst, oder man installiert ein vorgefertigtes Paket.

Das PostgreSQL-Projekt (also die Entwickler der Software) veröffentlicht zunächst nur den Quellcode. Die Pakete werden daraufhin von oder in Zusammenarbeit mit den Anbietern der verschiedenen Betriebssysteme zusammengestellt, um die Installation der Software auf dem jeweiligen System zu vereinfachen und sicherzustellen, dass die Software mit dem System gut zusammenarbeitet.

Was wir hier als »Paket« abkürzen, heißt auf verschiedenen Systemen unterschiedlich. Auf vielen Linux-Systemen heißt es RPM oder Debian-Paket, auf BSD-Systemen entweder Port oder Package, auf Windows gibt es einen Installer.

Zu der Frage, welche Installationsart zu wählen ist, gibt es viele Meinungen. Ausschlaggebend sind dabei folgende Aspekte:

- Ist die gewünschte Version verfügbar?
- Ist absehbar, ob zukünftige Versionen rechtzeitig verfügbar sein werden?
- Wie ist die Qualität der Paketierung?
- Bestehen Sonderwünsche, die die Paketierung nicht erfüllt?
- Womit ist der Administrator am besten vertraut?

Wer hingegen den Quellcode selbst bauen und installieren will, sieht sich mit vielen zusätzlichen Aufgaben konfrontiert:

- Compilertools müssen bereitgestellt werden.
- Abhängigkeiten müssen selbst verwaltet werden.
- Benutzer und Dateisystemrechte müssen eingestellt werden.
- Start-Skripten müssen geschrieben und konfiguriert werden.
- Logging, Wartung, Datensicherung und Ähnliches müssen erledigt werden.

Für diejenigen Betriebssysteme, die mit PostgreSQL am häufigsten eingesetzt werden, sieht die Situation so aus, dass sich der Einsatz einer paketierten Variante auf jeden Fall lohnt.

Versionierung

Bevor man die Einrichtung eines PostgreSQL-Systems angeht, sollte man sich klarmachen, welche Versionen es gibt und welche von ihnen man verwenden möchte.

PostgreSQL verwendet eine dreiteilige Versionsnummer, also zum Beispiel 7.4.10 oder 8.2.5. Die erste Ziffer der Versionsnummer ändert sich nur sehr selten, wenn etwa eine neue »Ära« im Projekt anbricht. Die zweite Ziffer ändert sich, wenn ein neues großes Release mit neuen Features ausgeliefert wird. Die dritte Ziffer der Versionsnummer ändert sich mit jedem kleinen Release, das nur kritische Fehler berichtigt.

Dieses Versionsnummernschema ist aus technischer Sicht etwas unpassend, denn die erste und die zweite Zahl bilden im Prinzip eine Einheit. Aus Sicht der Entwickler gibt es einen großen Release-Zweig »8.2« mit den Unterversionen 8.2.0, 8.2.1 und so weiter, je nachdem, wie oft Fehlerkorrekturen in dem Zweig notwendig werden. Insofern sind etwa 7.4 oder 8.2 als Hauptversionsnummern (*major version*) anzusehen, denn immer wenn sich die zweite Ziffer der Versionsnummer ändert (und eventuell auch die erste), enthält die neue Version neue Features. Wir verwenden den Begriff »Hauptversion« in diesem Buch in diesem Sinn. Die einzelne erste Ziffer (7 oder 8) hat eher repräsentativen Charakter, aber keine technischen Auswirkungen – die Unterschiede zwischen 7.4 und 8.0 sind vom Prinzip her nicht anders als die zwischen 7.3 und 7.4 oder die zwischen 8.0 und 8.1. Es ist daher in jedem Fall falsch und sinnlos, etwa von einer Version »PostgreSQL 8« zu sprechen. (Das ist vergleichbar mit dem Linux-Kernel. Auch da ist die Bezeichnung »Linux 2« unsinnig.)

In der Praxis wird etwa einmal im Jahr eine neue Hauptversion herausgebracht. Es gibt dazu, wie bei Open Source-Projekten üblich, keinen lange voraus erdachten Release-Plan, aber dieser Zyklus hat sich über viele Jahre eingependelt. Man kann also, wenn es in der Zukunft keine gegenteiligen Bekanntmachungen gibt, davon ausgehen, dass es in etwa so weitergehen wird.

Eine Hauptversion bildet einen Zweig in der Entwicklung, der danach noch mehrere Jahre gewartet wird. Das heißt, es werden noch Fehlerkorrekturen eingespielt und etwa Übersetzungen verbessert und aktualisierte Zeitzonenregeln eingebaut, aber keine neuen Features mehr entwickelt. Das wird auch fortgesetzt, nachdem die nächste Hauptversion veröffentlicht ist. Es gibt also immer mehrere gepflegte Hauptversionen. Der genaue Wartungszeitraum einer Hauptversion ist nicht festgelegt und richtet sich nach den Interessen der Anwendergemeinde und den verfügbaren Entwicklerressourcen. Man kann aber mit mehreren Jahren rechnen. Es wird davon ausgegangen, dass man in diesem Zeitraum die Möglichkeit findet, den Umstieg auf eine neuere Hauptversion anzugehen.

Für neue Projekte empfiehlt es sich prinzipiell, die neueste Hauptversion einzusetzen. Das gilt auch, wenn diese zum Beispiel erst kurz vor der Veröffentlichung steht, wenn das Projekt beginnt. Eine neue Version hat immer mehr Features und eine bessere Leistung, und mittelfristig wird man um sie oder eine spätere Version sowieso nicht herumkommen, wenn man PostgreSQL weiterhin einsetzen möchte.

Unterversionen (*minor releases*) werden etwa alle paar Monate herausgebracht, je nachdem, wie oft Korrekturen notwendig werden. Meist werden dabei Unterversionen von allen noch gewarteten Hauptversionen gleichzeitig herausgebracht, wenn die Fehlerkorrekturen auf alle zutreffen. Unterversionen sollten in der Regel umgehend von allen Anwendern eingespielt werden.

Paketinstallation

Für einige populäre Linux-Betriebssysteme stellen wir hier kurz die Installation von PostgreSQL aus Binärpaketen vor.

Debian und Ubuntu

Das Debian-Paket für den PostgreSQL-Server heißt `postgresql`. Man installiert es also mit dem Befehl

```
apt-get install postgresql
```

Wenn man nur die Clientprogramme benötigt, installiert man das Paket `postgresql-client`. Das Serverpaket hängt vom Clientpaket ab, also ist es nicht notwendig, das Clientpaket zu installieren, wenn das Serverpaket schon installiert ist.

Debian und Ubuntu bieten die Möglichkeit, verschiedenen Hauptversionen von PostgreSQL parallel zu installieren. Dazu hat jede Version eine eigene Paketgruppe. Die Pakete zu Version 8.2 heißen zum Beispiel `postgresql-8.2` und `postgresql-client-8.2`. Die unversionierten Pakete `postgresql` und `postgresql-client` sind eigentlich leere Pakete, die nur Abhängigkeiten in Bezug auf die Pakete der jeweils aktuellen Version haben.

Ein stabiles Release von Debian oder Ubuntu enthält in der Regel nur eine oder maximal zwei Hauptversionen von PostgreSQL. Der Sinn dahinter ist, dass neue Anwender die neue PostgreSQL-Version verwenden, existierende Anwendungen aber nach einem Upgrade des Betriebssystems die alte Version weiterverwenden können. Wer sich an die stabilen Releases von Debian oder Ubuntu halten möchte, dem sei empfohlen, die jeweils mitgelieferten Versionen zu verwenden.

Red Hat

Unter Red Hat Linux heißt das Paket für den PostgreSQL-Server `postgresql-server`. Man beachte, dass das Paket namens `postgresql` lediglich einige clientseitige Programme enthält und nicht das darstellt, was man normalerweise unter einer vollständigen PostgreSQL-Installation versteht. (Gelegentlich ist es natürlich sinnvoll, ausschließlich den Client zu installieren.)

Installieren kann man die gewünschten Pakete zum Beispiel mit Yum

```
yum install postgresql-server
```

oder mit einem grafischen Paketverwaltungsprogramm.

SuSE

Auch auf SuSE Linux heißt das Serverpaket `postgresql-server` und das Clientpaket `postgresql`. Zur Installation verwendet man am besten YaST.

Quellcode bauen

Wer trotz allem den Quellcode selber bauen möchte oder verstehen möchte, wie die Pakete zustande kommen, um eventuell einige Änderungen vorzunehmen, der kann die Installation direkt aus dem Quellcode vornehmen.

Zuerst lädt man sich den Quellcode herunter. Dazu geht man auf die Website *http://www.postgresql.org/*, wählt »Downloads« und hangelt sich dann durch die Verknüpfungen, bis man in eine Verzeichnisübersicht kommt. Der Quellcode befindet sich im Verzeichnis *source* im Unterverzeichnis mit der entsprechenden Versionsnummer. Als Beispiel verwenden wir hier Version 8.3.3. Die Archivdatei mit dem Quellcode befindet sich dann im Unterverzeichnis *source/v8.3.3/* und heißt *postgresql-8.3.3.tar.bz2* oder *postgresql-8.3.3.tar.gz*. Wer `bunzip2` installiert hat, verwendet die erste und spart damit Zeit beim Herunterladen; ansonsten nimmt man die zweite. Bei einigen älteren Versionen befinden sich in diesem Verzeichnis auch noch Dateien mit Namen wie *postgresql-base*, *postgresql-opt* und ähnlich, die man aber nicht benötigt.

Ausgepackt wird das Quellcodearchiv mit den Befehlen

```
bunzip2 postgresql-8.3.3.tar.bz2
tar xf postgresql-8.3.3.tar
```

beziehungsweise

```
gunzip postgresql-8.3.3.tar.gz
tar xf postgresql-8.3.3.tar
```

Wenn GNU Tar installiert ist, was auf Linux- und BSD-Systemen normalerweise der Fall ist, dann kann man diese zwei Befehle auch zu jeweils einem zusammenfassen:

```
tar xjf postgresql-8.3.3.tar.bz2
```

beziehungsweise

```
tar xzf postgresql-8.3.3.tar.gz
```

Das erzeugt dann ein Verzeichnis namens *postgresql-8.3.3* im aktuellen Verzeichnis. Für die Installation wechselt man in dieses Verzeichnis. In diesem Verzeichnis befindet sich eine Datei *INSTALL*, die die für die jeweilige Version aktuelle Installationsanleitung enthält.

Nun führt man das Programm *./configure* mit den für diese Installation gewünschten Optionen aus. Einzelheiten über die Optionen und die Features, die in der jeweiligen Version geboten werden, enthält die Datei *INSTALL*. Es ist sinnvoll, möglichst viele der Features anzuschalten, damit man später keine Probleme hat, wenn sich herausstellt, dass man doch eines mehr benötigt. Natürlich gibt es auch Argumente für möglichst schlanke Installationen, aber das hat sich bei PostgreSQL in der Praxis noch nie wirklich ausgewirkt. Man bedenke auch, dass eine Großteil der Anwender Pakete verwendet, die überwiegend mit allen Optionen gebaut sind. Der Zweck der Optionen ist nicht etwa, experimentelle oder gefährliche Features auszublenden, sondern nur, Benutzern, die nicht alle Zusatzbibliotheken installiert haben, die Möglichkeit zu geben, nicht benötigte Features wegzulassen.

Wir empfehlen mindestens die folgenden Optionen, die auch für den Rest dieses Buches ausreichen:

```
./configure --prefix=/usr/local/pgsql --with-tcl --with-perl --with-python --with-krb5 --
with-pam --with-ldap --with-openssl --with-libxml --with-libxslt --with-gssapi
```

Die letzten drei Optionen sind erst ab PostgreSQL 8.3 verfügbar.

Mit der Option `--prefix` wird das Installationsverzeichnis angegeben. Das hier verwendete Beispiel */usr/local/pgsql* ist auch die Voreinstellung. Man kann ein beliebiges Verzeichnis angeben. Beachten Sie, dass das Installationsverzeichnis der Programme mit der Voreinstellung dann */usr/local/pgsql/bin* wäre, was nicht im normalen Pfad ist. Man müsste alle Programme mit vollem Verzeichnis aufrufen oder den Suchpfad in der Shell entsprechend anpassen. Mit Bash könnte man dazu Folgendes in die Datei *~/.bash_profile* schreiben:

```
PATH=$PATH:/usr/local/pgsql/bin
```

Um PostgreSQL zu bauen, benötigt man eine normale Entwicklungsumgebung mit C-Compiler, System-Headern und GNU Make. Um die erwähnten Zusatzoptionen verwenden zu können, müssen diverse zusätzliche Pakete installiert werden, nämlich Readline, Zlib, Perl, Python, Tcl, Kerberos, PAM, LDAP, OpenSSL, LibXML, LibXSLT, je nachdem, welche Optionen gewählt wurden. Diese Pakete sind auf allen üblichen Betriebssystemen erhältlich. Beachten Sie, dass Sie das jeweilige Entwicklungspaket installieren müssen, das meist einen Paketnamen hat, der auf `-dev` oder `-devel` endet, zum Beispiel `libreadline-dev` auf Debian und Ubuntu, `readline-devel` auf Red Hat und SuSE.

Wenn *configure* abgeschlossen hat, kann das eigentliche Kompilieren begonnen werden. Dazu gibt man

```
make
```

ein.

Wenn GNU Make nicht das Standard-Make ist, zum Beispiel auf BSD-Systemen, gibt man stattdessen `gmake` ein.

Wenn das Kompilieren beendet ist, kann man die Installation starten, indem man

```
make install
```

(beziehungsweise `gmake install`) eingibt.

Bis zu diesem Zeitpunkt auftretende Fehler sind fast immer auf fehlende oder falsch installierte andere Software zurückzuführen, es sei denn, man hat ein nagelneues, außergewöhnliches System, das noch nicht ausreichend unterstützt wird.

Normalerweise führt man die einzelnen Schritte des Bauens als normaler Benutzer aus, also nicht als *root*. Lediglich im letzten Schritt `make install` werden je nach Konfiguration des Installationsverzeichnisses Dateien in Verzeichnisse kopiert, für die nur *root* Schreibrechte hat. Dann muss man für diesen Schritt zum Benutzer *root* wechseln:

```
$ su
# make install
```

Man beachte, dass man nicht `su -` eingibt, weil man sonst als *root* im falschen Verzeichnis landet.

Auf manchen Betriebssystemen (besonders Ubuntu) geht es auch so:

```
$ sudo make install
```

Nun ist die PostgreSQL-Software installiert. Als Nächstes geht es daran, die Datenbank einzurichten. Darum geht es im folgenden Abschnitt.

PostgreSQL einrichten

Nach der Installation der Software ist der nächste Schritt, die PostgreSQL-Instanz einzurichten und zu starten.

Datenverzeichnis initialisieren

Die einfachste Konfiguration eines PostgreSQL-Systems legt alle Datenbankdaten und weitere Verwaltungsinformationen in einem einzigen Verzeichnis im Dateisystem ab. Dieses Verzeichnis wird üblicherweise »Datenverzeichnis« genannt. Fortgeschrittene

Konfigurationen verteilen die Daten auch über mehrere Verzeichnisse, aber diese einfache Konfiguration ist als Anfang ausreichend.

Datenverzeichnis bestimmen

Der Ort des Datenverzeichnisses kann vom Anwender frei gewählt werden, es gibt keine Voreinstellung. Für Quellcodeinstallationen, die den vorgegebenen Installationspfad */usr/local/pgsql/* verwenden, ist */usr/local/pgsql/data/* als Datenverzeichnis üblich. Für paketbasierte Installationen auf Linux-Systemen ergibt sich aus dem einschlägigen *Filesystem Hierarchy Standard* (FHS) */var/lib/postgresql/* (oder */var/lib/pgsql/* oder Ähnliches) als passender Pfad. Die erste Möglichkeit wird zum Beispiel von Debian und Ubuntu verwendet, die zweite von Red Hat und SuSE. Ebenso passend wäre */srv/postgresql/*, was aber von Linux-Distributionen derzeit nicht verwendet wird.

Zum Ausprobieren, Testen oder Spielen ist es allerdings auch möglich, ein beliebiges Verzeichnis im eigenen Home-Verzeichnis als Datenverzeichnis zu verwenden.

Oft wird für ein Datenbanksystem ein besonderes Speichersystem – zum Beispiel NAS, SAN, RAID oder einfach eine zusätzliche Festplatte – angeschafft, das zusätzlich gemountet wird. Es gibt drei verschiedene Möglichkeiten, es einzubinden:

1. Man mountet das Speichersystem an eine beliebige Stelle, zum Beispiel */data1/*, */db/* oder */srv/postgresql/*, und konfiguriert die PostgreSQL-Software so um, dass sie diese als Datenverzeichnis verwendet.
2. Man mountet das Speichersystem an eine beliebige Stelle und setzt von der normalerweise verwendeten Stelle ein Symlink, also beispielsweise */var/lib/pgsql/data* → */data1*.
3. Man mountet das Speichersystem direkt an die normale Stelle.

Der erste Ansatz funktioniert nur, wenn die verwendete Installationsmethode das Ändern des Datenverzeichnisses unterstützt. Das ist zum Beispiel bei RPM-Installationen auf Red Hat und SuSE nicht der Fall. Der zweite Ansatz sollte immer funktionieren (wenn ihm nicht irgendwelche Aversionen gegen Symlinks in Wege stehen). Die dritte Variante erzeugt möglicherweise ein Problem, wenn das Verzeichnis *lost+found* im Weg ist, da `initdb` (siehe unten) ein leeres Verzeichnis erwartet. Man kann das Datenverzeichnis daher unter den Mount-Punkt legen, aber nicht direkt in ihn. Weitere Informationen zur Einteilung und Verwaltung der Festplatte finden Sie in Kapitel 10.

Benutzerkonto einrichten

Für Serverdienste ist es üblich, dass sie unter einem separaten Benutzerkonto gestartet werden, damit bei einem Einbruch über das Netzwerk der Schaden eingedämmt werden kann und die dem Dienst zugeordneten Systemressourcen besser verwaltet werden können.

Für PostgreSQL ist es üblich, diesen Benutzer »postgres« zu nennen. Auf BSD-Systemen wird stattdessen teilweise »pgsql« verwendet; das ist aber ansonsten nicht zu empfehlen. Dieses Buch verwendet den Benutzernamen »postgres« repräsentativ für diesen Zweck.

Wichtig ist, dass dieser Benutzer keine Superuser- oder Administratorrechte hat, also nicht »root« auf Unix-Systemen oder »Administrator« auf Windows ist. PostgreSQL wird sich weigern, unter solchen Benutzerkonten zu laufen. Außerdem sollte man das Benutzerkonto für PostgreSQL nicht mit anderen Diensten (wie etwa dem Webserver) teilen. Natürlich gilt auch hier, dass man für Test- oder Spielinstallationen irgendeinen Benutzer (außer *root* beziehungsweise *Administrator*) verwenden kann.

Paketbasierte Installationen richten den Benutzer üblicherweise automatisch ein. Das gilt für RPMs, Debian-Pakete und Windows-Installationen. Wenn direkt aus dem Quellcode installiert wird, muss der Benutzer von Hand angelegt werden. Der Befehl dafür lautet auf Linux-Systemen

```
useradd -m postgres
```

Diesem Benutzerkonto hat zwei Funktionen:

- Alle Dateien im Datenverzeichnis müssen diesem Benutzer gehören.
- Der Serverprozess wird unter diesem Benutzer ausgeführt.

Beachten Sie, dass die Softwareinstallation (siehe oben) nicht unter diesem Benutzer ausgeführt wird und die installierten Dateien nicht diesem Benutzer gehören sollten – denn falls es wirklich zu einer Sicherheitsverletzung kommen sollte, möchte man dem PostgreSQL-Serverprozess ja nicht die Möglichkeit geben, seine eigenen Programmdateien zu verfälschen.

Datenverzeichnis initialisieren

Wenn man sich darüber im Klaren ist, welches Verzeichnis das Datenverzeichnis sein soll, und man ein Benutzerkonto angelegt hat, kann man das Datenverzeichnis initialisieren. Dazu dient der Befehl *initdb*, der mit PostgreSQL installiert wurde. Die Namensgebung ist hier etwas ungenau, da dieser Befehl nicht etwa eine Datenbank initialisiert, sondern ein Datenverzeichnis, aber egal ... Im einfachsten Fall wird dieser Befehl einfach mit dem Datenverzeichnis als Argument aufgerufen, also zum Beispiel

```
initdb /usr/local/pgsql/data
```

Dieser Befehl muss unter dem für den PostgreSQL-Server vorgesehenen Benutzerkonto, also beispielsweise »postgres«, ausgeführt werden.

Wenn es das angegebene Verzeichnis noch nicht gibt, dann legt `initdb` es an. Normalerweise wird das aber nicht funktionieren, da nur *root* das Recht hat, beliebige Verzeichnisse anzulegen. Daher muss hier üblicherweise ein kleiner Umweg gegangen werden: Man legt zunächst das Verzeichnis als *root* an, ändert den Eigentümer auf *postgres*, loggt sich dann als *postgres* ein und führt `initdb` aus. Konkret könnte das also so aussehen:

```
root# mkdir /usr/local/pgsql/data
root# chown postgres /usr/local/pgsql/data
root# su - postgres
postgres$ initdb /usr/local/pgsql/data
```

Die Ausgabe von `initdb` sieht wie in Beispiel 1-1 aus. In den ersten beiden Zeilen wird darauf hingewiesen, dass der Benutzer, den man im Moment verwendet, für die Dateien im Datenverzeichnis verwendet wird und für den Serverprozess verwendet werden muss. Wenn man versucht, `initdb` als *root* auszuführen, wird `initdb` an dieser Stelle mit einem Fehler abbrechen, da eine solche Verwendung als unsicher betrachtet wird. Ebenso wird `initdb` abbrechen, wenn der aktuelle Benutzer keine Schreibrechte für das angegebene Verzeichnis hat. Wenn man ansonsten feststellt, dass man sich beim Benutzer oder sonstwie geirrt hat, kann man das Datenverzeichnis einfach leeren und wieder neu anfangen, zum Beispiel mit

```
rm -rf /usr/local/pgsql/data/*
```

(Man kann natürlich auch das Verzeichnis selbst löschen, aber dann muss man die Trickserei von oben wiederholen, um es neu anzulegen.)

Die dritte und vierte Zeile geben an, mit welcher Locale und welcher Kodierung das Datenbanksystem initialisiert wird. Weitere Informationen dazu folgen in Kapitel 2. Die Voreinstellung hier hängt von der Einstellung des Betriebssystems ab. Wenn also bei der Installation des Betriebssystems die Einstellung für »Deutsch« und »Deutschland« gewählt wurde, sollte die Ausgabe in etwa wie hier aussehen.

Die folgenden Zeilen sind Fortschrittsanzeigen, die angeben, wie weit `initdb` schon gelaufen ist. Interessant sind eventuell die beiden Zeilen, die die Vorgabewerte für `max_connections` sowie `shared_buffers` und `max_fsm_pages` wählen. Hier versucht `initdb`, eine einigermaßen vernünftige Voreinstellung zu finden, die in die vom Betriebssystem vorgegebenen Ressourcengrenzen passt. Einige Betriebssysteme haben an dieser Stelle extrem kleine Grenzen, aber auf Linux-Systemen sollte die Ausgabe immer in etwa in diesem Bereich landen. Nichtsdestotrotz sind die hier gewählten Speichereinstellungen für ein vernünftiges Datenbanksystem auf aktueller Hardware immer zu klein. Bevor ein System produktiv geschaltet wird, sollte die Konfiguration also unbedingt überarbeitet werden. Informationen dazu finden Sie in Kapitel 2.

Nach den Fortschrittsanzeigen steht hier eine Warnung, die darauf hinweist, dass die aktuelle Authentifizierungsmethode unsicher ist. Informationen dazu finden Sie in Kapitel 7. Auch damit sollten Sie sich befassen, bevor Sie das System produktiv schalten.

Zum Abschluss finden Sie Informationen darüber, wie Sie den Datenbankserver nun endlich starten können. Was es mit den vorgeschlagenen Befehlen auf sich hat, wird im folgenden Abschnitt beschrieben.

Beispiel 1-1: Ausgabe von initdb

```
Die Dateien, die zu diesem Datenbanksystem gehören, werden dem Benutzer
»postgres« gehören. Diesem Benutzer muss auch der Serverprozess gehören.

Der Datenbankcluster wird mit der Locale de_DE.utf8 initialisiert.
Die Standarddatenbankkodierung wurde entsprechend auf UTF8 gesetzt.
```

Beispiel 1-1: Ausgabe von initdb (Fortsetzung)

```
erzeuge Verzeichnis /usr/local/pgsql/data ... ok
erzeuge Unterverzeichnisse ... ok
wähle Vorgabewert für max_connections ... 100
wähle Vorgabewert für shared_buffers/max_fsm_pages ... 24MB/153600
erzeuge Konfigurationsdateien ... ok
erzeuge Datenbank template1 in /usr/local/pgsql/data/base/1 ... ok
initialisiere pg_authid ... ok
initialisiere Abhängigkeiten ... ok
erzeuge Systemsichten ... ok
lade Systemobjektbeschreibungen ... ok
erzeuge Konversionen ... ok
setze Privilegien der eingebauten Objekte ... ok
erzeuge Informationsschema ... ok
führe Vacuum in Datenbank template1 durch ...ok
kopiere template1 nach template0 ... ok
kopiere template1 nach postgres ... ok

WARNUNG: Authentifizierung für lokale Verbindungen auf »trust« gesetzt
Sie können das ändern, indem Sie pg_hba.conf bearbeiten oder beim
nächsten Aufruf von initdb die Option -A verwenden.

Erfolg. Sie können den Datenbankserver jetzt mit

    postgres -D /usr/local/pgsql/data
oder
    pg_ctl -D /usr/local/pgsql/data -l logdatei start

starten.
```

In paketbasierten Installationen wird `initdb` in der Regel an irgendeiner Stelle automatisch ausgeführt. Das geschieht auf verschiedene Weise.

Debian- und Ubuntu-Pakete führen den `initdb`-Schritt am Ende der Paketinstallation durch, in der sogenannten »postinst«-Phase. Wenn das Paket also vollständig installiert ist, ist `initdb` bereits ausgeführt.

RPM-Pakete von Red Hat und SuSE führen `initdb` im Init-Skript (siehe nächster Abschnitt) aus. Wenn man den Server durch Ausführen von `/etc/init.d/postgresql start` startet und an der vorgesehenen Stelle (*/var/lib/pgsql/data*) kein Datenverzeichnis zu existieren scheint, wird *initdb* automatisch ausgeführt und danach der Server wie vorgesehen gestartet. Das funktioniert normalerweise genauso gut. Dieses Verfahren kann jedoch zu Problemen führen, wenn man das Datenverzeichnis auf einer separaten Speichereinheit ablegt, die nicht immer gemountet ist, etwa weil sie im Rahmen einer hochverfügbaren Cluster-Konstruktion von Zeit zu Zeit unterschiedlichen Rechnern zugeordnet ist. In dem Fall kann dieses Verfahren dazu führen, dass *initdb* zu völlig unpassenden Zeiten ausgeführt wird. In solchen Umgebungen sollte man sich das Init-Skript selbst genau ansehen und eventuell anpassen.

Server starten

Um das Datenbanksystem in Betrieb zu nehmen, wird der Serverdienst gestartet. Der Serverprozess läuft dann auf dem System im Hintergrund und wartet auf Verbindungen von Clientprogrammen. Wenn ein Clientprogramm eine Verbindung aufbaut, kann der Client durch den Server Datenbankabfragen und andere Operationen ausführen.

Server starten mit postmaster

Nachdem die PostgreSQL-Software installiert ist und ein Datenverzeichnis initialisiert wurde, kann der Datenbankserver gestartet werden. Das Datenbankserverprogramm heißt ab Version 8.2 `postgres`. In den Versionen davor hieß es `postmaster`; dieser Name kann auch in Version 8.2 und später noch verwendet werden, wird aber irgendwann auslaufen. Im einfachsten Fall startet man den Datenbankserver, indem man den Befehl `postgres` beziehungsweise `postmaster` unter Angabe eines Datenverzeichnisses wie in der Ausgabe von `initdb` (siehe Beispiel 1-1) empfohlen startet, also zum Beispiel mit

```
postgres -D /usr/local/pgsql/data
```

Die Option `-D` gibt hier das Datenverzeichnis an. Dieser Befehl muss ebenfalls unter dem für den PostgreSQL-Server vorgesehenen Benutzerkonto gestartet werden, und zwar in dem, unter dem `initdb` ausgeführt wurde. Ansonsten wird sich das Serverprogramm beschweren und nicht starten. Ein Startversuch als *root* würde etwa diese Fehlermeldung ergeben:

```
Der PostgreSQL-Server darf nicht als »root« ausgeführt werden.  Der
Server muss unter einer unprivilegierten Benutzer-ID gestartet werden,
um mögliche Sicherheitskompromittierung zu verhindern.  In der
Dokumentation finden Sie weitere Informationen darüber, wie der
Server richtig gestartet wird.
```

Wenn man stattdessen einen anderen normalen Benutzer verwendet, wird man gar keine Zugriffsrechte auf das Datenverzeichnis haben und daher typischerweise eine Fehlermeldung dieser Art sehen:

```
postgres kann nicht auf die Serverkonfigurationsdatei »/usr/local/pgsql/data/postgresql.
conf« zugreifen: Permission denied
```

Wenn der Server dann erfolgreich gestartet ist, läuft er im Vordergrund und gibt auf der Konsole Logmeldungen aus. Der Anfang sieht – je nach Version leicht unterschiedlich – in etwa so aus:

```
LOG:  Datenbanksystem wurde am 2007-10-15 23:04:26 CEST heruntergefahren
LOG:  Checkpoint-Eintrag ist bei 0/42C424
LOG:  Redo-Eintrag ist bei 0/42C424; Undo-Eintrag ist bei 0/0; Shutdown TRUE
LOG:  nächste Transaktions-ID: 0/593; nächste OID: 10820
LOG:  nächste MultiXactId: 1; nächster MultiXactOffset: 0
LOG:  Datenbanksystem ist bereit
```

Der Zahlensalat ist für den normalen Betrieb nicht interessant; entscheidend ist natürlich die letzte Zeile: Jetzt ist das Datenbanksystem einsatzbereit.

Der Server läuft so auf der Konsole weiter, bis man ihn etwa durch Drücken von Strg+C beendet. Das ist für den Dauerbetrieb natürlich unpraktisch. Man möchte, dass der Server im Hintergrund unabhängig von der Konsole läuft und die Logmeldungen in einer Datei speichert. Das kann man mit etwas gespickter Shell-Syntax folgendermaßen erreichen:

```
nohup postgres -D /usr/local/pgsql/data >logdatei 2>&1 </dev/null &
```

Dieser Befehl setzt postgres in den Hintergrund (&) und lenkt die Standardausgabe in eine Datei um (>), die Standardfehlerausgabe ebenfalls (2>&1). Außerdem wird die Standardeingabe stillgelegt (<), andernfalls würde sie weiterhin zum Terminal zeigen und der Prozess könnte sich nicht richtig von der Konsole lösen. Der Befehl nohup macht den Prozess schließlich immun gegen das HUP-Signal, das auftreten könnte, wenn man sich aus der Konsole ausloggt. Diesen Befehl kann man so verwenden, aber etwas kompliziert ist das schon. Alternativ gibt es in der PostgreSQL-Installation das Programm pg_ctl, das das Ganze für Sie erledigt, wie im nächsten Abschnitt beschrieben.

Server starten mit pg_ctl

pg_ctl ist ein Programm, das das Starten des PostgreSQL-Servers vereinfacht. Der Aufruf ist wie von *initdb* vorgeschlagen

```
pg_ctl -D /usr/local/pgsql/data -l logdatei start
```

Intern macht pg_ctl letztlich genau das, was der obige Shell-Befehl bewirken würde. (pg_ctl war früher sogar einmal ein Shell-Skript, ist es mittlerweile aber nicht mehr.)

Die Ausgabe daraufhin ist im Erfolgsfall

```
Server startet
```

Das bedeutet, dass der Server sich jetzt mit den Starten beschäftigt, aber es bedeutet nicht, dass der Start auch erfolgreich durchgeführt wurde. Am besten wartet man ein paar Sekunden und versucht dann, mit dem Datenbankserver zu verbinden. Wenn es Probleme gibt, sollte ein Blick in die Logdatei helfen.

Server mit Init-Skript starten

Letztendlich möchte man es normalerweise so einrichten, dass PostgreSQL mit allen Systemdiensten beim Booten des Rechners gestartet wird. Wenn PostgreSQL als Paket installiert wurde, wurde das vom Paket so eingerichtet. Auf Red Hat und SuSE kann man mit folgendem Aufruf den PostgreSQL-Server zum Starten beim nächsten Booten konfigurieren:

```
chkconfig postgresql on
```

Auf Debian und Ubuntu ist der PostgreSQL-Server automatisch zum Starten beim Booten konfiguriert.

Wenn man PostgreSQL aus dem Quellcode installiert hat, ist Handarbeit vonnöten. Dazu wird der gewünschte Startbefehl in die vom Betriebssystem vorgesehene Konfigurationsdatei eingetragen. Auf Linux-Systemen ist das in der Regel eine Datei in */etc/init.d/*, also zum Beispiel */etc/init.d/postgresql*, die dann mit einem systemspezifischen Befehl in andere Verzeichnisse verlinkt wird, von wo aus sie dann beim Systemstart in der richtigen Reihenfolge aufgerufen wird. Das Schreiben der entsprechenden Skripten verlangt detailliertes Wissen um die Gegebenheiten des jeweiligen Betriebssystems; seine Beschreibung würde den Rahmen dieses Buches sprengen. Die Betriebssystemdokumentation sollte dazu Informationen liefern.

Um den PostgreSQL-Server zu starten, verwendet ein solches Skript letztlich auch nur einen Aufruf von `postgres` oder `postmaster` oder `pg_ctl` (wie oben beschrieben), jeweils mit den vom Betriebssystemhersteller oder Paketierer vorgesehenen Einstellungen bezüglich Datenverzeichnis und Logging.

Ein möglicher Trick, um bei eigener Quellcodeinstallation doch ein vernünftiges Startskript einzurichten, ist, dieses aus einem vorhandenen Paket zu entnehmen und an die eigene Installation anzupassen.

Wenn ein Init-Skript eingerichtet ist, kann man es auch zum Starten von Hand verwenden. Der Befehl auf Linux-Systemen ist

```
/etc/init.d/postgresql start
```

Auf Debian- und Ubuntu-Systemen ist er stattdessen

```
/etc/init.d/postgresql-8.3 start
```

jeweils mit der passenden Versionsnummer.

Server anhalten

Auch das ordnungsgemäße Anhalten des PostgreSQL-Servers wird einmal nötig sein, zum Beispiel um bestimmte Konfigurationsänderungen zu aktivieren oder wenn der Rechner neu gebootet werden soll. Es gibt für das Anhalten wiederum drei Möglichkeiten, die die verschiedenen Abstraktionen beim Starten widerspiegeln. Es ist allerdings nicht notwendig, die gleiche Methode zum Anhalten wie zum Starten zu verwenden.

Server per Signal anhalten

Die direkteste Methode, um einen Serverdienst anzuhalten, ist, ein Signal zu senden, und so geht es auch bei PostgreSQL. Dazu findet man zunächst die Prozessnummer (die sogenannte PID) des Prozesses `postgres` beziehungsweise `postmaster` heraus. Diese ist in der Datei *postmaster.pid* im Datenverzeichnis gespeichert, und zwar steht sie in der Datei in der ersten Zeile. Man kann sie also manuell in Erfahrung bringen oder etwa mit einem Shell-Befehl dieser Art anzeigen lassen:

```
head -n 1 /usr/local/pgsql/data/postmaster.pid
976
```

Alternativ kann man auch versuchen, die Prozessnummer etwa mit `ps` oder `top` in der Prozessliste zu finden.

Dann kann man dem Prozess eines der folgenden Signale senden:

SIGTERM
: Dieses Signal bewirkt, dass der Server ab sofort alle neuen Verbindungsversuche ablehnt und herunterfährt, sobald alle Benutzer ihre Sitzungen beendet haben (sogenannter »smart shutdown«).

SIGINT
: Dieses Signal bewirkt, dass der Server sofort herunterfährt; offene Sitzungen werden beendet (»fast shutdown«).

SIGQUIT
: Dieses Signal bewirkt, dass der Server sofort herunterfährt; offene Sitzungen werden beendet. Außerdem wird die Synchronisierung des Write-Ahead-Logs weggelassen (»immediate shutdown«).

Um ein Signal zu senden, wird der Befehl `kill` verwendet, zum Beispiel

```
kill -INT 976
```

Ob der Smart Shutdown anwendbar ist, muss sich aus der konkreten Situation ergeben. In der Praxis ist er oft nicht sinnvoll, da einerseits die Verbindungen von einem möglicherweise vom Client verwendeten Connection Pool sehr lange offen gehalten werden können, und da der Administrator andererseits oft auch gar nicht gewillt ist, sich irgendwelchen Nutzern zu beugen.

Der Unterschied zwischen Fast und Immediate Shutdown ist technischer Natur. Der Fast Shutdown sorgt dafür, dass vor dem Beenden das Write-Ahead-Log ordnungsgemäß abgewickelt wird. Das kann etwas dauern, abhängig davon, wie beschäftigt der Server zuvor war und welche Konfigurationseinstellungen gesetzt sind. Oft sind es einige Sekunden, es können aber auch Minuten werden. Der Immediate Shutdown überspringt diesen Schritt, was allerdings dazu führt, dass er beim nächsten Neustart nachgeholt wird. Man tauscht also im Prinzip nur schnelleres Anhalten gegen schnelleres Starten aus. In der Praxis wird überwiegend der Fast Shutdown benutzt.

Wenn man den Server auf der Konsole im Vordergrund laufen hat, sendet man durch Drücken von Strg+C ein SIGINT-Signal und löst dadurch einen Fast Shutdown aus. Das sollte das erwartete Verhalten für Strg+C sein. Etwas weniger bekannt ist die Tastenkombination Strg+\ für SIGQUIT, die ebenfalls nützlich sein kann. Für SIGTERM gibt es keine übliche Tastenkombination. Das sind aber alles Einstellungen des Konsolenprogramms, nicht von PostgreSQL.

Man kann den PostgreSQL-Server auch mit SIGKILL anhalten, was den Prozess sofort und ohne Aufräumarbeiten abschießt. Das funktioniert und ist auch sicher, denn ein Stromausfall hätte ja beispielsweise denselben Effekt, und PostgreSQL ist für so etwas gerüstet. Nach einem Neustart gibt es dann einen Wiederherstellungsdurchlauf, ähnlich wie nach SIGQUIT. Sonderlich elegant ist dieses Verfahren jedoch nicht und sollte daher nur im Notfall angewendet werden.

Server anhalten mit pg_ctl

Da das Herumhantieren mit Prozessnummern und Signalen relativ kompliziert ist, bietet das Programm `pg_ctl` auch für das Herunterfahren eine einfachere Schnittstelle an. Der Befehl ist

```
pg_ctl -D /usr/local/pgsql/data stop
```

Die Ausgabe sieht daraufhin so aus:

```
warte auf Herunterfahren des Servers.... fertig
Server angehalten
```

In der Voreinstellung wartet `pg_ctl`, wie Sie gesehen haben, bis der Server tatsächlich heruntergefahren ist. Es wartet dabei 60 Sekunden, danach bricht es ab. Wenn das Warten nicht erwünscht ist, verwendet man die Option `-W`.

Der voreingestellte Shutdown-Modus ist »smart«, es wird also gewartet, bis alle Verbindungen beendet sind. Mit der Option `-m` kann ein anderer Modus gewählt werden, zum Beispiel:

```
pg_ctl -D /usr/local/pgsql/data -m fast stop
```

Server anhalten mit Init-Skript

Wenn vom Paket oder von Hand ein Init-Skript eingerichtet ist, wobei hier das Gleiche gilt wie oben beim Starten beschrieben, kann man den PostgreSQL-Server mit dem Befehl

```
/etc/init.d/postgresql stop
```

beziehungsweise auf Debian und Ubuntu inklusive Versionsnummer beispielsweise

```
/etc/init.d/postgresql-8.3 stop
```

anhalten.

Intern verwendet dieser Befehl dann auch ein `kill` oder `pg_ctl`. Welches Shutdown-Verfahren genau verwendet wird, hängt von den Entscheidungen des Paketierers ab. Üblicherweise wird man einen Fast Shutdown eventuell gefolgt von drastischeren Methoden sehen. Das ist normalerweise korrekt und muss nicht konfiguriert werden.

Server neu starten

Gelegentlich ist es auch nützlich, den Server in einem Schritt anzuhalten und neu zu starten, zum Beispiel weil eine Konfigurationseinstellung geändert wurde oder eine neue Softwareversion eingespielt wurde. Das geht mit `pg_ctl` mit der Aktion `restart`, zum Beispiel:

```
pg_ctl -D /usr/local/pgsql/data restart
```

Auch die Init-Skripten haben eine solche Aktion, also zum Beispiel

```
/etc/init.d/postgresql restart
```

Man beachte aber, dass zur Änderung der meisten Konfigurationseinstellungen `reload` statt `restart` ausreichend und vorzuziehen ist. Dazu siehe auch Kapitel 2.

Nächste Schritte

Nach Abschluss der Installation können Sie nun die wundervolle und wundersame Welt von PostgreSQL erforschen, und dieses Buch bietet Ihnen Unterstützung dabei. Die nächsten Schritte dabei könnten sein:

1. Installieren Sie die Clientanwendung und weitere Software zur Administration und Verwaltung der PostgreSQL-Installation je nach Bedarf.
2. Konfigurieren Sie den PostgreSQL-Server; siehe dazu Kapitel 2.
3. Machen Sie sich mit Wartungs-, Datensicherungs- und Überwachungsverfahren vertraut; siehe dazu Kapitel 3, Kapitel 4 und Kapitel 5.
4. Konfigurieren Sie die Authentifizierung und Zugriffskontrolle; siehe dazu Kapitel 7.
5. In etwas fernerer Zukunft möchten Sie sich sicher auch mit den anderen Themen wie Wiederherstellungsmaßnahmen, Performance-Tuning, Replikation und Hardware befassen.

Upgrades durchführen

Das interne Datenformat ändert sich mit jeder Hauptversion von PostgreSQL. Wenn bereits eine Installation besteht, kann die neue Installation nicht einfach darübergespielt und mit den alten Daten weiterverwendet werden. Stattdessen müssen die Daten gesichert, die neue Installation neu initialisiert und anschließend die Daten zurückgespielt werden. Ein solches Upgrade ist also nicht ganz so einfach und führt in der Regel auch zu nicht zu vernachlässigenden Ausfallzeiten.

Kleine und große Upgrades

Um es nochmal klarzustellen: Diese Upgrade-Prozedur ist relevant, wenn von einer Hauptversion auf eine andere aktualisiert wird, also zum Beispiel von Version 8.2.4 auf Version 8.3.3 (siehe auch Abschnitt *Versionierung* oben). Wenn von einer Unterversion auf eine andere aktualisiert wird, zum Beispiel von Version 8.3.1 auf Version 8.3.3, braucht diese Prozedur nicht angewendet zu werden, weil die Datenbankdateien kompatibel bleiben. Stattdessen wird einfach die neue Software installiert und der Server neu gestartet.

Generell ist es empfehlenswert, immer auch die Release-Notes der jeweiligen neuen Version zu lesen, weil dort die aktuellsten Informationen zur Upgrade-Prozedur stehen und auch etwaige Inkompatibilitäten beschrieben werden. Vor Upgrades zu neuen Hauptversionen sollten Datenbankanwendungen auch neu getestet werden, um Probleme aufgrund solcher Inkompatibilitäten oder anderer Änderungen auszuschließen.

PostgreSQL unterstützt keine Downgrades, also die Migration zurück auf eine ältere Version. Innerhalb derselben Hauptversion sollte das meist funktionieren, indem einfach die alte Software wieder eingespielt wird, aber ein Downgrade auf eine alte Hauptversion wird nur mit massiver Handarbeit möglich sein.

Upgrade-Prozedur

Das generelle Vorgehen bei einem Upgrade zu einer neuen Hauptversion ist folgendes:

1. alte Daten mit `pg_dumpall` sichern (siehe auch Kapitel 4)
2. neues Datenverzeichnis mit `initdb` einrichten
3. neuen Server starten
4. Datensicherung zurückspielen (siehe auch Kapitel 4)

Es ist am besten, für die Datensicherung mit dem `pg_dumpall` der neuen Version durchzuführen, da diese alle nötigen Anpassungen für das Upgrade enthält (die die alte ja noch nicht kennen konnte). Das alte `pg_dumpall` geht generell auch, aber es kann bei komplexeren Datenbanken und je nachdem, welche Versionen genau involviert sind, kleinere Probleme geben. Die Release-Notes geben hier eventuell Auskunft und ansonsten ist Ausprobieren angesagt.

Die interessante Frage ist, wann in dieser Abfolge man die neue Softwareversion installiert. Bei Installationen aus dem Quellcode ist zu empfehlen, beide Versionen parallel in verschiedene Installationsverzeichnisse zu installieren. Wenn das Upgrade erfolgreich ist und man mit der neuen Installation zufrieden ist, kann man die alte Installation einfach löschen und die neue an ihre Stelle schieben. (Man achte darauf, dass der richtige Benutzer und das richtige Verzeichnis aktiv sind. Im Zweifel kann man auch dieses Kapitel nochmal lesen.) Das Verfahren sieht dann ungefähr so aus:

```
./configure -prefix=/usr/local/pgsql.new
make
sudo make install
/usr/local/pgsql.new/bin/pg_dumpall > backup.sql
/usr/local/pgsql/bin/pg_ctl stop
/usr/local/pgsql.new/bin/initdb /usr/local/pgsql.new/data
/usr/local/pgsql.new/bin/pg_ctl -l logfile start
/usr/local/pgsql.new/bin psql -f backup.sql
```

Bevor man `pg_dumpall` startet, sollte man auch dafür sorgen, dass nicht mehr in die Datenbank geschrieben wird, weil diese späteren Änderungen nicht mehr von der Datensicherung erfasst würden. Am besten fährt man die Anwendung oder Middleware herunter oder schaltet sie in den Wartungsmodus.

Gewiefte Anwender können diese Abfolge auch variieren, indem sie zum Beispiel beide Server gleichzeitig starten, mit unterschiedlichen Portnummern. Dann kann es aber mitunter auch notwendig sein, die Speicherkonfiguration anzupassen, damit beide Instanzen Platz haben. Weitere Informationen zur Serverkonfiguration, einschließlich Portnummer und Speicher, finden Sie in Kapitel 2. Weit fortgeschrittene Anwender können auch die Datenmigration mithilfe von Slony-I versuchen (siehe Kapitel 9). Damit kann man die Ausfallzeit insbesondere bei großen Datenbanken erheblich reduzieren, aber das ganze Verfahren wird auch ungleich komplexer.

Benutzer von Debian und Ubuntu installieren am besten beide Versionen parallel, also zum Beispiel die Pakete `postgresql-8.2` und `postgresql-8.3`. Das Upgrade-Verfahren ist dann einfach

```
/usr/lib/postgresql/8.3/bin/pg_dumpall -p ALTEPORTNR > backup.sql
psql -p NEUEPORTNR -f backup.sql
```

Die Portnummern werden bei der Installation der Pakete bekannt gegeben. Normalerweise verwendet das zuerst installierte Paket, also die alte Version, Port 5432, die nächste dann 5433. Nach dem Upgrade kann man das ändern oder austauschen, indem man die Serverkonfiguration wie in Kapitel 2 beschrieben anpasst.

Durch die Angabe des vollständigen Pfads wird sichergestellt, dass die neuere Version von `pg_dumpall` aufgerufen wird. Weitere Informationen darüber, wie in der Paketstruktur von Debian mehrere PostgreSQL-Versionen koexistieren, stehen unter anderem in der Manpage *pg_wrapper(1)*. Beachten Sie, dass diese Strukturen nur in den Debian-Paketen existieren und nicht im PostgreSQL-Quellcode enthalten sind.

Anwender der RPM-Pakete von Red Hat oder SuSE können dieses Upgrade nicht in der hier empfohlenen Form durchführen. Die einzige Methode, die von Paketsystem unterstützt wird, ist das Dumpen mit der alten Version von `pg_dumpall`, gefolgt vom Upgrade der RPMs und dem Zurückspielen. Wer das so nicht wagen möchte, baut sich eine Quellcodeinstallation der neuen Version parallel dazu. Alternativ bietet es sich an, beim Upgrade gleich auf einen neuen Rechner umzusteigen.

Generell sollte ein Upgrade sorgfältig geplant werden. Oft klappt es schnell und reibungslos, aber für viele Anwendungsfälle sind solche Upgrades schon wegen der zu vermeidenden Ausfallzeit, aber auch wegen möglicher Inkompatibilitäten der neuen Version ein großes Problem. Letztlich ist es manchmal sinnvoller, einfach bei der alten Version zu bleiben. Ältere Hauptversionen werden auch nach dem Erscheinen einer neuen Version einige Jahre weiter gewartet.

KAPITEL 2

Konfiguration

PostgreSQL bietet wie viele Datenbanksysteme eine große Anzahl von Konfigurationsparametern, mit denen der Administrator sein Datenbanksystem genau auf die eigenen Vorstellungen und insbesondere eine spezifische Lastanforderung konfigurieren kann. Wegen der Komplexität eines Datenbank-Managementsystems sind diese Parameter teilweise sehr kompliziert und das Erstellen einer guten Konfiguration in Grenzfällen sehr schwierig. Es ist dabei notwendig, die Zusammenhänge zwischen Vorgängen innerhalb des Datenbanksystems, dem Zusammenspiel unterschiedlicher Konfigurationsparameter und auch den Ressourcen eines Datenbanksystems zu kennen.

In diesem Kapitel werden die Konfigurationsparameter einer PostgreSQL-Datenbank vorgestellt. Ziel ist es, eine Orientierungshilfe zur Verfügung zu stellen, die die Zusammenhänge zwischen Parametern und Ressourcen, aber auch Anwendungsbereichen beschreibt. Im Folgenden werden die Parameter besprochen, unterteilt nach Verbindungskontrolle, Speicherverwaltung, Wartung, Transaktionslog und Logging sowie Statistiken. Diverse Konfigurationseinstellungen für im Allgemeinen eher selten benötigte Parameter bilden den Abschluss dieses Kapitels.

Generell wird die Lektüre der folgenden Kapitel dabei helfen, die Zusammenhänge hinter den Konfigurationseinstellungen besser zu verstehen. Lesen Sie dieses Kapitel daher vielleicht beim ersten Mal als Überblick und tätigen Sie nur die ersten, unbedingt notwendigen Einstellungen. Lesen Sie danach den Rest des Buches, um das Datenbanksystem besser kennenzulernen, und kehren Sie dann zu diesem Kapitel zurück, um Ihr System im Detail zu tunen.

Allgemeines

Die Konfiguration eines PostgreSQL-Datenbanksystems besteht aus einer Anzahl von Konfigurationsparametern. Ein Parameter hat wie eine Variable Name und Wert, sowie einen Datentyp, der beschreibt, welche Art von Werten für die Einstellungen möglich und sinnvoll sind. Neben diesem System gibt es noch andere Einstellungen, etwa zur Verbindungskontrolle (*pg_hba.conf*); diese sind aber separat und werden hier nicht erfasst.

Es gibt verschieden Möglichkeiten, Konfigurationsparameter zu setzen:

- in der Konfigurationsdatei, üblicherweise *postgresql.conf*
- auf der Kommandozeile des Programms `postgres`
- beim Verbindungsaufbau des Client (PGOPTIONS)
- als Voreinstellung für eine Rolle oder Datenbank
- zur Laufzeit in der SQL-Sitzung (SET; RESET; SHOW)

Je nach Art des Parameters und der jeweiligen Umstände kann eine andere Variante zur Anwendung kommen. All diese Varianten bearbeiten aber dieselben Parameter.

Jeder Parameter hat einen der folgenden Datentypen:

- boolescher Wert
- Ganzzahl
- Dezimalzahl (Gleitkommazahl)
- Zeichenkette

Für boolesche Werte sind insbesondere ON, OFF, TRUE, FALSE, YES, NO, aber auch 0 und 1 möglich, ohne Beachtung der Groß- und Kleinschreibung.

Seit Version 8.2 ist es möglich, bestimmte Parametereinstellungen mit Einheiten für Speichergröße oder Zeit zu versehen. Mögliche Einheiten für Speichergrößen sind `KB` für Kilobyte, `MB` für Megabyte und `GB` für Gigabyte (der Multiplikator ist jeweils 1024), für Zeitangaben ms für Millisekunden, s für Sekunden, min für Minuten, h für Stunden und d für Tage. Generell ist die Verwendung von Einheiten sehr zu empfehlen, denn sonst haben die Parameter aus historischen Gründen unterschiedliche Einheiten (manche Millisekunden, manche Sekunden, manche Kilobyte, manche Blöcke und so weiter), was nicht besonders benutzerfreundlich ist.

Die Datei postgresql.conf

Die Datei *postgresql.conf* ist die zentrale Konfigurationsdatei eines PostgreSQL-Datenbankclusters. Bei der Initialisierung eines neuen Datenbankclusters mit `initdb` wird automatisch eine Datei *postgresql.conf* erzeugt, die eine Standardkonfiguration für den neuen Datenbankcluster enthält.

In der Regel befindet sich sich die Datei innerhalb des Verzeichnisses, das `initdb` für das Anlegen des Datenbankclusters verwendet hat. Es ist jedoch möglich, diese Datei außerhalb abzulegen. Dann zeigt man mit der Kommandozeilenoption `-D` von `postgres` nicht auf das Datenverzeichnis, sondern auf das Verzeichnis mit den Konfigurationsdateien, und setzt dann in der Konfigurationsdatei den Parameter `data_directory` auf das Datenverzeichnis. Bevor man allerdings sein Installationsschema verkompliziert, sollte man sich überlegen, ob man selbst und auch alle anderen betroffenen Parteien die Installation auch noch in einem Monat oder einem Jahr verstehen können.

Syntax

Die Datei besteht neben Kommentaren und Leerraum einfach aus Zuweisungen der Art `name = wert`. Hier sehen Sie ein einfaches Beispiel der möglichen Syntax:

```
# Zuweisung eines Bezeichners
name = wert
# Zeichenkette
name = 'wert'
# Ganzzahl oder Dezimalzahl
name = 1
name = 1.5
# Boolesche Werte
name = on
name = false
```

Die verschiedenen Einstellungen werden zeilenweise aufgezählt, Leerzeichen und Leerzeilen werden bei der Verarbeitung ignoriert. Das Gleichzeichen kann ebenfalls weggelassen werden, die Erfahrung zeigt jedoch, dass das die Lesbarkeit umfangreicher Konfigurationsdateien erschwert.

Müssen Zeichenketten mit eingebetteten Hochkommata verwendet werden, so werden diese mit einem vorangestellten »\« eingeleitet oder alternativ das Hochkomma doppelt aufgeführt (ähnlich SQL):

```
# Zeichenkette mit eingebetteten Hochkommata
name = 'Eine ''Zeichenkette'''
name = 'Eine andere \'Zeichenkette\''
```

Das folgende Listing ist ein Beispiel für eine korrekte Konfigurationsdatei:

```
client_min_messages = notice
search_path = 'public'
work_mem = 128MB
authentication_timeout = 30s
```

include

Es besteht die Möglichkeit, andere Dateien miteinzuschließen, so dass Konfigurationseinstellungen beispielsweise über mehrere Dateien verteilt werden können. Dazu steht die Direktive `include` zur Verfügung, die den Inhalt externer Dateien in die Datei *postgresql.conf* beim Lesen übernimmt:

```
include 'Dateiname'
include '/pfad/zu/einer/externen/Datei'
```

Wird eine Datei ohne absoluten Pfad referenziert, so wird die zu referenzierende Datei relativ zu dem Verzeichnis, in dem die Datei *postgresql.conf* liegt, gesucht.

In der Praxis wird dieses include-Feature aber nur in Spezialfällen benutzt.

Änderungen laden

Die Konfigurationsdatei wird bei Änderungen nicht automatisch neu gelesen, sondern nur, wenn der Hauptprozess des Datenbankservers das Signal SIGHUP erhält. Dadurch werden alle Konfigurationseinstellungen, die zur Laufzeit geändert werden können, neu aus der Konfigurationsdatei gelesen und angewendet. Der Hauptprozess gibt das Signal an alle aktuellen Datenbankverbindungen weiter, so dass die Änderungen auch dort sofort aktiv werden.

Am einfachsten geht das Laden mit dem Programm `pg_ctl` mit der Aktion `reload`, die dieses Signal aussendet:

```
pg_ctl -D datenverzeichnis reload
```

Äquivalent dazu gibt es auf vielen Betriebssystemen (insbesondere Linux-Varianten), wenn PostgreSQL als Binärpaket installiert worden ist, die Möglichkeit, das Laden über das *init.d*-Skript zu aktivieren:

```
/etc/init.d/postgresql reload
```

Es ist auch möglich, einer spezifischen Datenverbindung ein SIGHUP-Signal zu schicken. Dazu muss das Signal an den Datenbankprozess geschickt werden, der die Verbindung verarbeitet:

```
kill -HUP prozessnummer
```

Die Prozessnummer einer Datenbankverbindung lässt sich beispielsweise durch die Funktion `pg_backend_pid` innerhalb einer `psql`-Sitzung ermitteln:

```
db=# SELECT pg_backend_pid();
 pg_backend_pid
----------------
          10840
(1 Zeile)
```

Kommandozeile

Ergänzend zur Konfigurationsdatei *postgresql.conf* können Parametereinstellungen auch beim Start des Datenbankservers auf der Kommandozeile angegeben werden. Das kann insbesondere für Testszenarien sinnvoll sein, in denen der Datenbankadministrator unterschiedliche Parameterwerte und ihre Auswirkungen testen möchte. Für den Dauerbetrieb ist das aber nicht sinnvoll; dann sollten die Einstellungen in die Konfigurationsdatei geschrieben werden.

Parameter können dem Programm `postgres` folgendermaßen mit Kommandozeilenoptionen übergeben werden:

```
postgres --shared-buffers=128MB --work-mem=32MB
```

Die Zeichen Minus (-) und Unterstrich (_) werden dabei gleich behandelt. Die Parameter heißen im Beispiel eigentlich `shared_buffers` und `work_mem` und müssen anderswo (Konfigurationsdatei, SQL) auch exakt so benannt werden.

Wenn pg_ctl verwendet wird, werden die Kommandozeilenoptionen in die Option -o eingepackt, wie in diesem Beispiel:

```
pg_ctl -o '--shared-buffers=128MB --work-mem=32MB' start
```

Einstellungen, die mit Kommandozeilenoption beim Start des Datenbankservers angegeben werden, überschreiben die jeweilige Einstellung in der Datei *postgresql.conf*. Dadurch ist es nicht mehr möglich, nachträglich geänderte Parametereinstellungen per SIGHUP-Signal an Datenbankverbindungen zu propagieren, denn Kommandozeilenoptionen überschreiben auch neue Einstellungen dauerhaft. Dieser Flexibilitätsverlust kann sich später negativ auf den Serverbetrieb auswirken, beispielsweise wenn ein Datenbankadministrator Engpässe in der Konfiguration erkennt, diese aber nur durch einen Neustart des Datenbankservers beheben kann. Auch aus diesem Grund sollten dauerhafte Einstellungen in der Konfigurationsdatei vorgenommen werden.

PGOPTIONS

Es ist auch möglich, Parametereinstellungen beim Start einer Datenbankverbindung zuzuweisen. Dazu steht die Umgebungsvariable PGOPTIONS zur Verfügung, die, wenn gesetzt, in einer neuen Datenbankverbindung die dort abgelegten Parametereinstellungen vornimmt, zum Beispiel:

```
$ export PGOPTIONS="--enable-seqscan=off --work-mem=96MB"
$ psql dbname ...
```

Jede Anwendung, deren Datenbankverbindung über die PostgreSQL-Bibliothek *libpq* aufgebaut wird, liest die Umgebungsvariable PGOPTIONS automatisch ein und kann damit eine individuelle Konfiguration für die jeweilige Datenbanksitzung bereitstellen. Allerdings können damit nur Parameter angepasst werden, die innerhalb einer Datenbanksitzung konfigurierbar sind.

Beachten Sie unbedingt, dass diese Umgebungsvariable im Client gesetzt werden muss. Der Client übergibt die Parametereinstellungen dann dem Server. PGOPTIONS im Server zu setzen, bringt nichts.

Generell wird diese Variante relativ selten benutzt, möglicherweise weil die Verwendung von Umgebungsvariablen einigermaßen umständlich und fehleranfällig sein kann. Eine robustere Alternative ist meist ALTER DATABASE ... SET oder ALTER ROLE ... SET (siehe unten).

SET, RESET und SHOW

Konfigurationseinstellungen lassen sich auch flexibel während einer Sitzung mit dem Befehl SET vornehmen. Das gilt aber nur für Parameter, die sich zu Laufzeit ändern lassen. Mit dem Befehl SHOW kann die aktuelle Einstellung jederzeit abgefragt werden.

```
db=# SET work_mem TO '48MB';
SET
db=# SHOW work_mem;
```

```
 work_mem
----------
 48MB
(1 Zeile)
```

Die mit dem Befehl SET vorgenommenen Einstellungen gelten innerhalb der aktuellen Transaktion, werden aber von Erfolg oder Abbruch der Transaktion beeinflusst. Wird beispielsweise die Transaktion mit COMMIT erfolgreich abgeschlossen, so werden die Einstellungen über die Transaktion hinaus für die jeweilige Datenbanksitzung gültig. Bei ROLLBACK beziehungsweise Abbruch der Transaktion werden die Änderungen zurückgerollt und die Einstellungen, die vor der Transaktion gültig waren, reaktiviert. Um Einstellungen nur für die aktuelle Transaktion vorzunehmen, kann der Befehl SET LOCAL verwendet werden, der eine Einstellung nur für die gerade aktuelle Transaktion vornimmt und nach Ende dieser Transaktion die ursprünglich gültigen Werte wiederherstellt, wie folgende psql-Sitzung beispielhaft demonstriert:

```
db=# SHOW work_mem;
 work_mem
----------
 48MB
(1 Zeile)

db=# BEGIN;
BEGIN
db=# SET LOCAL work_mem TO '128MB';
SET
db=# SHOW work_mem;
 work_mem
----------
 128MB
(1 Zeile)

db=# COMMIT;
COMMIT
db=# SHOW work_mem;
 work_mem
----------
 48MB
(1 Zeile)
```

Mit dem Befehl RESET lässt sich ein Parameter auf seinen Standardwert zurücksetzen:

```
db=# SET work_mem TO '128MB';
SET
db=# RESET work_mem;
RESET
db=# SHOW work_mem;
 work_mem
----------
 1MB
(1 Zeile)
```

Einstellungen mit SET sind im interaktiven Betrieb besonders nützlich beim Tunen von Anfragen und zum allgemeinen Ausprobieren. Man kann auch SET-Befehle in Anwendungsprogramme einbauen, um etwa die Datenbank für die Anwendung einzustellen. Das ist allerdings oft etwas suspekt, da die Einstellungen normalerweise vom Administrator und nicht von Entwickler getätigt werden sollten, oder auch weil es Workarounds sind, die dann Versions- oder Plattformabhängigkeiten in die Anwendung einbauen, die sich für Dritte schwer nachvollziehen lassen. Die im folgenden Abschnitt beschriebenen Möglichkeiten sind in solchen Fällen eher angeraten.

Einstellungen für Datenbanken und Rollen

Es besteht zusätzlich die Möglichkeit, Parametereinstellungen an eine Datenbank oder auch eine Benutzerrolle zu binden. Dazu stehen die Befehle ALTER DATABASE für Einstellungen in einer Datenbank und ALTER ROLE für Einstellungen auf Benutzerebene zur Verfügung.

```
db=# ALTER DATABASE db SET work_mem TO '128MB';
ALTER DATABASE
db=# SELECT datname, datconfig FROM pg_database WHERE datname = 'db';
 datname |     datconfig
---------+------------------
 db      | {work_mem=128MB}
(1 Zeile)

db=# ALTER ROLE test SET search_path = "$user";
ALTER ROLE
db=# SELECT rolname, rolconfig FROM pg_roles WHERE rolname = 'test';
 rolname |         rolconfig
---------+--------------------------
 test    | {"search_path=\"$user\""}
(1 Zeile)
```

Die so festgelegten Einstellungen lassen sich wie gezeigt über die Systemtabellen pg_database und pg_roles abfragen. Die Felder datconfig und rolconfig sind eine Liste (Array) vom Typ text und können mehrere unterschiedliche Einstellungen für eine Datenbank speichern.

Die Einstellungen werden erst nach einem neuen Login aktiv, überschreiben aber alle Einstellungen, die aus der Konfigurationsdatei *postgresql.conf* und der Kommandozeile gelesen wurden, nicht jedoch solche, die über die Umgebungsvariable PGOPTIONS an die Datenbanksitzung übergeben wurden.

Rollen- oder datenbankspezifische Einstellungen sind sehr nützlich, wenn ein Datenbankserver mehrere Anwendungen beherbergt und eine globale Einstellung in der Konfigurationsdatei nicht angebracht ist.

Präzedenz

In diesem Abschnitt ist noch einmal die Präzedenz der Einstellungen aus verschiedenen Quellen zusammengefasst. In der folgenden Auflistung hat die weiter oben stehende Quelle Vorrang.

1. SET
2. Umgebungsvariable PGOPTIONS
3. ALTER DATABASE ... SET
4. ALTER ROLE ... SET
5. Kommandozeile von postgres
6. Konfigurationsdatei (*postgresql.conf*)
7. eingebaute Voreinstellung

Einstellungen

Hier werden wir nun die verschiedenen Konfigurationsparameter behandeln. Bevor wir uns jedoch ins Getümmel stürzen, zwei allgemeine Hinweise:

1. Die Voreinstellungen einer frisch installierten PostgreSQL-Instanz sind für den Produktivbetrieb ziemlich schlecht. Der Grund dafür ist unter anderem, dass das System so voreingestellt ist, dass eine neue Instanz nicht gleich die ganzen Ressourcen des Rechners beansprucht, sondern nur wenig Speicher belegt, um Rücksicht auf eventuelle andere Prozesse im Rechner zu nehmen, um auch auf älterer Hardware starten zu können und um im Test- und Spielbetrieb nicht den ganzen Rechner lahmzulegen. Bevor eine PostgreSQL-Instanz also scharf geschaltet wird, oder auch bevor irgendwelche aussagekräftigen Performancetests gemacht werden, sollten unbedingt einige Grundeinstellungen vorgenommen werden.
2. Umgekehrt benötigt man in der Praxis bei Weitem nicht alle vorhandenen Konfigurationsparameter. Viele der Parameter kommen nur in extremen Situationen ins Spiel oder sind nur zum Debuggen nützlich. Stellen Sie also nur die Parameter ein, die Sie müssen, und ignorieren Sie den Rest, zumindest bis Sie weitere Informationen und Anhaltspunkte über mögliche Tuningmaßnahmen gesammelt haben. Aus diesem Grund werden hier auch nicht sämtliche vorhandenen Konfigurationsparameter vorgestellt, sondern nur die, die man normalerweise wirklich braucht.

Verbindungskontrolle

Die Einstellungen zur Verbindungskontrolle bestimmen, wie man mit dem PostgreSQL-Server verbinden kann. Normalerweise schaut man sich diese Einstellungen nach der Einrichtung eines neuen Datenbanksystems nur einmal an und braucht sie dann später nicht mehr zu ändern.

listen_addresses

Der Parameter `listen_addresses` konfiguriert die IP-Adressen, auf denen der Datenbankserver Verbindungsanfragen entgegennimmt. Es können mehrere IP-Adressen oder Hostnamen angegeben werden, getrennt durch Kommata. Der Parameter kann nur über die Konfigurationsdatei oder die Kommandozeile geändert werden.

Die Voreinstellung ist

```
listen_addresses = 'localhost'
```

So werden nur TCP/IP-Verbindungen vom selben Rechner angenommen. Das ist eine Voreinstellung aus Sicherheitsgründen, wird aber normalerweise so geändert, dass Verbindungen von allen Adressen möglich sind. Dazu dient der Platzhalter *:

```
listen_addresses = '*'
```

TCP/IP-Verbindungen können vollständig abgeschaltet werden, indem dem Parameter eine leere Zeichenkette zugewiesen wird. Dann wären nur noch lokale Verbindungsanfragen über Unix-Domain-Sockets möglich. (Das bietet aber keinen besonderen Sicherheitsgewinn gegenüber der Voreinstellung `localhost`.)

Ansonsten können auch beliebige einzelne Adressen aufgezählt werden:

```
# externe Verbindungen und über Loopback
listen_addresses = 'localhost, 192.168.1.31'
```

Das ist insbesondere sinnvoll, wenn mehrere PostgreSQL-Instanzen auf einem Rechner gehostet werden. Normalerweise lässt man die Einstellung sonst bei `'localhost'` oder `'*'`, je nach Bedarf. Man sollte `listen_addresses` nicht als Sicherheitsmaßnahme fehlinterpretieren. Man kann mit dieser Einstellung den PostgreSQL-Server zwar vor einigen Rechnern verstecken, aber das ist eine schwache Verteidigung, da der PostgreSQL-Server die Netzwerkkonfiguration ja nicht kontrollieren kann. Zur Absicherung des PostgreSQL-Servers gegen unerwünschte Verbindungen gibt es andere Verfahren, die in Kapitel 7 beschrieben werden.

port

Spezifiziert die TCP-Portnummer, auf der sich der PostgreSQL-Datenbankserver verbindet und Verbindungsanfragen entgegennimmt. Die Portnummer kann nur über die Konfigurationsdatei oder die Serverkommandozeile konfiguriert werden.

Die Voreinstellung ist

```
port = 5432
```

Dieser Port ist offiziell bei der IANA für PostgreSQL registriert.

Normalerweise muss die Portnummer nicht geändert werden. Wenn aber mehrere PostgreSQL-Instanzen auf einem Rechner laufen sollen, benötigen diese neben getrennten Datenverzeichnissen verschiedene Portnummern. Üblicherweise werden dann 5433, 5434 und so weiter gewählt.

max_connections

Der Parameter `max_connections` konfiguriert die maximale Anzahl von Verbindungen, die eine Instanz des PostgreSQL-Datenbankservers gleichzeitig offen haben kann. Die Voreinstellung ist

```
max_connections = 100
```

oder eventuell ein niedriger Wert, wenn `initdb` bei Erzeugen des Datenbankclusters ermittelt hat, dass mit dem vorhandenen Speicher nicht mehr Verbindungen unterstützt werden können.

Man kann diesen Wert je nach Bedarf erhöhen; das erfordert jedoch in jedem Fall einen Neustart des Servers. Oft ergibt sich die zu erwartende Verbindungszahl aus der Konfiguration der Datenbankanwendung, wenn diese zum Beispiel über einen Connection Pool oder einen Webserver läuft. Dann passt man die Einstellungen des Datenbanksystems und der Clients entsprechend an.

Eine Erhöhung der maximalen Verbindungsanzahl hat eine größere Speicheranforderung für den geteilten Speicher (Shared Memory) zur Folge. Das kann bedeuten, dass die Shared-Memory-Konfiguration im Betriebssystem angepasst werden muss; siehe dazu Abschnitt *Betriebssystemeinstellungen*.

superuser_reserved_connections

Dieser Parameter gibt die Anzahl reservierter Datenbankverbindungen für Rollen mit Superuser-Privileg an. Diese reservierten Verbindungen werden freigehalten, wenn beispielsweise die maximale Anzahl an Verbindungen erreicht wird, so dass Administratoren jederzeit Zugriff auf das Datenbanksystem erlangen können. Die Anzahl unprivilegierter Verbindungen (`max_connections`) verringert sich dabei effektiv um diese Anzahl reservierter Verbindungen.

Die Voreinstellung ist 3; dieser Wert lässt Platz für typische Szenarien wie eine interaktive Sitzung, eine Datensicherung im Hintergrund und einen Autovacuum-Lauf. Normalerweise muss dieser Wert nicht geändert werden, aber man sollte ihn im Hinterkopf behalten, wenn man `max_connections` einstellt.

Reservierungen für Superuser-Rollen können den Konfigurationswert von `max_connections` nicht übersteigen und können nur durch einen Serverneustart über die Konfigurationsdatei *postgresql.conf* oder die Kommandozeile des Servers geändert werden.

ssl

Dieser Parameter aktiviert die SSL-Unterstützung des Datenbankservers. Die Voreinstellung ist

```
ssl = off
```

– also »aus«. Um SSL einschalten zu können, müssen erst SSL-Schlüssel und -Zertifikate eingerichtet werden, sonst wird der Server nicht starten. Detailliertere Informationen zur Einrichtung von SSL folgen in Kapitel 7. Die Verwendung von SSL oder einer anderen Verschlüsselungsmethode ist für viele Anwendungen zu empfehlen.

Speicherverwaltung

Die Konfiguration von PostgreSQL hinsichtlich Speichernutzung und Geschwindigkeit erfordert das genaue Betrachten von Applikation, Datenbankserver, Betriebssystem und Hardware gleichermaßen. Es ist daher schwierig, all diejenigen Parameter gleichzeitig zu erfassen, die die Anwendungsgeschwindigkeit und die Skalierfähigkeit einer Anwendung beeinflussen können. Es ist daher wichtig, ein genaues Bild zu haben, inwieweit Hardware, Betriebssystem und Datenbanksystem ineinander greifen und voneinander abhängig sind. Wie das mit PostgreSQL funktioniert, zeigt Abbildung 2-1.

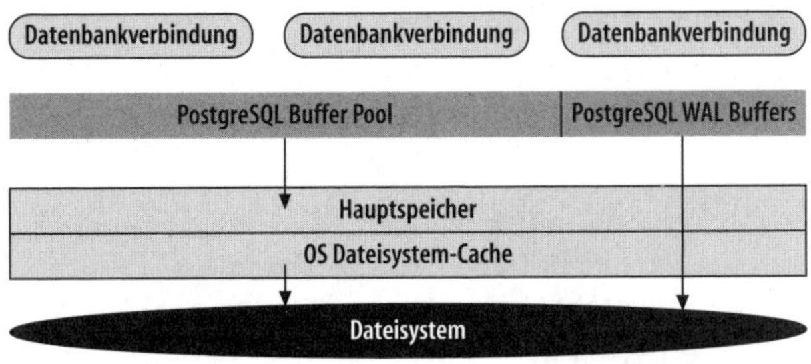

Abbildung 2-1: PostgreSQL Shared-Buffer-Pool

Das Gesamtsystem lässt sich als ein Schichtenmodell auffassen. Die oberste Schicht bilden die Datenbankverbindungen, von denen jede einzelne durch einen separaten PostgreSQL-Prozess gebildet wird. Eine Datenbankverbindung bindet eigene Ressourcen und stützt sich auf den globalen Shared-Buffer-Pool. Dieser puffert die Zugriffe auf Datenbankseiten, die die einzelnen Zeilen einer Tabelle enthalten. Das garantiert, dass für häufig benötigte Daten oder Indexeinträge entsprechend gepufferte Einträge im Arbeitsspeicher des Betriebssystems zur Verfügung stehen und Schreibvorgänge nicht direkt auf das Festspeichersystem wie Festplatten geschrieben werden müssen.

Moderne Betriebssysteme verwenden darüber hinaus freien Arbeitsspeicher automatisch als Pufferspeicher für das Dateisystem. Schreib- und Lesevorgänge können damit durch den Kernel beschleunigt werden. Freien Arbeitsspeicher komplett der Datenbank als Shared-Buffer-Pool oder auch als Speicher für andere Aufgaben zuzuweisen, beraubt das Betriebssystem dieser Optimierungsmöglichkeit und ist deswegen nicht empfehlenswert. Lassen Sie also immer noch ausreichend Speicher »frei«.

shared_buffers

Der Konfigurationsparameter `shared_buffers` legt die Größe des Shared-Buffer-Pools einer PostgreSQL-Instanz fest. Diese Einstellung gilt für den gesamten Datenbankcluster und wird von allen Datenbanken geteilt.

Bei den meisten PostgreSQL-Installationen wird von *initdb* eine Poolgröße von 24 MByte voreingestellt, je nachdem, was während der Installation als Maximum für das verwendete Betriebssystem ermittelt worden ist. Das ist eigentlich nur für Test- und Spielsysteme ausreichend. Um eine vernünftige Performance zu erreichen, muss dieser Parameter also unbedingt geändert werden.

Gute Werte verwenden 10 bis 25 Prozent des verfügbaren Arbeitsspeichers. Bei Systemen mit hoher Schreiblast ist es von Vorteil, mit eher höherer Einstellung zu arbeiten, da Schreibvorgänge in Datenbanktabellen und -indexe gepuffert werden können und häufiges Ausschreiben vom Shared-Buffer-Pool auf das Dateisystem vermieden werden kann. Gute Einstellungen für ein derart schreiblastiges Zugriffsmuster reichen von 25 bis 50 Prozent. Noch höhere Einstellungen bringen schnell Nachteile, da der Verwaltungsaufwand für die Datenbank recht hoch wird und das Betriebssystem entsprechend weniger Arbeitsspeicher für Dateisystempuffer zur Verfügung hat. Für Datenbanksysteme, die dagegen tendenziell nur lesen, wie Auswertungs- und Archivierungssysteme, reicht auch eine Einstellung am unteren Ende der Skala, bei um die 10 Prozent vom Hauptspeicher.

Die maximale Größe des Shared-Buffer-Pool wird begrenzt durch die vom Betriebssystem vorgegebene Obergrenze SHMMAX. Wenn ein zu hoher Wert gewählt wird, gibt es Fehlermeldungen vom Betriebssystem (siehe dazu Abschnitt *Betriebssystemeinstellungen*). Die minimale Einstellung ist 128 KByte oder aber 16 * max_connections.

Zu beachten ist, dass der Parameter `shared_buffers` nur vor dem Start einer PostgreSQL-Instanz gesetzt werden kann. Nachträgliche Anpassungen zur Laufzeit sind nicht möglich.

temp_buffers

Diese Einstellung legt einen Buffer-Pool für temporäre Tabellen fest. Die Voreinstellung ist 8 MByte. Die damit festgelegte Größe ist als Obergrenze je Datenbankverbindung zu verstehen, die für temporäre Tabellen als Pufferspeicher genutzt werden kann. Dabei wird nicht sofort die volle angegebene Kapazität genutzt, sondern der Speicher wird bei Bedarf in Blockschritten (zu 8 KByte) bis zur angegebenen Grenze verwendet. Die Speicherverwaltung benötigt für die Bereitstellung der Blockdeskriptoren jeweils 64 Bytes, was bei der Angabe von sehr großen Werten berücksichtigt werden sollte, wenn diese nicht immer benötigt werden. Sobald für temporäre Tabellen mehr Speicher als konfiguriert benötigt wird, werden Zugriffe unter Umständen langsam, das diese nicht mehr vollständig im Hauptspeicher gepuffert werden können. Temporäre Tabellen werden immer sofort als Datei abgelegt, so dass eine zu kleine Einstellung die Erzeugung deutlich größerer Tabellen als in der Konfigurationsparameter `temp_buffer` festgelegt, nicht verhindert.

Großzügige Einstellungen für temp_buffers sind vor allem für Anwendungen interessant, die häufig während einer Datenbanksitzung verwendete Daten in temporären Tabellen ablegen und aktualisieren. Indexe, die aus temporären Tabellen erzeugt wurden, werden ebenfalls in den temporären Buffer-Pool einer Datenbanksitzung abgelegt. Die ideale Größe von temp_buffers richtet sich nach der Menge der Daten, die in temporären Tabellen abgelegt werden sollen, inklusive eventuell bestehender Indexe. Das ist besonders für umfangreiche Datenbankjobs sinnvoll, die temporäre Daten berechnen, zwischenspeichern, aktualisieren und erneut aggregieren. Für die meisten Anwendungen, die temporäre Tabellen nicht oder nur wenig benutzen, ist die Voreinstellung aber ausreichend.

Es ist möglich, temp_buffers innerhalb einer Datenbankverbindung auf einen individuellen Wert zu konfigurieren, je nach Bedarf, zum Beispiel so:

```
SET temp_buffers TO '96MB';
```

Sind einmal Daten von temporären Tabellen in diesem Pool eingelagert, kann er nachträglich jedoch nicht mehr geändert werden. Anschließende Versuche, die Größe zu verringern oder zu erhöhen, werden ignoriert.

work_mem

Die Größe des zur Verfügung stehenden Hauptspeichers für Datenbankoperationen wie Sortieren oder bestimmte Verknüpfungsalgorithmen wird durch den Parameter work_mem angegeben. Wie temp_buffers ist diese Einstellung als Obergrenze zu verstehen. Reicht der durch work_mem vorgegebene Speicher nicht aus, weicht PostgreSQL bei Anfragen, die einen höheren Speicherbedarf aufweisen, auf die Festplatte aus. Zu kleine Einstellungen führen zu einer erhöhten Nutzung von temporären Dateien, was die Performance beeinträchtigt und außerdem das Festplattensystem zusätzlich belastet.

Der von work_mem konfigurierte Speicher wird von Anfragen im Datenbanksystem für verschiedene Aufgaben wie effizientes Sortieren, Verknüpfung und Filtern bestimmter Daten verwendet. Insbesondere kommt er für folgende Operationen zum Einsatz:

- ORDER BY, DISTINCT und Merge-Joins benötigen Speicher für Sortieroperationen.
- Hash-Joins, Hash-Aggregierungen sowie Hash-basiertes Verarbeiten von IN-Operationen benötigen Speicher für Hash-Tabellen.
- Bitmap Index Scans benötigen Speicher für die internen Bitmaps.

Mehr Informationen über diese Operationen, Planknoten und generelles Tuning von Anfragen gibt es in Kapitel 8.

Der von work_mem festgelegte Speicher wird potenziell pro Operation verwendet, kann also von einer Anfrage auch gleichzeitig mehrmals verwendet werden. Eine zu große Speicherzuweisung an Datenbankanfragen mit work_mem kann daher möglicherweise den verfügbaren Arbeitsspeicher aufbrauchen, insbesondere wenn viele Datenbanksitzungen diese Anfragen gleichzeitig ausführen.

Die Voreinstellung für `work_mem` ist 1 MByte. Das beansprucht den verfügbaren Hauptspeicher in modernen Rechnern nicht besonders. Für viele Anwendungen der OLTP-Art ist diese Einstellung auch ausreichend, da letztendlich die zu sortierenden Datenmengen relativ klein sind. Wenn allerdings größere Auswertungsanfragen (OLAP, Data Mining) ausgeführt werden oder Ausführungspläne eine der oben genannten Operationen zeigen, und die Geschwindigkeit nicht zufriedenstellend ist, dann kann die Erhöhung von `work_mem` sehr viel ausmachen.

Die Einstellung von `work_mem` kann per `SET`-Befehl innerhalb einer Datenbanksitzung angepasst werden, zum Beispiel so:

```
SET work_mem TO '32MB';
```

Spezifische Speicheranforderungen einer Anfrage können direkt an die Anfrage gekoppelt werden. Das ist einer globalen Einstellung aus den genannten Gründen vorzuziehen. Die tatsächliche Nutzung des von `work_mem` zur Verfügung gestellten Speichers kann mithilfe der Option `trace_sort` nachvollzogen werden. Das folgende Beispiel demonstriert das Vorgehen. Der Parameter `client_min_messages` (siehe unten) wird auf den Wert `DEBUG` konfiguriert, um die Ausgabe im Client sehen zu können.

```
db=# SET work_mem TO '8MB';
SET
db=# SET trace_sort TO on;
SET
db=# SET client_min_messages TO DEBUG;
SET
db=# SELECT relname, relkind, relpages
db-# FROM pg_class c
db-# WHERE relkind = 'r'
db-# ORDER BY relpages DESC, relname ASC
db-# LIMIT 1;
LOG:  begin tuple sort: nkeys = 2, workMem = 8192, randomAccess = f
LOG:  performsort starting: CPU 0.00s/0.00u sec elapsed 0.00 sec
LOG:  performsort done: CPU 0.00s/0.00u sec elapsed 0.00 sec
LOG:  internal sort ended, 31 KB used: CPU 0.00s/0.00u sec elapsed 0.00 sec
 relname | relkind | relpages
---------+---------+----------
 pg_proc | r       |       47
(1 Zeile)
```

Dieses Vorgehen zeigt in der jeweils letzten `LOG`-Zeile den tatsächlich von der Anfrage verwendeten Arbeitsspeicher, und ob überhaupt die Sortierung im Speicher (internal sort) oder auf dem Festspeichersystem (external sort) durchgeführt wurde. Entwickler und Administratoren können so den Speicherbedarf ermitteln. Allerdings ersetzt dieses Vorgehen nicht die Anfrageanalyse mit `EXPLAIN` (siehe Kapitel 8), die wesentlich detailliertere Informationen zur Verarbeitung einer Anfrage liefert.

maintenance_work_mem

Der Parameter `maintenance_work_mem` legt die Obergrenze an Arbeitsspeicher fest, die von Verwaltungsoperationen zur Änderung und Erzeugung von Datenbankobjekten oder

Garbage Collections verwendet werden darf. Die Semantik dieser Parametereinstellungen entspricht der von work_mem. Mehr Speicher bedeutet erheblich schnellere Operationen, nimmt aber eventuell anderen Aktionen Speicher weg.

Der hier eingestellte Speicher wird von folgenden Befehlen verwendet:

- CREATE INDEX (ebenso Anlegen von Primärschlüsseln und Unique Constraints)
- ALTER TABLE für das Hinzufügen von Fremdschlüsseln
- VACUUM
- CLUSTER

Arbeitsspeicher wird bis zur mit maintenance_work_mem definierten Obergrenze je Datenbanksitzung verwendet. In der Regel werden solche Befehle in Wartungsfenstern ausgeführt, und – wenn überhaupt – nur eine begrenzte Anzahl gleichzeitig. Daher empfiehlt es sich, für maintenance_work_mem eine recht großzügige Einstellung zu wählen. Die Voreinstellung ist 16 MByte; auf modernen Systemen sind auch größere Einstellungen denkbar, insbesondere wenn die oben genannten Operationen als dringlicher betrachtet werden als der normale Datenbankbetrieb (von dem dann ja Speicher weggenommen würde).

Vorübergehend größere Einstellungen können auch flexibel für jeden Befehl durch das SET-Kommando innerhalb derselben Datenbanksitzung vorgenommen werden, beispielsweise für das nachträgliche Erzeugen eines Index:

```
db=# SET maintenance_work_mem TO '384MB';
SET
db=# CREATE INDEX personen_vorname_nachname_idx ON personen(vorname, nachname);
CREATE INDEX
```

Steht entsprechend viel Hauptspeicher zur Verfügung, können größere Datenmengen direkt im Speicher verarbeitet und die Verarbeitung dadurch beschleunigt werden.

Auch VACUUM verwendet Speicher in Abhängigkeit von maintenance_work_mem. Das ist besonders dann zu berücksichtigen, wenn stark fragmentierte Tabellen mit vielen durch vorhergehende Transaktionen gelöschte oder aktualisierte Zeilen zu untersuchen sind. VACUUM speichert diese Zeilen im Arbeitsspeicher zwischen und muss bei Erreichen der durch maintenance_work_mem möglichen Obergrenze jeweils vorhandene Indexe neu lesen. Neben der Erhöhung des Speichers ist hier auch häufigeres VACUUM eine angebrachte Lösung.

max_fsm_pages

VACUUM verwaltet freigegebenen Speicherplatz in einer Hash-Tabelle im Shared Memory des Datenbankservers. Die Free Space Map (FSM) speichert einen Zeiger auf freien Speicherplatz (»tote Tupel«) innerhalb einer Tabelle oder eines Index und stellt ihn UPDATE- oder INSERT-Operationen zur Wiederverwendung zur Verfügung. Die Größe der FSM wird beim Serverstart festgelegt, max_fsm_pages gibt dabei die Anzahl von Datenbankseiten an, die abgelegt werden können. Ein Eintrag belegt sechs Bytes. Die minimale Einstellung beträgt 16 * max_fsm_relations.

Das Programm initdb legt bei Initialisierung einer PostgreSQL-Instanz je nach Größe des zur Verfügung stehenden Hauptspeichers Werte zwischen 20 und 200.000 fest. Es sollte jedoch immer eine ausreichende Menge von Seiten in der FSM zur Verfügung stehen, da andernfalls fragmentierte Seiten einer Relation oder eines Index nicht mehr erfasst werden können und diese dadurch immer stärker anwachsen. Das wiederum beeinträchtigt die Geschwindigkeit erheblich und erfordert, wenn das Anwachsen weit fortgeschritten ist, den Einsatz blockierender Wartungskommandos wie VACUUM FULL oder REINDEX, um die Objekte relativ zur ihren Nutzdaten wieder auf eine vernünftige Größe zu bringen. Das ist nicht wünschenswert, da im Gegensatz zu VACUUM durch VACUUM FULL und REINDEX der Produktivbetrieb aufgrund von Tabellen- und Zeilensperren beeinträchtigt wird und somit in der Regel längere Wartungsfenster erforderlich werden.

Detaillierte Informationen über VACUUM und die Free Space Map folgen in Kapitel 3.

max_fsm_relations

Die Anzahl von Tabellen und Indexen, die in der Free Space Map erfasst werden können, wird durch den Parameter max_fsm_relations festgelegt. Die Voreinstellung ist 1.000, was meist ausreichend ist. Aber auch Systemtabellen und -indexe zählen dazu, was bei sehr umfangreichen Datenbankschemata den Standardwert übersteigen kann. Die Anzahl der Indexe und Tabellen einer Datenbank lässt sich einfach ermitteln, zum Beispiel so:

```
db=# SELECT count(*) FROM pg_class WHERE relkind IN ('r', 'i');
 count
-------
   141
(1 Zeile)
```

Insbesondere Tabellen, die durch Löschen und Aktualisieren stark frequentiert sind, müssen auf jeden Fall innerhalb der FSM erfasst werden können, da sie stark fragmentieren und die betroffenen Speicherbereiche nicht zur Wiederverwendung freigegeben werden können. Man sollte den Wert für diesen Parameter daher eher großzügig kalkulieren. Pro Eintrag werden lediglich sieben Bytes zusätzlich im Shared Memory des Datenbankservers benötigt.

Wartung: Vacuum und Autovacuum

Zu den Wartungaufgaben bei einer PostgreSQL-Installation zählen insbesondere die Planung und Durchführung regelmäßiger VACUUM-Operationen, die Tabellen auf gelöschte beziehungsweise aktualisierte Zeilenversionen untersuchen und den dadurch entstandenen »toten« Speicherplatz zur Wiederverwendung freigeben. Außerdem müssen die Planerstatistiken mit dem Befehl ANALYZE aktuell gehalten werden. Seit Version 8.1 bietet

PostgreSQL einen integrierten Autovacuum-Dienst, der das selbstständig übernimmt. Dieser gesamte Themenkomplex wird im Detail in Kapitel 3 behandelt. Wir zeigen hier nur die wichtigsten Konfigurationsparameter in einer kurzen Übersicht.

autovacuum

Aktiviert den Autovacuum-Prozess. Ab PostgreSQL 8.3 ist die Voreinstellung an und die Verwendung des Autovacuum-Dienstes empfehlenswert.

autovacuum_max_workers

Definiert die Anzahl von Autovacuum-Prozessen. Diese werden vom Autovacuum-Launcher gesteuert und nach Bedarf gestartet. Die Voreinstellung ist 3 und reicht in der Praxis normalerweise aus.

autovacuum_naptime

Damit wird die Wartezeit zwischen den einzelnen Autovacuum-Läufen eingestellt. Die Voreinstellung ist eine Minute.

Scale Factor und Threshold

Die Parameter

- `autovacuum_vacuum_scale_factor`,
- `autovacuum_vacuum_threshold`,
- `autovacuum_analyze_scale_factor` und
- `autovacuum_analyze_threshold`

konfigurieren den Algorithmus, mit dem der Autovacuum-Dienst bestimmt, ob eine bestimmte Tabelle mit VACUUM oder mit ANALYZE bearbeitet werden muss. Damit kann man aggressiveres oder zurückhaltenderes Eingreifen des Autovacuum-Dienstes erreichen. Die Details dieses Verfahrens werden in Kapitel 3 beschrieben.

Transaktionslog

Das Transaktionslog, auch Write-Ahead-Log oder WAL genannt, spielt in einem PostgreSQL-Datenbanksystem eine zentrale Rolle bei der Absicherung der Datenkonsistenz und -verfügbarkeit sowie (optional) bei der Datensicherung (siehe auch Kapitel 4, Kapitel 6 und Kapitel 8). Die Konfiguration des Transaktionslogs hat daher entscheidende Auswirkungen auf das Verhalten des Gesamtsystems in kritischen Situationen.

fsync

Der Parameter `fsync` beeinflusst die Synchronisation von Transaktionen auf das Speichersystem. PostgreSQL verwendet den Systemaufruf `fsync()`, um die Integrität der

Änderungen an der Datenbank zu garantieren. Dazu müssen Schreibvorgänge in das Transaktionslog in ihrer Reihenfolge eingehalten werden, ferner muss sich das DBMS auf den erfolgreichen Abschluss dieser Ausschreibungen verlassen können. `fsync()` synchronisiert diese Vorgänge und garantiert das Ausschreiben auf das Speichersystem.

Alle Festplattensysteme verfügen zurzeit über einen eigenen Datencache, der Schreib- und Lesevorgänge puffert. `fsync()` ist auch eine generelle Anweisung an das Betriebssystem, die synchrone und garantierte Ausschreibung von Datenblöcken an die verwendeten Festplatten weiterzugeben. Häufig sind aber Festplattentypen anzutreffen, die Synchronisationsanweisungen ignorieren und trotzdem diese Schreibvorgänge puffern. Das gefährdet die Integrität der Datenbank. Hier hilft nur das Abschalten des Datencache, zumindest für Schreibvorgänge. Das Erkennen solcher Festplatten ist schwer, hochwertige SCSI- oder SAS-Festplatten sollten diese Anweisungen aber generell befolgen. Auf Linux-Systemen lässt sich der Schreibcache mithilfe des Programmes `hdparm` deaktivieren:

```
# hdparm -W0 /dev/sda

/dev/sda:
 setting drive write-caching to 0 (off)
 write-caching =  0 (off)
```

Das gezeigte Beispiel schaltet den Datencache für Schreibvorgänge auf dem Blockgerät */dev/sda* ab.

Der Parameter `fsync` ist in der Voreinstellung an und sollte normalerweise auch immer an bleiben. Wenn man ihn ausschaltet, kann man wunderbare Performancegewinne erreichen, wird aber auch bei Systemabstürzen oder Stromausfällen möglicherweise alle Daten verlieren. Beim ersten Befüllen einer Datenbank kann `fsync` abgeschaltet werden (siehe Kapitel 8). Ansonsten sollte der Parameter an bleiben.

wal_buffers

Der Parameter `wal_buffers` konfiguriert die Größe des Transaktionslogpuffers im Shared Memory des Datenbankservers. Änderungen an der Datenbank werden im Transaktionslog protokolliert, um Transaktionssicherheit zu garantieren. Diese Schreibvorgänge können während umfangreicher Transaktionen schnell zum Flaschenhals werden, PostgreSQL puffert sie daher zwischen. Idealerweise wird `wal_buffers` so konfiguriert, dass die Größe dieses Puffers der größten Menge an Daten entspricht, die während einer Transaktion geändert werden.

Die Voreinstellung ist 64 KByte, was für OLTP-artige Anwendungen, die in einer Transaktion immer nur kleine Datenmengen ändern, angebracht ist. Wenn mehr Daten pro Transaktion geändert werden, kann auch mehr Speicher gewährt werden.

Dieser Parameter kann nur in der Konfigurationsdatei oder auf der Serverkommandozeile geändert werden.

synchronous_commit

Wenn der Parameter synchronous_commit ausgeschaltet wird, ist das asynchrone Ausschreiben von Transaktionen aus dem WAL-Puffer (siehe oben) möglich. Dann werden Transaktionsinformationen nicht synchron beim COMMIT einer Transaktion ausgeschrieben, sondern zeitverzögert. Die Voreinstellung ist an, so dass das Transaktionslog synchron geschrieben wird. Dieser Parameter ist erst ab PostgreSQL 8.3 verfügbar.

Anders als checkpoint_delay verzögert sich das Beenden der Transaktion bei nicht synchronem COMMIT aber nicht, vielmehr wird das Ausschreiben der Transaktionsinformationen in das Transaktionslog in den Hintergrund verlagert. Das beschleunigt den Abschluss einer Transaktion erheblich, da nicht mehr auf die Synchronisierung des Speichersystems gewartet werden muss. Allerdings kann es den Verlust von erfolgreich abgeschlossenen Transaktionen zur Folge haben, da diese im Fall eines Absturzes nicht garantiert rechtzeitig auf das Speichersystem ausgeschrieben worden sind. Es hängt von der Beschaffenheit der Daten ab, ob ein eventueller Verlust vertretbar ist oder nicht. Aus diesem Grund ist es nicht unbedingt empfehlenswert, diesen Parameter global zu deaktivieren. synchronous_commit lässt sich unmittelbar zu Beginn einer Transaktion per SET-Befehl setzen, so dass man je nach Transaktion direkt das COMMIT-Verhalten beeinflussen kann.

Der Parameter synchronous_commit weist Ähnlichkeiten mit dem Parameter fsync auf. Der Unterschied ist, dass synchronous_commit = off bei einem Absturz einige der letzten Transaktionen verlieren kann, aber fsync = off bei einem Absturz das gesamte Datenbanksystem kaputtmachen kann.

wal_writer_delay

Seit Version 8.3 von PostgreSQL werden Schreibvorgänge in das Transaktionslog (WAL) über einen dedizierten Prozess vorgenommen. Das sorgt für eine geringere Schreiblast in Datenbankverbindungen. Dieser sogenannte WAL-Writer schreibt in dem über wal_writer_delay einstellbaren Turnus entsprechende Blöcke aus; Datenbankverbindungen werden damit spürbar entlastet. Der WAL-Writer ist ferner verantwortlich für das Ausschreiben asynchroner Transaktionen, die über den Parameter synchronous_commit gesteuert werden können. wal_writer_delay kann nur in der Konfigurationsdatei oder der Serverkommandozeile eingestellt werden. Die Voreinstellung ist 200 ms.

checkpoint_segments

Der Konfigurationsparameter checkpoint_segments definiert die Anzahl der Segmente im Transaktionslog, die PostgreSQL zum Protokollieren von Datenänderungen innerhalb einer Transaktion zur Verfügung stehen. Dabei können bis zu 2 * checkpoint_segments + 1 Segmente gleichzeitig auftreten, was es bei Änderungen des Parameters zu berücksichtigen gilt. Ein Segment umfasst 16 MByte.

Sind nicht genügend Segmente vorhanden, muss PostgreSQL die vorhandenen neu beschreiben. In diesem Fall werden ein Checkpoint ausgelöst, alle Änderungen synchronisiert und die Logsegmente für die Wiederverwendung vorbereitet. Eine zu geringe Anzahl von Transaktionslogs kann bei entsprechender Auslastung des Datenbanksystems eine schnelle Abfolge von Checkpoints zur Folge haben. Der vorkonfigurierte Wert von drei Logsegmenten ist schon für kleinere Datenbanken mit hoher Schreibauslastung zu gering, ein guter Startwert sind zwölf oder sechzehn Segmente. Weitere Informationen zum Einstellen der Checkpoint-Parameter finden Sie in Kapitel 8.

Die Anzahl der Segmente kann nur in der Konfigurationsdatei *postgresql.conf* oder der Kommandozeile des Servers definiert werden.

checkpoint_timeout

PostgreSQL forciert in der Standardeinstellung alle fünf Minuten einen Checkpoint, um alle Änderungen vom Transaktionslog in die Datenbasis zu synchronisieren. Dieses Verhalten lässt sich mit dem Konfigurationsparameter `checkpoint_timeout` beeinflussen, Checkpoints lassen sich auf längere Intervalle hinauszögern oder verkürzen. Für Datenbanken mit hoher Schreiblast ist es lohnenswert, Checkpoints auf größere Intervalle zu verteilen, der Background-Writer sorgt für gleichmäßiges Ausschreiben von Datenänderungen im Hintergrund und kann gegebenenfalls angepasst werden. Lange Checkpoint-Intervalle haben im Falle eines Absturzes längere Recovery-Zeiten zur Folge, da PostgreSQL entsprechend mehr Informationen aus den Transaktionslogs zurückspielen muss (REDO). Weitere Informationen zum Einstellen der Checkpoint-Parameter finden Sie in Kapitel 8.

checkpoint_warning

Dieser Parameter verursacht einen Warnhinweis im Serverlog, falls aufeinanderfolgende Checkpoints in die angegebene Zeit fallen, weil das Transaktionslog voll war. In der Standardeinstellung wird eine Warnung ausgegeben, wenn Checkpoints weniger als 30 Sekunden auseinanderliegen. Die Warnung sieht dann beispielsweise so aus:

```
Checkpoints passieren zu oft (alle 11 Sekunden)
```

In diesem Fall sollte die Anzahl der Segmente durch den Konfigurationsparameter `checkpoint_segments` hochgesetzt werden, weil sonst die Geschwindigkeit des Datenbanksystems schlecht sein wird. Wenn allerdings gerade viele Daten geladen werden, ist es normal, wenn mehr Daten in das Transaktionslog geschrieben werden. Man könnte diese Warnung dann auch ignorieren. Wenn allerdings häufig große Datenmengen geladen werden sollen, lohnt sich eine Umkonfigurierung der Checkpoint-Intervalle schon (siehe dazu auch Kapitel 8).

Ändern muss man diesen Parameter eigentlich nicht, aber es ist wichtig, den Mechanismus zu kennen.

checkpoint_completion_target

Der Parameter `checkpoint_completion_target` konfiguriert die maximale Dauer eines Checkpoints. Damit können ein Checkpoint und das Ausschreiben von Datenänderungen gebremst werden. Checkpoints können starke Schreibauslastung auf dem Speichersystem zur Folge haben. Um diese Auswirkungen abzufedern, kann der Background-Writer-Prozess, der für die Abwicklung von Checkpoints zuständig ist, entsprechend verlangsamt werden.

`checkpoint_completion_target` definiert die Länge der Zeit, die ein Checkpoint benötigen darf, anteilig zum Checkpoint-Intervall. Ein Wert von 0.0 entspricht voller Geschwindigkeit, während 1.0 einen Checkpoint über die Dauer eines kompletten Intervalls verteilt. Die Voreinstellung ist 0.5. Verteilte Checkpoints wirken der vollständigen Auslastung des Speichersystems entgegen, wenn beispielsweise das Speichersystem ausgelastet ist und keine anderen Aufgaben mehr wahrnehmen kann.

`checkpoint_completion_target` kann nur auf der Kommandozeile oder in der Konfigurationsdatei *postgresql.conf* konfiguriert werden.

full_page_writes

Um im Falle eines Datenbankabsturzes partiell geschriebene Datenbankseiten zu restaurieren, benötigt PostgreSQL eine vollständige Kopie einer Seite im Transaktionslog. Es ist ausreichend, die Seite nur dann vollständig in das Transaktionslog auszuschreiben, wenn sie nach einem Checkpoint das erste Mal geändert wurde. Darauf folgende Änderungen werden anhand eines Deltas bis zum nächsten Checkpoint ausgeschrieben. Der Parameter `full_page_writes` beeinflusst dieses Verhalten. Sind vollständige Seitenausschreibungen ausgeschaltet, werden auch unmittelbar nach Checkpoints zum ersten Mal geänderte Datenbankseiten nicht vollständig ausgeschrieben. Als Standardeinstellung sind sie eingeschaltet, also ist auch im Falle eines Absturzes garantiert, dass partielle ausgeschriebene Datenbankseiten durch die Recovery aus dem Transaktionslog wiederhergestellt werden können.

Manche Speichersysteme bieten Absicherungen gegen nur partiell geschriebene Blöcke, beispielsweise batteriegepufferte Caches, die bei Strom- oder Hardwareausfall Schreibinformationen im Cache eine Zeit lang zwischenpuffern können. Manche Dateisysteme bieten ebenfalls entsprechende Implementierungen, die konsistente und vollständige Schreibvorgänge in die Datenbasis der Datenbank garantieren. In solchen Fällen kann man `full_page_writes` mit Vorsicht abschalten.

Die Auswirkungen von abgeschalteten `full_page_writes` sind vergleichbar mit denen eines deaktivierten `fsync`-Parameters. Die Datenintegrität der Datenbank ist bei Deaktivierung beider Parameter nicht mehr gewährleistet. Das Risiko bei deaktiviertem `full_page_writes`-Parameter ist geringer, jedoch sollte nur bei entsprechender Validierung der verwendeten Hardware das Abschalten des Parameters in Erwägung gezogen werden. Entstehen Geschwindigkeitsprobleme durch häufiges Ausschreiben von vollständigen

Datenbankseiten nach Checkpoints, dann lässt sich das auch durch das Vergrößern der Checkpoint-Intervalle entschärfen (Konfigurationsparameter `checkpoint_segments` und `checkpoint_timeout`).

Planereinstellungen

Die in diesem Abschnitt aufgezählten Parameter beeinflussen den Anfrageplaner. Er wird detailliert in Kapitel 8 beschrieben.

Plantypen

Mit den im Folgenden beschriebenen Einstellungen können bestimmte Plantypen ausgeschaltet werden. Der Planer verwendet dann wann immer möglich andere Plantypen, um eine bestimmte Anfrage auszuführen. Diese Einstellungen sollten als Hilfestellung für Fehleranalyse und Optimierungsversuche verstanden werden. Es ist nicht zu empfehlen, einzelne Parameter global zu deaktivieren. Am besten werden diese Parameter innerhalb einer Datenbanksitzung mit dem `SET`-Befehl gesetzt.

Weitere Informationen über die Bedeutung der verschiedenen Plantypen und das Tunen von Anfragen finden Sie in Kapitel 8.

In der Voreinstellung sind alle diese Einstellungen an, das heißt, der jeweilige Plantyp kann benutzt werden.

enable_seqscan: Weist den Planer an, sequenzielle Scans möglichst nicht zu berücksichtigen. Dadurch kann die Verwendung von indexbasierten Ausführungsplänen erzwungen werden, wenn der Planer zu sequenziellen Plänen tendiert. Sequenzielle Scans können nicht vollständig abgeschaltet werden, sie werden nur extrem hoch bewertet und erscheinen daher dem Planer als sehr aufwendig, so dass sie im Normalfall nicht herangezogen werden, solange günstigere alternative Ausführungspläne ermittelt werden können.

enable_indexscan: Ermöglichst das Aktivieren beziehungsweise Deaktivieren von Index Scans.

enable_bitmapscan: Ermöglicht das Aktivieren beziehungsweise Deaktivieren von Bitmap Index Scans.

enable_nestloop: Nested-Loop-Joins werden durch das Deaktivieren des Konfigurationsparameters `enable_nestloop` extrem hoch bewertet, so dass sie dem Planer sehr teuer erscheinen, was dazu führt, dass entsprechende Ausführungspläne bei verfügbaren günstigeren Alternativen entsprechend nicht herangezogen werden. Nested-Loop-Joins können nicht vollständig abgeschaltet werden, daher kann ein Ausführungsplan sie trotz Deaktivierung enthalten.

enable_hashjoin: Hash-Join-Plantypen werden vom Planer nicht berücksichtigt, wenn der Konfigurationsparameter `enable_hashjoin` deaktiviert ist.

enable_mergejoin: Merge-Join-Plantypen werden vom Planer nicht berücksichtigt, wenn der Konfigurationsparameter `enable_mergejoin` deaktiviert ist.

enable_hashagg: Aktiviert oder deaktiviert die Verwendung von Hash-basierter Aggregierung.

enable_sort: Wenn dieser Parameter ausgeschaltet ist, veranlasst das den Anfrageplaner, Sortieroperationen möglichst nicht zu berücksichtigen. Die Deaktivierung von Sortierknoten ist nicht vollständig möglich, der Planer versucht aber, Alternativen heranzuziehen. Aus diesem Grund können Sortieroperationen in einem Anfrageplan vorkommen, auch wenn dieser Parameter aus ist.

enable_tidscan: Aktiviert oder deaktiviert TID-basierte Plantypen.

Kostenparameter

Die in diesem Abschnitt beschriebenen Parameter beeinflussen das Kostenmodell des Planers (siehe dazu Kapitel 8). In diesem Abschnitt beschränken wir uns auf eine kurze Zusammenfassung.

seq_page_cost: Dieser Parameter definiert die Kosten für das sequenzielle Lesen einer Datenbankseite (in der Voreinstellung 1.0).

random_page_cost: Dieser Parameter definiert die Kosten für das Lesen einer Datenbankseite beim verteilten, wahlfreien Zugriff (etwa beim Durchsuchen eines Index; in der Voreinstellung 4.0).

cpu_tuple_cost: Dieser Parameter definiert die Kosten für das Verarbeiten einer Tabellenzeile durch die CPU (in der Voreinstellung 0.01).

cpu_index_tuple_cost: Dieser Parameter definiert die Kosten für das Verarbeiten eines Indexeintrags durch die CPU (in der Voreinstellung 0.005).

cpu_operator_cost: Dieser Parameter definiert die Kosten für das Verarbeiten eines Operators oder einer Funktion (in der Voreinstellung 0.0025).

effective_cache_size: Dieser Parameter gibt an, wie viel Cachespeicher vom Betriebssystem einer Anfrage zur Verfügung stehen wird. Dieser Parameter legt also keine Speicher für PostgreSQL an, sondern teilt dem Planer nur mit, wie viel Cache das Betriebssystem hat. Die Voreinstellung ist 128 MByte.

Andere Planereinstellungen

In diesem Abschnitt geht es noch um einige Einstellungen, die den Planer anderweitig beeinflussen.

default_statistics_target: Dieser Parameter bestimmt, wie viele Planerstatistiken für jede Spalte einer Tabelle gesammelt werden, wenn keine besondere Einstellung für eine Spalte getroffen wurde. Die Voreinstellung ist 10; das funktioniert generell ganz gut, aber es wird dazu übergegangen, hier einen höheren Wert wie 100 zu setzen. In Kapitel 8 wird dieses Thema im Detail behandelt.

Logging

Loginformationen bieten dem Datenbankadministrator einen wertvollen Überblick über den Zustand einer Datenbank in der Vergangenheit. Aus ihnen gewinnt er Informationen über Fehlfunktionen, Anwendungsverhalten oder gar Sicherheitsprobleme. Aus diesem Grund ist es besonders wichtig, Loginformationen sorgfältig aufzubereiten. Jedoch können Logdateien nicht in beliebiger Menge und Größe aufgehoben werden, je nach Informationsgehalt müssen sie rotiert und nach Ablauf gewisser Fristen gesichert werden. Auch fallen auf produktiven Datenbankinstanzen andere Loginformationen an als beispielsweise auf Testumgebungen, wo es notwendig ist, ein umfangreiches Logging der Anfragen zu aktivieren, um so die Fehlersuche bei der Anwendungsentwicklung zu erleichtern.

Die Logging-Parameter bieten dem Administrator die Möglichkeit, das Serverlog (die Aufzeichnung von Textmeldungen des Servers, nicht zu verwechseln mit Transaktionslog/WAL, Commit-Log/clog und anderen Logs) an die eigenen Bedürfnisse anzupassen. In der Tat sind die eigenen Wünsche der entscheidende Faktor bei der Wahl der Einstellungen hier. Empfehlenswert ist jedoch, gerade anfangs beim Kennenlernen von PostgreSQL, aber auch beim Entwickeln neuer Anwendungen, möglichst viel zu loggen, um bei Problemen auch wirklich alle notwendigen Informationen zu erhalten. Später, wenn man Erfahrung im Umgang mit PostgreSQL hat beziehungsweise die Anwendung stabilisiert und im Produktivbetrieb ist, kann man das Logvolumen etwas zurückdrehen, um den Blick auf das Wesentliche zu behalten.

Die zahlreichen Logeinstellungen in PostgreSQL können unterteilt werden in die Gruppen: *Wohin* soll geloggt werden, *wann* soll geloggt werden und *was* soll geloggt werden.

Wohin soll geloggt werden?

Die erste Entscheidung ist, wohin die geloggten Informationen geschrieben werden. PostgreSQL kann in eine Datei schreiben oder die Informationen an den Syslog-Dienst oder auf Windows an das Event-Log senden, von wo sie in der Regel wiederum in einer Datei landen. Außerdem muss man sich überlegen, wie die Logdateien rotiert werden sollen.

Ohne Rotation wird die Logdatei auf die Dauer sehr stark wachsen und so ziemlich unhandlich werden.

PostgreSQL bietet die Möglichkeit, Informationen selbst oder über betriebssystemeigene Infrastrukturen zu verwalten. Für einfachere Auswertung steht des Weiteren ein CSV-kompatibles Logformat zur Verfügung. In der Regel sollte man zur Logverwaltung auf die entsprechenden Mechanismen des Betriebssystems zurückgreifen. Gängige Linux-Systeme bieten über die eigene Infrastruktur einfach zu verwaltende Logrotationen und -sicherungsmechanismen an, so dass kein zweites System daneben etabliert werden muss. Das vereinfacht auch die Arbeit des Administrators erheblich, da er nicht ein weiteres Logsystem im Auge behalten muss.

In vorgefertigten Binärpaketen ist meist eine Logvariante fertig eingerichtet. Man sollte sich zumindest anfangs daran halten, da so sichergestellt ist, dass alle Komponenten richtig ineinandergreifen. Wenn man zum Beispiel auf Syslog umschalten möchte, muss auch der Syslog-Dienst konfiguriert werden, damit klar ist, wohin die geloggten Daten geschrieben werden. Außerdem sollte dann die Logrotation des Syslog-Dienstes angepasst werden, damit er die neuen Dateien mit dem PostgreSQL-Serverlog miterfasst. Wenn umgekehrt auf Loggen in eine Datei umgestellt wird, sollte auch dafür Logrotation eingerichtet werden, entweder mit einem Betriebssystemwerkzeug oder mit den eingebauten Möglichkeiten von PostgreSQL (dazu gleich mehr). Aus diesen Gründen ist es einfacher, vernünftig an das Betriebssystem angepasste Binärpakete zu verwenden, wo diese Aspekte vorkonfiguriert sind.

Das Auffinden des Serverlogs in einer unbekannten PostgreSQL-Installation ist eine der abenteuerlichsten und ärgerlichsten Übungen für PostgreSQL-Administratoren. Deshalb wird empfohlen, sich zumindest ansatzweise an ein paar Standards zu halten. PostgreSQL-Logdateien sollten entsprechend dem Filesystem Hierarchy Standard (FHS) in oder unter */var/log/postgresql* liegen. Wer alles beieinanderhalten und kein irgendwo anders liegendes Verzeichnis verwenden möchte, kann die Logs alternativ auch direkt im Datenbankverzeichnis speichern. Dabei ist das Unterverzeichnis *pg_log* üblich.

log_destination: Der Parameter `log_destination` spezifiziert, welche Loginfrastruktur für das Serverlog verwendet werden soll. Folgende Möglichkeiten werden dafür angeboten:

stderr

Schreibt alle Informationen auf die Standardfehlerausgabe. Von dort können sie von der Shell in eine Datei umgeleitet werden, zum Beispiel mit `postgres -D datenverzeichnis >logdatei 2>&1`. Die Option `-l` von `pg_ctl` hat dieselbe Wirkung. Wenn der Parameter `logging_collector` beziehungsweise `redirect_stderr` (siehe unten) an ist, wird von PostgreSQL selbst ein Logdienst gestartet, der die Standardfehlerausgabe abfängt und in Dateien schreibt, was mit weiteren, unten beschriebenen Parametern konfiguriert werden kann.

Dieser Wert ist die Voreinstellung und wohl auch die am häufigsten verwendete Einstellung.

syslog

Sendet alle Loginformationen an das Syslog-System, das auf Unix-artigen Betriebssystemen die zentrale Sammelstelle für Logmeldungen aller Art ist. Je nachdem, welche Variante von Syslog installiert ist, wird das System in der Konfigurationsdatei */etc/syslog.conf*, */etc/syslog-ng/syslog-ng.conf*, */etc/rsyslog.conf* oder ähnlich konfiguriert. Siehe auch `syslog_facility`.

Die Verwendung des Syslog-Dienstes war einst sehr populär unter PostgreSQL-Administratoren, weil sich damit die Logrotation am einfachsten einrichten ließ. Das geht mit der *stderr*-Variante aber mittlerweile auch ganz einfach. Interessant ist die Verwendung von Syslog nun vor allem, wenn man Logmeldungen mehrerer Server übers Netzwerk sammeln oder andere Features der modernen Syslog-Implementierungen (z.B. Filter) verwenden möchte.

Einige Fehler werden aus betriebssystemspezifischen Gründen immer auf die Standardfehlerausgabe geschrieben und landen nicht im Syslog, zum Beispiel Fehler vom dynamischen Linker. Deswegen sollte, auch wenn Syslog verwendet wird, die Standardfehlerausgabe des Servers irgendwo abgespeichert werden, damit sie zur Fehleranalyse zur Verfügung steht.

Beachten Sie auch, dass ältere Implementierungen des Syslog-Dienstes recht anfällig sind, da sie bei hoher Auslastung Nachrichten verlieren und somit die Protokollierung verfälschen können.

eventlog

Nutzt unter Windows das Ereignisprotokoll für das Protokollieren der Lognachrichten. Dadurch stehen alle Nachrichten des Datenbanksystems in der Ereignisanzeige zur Verfügung. Unter Windows ist dies die bevorzugte Art und Weise, Servernachrichten zu protokollieren und zu verarbeiten. (Diese Einstellung entspricht vom Prinzip her etwa dem Syslog-Dienst auf Unix-artigen Betriebssystemen.)

csvlog

Damit werden die Logdaten im CSV-Format ausgegeben (siehe unten). Diese Option ist erst ab PostgreSQL 8.3 verfügbar.

Der Wert von `log_destination` kann eine Liste der genannten Werte sein, wenn mehrere Logziele gewollt sind, zum Beispiel so:

```
log_destination = 'stderr, syslog'
```

CSV-Log: Der CSV-Logmodus erlaubt das Protokollieren in einem kommaseparierten Format, das von weiteren Programmen einfach weiterverarbeitet werden kann. Insbesondere kann das Log auch mit dem COPY-Befehl wieder in eine PostgreSQL-Tabelle geladen werden, zum Beispiel so:

```
COPY logtabelle FROM '/pfad/logdatei.csv' WITH CSV;
```

Diese Tabelle könnte folgendermaßen definiert werden:

```
CREATE TABLE logtabelle (
    log_time timestamp(3) with time zone,
    user_name text,
    database_name text,
    process_id integer,
    connection_from text,
    session_id text,
    session_line_num bigint,
    command_tag text,
    session_start_time timestamp with time zone,
    virtual_transaction_id text,
    transaction_id bigint,
    error_severity text,
    sql_state_code text,
    message text,
    detail text,
    hint text,
    internal_query text,
    internal_query_pos integer,
    context text,
    query text,
    query_pos integer,
    location text,

    PRIMARY KEY (session_id, session_line_num)
);
```

Einige dieser Felder werden unten unter `log_line_prefix` noch einmal genauer erklärt.

Um den CSV-Modus verwenden zu können, muss der Parameter `logging_collector` eingeschaltet sein.

logging_collector: Wenn dieser Parameter an ist, startet der PostgreSQL einen Logprozess, der die Standardfehlerausgabe abfängt und in Dateien schreibt. Das ist eine Art Mini-Syslog speziell für PostgreSQL. Die Dateinamen und die Rotation der Logdateien können mit weiteren, unten beschriebenen Parametern konfiguriert werden.

Die Voreinstellung ist aus. Vor PostgreSQL 8.3 hieß dieser Parameter `redirect_stderr`.

log_directory: Dieser Parameter bestimmt das Verzeichnis für die Logdateien, wenn `logging_collector` verwendet wird. Relative Pfade beziehen sich auf das Datenverzeichnis des Datenbankclusters.

Die Voreinstellung ist

```
log_directory = 'pg_log'
```

also unterhalb des Datenverzeichnisses. Eine mögliche sinnvolle Alternative wäre

```
log_directory = '/var/log/postgresql'
```

Man beachte, dass der PostgreSQL-Server Schreibrechte für das Verzeichnis benötigt.

log_filename: Dieser Parameter bestimmt den Logdateinamen, wenn `logging_collector` verwendet wird. Der Dateiname ist relativ zu `log_directory`. Die Voreinstellung ist

```
log_filename = 'postgresql-%Y-%m-%d_%H%M%S.log'
```

Die Platzhalter stehen für Datum und Uhrzeit, entsprechend der C-Funktion `strftime()`. Wenn keine Platzhalter angegeben sind, wird die sogenannte Epoche (Sekunden seit 1970) angehängt. Wenn der CSV-Modus benutzt wird, wird die Endung *.csv* angehängt beziehungsweise eine eventuell vorhandene Endung *.log* durch *.csv* ersetzt. Normalerweise ist die Voreinstellung für alle Fälle ausreichend.

log_rotation_age: Dieser Parameter gibt an, nach wie viel Zeit eine Logdatei spätestens rotiert wird, wenn `logging_collector` verwendet wird. Die Voreinstellung ist ein Tag (`'1d'`). Wenn der Parameter auf 0 gesetzt wird, wird keine zeitbasierte Logrotation vorgenommen.

log_rotation_size: Dieser Parameter gibt an, beim Erreichen welcher Dateigröße eine Logdatei spätestens rotiert wird, wenn `logging_collector` verwendet wird. Die Voreinstellung ist zehn MByte. Wenn der Parameter auf 0 gesetzt wird, wird keine größenbasierte Logrotation vorgenommen.

Es ist eventuell empfehlenswert, diesen Parameter auf 0 zu setzen und ausschließlich zeitbasierte Logrotation anzuwenden. Dadurch wird die Abfolge der Logdateien klarer. Sonst kann es zum Beispiel vorkommen, dass man für bestimmte Tage zwei oder mehr Logdateien hat, und das kann vielleicht etwas verwirrend und umständlich sein.

log_truncate_on_rotation: Mithilfe dieses Parameters lässt es sich einrichten, dass rotierte Logdateien nach einer bestimmten Zeit überschrieben werden, anstatt unbeschränkt aufgehoben zu werden. In der Voreinstellung ist dieser Parameter aus. Wenn nach einer zeitbasierten Rotation eine neue Logdatei geschrieben werden soll und es schon eine Datei mit diesem Namen gibt, werden neue Logdaten an die vorhandene Datei angehängt. Das ist eine Vorkehrung, damit keine Daten verloren gehen.

Wenn dieser Parameter aber angeschaltet wird, wird die vorhandene Datei überschrieben. Damit kann man erreichen, dass die Logdaten effektiv verworfen werden, wenn die Stunden, Wochentage oder Tage im Monat einmal durchgelaufen sind, je nachdem, was man eingestellt hat.

Hier ist ein Beispiel: Man setze

```
logging_collector = on
log_truncate_on_rotation = on
log_filename = 'postgresql-%a.log
log_rotation_age = '7d'
```

Dann erhält man Logdateien mit Namen *postgresql-Mo.log*, *postgresql-Di.log* und so weiter (kann je nach Locale und Betriebssystemversion anders aussehen), die sich alle sieben Tage erneuern.

Ein Beispiel für ein besonders aktives System wären stündlich erstellte Logdateien, die alle 24 Stunden erneuert werden. (Ein so kurzer Zeitraum ist aber wohl nicht empfehlenswert.)

```
...
log_filename = 'postgresql-%H.log'
log_rotation_age = '24h'
```

syslog_facility: Dieser Parameter bestimmt, mit welcher »Facility«-Markierung die PostgreSQL-Logmeldungen an den Syslog-Dienst geschickt werden. Der Syslog-Dienst sortiert normalerweise (je nach Konfiguration) die Logmeldungen entsprechend der Facility in unterschiedliche Dateien. Die Voreinstellung ist `local0`. Weitere mögliche Werte sind `local1` bis `local7`. Auf diese Art könnte man, wenn gewünscht, verschiedene PostgreSQL-Instanzen auseinanderhalten oder auch von anderen Programmen unterscheiden, falls diese dieselben Facilities benutzen sollten.

Folgende Einstellung in der Syslog-Konfigurationsdatei *syslog.conf* würde zum Beispiel alle Lognachrichten mit der Facility `local0` in die angegebene Datei schreiben:

```
local0.*    /var/log/postgresql
```

Wenn keine entsprechende Konfiguration vorhanden ist, könnten Logmeldungen von PostgreSQL eventuell verloren gehen.

Modernere Syslog-Implementierungen wie *rsyslog* und *syslog-ng* können Syslog-Meldungen auch nach Programmnamen und Textinhalt unterscheiden, was flexibler und robuster ist als diese etwas veraltete Lösung mit der Facility (siehe dazu die entsprechende Dokumentation).

syslog_ident: Dieser Parameter bestimmt, mit welcher Identifikation die PostgreSQL-Logmeldungen an den Syslog-Dienst geschickt werden. Die Voreinstellung ist `'postgres'`. Diese Identifikation macht in der Logdatei kenntlich, von welchem Programm die Logmeldung kam. Bei Bedarf kann man das ändern, um etwa verschiedene PostgreSQL-Instanzen auseinanderhalten zu können.

Wann soll geloggt werden?

Die in diesem Abschnitt beschriebenen Einstellungen steuern, wann Logmeldungen geschrieben werden oder, anders gesagt, wie viele Logmeldungen geschrieben werden.

client_min_messages: Diese Einstellung hat eigentlich nichts mit dem Serverlog zu tun, passt aber doch hier am besten rein. Sie kontrolliert, welche Servermeldungen an den Client gesendet werden. Mögliche Einstellungen sind `DEBUG5` bis `DEBUG1`, `LOG`, `NOTICE`, `WARNING`, `ERROR`, `FATAL` und `PANIC`. Es werden dann jeweils alle Meldungen der eingestellten Stufe und alle in der Aufzählung rechts davon stehenden an den Client gesendet. Die Voreinstellung ist `NOTICE`. Teilweise finden Anwender die bei `NOTICE` gesendeten Meldungen überflüssig; dann ist `WARNING` eine geeignete Einstellung. Bei noch weniger Meldungen würde man wohl Gefahr laufen, wichtige Informationen zu verlieren. Noch mehr Meldungen als `NOTICE` sind eigentlich nur zum Debuggen sinnvoll. Beachten Sie, dass `LOG` hier eine niedrigere Stufe hat als `NOTICE`, im Gegensatz zu `log_min_messages`. Das ist Absicht, da die `LOG`-Meldungen normalerweise nicht an den Client gesendet werden sollen.

Man sollte diese Einstellung nicht unbedingt global machen, sondern die Konfiguration lieber den einzelnen Benutzern selbst überlassen. Dazu kann man zum Beispiel die rollenspezifischen Konfigurationseinstellungen (`ALTER ROLE ... SET`) verwenden oder den Befehl `SET client_min_messages` in die Datei *.psqlrc* einbauen.

log_min_messages: Dieser Parameter bestimmt, welche Arten von Meldungen in das Log geschrieben werden. Er ist analog zu den anderswo gelegentlich vorhandenen Loglevel-Einstellungen. Mögliche Werte sind `DEBUG5` bis `DEBUG1`, `INFO`, `NOTICE`, `WARNING`, `ERROR`, `LOG`, `FATAL` und `PANIC`. Die Voreinstellung ist `NOTICE`. Wenn man die bei `NOTICE` gesendeten Meldungen zu viel findet, ist `WARNING` eine sinnvolle Einstellung. Höhere Werte als `WARNING` oder gar `ERROR` sind unpraktisch, da man dann wichtige Informationen über Probleme und Fehler nicht erhalten würde. Die `DEBUG`-Werte sind, wie der Name schon sagt, nur zum Debuggen des PostgreSQL-Codes gedacht.

log_autovacuum_min_duration: Der Konfigurationsparameter `log_autovacuum_min_duration` ermöglicht das Protokollieren aller Autovacuum-Operationen, wenn `log_autovacuum_min_duration = 0`, oder aber wenn die Dauer eines durch Autovacuum-Laufs gestarteten `VACUUM`- oder `ANALYZE`-Laufs länger als die angegebene Zeit dauert, zum Beispiel

```
log_autovacuum_min_duration = 300s
```

Dieses Beispiel hat das Protokollieren aller Autovacuum-Läufe zur Folge, die länger als fünf Minuten dauern. Diese Einstellung kann nur in der Konfigurationsdatei *postgresql.conf* oder der Serverkommandozeile vorgenommen werden.

Die Voreinstellung ist -1, wodurch die Protokollierung von Autovacuum komplett ausgeschaltet wird.

log_error_verbosity: Dieser Parameter stellt ein, wie viele Detailinformationen in einer Logmeldung enthalten sind. Die möglichen Werte sind `terse`, `default` und `verbose`. `default` ist natürlich die Voreinstellung. Anhand folgender Beispiele kann die Auswirkung dieses Parameters nachvollzogen werden. Beim fehlerhaften Befehl

```
SELECT * FROM pg_class c WHERE pg_class.oid = 10000;
```

erscheint in der Logmeldung bei »terse«

```
ERROR:  invalid reference to FROM-clause entry for table "pg_class" at character 32
```

bei »default«

```
ERROR:  invalid reference to FROM-clause entry for table "pg_class" at character 32
HINT:  Perhaps you meant to reference the table alias "c".
```

und bei »verbose«

```
ERROR:  42P01: invalid reference to FROM-clause entry for table "pg_class" at character
32
HINT:  Perhaps you meant to reference the table alias "c".
LOCATION:  warnAutoRange, parse_relation.c:2008
```

Diese Einstellung betrifft wohlgemerkt nur das, was ins Serverlog geschrieben wird. Um zum Beispiel in `psql` zu bestimmen, was im Client ausgegeben wird, verwendet man folgenden Befehl:

```
\set VERBOSITY verbose
```

In *libpq* kann man die einzelnen Informationen mit der Funktion `PQresultErrorField()` auslesen.

log_min_error_statement: Mit dieser Einstellung wird dafür gesorgt, dass zu jeder Fehlermeldung auch der Befehl geloggt wird, der den Fehler verursacht hat. Das ist eigentlich immer sinnvoll.

Mögliche Werte für diesen Parameter sind: `DEBUG5` bis `DEBUG1`, `INFO`, `NOTICE`, `WARNING`, `ERROR`, `LOG`, `FATAL` und `PANIC`. Der Wert drückt aus, welches Niveau die Meldung mindestens haben muss, damit der SQL-Befehl dazu geloggt wird. Die Voreinstellung ist `ERROR`, was in der Praxis sinnvoll ist. Ausschalten kann man dieses Verhalten, indem man den Parameter auf `PANIC` setzt.

log_min_duration_statement: Dieser Parameter ist eine Zeiteinstellung. Er bewirkt, dass alle SQL-Befehle, die die angegebene Zeit überschreiten, geloggt werden. Damit kann man sehr leicht langsame Befehle identifizieren, um sie sich dann zur Optimierung vorzunehmen (siehe dazu Kapitel 8). Um zum Beispiel alle Befehle zu loggen, die länger als zwei Minuten laufen, ist die Einstellung

```
log_min_duration_statement = '2min'
```

Die Logeinträge sehen dann beispielsweise so aus (auf Englisch):

```
LOG:  duration: 51.122 ms  statement: SELECT 1+1;
```

Oder auf Deutsch:

```
LOG:  Dauer: 51.122 ms  Anweisung: SELECT 1+1;
```

Um die langsamsten Anfragen zu finden, muss man dann nur noch im Log nach diesen Logzeilen suchen.

Die Voreinstellung ist 0, womit der ganze Mechanismus abgeschaltet wird.

Was soll geloggt werden?

Mit den in diesem Abschnitt beschriebenen Einstellungen wird nun der Inhalt der Logmeldungen konfiguriert.

log_checkpoints: Mit dieser Einstellung werden bei jedem Checkpoint eine Logmeldung und einige Statistiken in das Log geschrieben. Das ist interessant, wenn man das Checkpoint-Verhalten untersuchen und verbessern möchte, aber ansonsten eher nicht. Die Voreinstellung ist aus. Man beachte, dass Checkpoints regelmäßig als Teil der Datenbankoperationen erfolgen. Wer also im Log nur »wichtige« Meldungen sehen möchte, sollte diese Einstellung ausgeschaltet lassen.

log_connections: Mit dieser Einstellung wird bei jeder neuen Datenbankverbindung ein Eintrag in das Log geschrieben. Der Eintrag enthält weitere Informationen über die Verbindung, z.B. den Benutzernamen.

Ob diese Option sinnvoll ist, hängt auch davon ab, wie `log_line_prefix` konfiguriert ist. Wenn dort schon Datenbank- und Benutzername sowie Sitzungs-ID dargestellt werden, bietet `log_connections` keinen großen Informationsgewinn. Man kann aber auch Platz im Log sparen, indem man `log_connections` anschaltet und in `log_line_prefix` nur die Sitzungs-ID oder PID darstellt. Die restlichen Verbindungsparameter würde man dann im Logeintrag zum Verbindungsaufbau finden. Das war zumindest bei früheren PostgreSQL-Versionen, die nicht die volle Flexibilität bei der Konfiguration von Logeinträgen hatten, eine übliche Lösung. Da das aber mittlerweile besser geht und Verbindungen von Connections-Pools und anderen Mechanismen auch schon mal relativ willkürlich geöffnet und geschlossen werden, ist das Mitloggen von Verbindungsanfang und -ende nicht unbedingt immer aussagekräftig. Die Voreinstellung ist aus.

log_disconnections: Mit diesem Parameter wird am Ende jeder Datenbanksitzung, also beim Abmelden des Client, ein Logeintrag geschrieben. Der Logeintrag enthält auch die Sitzungsdauer. Außer bei der Analyse von Connection-Pools, zu anderen Testzwecken oder für die Totalüberwachung ist diese Einstellung wohl nicht unbedingt nötig. Die Voreinstellung ist aus. Siehe auch `log_connections` oben.

log_duration: Dieser Parameter sorgt dafür, dass die Dauer aller SQL-Befehle geloggt wird. Die Voreinstellung ist aus. Der Befehl selbst wird aber durch diesen Parameter nicht geloggt, dafür sind andere Einstellungen zuständig. Gedacht ist diese Einstellung für Programme, die das Log automatisch auswerten und zum Beispiel Statistiken über die durchschnittliche Dauer von Befehlen erstellen. *pgFouine* ist in solches Programm. Auf diese Weise lassen sich etwa Lastspitzen nachträglich zeitlich einordnen. Zur Analyse von langsamen Anfragen ist aber der Parameter `log_min_duration_statement` praktischer.

log_hostname: Dieser Parameter sorgt dafür, dass IP-Adressen, die in Logmeldungen vorkommen, etwa die Client-IP-Adressen in `log_connections` oder `log_line_prefix`, in Hostnamen umgewandelt werden.

Welche Einstellung hier besser ist, hängt davon ab, ob der Datenbankadministrator sein Netzwerk hauptsächlich anhand von IP-Adressen oder von Hostnamen plant und kennt.

Es ist aber wichtig zu wissen, dass das Auflösen von IP-Adressen je nach DNS-Konfiguration zeitkritisch sein kann, insbesondere, wenn das Logvolumen hoch ist.

Die Voreinstellung ist aus. In der Praxis wird dieser Parameter selten benutzt, wohl auch weil DNS in privaten Teilnetzen selten vollständig eingerichtet ist oder benutzt wird.

log_line_prefix: Dieser Parameter enthält eine Zeichenkette, die vor jede Logzeile geschrieben wird, das sogenannte Logzeilenpräfix. Das Präfix kann verschiedene Platzhalter enthalten, die so die Logeinträge mit interessanten Informationen ausstatten können.

Die Platzhalter bestehen aus % und einem Buchstaben. Folgende Platzhalter sind verfügbar:

`%c`
: Sitzungs-ID – Diese enthält die Prozessnummer und die aktuelle Zeit. Meist wird die PID (`%p`) verwendet, aber PIDs werden vom Betriebssystem gelegentlich wiederverwendet. Mit `%c` wird eine Wiederholung der Nummer ausgeschlossen.

`%d`
: Datenbankname

`%h`
: Hostname oder IP-Adresse des Client

`%i`
: die Art des aktuellen SQL-Befehls (zum Beispiel »SELECT« oder »VACUUM«)

`%l`
: die laufende Nummer der aktuellen Logzeile unter den Logzeilen der aktuellen Sitzung

`%m`
: aktuelle Zeit mit Millisekunden (siehe auch `%t`) – Meist hilft die Angabe von Millisekunden in Datenbanksystemen mit großer Last dabei, die Reihenfolge der Einträge zu erkennen.

`%q`
: Wenn der loggende Prozess keine Datenbanksitzung ist, sondern ein Hilfsprozess wie der Background-Writer, dann hier aufhören und den Rest von `log_line_prefix` ignorieren. Die Platzhalter `%d`, `%h`, `%i`, `%r` und `%u` sind nur bei Datenbanksitzungen gefüllt, also könnte man vor sie ein `%q` schreiben.

`%p`
: Prozessnummer (PID) der Datenbanksitzung

`%r`
: Hostname oder IP-Adresse sowie Port des Client

`%s`
: Startzeit der Sitzung

`%t`
: aktuelle Zeit ohne Millisekunden (siehe auch %m)

`%u`
: Benutzername

`%v`
: virtuelle Transaktionsnummer

`%x`
: Transaktionsnummer oder 0, wenn keine

`%%`
: ein Prozentzeichen

Die Voreinstellung von `log_line_prefix` ist leer. Das ist aber nicht zu empfehlen, denn so kann man das Log nur schwer interpretieren. Zumindest das Aufzeichnen von Uhrzeit, PID, Benutzername, Datenbank und Zeilennummer ist zu empfehlen. Wenn nach Syslog geloggt wird, können PID und Uhrzeit jedoch weggelassen werden, da Syslog sie automatisch aufzeichnet. Wenn `log_connections` an ist, können auch Benutzername und Datenbank weggelassen werden, um Platz zu sparen, da diese dann jeweils einmal beim Start einer Verbindung geloggt werden.

Hier sehen Sie ein praktisches Beispiel für eine Einstellung:

```
log_line_prefix = '%m [%p:%l] %u@%d '
```

Die Formatierung kann man natürlich nach eigenem Geschmack ausgestalten.

Am Ende des Präfix sollte ein Leerzeichen oder anderes Trennzeichen stehen, damit das Präfix vom eigentlichen Logeintrag getrennt ist.

log_lock_waits: Wenn dieser Parameter an ist, wird ein Logeintrag geschrieben, sobald ein Prozess länger als `deadlock_timeout` (normalerweise eine Sekunde) auf eine Sperre (Lock) warten muss. Die Voreinstellung ist aus. Kombiniert beispielsweise mit einem Skript, das das Log regelmäßig untersucht, können so Performanceprobleme wegen lange blockierender Sperren identifiziert werden.

log_statement: Diese Einstellung bestimmt, ob ausgeführte SQL-Befehle in das Log geschrieben werden sollen. Die Einstellung ist einer der folgenden Werte:

none
: Es werden keine SQL-Befehle geloggt (Voreinstellung).

ddl
: Es werden nur sogenannte DDL-Befehle, also `CREATE`, `DROP` und `ALTER`, geloggt.

mod
: Es werden alle Datenänderungsbefehle geloggt, also `INSERT`, `UPDATE`, `DELETE`, `TRUNCATE` und `COPY FROM`, sowie zusätzlich alle DDL-Befehle.

all
: Es werden alle Befehle geloggt, also insbesondere auch alle `SELECT`-Befehle.

Befehle mit bestimmten Syntaxfehlern werden teilweise gar nicht geloggt, weil der Syntaxfehler vor dem Loggen abgefangen werden muss. Das ist ein Implementierungsdetail, wird aber hier erwähnt, weil es teilweise die Anwender verwundert.

Während der Entwicklungs- und Testphase einer Anwendung ist es oft sinnvoll und hilfreich, alle SQL-Befehle zu loggen, um feststellen zu können, was die Anwendung eigentlich macht. Wenn eine Anwendung allerdings produktiv geht, dann würde das Loggen aller Befehle das Log überfluten, wodurch eventuell wichtige Warnungen und Fehler übersehen werden könnten. Dann sollten andere Einstellungen wie `log_min_error_statement` und `log_min_duration_statement` verwendet werden, um dafür zu sorgen, dass fehlerhafte oder zu langsame Befehle aufgezeichnet werden.

log_temp_files: Dieser Parameter bestimmt, ob ein Logeintrag geschrieben werden soll, wenn eine temporäre Datei gelöscht wird (also wenn sie nach ihrer Verwendung nicht mehr benötigt wird). Der Wert ist eine Speichergröße, die bestimmt, wie groß die Datei mindestens sein muss, um geloggt zu werden. Der Wert 0 bestimmt, dass alle temporären Dateien geloggt werden. Der Wert -1 schaltet diese Logeinträge ganz ab. Das ist auch die Voreinstellung.

Normale Anwender benötigen diese Einstellung selten. Wenn viele temporäre Dateien verwendet werden, kann man mit den gewonnen Einsichten die Speicher- und Festplattenkonfiguration verbessern.

log_timezone: Dieser Parameter bestimmt die Zeitzone für Logeinträge. Die Voreinstellung ist »unknown«; damit wird die aktuell im System eingestellte Zeitzone verwendet. Es kann aber sinnvoll sein, eine einheitliche, konstante Zeitzone für alle Logmeldungen einzustellen, zum Beispiel so:

```
log_timezone = 'UTC'
```

Statistiken

Die in diesem Abschnitt beschriebenen Parameter sorgen dafür, dass die Statistiktabellen (siehe Kapitel 5) befüllt werden. Das ist generell wünschenswert, und auch wenn man die Statistiktabellen nicht benutzt, schadet es kaum, diese Parameter anzulassen. Außerdem benötigt Autovacuum manche der durch diese Parameter gesammelten Statistiken, um zu ermitteln, wann gevacuumt werden soll. Da Autovacuum seit PostgreSQL 8.3 in der Voreinstellung an und ein sehr empfehlenswertes Feature ist, sind die Statistikparameter auch alle in der Voreinstellung an und sollten normalerweise nicht ausgeschaltet werden. Die Geschwindigkeitsersparnis wäre gering.

track_activities

Wenn dieser Parameter an ist, wird der aktuelle SQL-Befehl jeder Sitzung verfolgt und zum Beispiel in der Sicht `pg_stat_activities` sichtbar gemacht (siehe Kapitel 5). Die Voreinstellung ist an.

Den Parameter mit diesem Namen gibt es erst ab PostgreSQL 8.3. Vorher hieß der analoge Parameter `stats_command_string`.

track_counts

Wenn dieser Parameter an ist, werden verschiedene Statistiken über die Datenbankaktivität gesammelt. Sie sind zum Beispiel in den Sichten `pg_stat_*` und `pg_statio_*` sichtbar gemacht (siehe auch Kapitel 5). Außerdem benötigt Autovacuum diese Zahlen. Die Voreinstellung ist an.

Den Parameter mit diesem Namen gibt es erst ab PostgreSQL 8.3. Vorher war diese Funktionalität in mehrere Parameter aufgeteilt. Zuerst musste der Parameter `stats_start_collector` an sein, um überhaupt Statistiken zu sammeln. Die Voreinstellung dieses Parameters war an. Um wirklich Daten zu sammeln, gab es die beiden Parameter `stats_row_level` und `stats_block_level`, die die Informationen für `pg_stat_*` beziehungsweise `pg_statio_*` sammelten. Die Voreinstellung dieser beiden Parameter war aus.

update_process_title

Wenn dieser Parameter an ist, werden die Prozesstitel der verschiedenen PostgreSQL-Prozesse angepasst, um anzuzeigen, was sie gerade machen (siehe auch Kapitel 5). Die Voreinstellung ist an. Dieses Feature ist generell nützlich, könnte aber auf manchen Betriebssystem unter Umständen zu Performanceproblemen führen. Daher gibt es die Möglichkeit, es abzuschalten.

Lokalisierung

In diesem Abschnitt werden die Parameter beschrieben, die die Anpassung der PostgreSQL-Umgebung an bestimmte sprachliche oder regionale Besonderheiten beschreiben. Die Lokalisierungseinstellungen werden bei der Initialisierung des Datenbankclusters durch `initdb` eingerichtet, entweder entsprechend den `initdb` übergebenen Optionen oder (üblicherweise) indem die Lokalisierungseinstellungen des Betriebssystems übernommen werden. Wenn die Betriebssystemeinstellungen nicht übernommen werden sollen, bietet `initdb` die Option `--locale`, die alle Locale-Kategorien auf einmal konfiguriert, sowie die Optionen `--lc-collate`, `--lc-ctype`, `--lc-messages`, `--lc-monetary` und `--lc-numeric`, die die Voreinstellungen für die einzelnen Locale-Kategorien vornehmen. Einige der Locale-Kategorien kann man dann wie unten beschrieben zur Laufzeit ändern. In den meisten Anwendungsfällen werden alle Locale-Kategorien auf denselben Wert gesetzt.

Wenn das Betriebssystem also richtig konfiguriert ist und man keine besonderen Anforderungen bezüglich Mehrsprachigkeit oder mehrerer Zeichensatzkodierungen hat, braucht im besten Fall gar nichts mehr selbst einzustellen. Weitere Informationen zur Initialisierung eines Datenbankclusters finden Sie in Kapitel 1.

Die möglichen Locale-Namen hängen vom Betriebssystem ab. Auf Unix-artigen Systemen kann man sich die verfügbaren Locales mit dem Befehl

```
locale -a
```

anzeigen lassen. Oft enthält diese Liste über 100 Einträge für (fast) alle Regionen der Erde.

Auf Linux-Systemen kommen für deutschsprachige Benutzer beziehungsweise Anwendungen folgende Locales in Frage, hier am Beispiel Deutschland:

`de_DE`
: Alte Locale für Deutsch in Deutschland. Diese Locale verwendet den Zeichensatz ISO 8859-1, der keine Unterstützung für das Euro-Zeichen hat. Als Währungssymbol wird dann »EUR« ausgegeben. Diese Locale sollte in neuen Installationen nicht mehr verwendet werden.

`de_DE@euro`
: Neue Locale für Deutsch in Deutschland. Diese Locale verwendet den Zeichensatz ISO 8859-15, der Unterstützung für das Euro-Zeichen hat. Generell ist heutzutage die Verwendung von Unicode vorzuziehen, aber falls es damit Probleme geben sollte, kann diese Locale verwendet werden.

`de_DE.utf8`
: Locale für Deutsch in Deutschland mit Unicode-Unterstützung (Kodierung UTF-8). Wir empfehlen diese Locale für alle neuen Installationen.

Für Österreich ist der entsprechende Locale-Name `de_AT.utf8`, für die Schweiz `de_CH.utf8`, und für andere Länder sieht er ähnlich aus.

client_encoding

Dieser Parameter zeigt dem Server an, welche Kodierung die Zeichen haben, die vom Client kommen (zum Beispiel in einem SQL-Befehl), und auch welche Kodierung die Zeichen haben sollen, die der Server an den Client zurücksenden soll (zum Beispiel Anfrageergebnisse). Der Server wandelt die Clientkodierung automatisch in die intern im Server verwendete um und umgekehrt, aber das funktioniert natürlich nur korrekt, wenn die Clientkodierung mit diesem Parameter richtig angegeben wurde.

Die Voreinstellung ist die Kodierung, die der Server intern verwendet. Das muss aber nicht unbedingt die richtige sein. Der Anwender oder Programmierer eines jeden Client ist dafür verantwortlich, die Clientkodierung richtig zu setzen. Wenn die Konfiguration falsch ist, kann es sein, dass für Nicht-ASCII-Zeichen (insbesondere Umlaute) Zeichensalat entsteht.

Für *libpq*-basierte Anwendungen, also `psql`, `pg_dump` und die meisten anderen Programme und Anwendungen, gibt es auch die Möglichkeit, die Umgebungsvariable `PGCLIENTENCO-`

DING zu setzen, damit man nicht den Programmcode selbst ändern muss. Bisweilen bietet es sich an, folgende Zeile in eine Shell-Startdatei zu schreiben:

```
export PGCLIENTENCODING=$(locale charmap)
```

Der Befehl `locale charmap` zeigt die Kodierung an, die die Konsole aufgrund der aktuellen Locale-Einstellung erwartet. Das muss nicht immer funktionieren, je nachdem, welche Kodierungsnamen das Betriebssystem verwendet (sie sind leider nicht immer einheitlich) und wie der Client oder die Desktopumgebung konfiguriert ist. Aber so etwas in der Art kann einen Versuch wert sein.

Die wichtigste Schnittstelle, die nicht *libpq* verwendet, ist der JDBC-Treiber. Er setzt das Client-Encoding intern automatisch, so dass man nichts weiter tun muss.

datestyle

Der Parameter `datestyle` bestimmt einige Aspekte des verwendeten Datumsformats. Er besteht aus zwei Teilen: dem Ausgabeformat und der Tag-Monat-Jahr-Abfolge, die durch Kommata getrennt angegeben wird, zum Beispiel so:

```
SET datestyle TO ISO, DMY;
```

Für das Ausgabeformat gibt es folgende mögliche Werte: `ISO`, `SQL`, `German`, `Postgres`. Die Voreinstellung ist `ISO`, was das dem SQL-Standard entsprechende Format ist (JJJJ-MM-TT). Die anderen Werte sind verschiedene »traditionelle« Formate. (Der Wert `SQL` ist verwirrenderweise nicht das SQL-Format.) Man sollte diese Einstellung nicht ändern (trotz der möglicherweise verlockenden Option »German«), weil viele Clients das ISO-Format erwarten. Stattdessen können Formatierfunktionen wie `to_char` verwendet werden, um die Ausgabe zu formatieren.

Der andere Teil der Einstellung bestimmt, wie bei uneindeutigen Datumseingaben die Reihenfolge von Tag, Monat und Jahr zu verstehen ist. Wenn – wie im SQL-Standard vorgeschrieben – das ISO-8601-Format JJJJ-MM-TT verwendet wird, gibt es keine solchen Zweideutigkeiten. PostgreSQL versteht aber auch andere Formate bei der Eingabe und versucht, diese sinnvoll aufzulösen. Eingaben wie `'01.02.03'` oder `'01/02/03'` sind aber international nicht eindeutig. Die Interpretation hängt dann von dieser Einstellung ab. Die möglichen Werte sind `DMY` (Tag, Monat, Jahr wie im deutschsprachigen Raum), `MDY` (Monat, Tag, Jahr, hauptsächlich USA), `YMD` (Jahr, Monat, Tag, bevorzugt unter anderem in Asien). Die eingebaute Voreinstellung ist `MDY`, aber `initdb` initialisiert die Konfigurationsdatei `postgresql.conf` mit einer Einstellung, die zur aktuellen Locale passt. Wenn also zum Beispiel `initdb` eine deutschsprachige Locale verwendet, wird `DMY` vorkonfiguriert, und man muss keine Anpassungen von Hand mehr vornehmen.

lc_collate

Dieser Parameter enthält die Locale-Einstellung zur Sortierreihenfolge. Diese ist in verschiedenen Sprachen unterschiedlich, zum Beispiel werden die Umlaute in anderen Sprachen anders einsortiert. Dieser Parameter wird von `initdb` initialisiert und kann nicht geändert werden, sondern ist nur zum Anschauen gedacht (zum Beispiel mit dem Befehl `SHOW`). Wenn man die Sortierreihenfolge ändern möchte, muss man `initdb` neu ausführen, zum Beispiel mit

```
initdb -locale=zh_HK.utf8 pfad ...
```

oder

```
initdb --lc-collate=zh_HK.utf8 pfad ...
```

und danach die Daten neu laden.

lc_ctype

Dieser Parameter enthält die Locale-Einstellungen bezüglich der Korrespondenz von Groß- und Kleinbuchstaben. Diese ist in einigen wenigen Sprachen (zum Beispiel Türkisch) anders als in anderen. Auch dieser Parameter wird von `initdb` initialisiert und kann nicht geändert werden. Wenn man ihn ändern möchte, muss man `initdb` neu ausführen, zum Beispiel mit

```
initdb -locale=zh_HK.utf8 pfad ...
```

oder

```
initdb --lc-ctype=zh_HK.utf8 pfad ...
```

Üblicherweise sollten die Einstellungen von `lc_collate` und `lc_ctype` übereinstimmen, da sonst linguistisch unsinnige Ergebnisse entstehen könnten.

lc_messages

Dieser Parameter setzt die Locale-Einstellung bezüglich der Sprache der Programmmeldungen von PostgreSQL-Server. Man kann diesen Parameter zum Beispiel auf `'en_US'` oder `'C'` setzen, wenn man lieber englische statt deutscher Programmmeldungen haben möchte.

Dieser Parameter beeinflusst aber nur die Meldungen vom PostgreSQL-Server. Die Sprache der Clientprogramme wird durch die Umgebungsvariablen `LC_MESSAGES`, `LANG` und `LANGUAGE` gesteuert, abhängig von Betriebssystemmechanismen.

lc_monetary

Dieser Parameter setzt die Locale-Einstellung bezüglich der Formatierung von Geldbeträgen. Das betrifft unter anderem die Funktion `to_char` und den Datentyp `money`.

lc_numeric

Dieser Parameter setzt die Locale-Einstellung bezüglich der Formatierung von Geldbeträgen. Dies betrifft insbesondere die Funktion `to_char`.

server_encoding

Dieser Parameter enthält die aktuelle Serverkodierung, also die Zeichensatzkodierung, in der die Daten im Server gespeichert werden. Diesen Parameter kann man nur beim Anlegen der Datenbank oder des Datenbankclusters ändern und ansonsten nur ansehen.

Diverses

In diesem Abschnitt werden nun abschließend noch einige Konfigurationsparameter aufgeführt, die sonst nirgendwo hineingepasst haben. Wie schon gesagt, gibt es noch weitere Konfigurationsparameter, die aber selten verwendet werden und hier den Rahmen sprengen würden.

search_path

Dieser Parameter bestimmt den Schemasuchpfad. Der Schemasuchpfad wird dann durchsucht, wenn ein Datenbankobjekt (Tabelle, Funktion o.Ä.) ohne ausdrückliche Schemaangabe verwendet wird. Er ist somit vergleichbar mit Suchpfaden in Shells und Betriebssystemen. Das erste Schema im Suchpfad, das auch existiert, kann als das »aktuelle Schema« angesehen werden. Wenn ein neues Objekt angelegt werden soll und kein Schema angegeben ist, wird es dort abgelegt.

Die Voreinstellung ist

```
$user, public
```

Der Wert `$user` ist ein Platzhalter für den Namen des aktuellen Benutzers. Wenn man für jeden Benutzer ein Schema anlegt, das denselben Namen wie der Benutzer hat, arbeiten alle Benutzer automatisch in ihrem »eigenen« Schema und kommen sich nicht ins Gehege. Wenn kein `$user`-Schema existiert, arbeiten alle Benutzer im Schema `public`, das in neuen Datenbanken automatisch existiert. Man kann dieses Schema aber auch löschen, wenn man keinen »öffentlichen« Raum wünscht. Natürlich lassen sich je nach Bedarf auch andere, neue Schemas in den Suchpfad einfügen.

Eine globale Änderung dieser Einstellung ist meist nicht sinnvoll. Geeigneter sind Einstellungen je Benutzer oder Datenbank, am Anfang einer Datenbanksitzung oder innerhalb einer serverseitigen Funktion.

server_version

Dieser Parameter enthält die Serverversion als Zeichenkette, zum Beispiel `'8.3.2'`. Der Wert kann nur gelesen werden.

server_version_num

Dieser Parameter enthält die Serverversion als Zahl kodiert, zum Beispiel 80302. Dieser Wert kann einfacher mit anderen Werten numerisch verglichen werden; er kann nur gelesen werden.

statement_timeout

Dieser Parameter enthält eine Zeitangabe. Wenn ein Befehl länger läuft, wird er abgebrochen. Der Abbruch wird als Fehler geloggt, und wenn `log_min_error_statement` entsprechend eingestellt ist, kann auch der abgebrochene Befehl im Serverlog gesehen werden.

Wenn der Wert 0 ist, gibt es keine Zeitbegrenzung. Das ist auch die Voreinstellung.

Dieser Parameter ist gelegentlich sinnvoll, wenn Clients oder Anwender Anfragen zusammenstellen können, die sehr lange laufen und somit übermäßig Ressourcen belegen könnten. Dann könnte man zum Beispiel in der Transaktion ein

```
SET LOCAL statement_timeout TO '5min';
```

ausführen.

Man sollte diesen Parameter aber nicht global setzen, da sonst auch Vacuum-Läufe oder Datensicherungen abgebrochen werden könnten.

timezone

Dieser Parameter setzt die Zeitzone. Diese wird für zeitzonenabhängige Datentypen und die entsprechende Arithmetik verwendet. Die Voreinstellung ist `unknown`; damit wird die im Betriebssystem eingestellte Zeitzone verwendet. Wenn eine andere Zeitzone gewünscht ist, kann sie hier eingestellt werden. Der Umgang mit Datums- und Zeitdatentypen, Zeitzonen und Datumsarithmetik ist aber nicht Gegenstand dieses Buches.

Betriebssystemeinstellungen

Gelegentlich sind auch einige für den Betrieb eines PostgreSQL-Server relevante Einstellungen im Betriebssystem zu tätigen. Wir geben hier die notwendigen Einstellungen für den Linux-Kernel an. Andere Systeme sind in ähnlicher Art betroffen.

Shared Memory

Das von einem PostgreSQL-Server benötigte Shared Memory setzt sich zusammen aus den Einstellungen für `shared_buffers` (der Hauptanteil), `max_connections` sowie in geringerem Maße `max_fsm_pages`, `max_fsm_relations`, `wal_buffers` und anderen Teilen, und konstantem Overhead. Wenn einer dieser Parameter erhöht wird, kann es sein, dass die Gesamtanforderung an Shared Memory die im Betriebssystem-Kernel festgelegte Grenze überschreitet und der PostgreSQL-Server dann eine Fehlermeldung ausgibt und nicht mehr startet, wie in diesem Beispiel:

```
$ postgres -D /usr/local/pgsql/data --shared-buffers=128MB
FATAL:  could not create shared memory segment: Invalid argument
DETAIL:  Failed system call was shmget(key=65432001, size=140492800, 03600).
HINT:  This error usually means that PostgreSQL's request for a shared memory segment
exceeded your kernel's SHMMAX parameter.  You can either reduce the request size or
reconfigure the kernel with larger SHMMAX.  To reduce the request size (currently
```

```
140492800 bytes), reduce PostgreSQL's shared_buffers parameter (currently 16384) and/or
its max_connections parameter (currently 103).
        If the request size is already small, it's possible that it is less than your
kernel's SHMMIN parameter, in which case raising the request size or reconfiguring SHMMIN
is called for.
        The PostgreSQL documentation contains more information about shared memory
configuration.
```

Eine Notlösung ist dann, die Parameterwerte wieder zu senken, aber langfristig sollte man die Kernel-Grenze erhöhen.

Die Kernel-Grenze wird durch den Kernel-Parameter SHMMAX definiert. Leider ist er auf so ziemlich jedem Betriebssystem unterschiedlich zu setzen. Die PostgreSQL-Dokumentation enthält eine ausführlich Liste mit betriebssystemspezifischen Anleitungen.

Auf Linux-Systemen gibt es für die Konfiguration des Kernel in der Regel eine Datei */etc/sysctl.conf*, in die man folgenden Eintrag schreibt:

```
kernel.shmmax = 140492800
```

Als Wert wählt man die Zahl, die in der Fehlermeldung unter `shmget(... size=N ...)` angegeben wurde, oder auch eine höhere. Höhere Werte belegen in modernen Kernels keine zusätzlichen Ressourcen, also kann man hier auch etwas übertreiben.

Die Datei */etc/sysctl.conf* wird in der Regel beim Booten gelesen und kann auch manuell vom Befehl

```
/sbin/sysctl -p
```

(also *root*) eingelesen werden.

Alternativ kann man auch

```
/sbin/sysctl kernel.shmmax=140492800
```

(ohne Leerzeichnen um das =) als *root* direkt aufrufen oder in das eigene Startskript schreiben.

Den aktuellen Wert anzeigen kann man mit

```
$ /sbin/sysctl kernel.shmmax
kernel.shmmax = 33554432
```

Die Voreinstellung für SHMMAX im aktuellen Original-Kernel von Linus Torvalds ist 32 MByte, was für eine leistungsfähig konfigurierte PostgreSQL-Instanz nicht genug ist. Einige Linux-Distributoren patchen den Kernel aber diesbezüglich schon. Ansonsten ist die Änderung dieser Einstellung faktisch ein Muss für den produktiven Einsatz von PostgreSQL.

Memory Overcommit

Linux-Kernels haben ein unter PostgreSQL-Anwendern berüchtigtes Feature namens Memory Overcommit. Das bedeutet, dass der Kernel den Prozessen mehr Speicher zuteilt, als eigentlich vorhanden ist. Das ist insgesamt eigentlich auch ganz vernünftig, denn Prozesse benutzen selten den ganzen Speicher, der ihnen eigentlich zusteht. So wird das physisch vorhandene RAM besser ausgenutzt. (Eine passende Analogie ist die Überbuchung von Flugzeugen.) Das Problem entsteht, wenn die Anwendungsprozesse wirklich den ganzen Speicher verwenden wollen. Dann muss der Kernel anfangen, Prozesse zu killen (SIGKILL). Das kann eventuell auch einen PostgreSQL-Serverprozess treffen. Man sieht dann einen solchen Logeintrag im Systemlog:

```
Out of Memory: Killed process 12345 (postgres).
```

Die Datenintegrität ist durch das Killen von Prozessen zwar nicht gefährdet, aber es führt zum Abbrechen von Benutzerverbindungen, und der Postmaster wird alle anderen Datenbankprozesse als Vorsichtsmaßnahme auch neu initialisieren, was zu noch mehr Ausfällen und generellem Durcheinander führt. In der Praxis passiert das zwar selten, aber die Chancen erhöhen sich gerade dann, wenn das System stark ausgelastet ist und Ausfälle am ärgerlichsten wären.

Wer also seine Prozesse stabil halten und dafür lieber den Speicher etwas konservativer vergeben möchte, was natürlich letztlich zu weniger Cache und schlechterer Performance führen kann, der kann Memory Overcommit auch ausschalten, indem er folgende Einstellung mit `sysctl` (siehe voriger Abschnitt) macht:

```
vm.overcommit_memory=2
```

Das funktioniert ab Linux-Version 2.6.

Weitere Informationen zu diesem Thema enthält die Kernel-Dokumentation in der Datei *Documentation/vm/overcommit-accounting*.

Zusammenfassung

Zum Abschluss des Kapitels sehen Sie hier eine Auflistung der zwölf wichtigsten Parameter, die vor der ernsthaften Inbetriebnahme einer PostgreSQL-Installation angepasst oder zumindest überprüft werden sollten:

- `listen_addresses`
- `max_connections`
- `ssl`
- `shared_buffers`
- `work_mem`
- `maintenance_work_mem`
- `max_fsm_pages`
- `wal_buffers`
- `checkpoint_segments`
- `checkpoint_timeout`
- `effective_cache_size`
- `log_line_prefix`

KAPITEL 3

Wartung

Dieses Kapitel gibt einen Überblick über die für PostgreSQL-Datenbanksysteme notwendigen Wartungsaufgaben. Wartungsaufgaben sind regelmäßige Aufgaben, die durchgeführt werden sollten, damit das Datenbanksystem dauerhaft bei voller Leistungsfähigkeit funktionieren kann. PostgreSQL zeichnet sich durch eine einfache und übersichtliche Administration aus. Trotzdem ist es für PostgreSQL-Administratoren äußerst wichtig, die hier beschriebenen Zusammenhänge zu kennen.

Zu den typischen Wartungsaufgaben zählen das Aufräumen der Speicherstrukturen der Datenbank mit `VACUUM` und die Pflege der Planerstatistiken mit `ANALYZE`. `REINDEX` hilft dem Administrator, die Indexe für bestimmte Tabellen oder ganze Datenbanken komplett neu zu erstellen. Außerdem gehört die Wartung der Serverlogdateien zum Aufgabenbereich der Serveradministration. Zum Abschluss des Kapitels werden Hilfestellungen bei der Erstellung einer Wartungsstrategie im Produktivbetrieb einer PostgreSQL-Installation gegeben.

VACUUM

Einer der wichtigsten Aspekte der Wartung einer produktiven PostgreSQL-Installation ist `VACUUM`. Dieser Wartungsbefehl defragmentiert und reorganisiert Tabellen und Indexe und sorgt dafür, dass nicht mehr benötigte Zeilen der Tabellen endgültig überschrieben werden können. Ferner sorgt dieser Wartungsbefehl für den reibungslosen Ablauf von Transaktionen und aktualisiert Statusinformationen, die für den Betrieb der Datenbank notwendig sind. Um die Funktionsweise und den genauen Ablauf dieser Wartungsaufgaben zu verstehen, wird zunächst ein Einblick in die Speicherarchitektur gegeben, gefolgt von einem Überblick über die einzelnen Wartungsaufgaben, die von `VACUUM` übernommen werden.

Multiversion Concurrency Control

Das Multiversion Concurrency Control (MVCC) genannte Verfahren ermöglicht das Lesen von Daten ohne schreibende Transaktionen zu sperren und umgekehrt. Dabei kann eine Tabellenzeile in mehreren Versionen existieren. Eine Zeilenversion repräsentiert somit das physisch gespeicherte Objekt innerhalb einer Tabelle. Jede gespeicherte Version entspricht exakt einer Version eines solchen Objektes, wovon mehrere gleichzeitig existieren können.

Die Speicherarchitektur in PostgreSQL überschreibt daher modifizierte Zeilenversionen nicht, sondern legt diese in ihrer modifizierten Form an anderer Stelle innerhalb der Tabelle, auch Heap genannt, ab. Die ursprüngliche Variante der Zeile wird dagegen als ungültig markiert und mit der aktualisierten Version verkettet. Diese Verkettung (»Tuple Chain«) wird innerhalb der CTID, einem Zeiger auf den Nachfolger der jeweiligen Zeilenversion, gespeichert. An dieser Stelle wird bereits klar, dass hier Fragmente auf dem Heap entstehen, da die ursprünglichen Versionen einer Zeile nicht physisch gelöscht werden, sondern nach wie vor innerhalb des Heap existieren.

Der Grund für dieses Verfahren ist, dass die von einer Transaktion gelöschten Daten ja noch von anderen gleichzeitig laufenden Transaktionen benötigt werden könnten. Herkömmliche DBMS würden diese Situation durch Sperren ausschließen, was aber zu schlechter Performance in hochgradig nebenläufigen Anwendungen führt (wozu so ziemlich jede Webanwendung zählt). Daher werden die gelöschten Daten aufgehoben und müssen, wie im Folgenden beschrieben, später entfernt werden.

Um aktive und gelöschte Zeilenversionen unterscheiden zu können, wird jede Zeilenversion mit einer Transaktionsnummer (XID) und einer Kommandonummer (CID) markiert. Die XID wird bei Transaktionsbeginn generiert, der Zeilenversion physisch zugeordnet und gespeichert. Die CID ordnet einer Zeilenversion innerhalb einer Transaktion eine in dieser Transaktion eindeutige CID zu. Die CID identifiziert das Kommando innerhalb einer Transaktion, das für die Modifikation der Zeilenversion verantwortlich war.

Die XID zeigt an, wie lange eine Zeilenversion als lebend oder sichtbar angesehen wird. Dazu verfügt jede Datenbankzeile über die Systemfelder XMIN und XMAX, die die Lebensspanne einer Zeilenversion definieren. XMIN einer Zeilenversion muss kleiner oder gleich einer gegebenen XID sein, um überhaupt von einer Transaktion mit dieser XID gesehen werden zu können. Gleichzeitig darf XMAX nicht kleiner sein als eine gegebene XID. Im Normalfall, wenn die Zeilenversion nicht aktualisiert oder gelöscht ist, wird XMIN auf die XID der Erzeugertransaktion gesetzt.

XMIN und XMAX bilden damit die Grundlage für sogenannte Snapshots, die eine fest definierte Sicht auf die Daten garantieren. Ein Snapshot definiert sich über eine Transaktionsnummer, die mit den XMIN- und XMAX-Werten aller Zeilenversionen in der Datenbank verglichen werden kann, um die aktuelle Sicht auf die Datenbank zu ermitteln.

XID und CID sind beide vorzeichenbehaftete 32-Bit-Zähler. Das hat den Vorteil des geringeren Platzverbrauchs pro Zeilenversion, hat allerdings auch Nachteile, die vom Wartungsbefehl `VACUUM` adressiert werden müssen. Es hat nämlich zur Folge, dass die Transaktions- und Kommandonummern begrenzt sind auf einen Wert von 2^{31}. Dies definiert gleichzeitig die obere Grenze an Kommandos innerhalb einer Transaktion. Während das für die Transaktionsverarbeitung keine kritische Grenze darstellt, ist die maximale Obergrenze der XID mit 2^{31} eher problematisch, da es die Anzahl maximal möglicher Transaktionen, die in einem Datenbanksystem durchgeführt werden können, signifikant einschränken würde.

PostgreSQL verwendet aus diesem Grund einen ringförmig organisierten Zahlenraum, aus dem XIDs generiert werden. Alle Zahlen können ringförmig aufsteigend vergeben werden. Es gibt dann immer 2^{30} (ungefähr eine Milliarde) XIDs »in der Vergangenheit« und 2^{30} »in der Zukunft«. Während sich dieses Fenster voranbewegt, weil für neue Transaktionen neue XIDs vergeben werden, fallen alte XIDs unten aus dem Fenster und erscheinen dann am anderen Ende als »neu«. Derartige Daten würden dann aus Sicht eines SQL-Anwenders einfach verschwinden und irgendwann in der Zukunft (nach noch weiteren 2^{32} Transaktionen) wieder auftauchen. Tritt also so ein Überlauf der XIDs ein, müssen alle Zeilenversionen, die von diesen alten XIDs betroffen sind, mit der FrozenXID versehen werden, um nicht plötzlich als zukünftig zu erscheinen. Die FrozenXID ist eine spezielle Transaktionsnummer, die immer als in der Vergangenheit erscheint, unabhängig vom ringförmigen Zahlenraum. Diesen ganzen Vorgang nennt man »freeze« oder »einfrieren«, dass heißt, die Zeilenversion ist dann auf ewig für alle Transaktionen sichtbar und vom XID-Überlauf nicht beeinträchtigt (bis sie eventuell gelöscht wird).

Zusammenfassend ergeben sich aus der aktuellen Implementierung der Speicherarchitektur in PostgreSQL zwei Wartungsaufgaben:

- Transaktionsnummern können überlaufen, weshalb hinreichend alte Zeilenversionen entsprechend ummarkiert werden müssen, um nicht plötzlich als zukünftig zu erscheinen.
- Die Speicherarchitektur überschreibt bei Aktualisierung und Löschung von Tabellenzeilen die entsprechenden alten Versionen nicht, sondern macht diese lediglich ungültig. Um der Fragmentierung und Aufblähung der Tabelle entgegenzuwirken, müssen diese Zeilenversionen später explizit freigegeben werden.

Die Fragmentierung betrifft neben Tabellen auch Indexe, weshalb diese ebenfalls entsprechend gewartet werden müssen.

Der VACUUM-Befehl

Der Wartungsbefehl `VACUUM` kombiniert diese Wartungsanforderungen und gibt gelöschte oder aktualisierte Zeilenversionen zur Wiederverwendung frei. Anschließende `INSERT`- oder `UPDATE`-Operationen können den so freigegebenen Speicherplatz für das Einlagern neuer Zeilenversionen wiederverwenden. Der Befehl `VACUUM` existiert in drei verschiedenen Ausprägungen; jede davon operiert auf eine andere Art und Weise und hat unterschiedlichen Einfluss auf den Betrieb einer produktiven Datenbank:

```
VACUUM [ FULL ] [ FREEZE ] [ VERBOSE ] [ tabelle ]
```

Wenn keine Tabelle angegeben wird, wird die ganze Datenbank behandelt. (Aber nicht alle Datenbanken; das muss man einzeln erledigen oder das Programm `vacuumdb` verwenden; siehe unten.) Normalerweise vacuumt man routinemäßig immer die ganze Datenbank, es sei denn, man hat eine ganz besondere Strategie für einzelne Tabellen oder muss konkret eine Tabelle reparieren.

Die Optionen werden in den folgenden Unterabschnitten behandelt.

Einfaches VACUUM

`VACUUM` ohne den Parameter `FULL` kann während des Produktivbetriebs ausgeführt werden. Nicht mehr benötigte Zeilenversionen werden erfasst und in der sogenannten Free Space Map (FSM) abgelegt. Eine Zeilenversion wird nicht mehr benötigt, wenn keine Transaktion mehr läuft, die diese Zeilenversion sehen kann (ermittelt anhand von XID, XMIN und XMAX; siehe oben). `INSERT`- und `UPDATE`-Operationen fragen zunächst in dieser FSM an, ob bereits freier Platz in der Tabelle oder dem Index zur Verfügung steht, und können diesen dann neu beschreiben. Das wirkt der Fragmentierung und dem Anwachsen der Tabellen beziehungsweise Indexe entgegen. Wenn kein freier Platz von der FSM ausgewiesen wird, werden neue Daten jedoch an das Ende der Tabelle angehängt.

VACUUM FULL

`VACUUM FULL` hingegen reorganisiert den kompletten Heap der Tabelle komplett neu, also seine physische Repräsentation auf dem Speichermedium. Abbildung 3-1 zeigt die Wirkungsweise von `VACUUM FULL`.

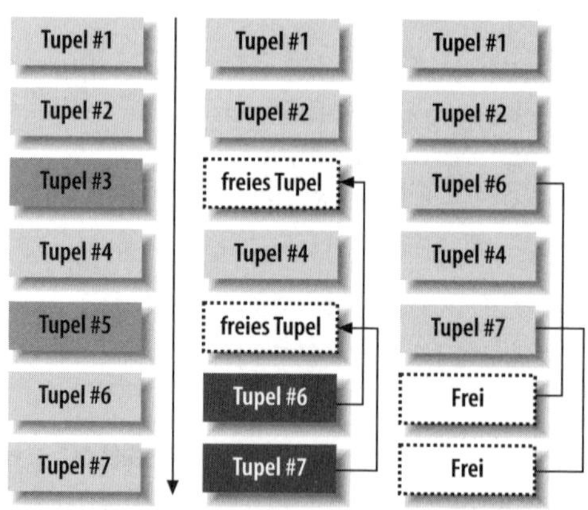

Abbildung 3-1: Wirkungsweise von VACUUM FULL

Zunächst wird der Heap (die interne Speicherstruktur von Tabellen) nach Zeilenversionen durchsucht, die nicht mehr aktuell sind und von keiner aktuell laufenden Transaktion mehr als gültig betrachtet werden können. Diese werden in einer Liste erfasst. Anschließend werden alle anderen, lebenden Zeilenversionen von unter her aufsteigend in diesen freien Speicherplatz einsortiert. Dieser Schritt wird wiederholt, bis kein fragmentierter Speicherplatz innerhalb des Heap mehr zur Verfügung steht. Anschließend wird der Heap verkleinert und somit der Speicherplatz an das Betriebssystem zurückgegeben. Diese Operationen verlangen nach einer exklusiven Tabellensperre, da die physische Repräsentation der Tabelle direkt modifiziert und reorganisiert wird. Lese- und Schreiboperationen im Produktivbetrieb sind damit für die Dauer des Laufs von `VACUUM FULL` auf der jeweiligen Tabelle geblockt. Aus diesem Grund eignet sich `VACUUM FULL` nur für eigens dafür eingerichtete Wartungsfenster, da der produktive Betrieb erheblich eingeschränkt wird. (Bei großen Tabellen kann `VACUUM FULL` auch Stunden dauern. Austesten wird empfohlen.)

Für den 24/7-Betrieb wesentlich besser geeignet ist das oben beschriebene `VACUUM`-Kommando ohne `FULL`-Parameter, auch »einfaches Vacuum« oder früher auch »Lazy Vacuum« genannt. Zum Vergleich zeigt Abbildung 3-2 die Wirkungsweise dieses Befehls.

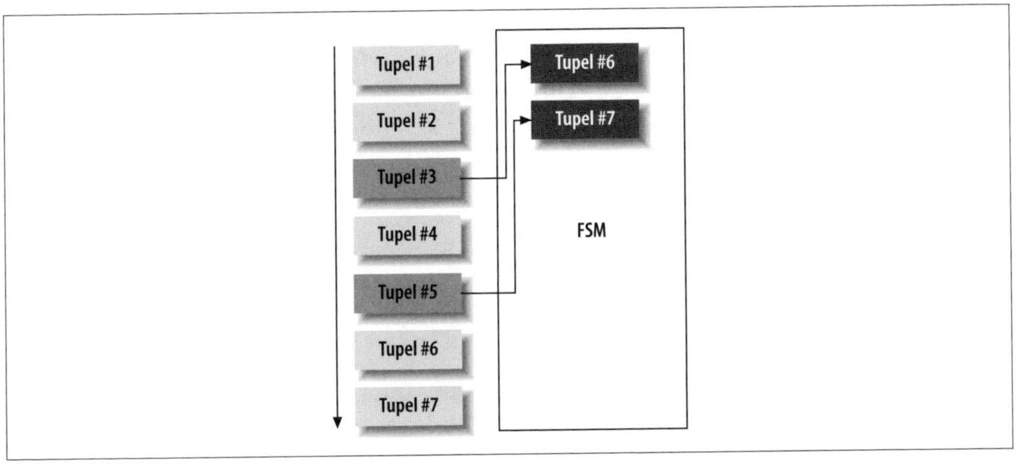

Abbildung 3-2: Wirkungsweise von einfachem VACUUM

Ähnlich wie bei `VACUUM FULL` wird der Heap einer Tabelle beziehungsweise Index nach nicht mehr benötigten Zeilenversionen durchsucht. Anstatt diese aber für das Einlagern bestehender Zeilenversionen im Anschluss zu verwenden, werden Zeiger auf den eigentlich ja freien Speicherort innerhalb des Heap in der FSM abgelegt (stark vereinfacht in der Abbildung zu sehen). Das kann während des produktiven Betriebs geschehen, ein `VACUUM` stört den operativen Betrieb der Datenbank nicht. `VACUUM` ist aus diesem Grund `VACUUM FULL` vorzuziehen, ganz besonders in produktiven Umgebungen, die keine dedizierten Wartungsfenster für `VACUUM FULL` zulassen. In solchen Fällen blockieren Tabellensperren, die `VACUUM FULL` benötigt, Anwendungen, die in die entsprechenden Tabellen lesen oder schreiben. Das einfache `VACUUM` kommt ohne Tabellensperren aus, die mit Schreib-, Änderungs- oder Löschoperationen in Konflikt stehen.

Einfrieren

Wie oben beschrieben wurde, müssen alle sehr alten noch sichtbaren Zeilenversionen vor dem XID-Überlauf geschützt werden, indem die XID durch die FrozenXID ersetzt wird.

Das muss spätestens alle 2^{30} (ungefähr eine Milliarde) Transaktionen geschehen. Genauer gesagt müssen jede Tabelle und jeder Index in jeder Datenbank (auch alle eigentlich nicht benutzten wie `postgres` und `template1`) alle 2^{30} Transaktionen einmal von `VACUUM` besucht werden. In der Praxis macht man das lieber viel öfter.

`VACUUM` wird automatisch überlegen, ob eine XID durch die FrozenXID ersetzt werden soll, wenn eine gespeicherte XID verglichen mit der XID der aktuellen Transaktion älter als `vacuum_freeze_min_age` ist. Die Voreinstellung ist 100 Millionen, was normalerweise gut funktioniert. Wenn man also zumindest alle paar hundert Millionen Transaktionen ein `VACUUM` durchführt, was eigentlich aberwitzig wenig ist, ist man auf der sicheren Seite. Wenn man das aber vergisst, wird PostgreSQL nach Ablauf der Überlaufgrenze von selbst ein einfrierendes `VACUUM` starten, um Datenverlust zu vermeiden. Darauf sollte man aber nicht warten, weil das das Datenbanksystem zu einem ungünstigen Zeitpunkt sehr lange lahmlegen kann.

Das Einfrieren kann man auch manuell anstoßen. `VACUUM FREEZE` ist ein Spezialvariante dieses Wartungskommandos. `FREEZE` kann als Argument für `VACUUM` oder `VACUUM FULL` verwendet werden. Dadurch wird ein sofortiges Einfrieren aller sichtbaren Zeilenversionen einer Tabelle mit der FrozenXID durchgeführt.

`FREEZE` sollte nicht direkt verwendet werden und wird in einer zukünftigen Version von PostgreSQL entfernt werden. Alternativ kann `vacuum_freeze_min_age = 0` gesetzt werden, was der Verwendung von `FREEZE` entspricht.

Die Free Space Map

Die Free Space Map (FSM), auf Deutsch etwa »Karte des freien Platzes«, befindet sich im Shared Memory des Datenbankservers und hat nur eine beschränkte Größe. Die Anzahl von Datenbankseiten, die innerhalb der FSM maximal erfasst werden können, wird durch den Konfigurationsparameter `max_fsm_pages` festgelegt. Die Obergrenze der Anzahl erfassbarer Tabellen und Indexe wird durch `max_fsm_relations` festgelegt. Zu beachten ist, dass hier auch Systemtabellen und ihre Indexe dazuzuzählen sind, was bei sehr umfangreichen Datenbankschemas den Standardwert von 1.000 Objekten übersteigen kann.

Die Größe der Free Space Map wird global festgelegt. Alle Datenbanken innerhalb einer PostgreSQL-Instanz teilen sich die FSM, weshalb die Anzahl der zu erfassenden Datenbankseiten auch alle Datenbanken berücksichtigen muss.

Eine zu kleine FSM hat zur Folge, dass fragmentierter Platz innerhalb von Tabellen und Indexen nicht mehr erfasst werden kann. Da beim Aktualisieren (`UPDATE`) und Löschen (`DELETE`) die hier anfallenden toten Zeilenversionen nicht mehr erfasst werden können, wächst der fragmentierte Bereich dieser Objekte bei Fortlaufen immer weiter an. Das hat ein Aufblähen der Relationen zur Folge: Es wird immer mehr physischer Speicher benötigt, obwohl die Menge der tatsächlichen Nutzdaten wesentlich geringer ist. Das beeinflusst die Geschwindigkeit in erheblichen Maße, auch da Indexe beispielsweise so fragmentiert sind, dass sie nicht mehr vollständig im Hauptspeicher gepuffert werden können. Ist eine Datenbank in diesen Zustand geraten, wird eine entsprechende Warnung ausgegeben, weshalb die Logausgaben bei manuellen Wartungsabläufen ohne die Verwendung des Autovacuum-Dienstes sehr sorgfältig geprüft werden sollten. Um ein so aufgeblähtes Datenbanksystem zu reparieren, hilft aber letztlich nur `VACUUM FULL` einschließlich des notwendigen Wartungsfensters. Man sollte es also nicht so weit kommen lassen.

Einstellung der Free Space Map

Die FSM kann nur beim Serverstart im Shared Memory initialisiert werden, weshalb Änderungen an der Konfiguration der FSM immer einen Neustart der Datenbank erfordert. Es gilt daher, sich schon im Vorfeld ein paar Gedanken über die Größe der FSM zu machen.

Die Anzahl an Indexen und Tabellen einer Datenbank lässt sich zunächst einfach ermitteln, zum Beispiel so:

```
db=# SELECT count(*) FROM pg_class WHERE relkind IN ('r', 'i');
 count
-------
   141
(1 Zeile)
```

Insbesondere Tabellen, die durch Löschen und Aktualisieren stark frequentiert sind, müssen auf jeden Fall innerhalb der FSM erfasst werden können, da sie stark fragmentieren und die betroffenen Speicherbereiche nicht zur Wiederverwendung freigegeben werden können. Man sollte den Wert für diesen Parameter daher eher großzügig kalkulieren. Pro Eintrag werden lediglich sieben Bytes zusätzlich im Shared Memory des Datenbankservers benötigt.

Geht man davon aus, dass potenziell der komplette Speicherplatz in einer Datenbank fragmentiert werden könnte, und so muss die FSM mindestens so groß sein, dass sie alle Datenbankseiten der Tabellen und Indexe erfassen kann. Das ist natürlich in der Regel nicht der Fall, da eher nur Teile (beziehungsweise bestimmte Tabellen oder Indexe) einer Datenbank fragmentiert werden und die FSM dadurch natürlich nur unnötig groß wird. »Viel hilft viel« kann auf die FSM natürlich angewendet werden, übergroße Werte verlangsamen den Zugriff auf die Strukturen der FSM nicht besonders, und der Speicherverbrauch hält sich in Grenzen.

Dennoch ist es sinnvoll sich die einzelnen Tabellen und ihre Fragmentierung einmal anzusehen, um sich ein konkretes Bild der Fragmentierung der einzelnen Objekte zu machen. Sind die Statistiken einer Tabelle aktuell, kann die Anzahl der verwendeten Datenbankseiten und Zeilen (Tupel) über den Systemkatalog ermittelt werden:

```
=# SELECT relname, reltuples, relpages FROM pg_class WHERE relkind = 'r' AND relname =
'accounts';
-[ RECORD 1 ]---
relname   | accounts
reltuples | 1000
relpages  | 5
```

Die Anzahl in relpages gibt Aufschluss darüber, wie viele Datenbankseiten in der FSM maximal für die Beispieltabelle accounts erfasst werden müssen, um alle toten Zeilenversionen abdecken zu können. Das kann als Richtwert für max_fsm_pages herangezogen werden.

Eine ähnliche Methode bietet ein datenbankweites VACUUM VERBOSE an, also ein VACUUM mit zusätzlicher Logausgabe. Am Ende der Lognachrichten wird eine Zusammenfassung über die aktuelle und benötigte FSM-Nutzung auf die Konsole ausgegeben:

```
=# VACUUM VERBOSE;
...
INFO:  Free-Space-Map enthält 87 Seiten in 64 Relationen
DETAIL:  Es sind insgesamt 1024 Page-Slots in Benutzung (einschließlich Overhead).
1024 Page-Slots werden benötigt, um den gesamten freien Platz verwalten zu können.
Aktuelle Begrenzungen sind:  204800 Page-Slots, 1000 Relationen, ergibt 1305 kB
Speicherverbrauch.
```

Die Gesamtgröße der FSM beträgt hier 204.800 Seiten für 1.000 Tabellen und Indexe mit einem Speicherverbrauch im Shared Memory von 1.305 KByte. In diesem Beispiel werden von 1.024 aktuell möglichen Seiten in der FSM 87 für die Erfassung des gefundenen fragmentierten Speichers der Indexe und Tabellen benötigt. Das ist also die Mindestgröße, die über max_fsm_pages konfiguriert werden sollte. Gute Praxis ist, sich am maximal möglichen freien Speicher zu orientieren und die FSM so groß wie möglich zu konfigurieren. Bei sehr großen Datenbanken, in denen üblicherweise nur bestimmte Bereiche fragmentiert werden, ist es dagegen sinnvoller, die FSM an den Größen der Tabellen auszurichten, aus denen häufig gelöscht oder aktualisiert wird.

Wachsen Datenbanken recht schnell, muss dieses Vorgehen häufig wiederholt werden, so dass erfahrungsgemäß zunächst eine gute Ausgangseinstellung gewählt werden sollte. Dabei berücksichtigt man die zu erwartende Datenmenge und wählt im Verhältnis dazu 50–75 Prozent geteilt durch acht als Ausgangsgröße der FSM. Die VACUUM-Intervalle und die Anzahl von UPDATE- und DELETE-Operationen einer Datenbank sollten mit in die Berechnung der FSM-Größe einfließen. Liegen VACUUM-Intervalle weit auseinander, ist es sinnvoll, großzügige Werte für die Größe der FSM zu wählen, wogegen bei kleineren Intervallen auch kleinere Größen gewählt werden können. Werden Tabellen und Indexe zwischen den Intervallen durch viele UPDATE- und DELETE-Operationen stark fragmentiert, kann auch eine geringe FSM-Größe bei kleinen VACUUM-Intervallen knapp werden. Hier gilt es genau zu analysieren, wie stark eine Datenbank belastet ist. Dazu sind die Sichten des Statistikkollektors nützlich (siehe Kapitel 5).

Seit PostgreSQL 8.1 steht ein integrierter Autovacuum-Dienst zur Verfügung (siehe Abschnitt *Autovacuum* unten). Da dieser transparent im Hintergrund arbeitet, ist es schwieriger, den Bedarf an Speicherplatz in der FSM zu ermitteln. Ein guter Startwert ergibt sich daher, wenn Sie die Größe der FSM an den größten Tabellen und dem Skalierungsfaktor (Parameter autovacuum_vacuum_scale_factor) ausrichten. Der Skalierungsfaktor gibt dabei an, wie viel Prozent einer Tabelle im Verhältnis zu gelöschten oder aktualisierten Zeilen für den Start eines VACUUM-Laufs notwendig sind – dementsprechend muss dieser Platz in der FSM erfasst werden können.

pg_freespacemap

PostgreSQL bietet seit Version 8.2 das Zusatzmodul *contrib/pg_freespacemap* an, das es erlaubt, zur Laufzeit den Inhalt der FSM zu untersuchen. Das Modul stellt dafür unter anderem zwei Sichten zur Verfügung:

pg_freespacemap_pages
: Liste aller in der FSM eingelagerten Datenbankseiten

pg_freespacemap_relations
: Liste der in der FSM berücksichtigten Tabellen. Diese Sicht bietet Informationen zu den eingelagerten Seiten einer Tabelle (Spalte storedpages), den durch VACUUM als interessant erkannten Seiten (interestingpages) und der durchschnittlichen Anzahl der Anfragen an freiem Speicherplatz (avgrequest).

Das Überwachen einzelner Relationen und der FSM im Allgemeinen kann so einfach durch das Abfragen dieser Sichten erfolgen. Folgendes Beispiel zeigt eine Abfrage, die die wichtigsten Parameter einer Relation und ihrer FSM-Nutzung extrahiert:

```
db=# SELECT c.relfilenode, c.relname, nextpage, avgrequest,
            CASE WHEN (storedpages < interestingpages)
                 THEN 'FSM erweitern'
                 ELSE 'FSM ok'
            END AS fsm
     FROM
        pg_freespacemap_relations fsm
        JOIN pg_class c ON (c.relfilenode = fsm.relfilenode)
     WHERE
        relname = 'foo';

 relfilenode | relname | nextpage | avgrequest |  fsm
-------------+---------+----------+------------+--------
       73759 | foo     |        0 |         63 | FSM ok
(1 Zeile)
```

Für die Tabelle foo wurden durchschnittlich 63 Anfragen nach freiem Speicherplatz an die FSM gestellt. Die Anzahl der in storedpages gespeicherten Seiten der Relation ist größer als interestingpages, also als die von VACUUM erkannten Seiten, die freien Speicherplatz enthalten. Ist der Wert der Spalte interestingpages einer Relation dauerhaft kleiner als storedpages, sollte die Größe der FSM geprüft werden. Im folgenden Fall liegt der Wert noch deutlich darunter (dargestellt als »FSM ok«):

Wenn sich die Anzahl der Zeilen in pg_freespacemap_pages oder der Wert, der in der Spalte storedpages der Sicht pg_freespacemap_relations gespeichert ist, der in max_fsm_pages angegebenen Grenze nähert, muss ebenfalls die FSM neu konfiguriert werden, um einen Überlauf zu verhindern.

Überwachung von VACUUM

Die Entscheidung, ob ein VACUUM-Lauf für bestimmte Objekte unbedingt erforderlich ist, kann des Weiteren anhand der Systemkataloge erfolgen. Folgendes Beispiel zeigt in der ersten Anfrage, wie die ermittelte Speicherbelegung der Tabelle pg_proc laut Planerstatistiken ist; die zweite Anfrage vergleicht Index- und Heap-Größen der fünf größten Relationen im Moment:

```
=# SELECT relfilenode, relpages * 8 FROM pg_class WHERE relname = 'pg_proc';
 relfilenode | ?column?
-------------+----------
        1255 |      576

=# SELECT relname, relpages FROM pg_class ORDER BY relpages DESC LIMIT 5;
            relname            | relpages
-------------------------------+----------
 pg_proc_proname_args_index    |      148
 pg_proc                       |       72
 pg_depend                     |       30
 pg_attribute                  |       26
 pg_attribute_relid_attnam_index |     25
```

Der Index pg_proc_prname_args_nsp_index ist gegenüber dem Heap der Tabelle um ein Vielfaches größer, was ein VACUUM oder gar REINDEX erforderlich zu machen scheint.

Ab PostgreSQL Version 8.2 werden Laufzeiten von VACUUM und ANALYZE auch in den Statistiksichten protokolliert:

```
=# SELECT * FROM pg_stat_user_tables WHERE relname = 'accounts';
-[ RECORD 1 ]----+------------------------------
relid            | 208823
schemaname       | public
relname          | accounts
seq_scan         | 1
seq_tup_read     | 100000
idx_scan         | 0
idx_tup_fetch    | 0
n_tup_ins        | 100000
n_tup_upd        | 0
n_tup_del        | 0
last_vacuum      | 2008-05-20 02:52:57.379882+02
last_autovacuum  | __NULL__
last_analyze     | 2008-05-20 02:52:57.379882+02
last_autoanalyze | __NULL__
```

In diesem Fall wurden manuell VACUUM und ANALYZE durchgeführt, jedoch noch kein Lauf des Autovacuum-Dienstes, da die Felder last_autoanalyze und last_autovacuum jeweils auf NULL stehen (dazu mehr in Kapitel 5).

Eine weitere Möglichkeit, um den Zustand der Datenbank über VACUUM zu überwachen, gibt das in Kapitel 5 vorgestellte Programm *pgFouine*. Dieses Paket stellt mit dem Skript pgfouine_vacuum eine Möglichkeit zu visuellen Auswertung von VACUUM VERBOSE zur Verfügung.

ANALYZE

Ein weiterer Aspekt der Wartung sind Planerstatistiken, die von PostgreSQL für eine möglichst effiziente Abwicklung auch komplexer SQL-Anfragen gepflegt werden müssen. Der kostenbasierte Planer erzeugt Anfragepläne mithilfe von Kostenmodellen, die als Grundlage auch Statistiken über die Daten der innerhalb einer SQL-Anfrage verwendeten Tabellen und Indexe verwendet. Nur wenn diese Statistiken aktuell gehalten werden, können auch akkurate Kostenberechnungen und somit eine vernünftige Planung der Anfragen vorgenommen werden, was letztlich zu schnelleren Anfragen führt. Das Wartungskommando `ANALYZE` führt die Aktualisierung der Datenbankstatistiken durch. Dabei werden Datenverteilung und Heuristiken einer Systemtabelle erfasst und dem Planer als statistische Grundlage für die Kostenberechnung zur Verfügung gestellt. Weitere, detaillierte Informationen zur Verwendung dieser Statistiken und zur Anfrageoptimierung im Allgemeinen folgen in Kapitel 8.

Die Syntax des Befehls `ANALYZE` sieht so aus:

```
ANALYZE [ tabelle [ (spalte [, ...] ) ] ]
```

Auch hier gilt wie bei `VACUUM`, ohne Angabe einer Tabelle behandelt man die ganze Datenbank, was auch das übliche Verfahren ist. Bei `ANALYZE` kann man sogar auch einzelne Spalte analysieren. Wenn man alle Datenbanken auf einmal analysieren will, muss man das selbst arrangieren oder den Befehl `vacuumdb` (siehe unten) verwenden.

`ANALYZE` muss die Tabelle nicht sperren und benötigt wenige Ressourcen, da es im Bezug auf die Tabelle eine reine Leseoperation ist. Man kann `ANALYZE` also jederzeit ausführen, wenn der Server nicht gerade bis an die Grenzen ausgelastet ist.

Aus historischen Gründen ist es auch möglich, den Befehl `VACUUM` zusammen mit `ANALYZE` in einem Durchgang auszuführen:

```
VACUUM [ FULL ] [ FREEZE ] [ VERBOSE ] ANALYZE [ tabelle [ (spalte [, ...] ) ] ]
```

Das bietet sich an, weil `VACUUM` und `ANALYZE` eben die beiden wichtigsten Wartungsaufgaben in PostgreSQL sind. Aus Bequemlichkeit bleibt diese Befehlsvariante erhalten. Technisch haben diese beiden Aufgaben aber nichts miteinander zu tun.

Das Programm vacuumdb

Für regelmäßige `VACUUM`- und `ANALYZE`-Aufgaben steht das Kommandozeilenprogramm `vacuumdb` zur Verfügung. `vacuumdb` führt `VACUUM`- und `ANALYZE`-Kommandos in der spezifizierten Datenbank durch, alternativ auch in allen Datenbanken einer PostgreSQL-Instanz. Das ist letztlich nur eine Vereinfachung gegenüber der Ausführung dieser SQL-Befehle über `psql` in Verbindung mit Shell-Skripten.

`vacuumdb` kann in unterschiedlichen Betriebsmodi verwendet werden:

- alle Datenbanken vollständig warten, optional mit Aktualisierung der Planerstatistiken

* spezifische Datenbank warten, optional mit Aktualisierung der Planerstatistiken
* eine bestimmte Relation warten
* alternativ `VACUUM FULL` durchführen

Der Aufruf von *vacuumdb* ist im einfachsten Fall

```
vacuumdb dbname
```

um die genannte Datenbank mit `VACUUM` zu warten und

```
vacuumdb -a
```

um alle Datenbanken in der Instanz mit `VACUUM` zu warten.

Diverse Kommandozeilenoptionen stehen zur Verfügung:

`-a`
: alle Datenbanken warten statt nur einer

`-f`
: `VACUUM FULL` anstelle von `VACUUM` ausführen

`-t TABELLE(SPALTE, ...)`
: Tabelle warten, alternativ `ANALYZE` auf bestimmte Spalten durchführen, falls `-z` angegeben wurde

`-v`
: `VACUUM` mit Option `VERBOSE` ausführen

`-z`
: `ANALYZE` zusätzlich zu `VACUUM` ausführen

Weiterhin gibt es die von `psql`, `pg_dump` und anderen PostgreSQL-Programmen bekannten Optionen `-h`, `-p` und `-U`, um Hostname, Port und Benutzernamen für die Datenbankverbindung anzugeben.

In der Regel verwendet man `vacuumdb` für zeitgesteuerte Wartungsaufgaben, beispielsweise innerhalb von Cron-Diensten. So lässt sich ein nächtlicher Wartungslauf realisieren, der mit Cron zum Beispiel um drei Uhr nachts alle Datenbanken bereinigt und die Planerstatistiken aktualisiert. Im folgenden Beispiel wird ein Eintrag in die Crontab des Benutzers *postgres* erzeugt, der entsprechend den Wartungslauf veranlasst:

```
% crontab -e -u postgres
0 3 * * * postgres vacuumdb -a -z
```

Nach Wunsch können so auch einzelne Tabellen zu anderen Zeiten oder öfter behandelt werden. Sollen Änderungen an Crontab-Einträgen anderer Benutzer erfolgen, müssen entsprechende Privilegien vorhanden sein.

Das war bis PostgreSQL Version 8.2 oder 8.3 das übliche Verfahren, um Wartungsläufe zu veranlassen. Mittlerweile wird diese manuelle Konfigurationsarbeit aber, wenn gewünscht, vom Autovacuum-Dienst ersetzt, der im Folgenden behandelt wird.

Autovacuum

In PostgreSQL-Versionen ab 8.1 steht ein integrierter Autovacuum-Dienst zur Verfügung. Autovacuum nimmt dem Datenbankadministrator die explizite Durchführung von `VACUUM`- und `ANALYZE`-Wartungskommandos ab. (Der Autovacuum-Dienst macht also auch ein »Autoanalyze«.) Dabei sorgt es basierend auf Tabellenstatistiken dafür, dass die Wartung von Tabellen und Indexen in regelmäßigen Zeitintervallen immer wenn nötig, aber auch nicht öfter stattfindet. Autovacuum ist in PostgreSQL integriert und wird vom Datenbank-Managementsystem selbst gesteuert. Somit entfällt der Aufwand für den Betrieb externer Wartungsjobs über `cron`, `at` oder den alten externen `pg_autovacuum`-Dienst, der in älteren PostgreSQL-Versionen als Zusatz installiert werden konnte.

Der Autovacuum-Dienst kann über Laufzeitparameter systemweit oder auf Tabellenebene konfiguriert werden. Für das erstgenannte Verfahren steht eine Anzahl von Konfigurationsparametern zur Verfügung, die über die Konfigurationsdatei *postgresql.conf* oder die Serverkommandozeile definiert werden müssen. Diese Parameter werden gleich im Anschluss behandelt. Das zweitgenannte Verfahren wird in der Systemtabelle `pg_autovacuum` konfiguriert.

Ab PostgreSQL Version 8.3 ist der Autovacuum-Dienst in der Voreinstellung an, und er ist die empfohlene Wartungsmethode. In den Versionen davor ist der Autovacuum-Dienst verfügbar, aber nicht voreingestellt. Wer Autovacuum in diesen Versionen verwenden möchte, sollte unbedingt die Ergebnisse (Tabellengrößen und so weiter) beobachten, um sicherzugehen, dass der Dienst richtig funktioniert. Letztlich lohnt sich aber ein Upgrade auf Version 8.3.

Konfiguration

In diesem Abschnitt werden die Konfigurationsparameter für den Autovacuum-Dienst beschrieben. Weitere Informationen zum Konfigurationssystem und anderen Konfigurationsparametern finden Sie in Kapitel 2.

autovacuum

Dieser Parameter aktiviert den Autovacuum-Dienst. Ab PostgreSQL 8.3 ist die Voreinstellung an, vorher aus.

Autovacuum erfordert ebenfalls das Einschalten des Statistics Collector, andernfalls kann der Autovacuum-Dienst nicht funktionieren. Statistiken sind erforderlich, da Autovacuum abhängig von der Anzahl geänderter, gelöschter und neuer Zeilen entsprechend die Tabellen mit `VACUUM` oder `ANALYZE` wartet. Die notwendigen Parameter sind in PostgreSQL 8.3 `track_counts` und vorher `stats_start_collector` und `stats_row_level`. In PostgreSQL 8.3 sind die nötigen Einstellungen vorkonfiguriert, in älteren Versionen nicht (siehe auch Kapitel 2 und Kapitel 5). Existiert ein Konfigurationsfehler, kann der Autovacuum-Dienst nicht gestartet werden, und PostgreSQL weist darauf hin:

```
WARNUNG:  Autovacuum wegen Fehlkonfiguration nicht gestartet
TIPP:  Schalten Sie die Option »track_counts« ein.
```

Der Administrator sollte im Erfolgsfall folgende Meldung erhalten:

```
LOG:  Autovacuum-Launcher startet
```

Auf produktiven Datenbanksystemen sollte sichergestellt werden, dass der Autovacuum-Dienst erfolgreich gestartet werden konnte und etwas tut.

Beginnend mit PostgreSQL 8.3 werden Autovacuum-Läufe auch dann ausgeführt, wenn ein Überlauf der Transaktions-ID des Datenbankservers unmittelbar bevorsteht, egal ob Autovacuum aktiviert oder deaktiviert ist (Details beim Parameter `autovacuum_max_freeze_age` unten).

log_autovacuum_min_duration

Der Parameter `log_autovacuum_min_duration` protokolliert die Ausführungszeiten von Autovacuum-Läufen, wenn diese den angegebenen Wert übersteigen. Die Voreinstellung ist -1 (ausgeschaltet). Dieser Parameter ist ab PostgreSQL 8.3 verfügbar. Kapitel 2 enthält weitere Informationen zur Konfiguration des Serverlogs.

autovacuum_max_workers

Der Autovacuum-Dienst ab PostgreSQL Version 8.3 kann mehrere Wartungsaufgaben gleichzeitig abarbeiten. Diese werden an »Worker« delegiert, die für die Ausführung der Wartungsbefehle verantwortlich sind. Mehrere Autovacuum-Prozesse teilen sich so die anfallenden `VACUUM`- und `ANALYZE`-Aufgaben. Dadurch blockieren diese Operationen auf großen Tabellen keine auf kleinen Tabellen.

Ist kostenbasiert verzögertes Vacuum aktiviert (siehe unten), werden die anfallenden Kosten zwischen allen Autovacuum-Prozessen ausbalanciert. Damit ist der I/O-schonende Effekt so wie bei nur einem Prozess.

Standardmäßig definiert `autovacuum_max_workers` drei solcher Worker, exklusive des Autovacuum-Dienstes selbst. In der Praxis muss diese Einstellung nicht verändert werden. `autovacuum_max_workers` kann nur in der Konfigurationsdatei *postgresql.conf* oder auf der Serverkommandozeile definiert werden.

autovacuum_naptime

Der Parameter `autovacuum_naptime` definiert das Zeitintervall, in dem der Autovacuum-Dienst Wartungskommandos durchführt. Nach Ablauf der definierten Zeit werden die Statistiken der Tabellen einer Datenbank geprüft und bei Bedarf `ANALYZE`- beziehungsweise `VACUUM`-Kommandos durchgeführt. Die Voreinstellung ist

```
autovacuum_naptime = 1min
```

Das braucht man normalerweise nicht ändern.

autovacuum_max_freeze_age

Für jede Tabelle in PostgreSQL wird die Obergrenze aller lebender Zeilenversionen, die alt genug sind, um bereits mit der FrozenXID eingefroren worden zu sein, im Systemkatalog `pg_class` gespeichert. Das Feld `pg_class.relfrozenxid` hält pro Tabelle also diejenige XID vor, die zuletzt eingefroren wurde. Sind Zeilenversionen in der Tabelle vorhanden, deren XID älter ist als die in `pg_class.relfrozenxid` gespeicherte XID plus `autovacuum_max_freeze_age`, so wird durch den Autovacuum-Dienst ein `VACUUM FREEZE` auf die Tabelle durchgeführt. Das geschieht auch, wenn Autovacuum sonst ausgeschaltet ist. `autovacuum_max_freeze_age` ist dabei also die Anzahl von Transaktionen, die seit dem letzten Einfrieren vergangen sein dürfen.

Die Voreinstellung ist

```
autovacuum_max_freeze_age = 200000000
```

was normalerweise nicht geändert werden muss.

Scale Factor und Threshold

Um festzustellen, wann ein Autovacuum-Lauf oder ein Autoanalyze-Lauf gestartet werden soll, vergleicht der Autovacuum-Dienst die über die Tabelle vorliegenden Informationen bezüglich aktualisierter oder gelöschter Zeilen mit konfigurierten Schwellwerten. Allgemein bestimmt ein Autovacuum-Prozess die Notwendigkeit für `VACUUM` anhand folgender Formel:

```
UPDATEs + DELETEs >= autovacuum_vacuum_threshold + autovacuum_vacuum_scale_factor * pg_
class.reltuples
```

Für `ANALYZE` ist es analog

```
UPDATEs + DELETEs + INSERTs >= autovacuum_analyze_threshold + autovacuum_analyze_scale_
factor * pg_class.reltuples
```

(Beachten Sie, dass `INSERT`-Operationen für die Notwendigkeit von `VACUUM` keine Rolle spielen, für `ANALYZE` aber schon.)

Die linken Seiten dieser Ungleichungen werden dem Statistikkollektor entnommen, weswegen dieser angeschaltet sein muss, damit Autovacuum funktionieren kann. Der Wert `pg_class.reltuples` enthält die (ungefähre) Anzahl der Zeilen in der Tabelle. Die anderen beiden Werte sind einstellbare Parameter, die letztlich bestimmen, wie oft Autovacuum »zuschlägt«.

Die Schwellwertformeln enthalten jeweils einen fixen Wert, den »Threshold«, der bestimmt, wie viele Zeilen mindestens geändert worden sein müssen, bevor ein Wartungslauf anfängt. Damit wird verhindert, dass sehr kleine, sich häufig ändernde Tabellen (zum Beispiel Statustabellen) andauernd gevacuumt werden, was letztlich sehr wenig Platzgewinn schaffen würde. Die Voreinstellungen in PostgreSQL 8.3 sind

```
autovacuum_vacuum_threshold = 50
autovacuum_analyze_threshold = 50
```

In früheren Versionen waren die Voreinstellungen sehr viel höher. Einige PostgreSQL-Benutzer setzen diese Einstellungen auch auf 0, wenn sie selbst kleine Tabellen unter Dauerwartung haben wollen.

Der andere, wichtigere Teil der Schwellwertformeln ist der Scale Factor, der bestimmt, welcher Anteil der Zeilen in einer Tabelle geändert worden sein muss, bevor ein Wartungslauf beginnt. Die Voreinstellungen in PostgreSQL 8.3 sind

```
autovacuum_vacuum_scale_factor = 0.2
autovacuum_analyze_scale_factor = 0.1
```

In älteren Versionen waren sie höher.

Das bedeutet also, dass ein `VACUUM`-Lauf angestoßen wird, wenn mindestens 20% der Zeilen in einer Tabelle aktualisiert oder gelöscht worden sind (spätestens aber bei 50, siehe oben). Ebenso würde ein `ANALYZE`-Lauf angestoßen, wenn mindestens 10% der Zeilen in einer Tabelle aktualisiert, gelöscht oder neu eingefügt worden sind (spätestens aber bei 50). Da `ANALYZE` weniger aufwendig ist als `VACUUM`, kann man den Faktor niedriger ansetzen und somit häufigere `ANALYZE`-Läufe erzwingen.

Diese Voreinstellungen haben sich über mehrere Jahre und PostgreSQL-Versionen hinweg als gute Wahl herauskristallisiert. Letztlich ist es aber auch eine Frage der persönlichen Vorlieben sowie der lokalen Umstände bezüglich der Auslastung des Servers, der Häufigkeit von Updates, der Art der Anwendung und der Tabellen und so weiter, welche Einstellungen hier ideal sind. Wer sich die Mühe machen will, sollte ruhig etwas experimentieren, dabei allerdings auch das Systemverhalten gut überwachen.

Überwachung von Autovacuum

Um zu überprüfen, ob der Autovacuum-Dienst tatsächlich etwas tut, gibt es zwei sich ergänzende Möglichkeiten:

- Überwachung der Läufe im Serverlog, einschaltbar mit dem Konfigurationsparameter `log_autovacuum_min_duration`
- Überwachung der Statistiksichten, wo alle `VACUUM`- und `ANALYZE`-Läufe verzeichnet werden (siehe Abschnitt *Überwachung von VACUUM* sowie generell Kapitel 5)

Die Systemtabelle pg_autovacuum

Neben den oben beschriebenen Konfigurationsparametern kann der Autovacuum-Dienst auch auf Tabellenebene konfiguriert werden. So ist es möglich, je Tabelle individuelle Einstellungen für Autovacuum vorzunehmen und somit `VACUUM` und `ANALYZE` an die Auslastung der jeweiligen Tabelle anzupassen. Das ist für große, komplexe Datenbankanwendungen durchaus sinnvoll.

Im Systemkatalog einer PostgreSQL-Datenbank findet sich die Systemtabelle `pg_autovacuum`:

```
=# \d pg_autovacuum
   Tabelle »pg_catalog.pg_autovacuum«
      Spalte       |   Typ   | Attribut
-------------------+---------+-----------
 vacrelid          | oid     | not null
 enabled           | boolean | not null
 vac_base_thresh   | integer | not null
 vac_scale_factor  | real    | not null
 anl_base_thresh   | integer | not null
 anl_scale_factor  | real    | not null
 vac_cost_delay    | integer | not null
 vac_cost_limit    | integer | not null
 freeze_min_age    | integer | not null
 freeze_max_age    | integer | not null
Indexe:
    »pg_autovacuum_vacrelid_index« UNIQUE, btree (vacrelid)
```

Aktuelle PostgreSQL-Versionen bieten kein Benutzerinterface für die Manipulation der Einträge dieser Systemtabelle an. (Es ist zu erwarten, dass das in Zukunft geändert wird und in diesem Zusammenhang auch diese Tabelle verschwinden könnte.) Es ist notwendig, die Einträge manuell über INSERT, UPDATE oder DELETE vorzunehmen. Sollen für eine Tabelle individuelle Autovacuum-Konfigurationseinstellungen zugewiesen werden, wird ein Eintrag in pg_autovacuum für diese Tabelle angelegt, zum Beispiel

```
INSERT INTO pg_autovacuum VALUES('accounts'::regclass, false, -1, -1, -1, -1, -1, -1, -1, -1);
```

(Der spezielle Cast des Tabellenbezeichners accounts auf regclass ermittelt direkt die OID der Tabelle.) Ab sofort wird die Tabelle nicht mehr vom Autovacuum-Dienst berücksichtigt, da enabled jetzt false ist. Der Wert -1 sorgt für die Verwendung der Standardwerte für die anderen Parameter.

Kostenbasiert verzögertes Vacuum

Der Administrator erhält durch kostenbasiert verzögertes Vacuum die Möglichkeit, die Auslastung des Systems während der Durchführung von Vacuum auf ein definiertes Minimum zu reduzieren. Vacuum ist eine I/O-intensive Operation und kann insbesondere schwächer ausgelegte Speichersysteme über Gebühr belasten. Für produktive Datenbanken im 24/7-Einsatz, wo Wartungsfenster für Vacuum nicht ausreichend zur Verfügung stehen, kann das problematisch sein.

Kostenbasiert verzögertes Vacuum sammelt während eines Wartungslaufs Aufwandsinformationen, genannt Kosten, über die eigene verrichtete Arbeit, zum Beispiel wie viele Datenbankseiten gelesen und geschrieben werden mussten. Ist eine bestimmte Kostenschwelle erreicht (vacuum_cost_limit), wird die Ausführung von Vacuum verzögert (vacuum_cost_delay). Die Laufzeit eines Vacuum-Laufs verlängert sich dabei um ein Vielfaches von vacuum_cost_delay, weshalb die Verzögerung mit Bedacht gewählt werden sollte.

Kostenbasiert verzögertes Vacuum kann für manuelle Befehlsausführung und für den Autovacuum-Dienst getrennt konfiguriert werden. Beachten Sie, dass das kostenbasiert verzögerte Vacuum für Autovacuum in der Voreinstellung an ist und verwendet wird. Für manuell angesetztes Vacuum ist es jedoch in der Voreinstellung aus, da man hier davon ausgeht, dass es so schnell wie möglich enden soll.

Konfiguration

Die in diesem Abschnitt beschriebenen Parameter konfigurieren das kostenbasiert verzögerte Vacuum.

vacuum_cost_delay

Der Parameter `vacuum_cost_delay` aktiviert das kostenbasiert verzögerte Vacuum. Positive Werte bewirken, dass ein `VACUUM`-Lauf nach Erreichen des Kostenlimits, das durch `vacuum_cost_limit` definiert wird, für die angegebene Zeit seine Arbeit ruhen lässt. Ausschlaggebend für die Genauigkeit der Verzögerung eines `VACUUM`-Laufs ist die Zeitauflösung des Betriebssystems, die in der Regel etwa zehn Millisekunden beträgt.

Die Voreinstellung ist

```
vacuum_cost_delay = 0
```

wodurch das Feature ganz ausgeschaltet ist.

Die erreichbaren gesammelten Kosten können deutlich über dem angegebenen Wert von `vacuum_cost_limit` liegen, da `VACUUM` nicht unterbrochen werden kann, solange wichtige Sperren oder Ressourcen gehalten werden, die konkurrierende Operationen beeinträchtigen könnten. Die tatsächlich anzusetzende Ruhepause für `VACUUM` wird deshalb, um ein Aussetzen des `VACUUM`-Laufs nicht unnötig lange aufzuschieben, anhand dieser Formel berechnet:

```
vacuum_cost_delay * aktuelle Kosten / vacuum_cost_limit
```

Der so ermittelte Wert wird zusätzlich begrenzt, um keine zu langen Verzögerungen des `VACUUM`-Laufs zu verursachen:

```
maximale Verzögerung <= vacuum_cost_delay * 4
```

vacuum_cost_limit

Die Kostengrenze für das Verzögern eines `VACUUM`-Laufs wird anhand des Parameters `vacuum_cost_limit` definiert. Erreichen die während der Laufzeit einer `VACUUM`-Operation gesammelten Kosten dieses Limit, wird der `VACUUM`-Lauf für die in `vacuum_cost_delay` definierte Zeit verzögert. Nach Ablauf der Wartezeit wird das Wartungskommando fortgesetzt, bis das Kostenlimit erneut erreicht wird.

Die Voreinstellung ist

```
vacuum_cost_imit = 200
```

Diese Kosten sind wohlgemerkt abstrakte Zahlen.

vacuum_cost_page_hit

Dieser Parameter bestimmt anteilig, wie die laufenden Kosten für VACUUM gezählt werden. Wird durch VACUUM eine Datenbankseite bearbeitet, die sich im Shared-Buffer-Pool befindet (also gecacht war), definiert der Parameter `vacuum_cost_page_hit` die Kosten für das Locken, Untersuchen und Lesen dieser einen Datenbankseite. Standardmäßig definiert `vacuum_cost_page_hit` einen Kostenfaktor von eins.

vacuum_cost_page_miss

Dieser Parameter bestimmt anteilig, wie die laufenden Kosten für VACUUM gezählt werden. Muss durch VACUUM eine Datenbankseite vom Speichersystem gelesen werden, da sie nicht im Shared-Buffer-Pool gecacht war, definiert `vacuum_cost_page_miss` die Kosten für das Einlesen der Datenbankseite vom Speichersystem. Die Standardeinstellung ist zehn.

vacuum_cost_page_dirty

Dieser Parameter bestimmt anteilig, wie die laufenden Kosten für VACUUM gezählt werden. Wird eine Datenbankseite durch eine VACUUM-Operation modifiziert, muss diese im Anschluss auf das Speichersystem ausgeschrieben werden. Die Kosten für diesen Vorgang definiert der Parameter `vacuum_cost_page_dirty`, der standardmäßig auf 20 eingestellt ist.

autovacuum_vacuum_cost_delay

Das ist die Entsprechung zu `vacuum_cost_delay` für den Autovacuum-Dienst. Die Voreinstellung ist

```
autovacuum_cost_delay = 20ms
```

Wenn der Wert auf -1 gesetzt ist, wird die Einstellung für `vacuum_cost_delay` verwendet.

autovacuum_vacuum_cost_limit

Das ist die Entsprechung zu `vacuum_cost_limit` für den Autovacuum-Dienst. Die Voreinstellung ist

```
autovacuum_vacuum_cost_limit = -1
```

Das heißt, es wird die Einstellung von `vacuum_cost_limit` verwendet, die in der Voreinstellung 200 ist (siehe oben). Der Wert 0 schaltet kostenbasiert verzögertes Autovacuum aus, ein positiver Wert legt ein eigenes Kostenlimit fest.

Reindizierung

In Datenbanken, die einer großen Menge von UPDATE-Befehlen ausgesetzt sind, können Indexe sehr stark fragmentieren, so dass es effizienter ist, sie nicht durch VACUUM zu reorganisieren, sondern neu zu erzeugen. REINDEX übernimmt diese Aufgabe und erzeugt die Indexe einer kompletten Datenbank oder einer spezifischen Tabelle neu.

Die Syntax des Befehls sieht so aus:

```
REINDEX { INDEX | TABLE | DATABASE | SYSTEM } name [ FORCE ]
```

Die Argumente INDEX, TABLE und DATABASE geben an, ob der angegebene Index, alle Indexe der angegebenen Tabelle oder alle vorhandenen Indexe in der angegebenen Datenbank neu gebaut werden sollen.

Beachten Sie, dass in eine Tabelle nicht geschrieben werden kann, während ein zugehöriger Index aufgebaut wird. REINDEX ist also eher keine tägliche Routineaufgabe sondern eine Reparaturmaßname, wenn Indexe sich zu stark aufgebläht haben oder die Performance schlecht geworden ist.

SYSTEM reindiziert die Systemkataloge. Eine Ausnahme stellen verteilte Systemkataloge dar (wie pg_tablespace und pg_roles). Sie können im normalen Betriebsmodus einer PostgreSQL-Datenbank nicht reindiziert werden, dafür muss die Datenbank im sogenannten Standalone-Modus neu gestartet werden. Das wird in Kapitel 6 ausführlicher beschrieben.

Weitere Wartungsaufgaben

Neben den bisher beschriebenen Wartungsaufgaben gibt es weitere Aufgaben, die üblicherweise im Zusammenhang mit dem Betrieb einer PostgreSQL-Datenbank anfallen, und die in diesem Buch an anderer Stelle weitergehend behandelt werden:

Datensicherung
: Selbstverständlich gehört die Organisation und Durchführung von Datensicherungen zum Aufgabenbereich der Datenbankadministration. Da dieser Themenkomplex sehr umfangreich ist, hat er ein eigenes Kapitel: Kapitel 4.

Serverlog einstellen
: Die Serverlogs bieten dem Datenbankadministrator wertvolle Informationen über den Zustand einer Datenbank in der Vergangenheit. Aus Ihnen gewinnt man Erkenntnisse über Fehlfunktionen, Anwendungsverhalten oder gar Sicherheitsprobleme. Jedoch können Logdateien nicht in beliebiger Menge und Größe aufgehoben werden: Je nach Informationsgehalt müssen Logdateien rotiert und nach Ablauf gewisser Fristen gesichert werden. Aus diesem Grund ist es besonders wichtig, die Logdateien sorgfältig zu verwalten. Die Konfiguration des Serverlogs wird in Kapitel 2 beschrieben.

Logauswertung
: Die gezielte Auswertung der angefallenen Lognachrichten einer PostgreSQL-Installation gehört zum guten Ton einer jeden gepflegten Produktiv- oder Testumgebung. Innerhalb von Testumgebungen können so bereits während der Entwicklung der entsprechenden Anwendungen Fehler und geschwindigkeitsrelevante Probleme

erkannt werden. In Produktivumgebungen ist es besonders wichtig, lang andauernden Anfragen und Transaktionen entgegenzuwirken. Das erfordert eine teils automatisierte, teils manuelle Auswertung der Logdateien. Dazu empfehlen wir das Programm *pgFouine*, das ausführlicher in Kapitel 5 vorgestellt wird.

Wartungsstrategie

Neben der Implementierung einer geeigneten Überwachungstechnik (Kapitel 5) ist die Entwicklung einer Wartungsstrategie eine der wichtigsten Voraussetzungen für den reibungslosen Betrieb in Produktivumgebungen. Insbesondere die Planung von `VACUUM` verlangt eine eingehende Untersuchung der Auslastung und Frequentierung einzelner Tabellen durch Lösch- und Aktualisierungsoperationen (`DELETE` und `UPDATE`). Große Batch-Operationen führen in der Regel große Änderungen an Datenbanken durch, weshalb auch Planerstatistiken mit `ANALYZE` aktualisiert werden müssen. Autoanalyze und Autovacuum automatisieren diese wichtigen Wartungsschritte. Für sehr große und komplexe Datenbanken kann aber auch das Abschalten dieses Dienstes notwendig werden, um eine bessere Kontrolle dieser Prozesse seitens des Administrators zu gewährleisten. Das Durchführen von `VACUUM` auf wichtigen Tabellen, während viele Benutzer Daten aus ihnen lesen, kann diese Kontrolle durch hohe I/O-Auslastung negativ beeinflussen, so dass es lohnenswert ist, die Wartungsaufgaben auf dedizierte Zeitpunkte in einem Wartungsfenster zu verschieben. Manuelle kritische Wartungsaufgaben mit `VACUUM` und `ANALYZE` sowie `REINDEX` lassen sich mit Autovacuum und Autoanalyze kombinieren. Des Weiteren ist es erforderlich, die FSM korrekt zu justieren, so dass fragmentierter Speicherplatz in Tabellen- und Indexstrukturen wiederverwendet werden kann.

Eine Analyse für eine mögliche Wartungsstrategie sollte folgende Aspekte berücksichtigen:

- Welche Tabellen sind besonders für den Betrieb wichtig und sind am stärksten ausgelastet? Diese Informationen lassen sich über Systemsichten wie `pg_stat_user_tables` und `pg_stat_user_indexes` sehr leicht ermitteln (siehe Kapitel 5). Tabellen mit hohen `UPDATE`- und `DELETE`-Raten (Feld `pg_stat_user_tables.n_tup_upd` und `pg_stat_user_tables.n_tup_del`) sollten regelmäßig einer Wartung unterzogen werden. Tabellen, die wenige oder gar keine Änderungen erfahren, können in monatlichen `VACUUM`-Sitzungen allein gewartet werden. (Letztlich entscheidet der Autovacuum-Dienst das intern ähnlich.)
- Wie ist die Auslastung des Systems während produktiver Arbeitszeiten?
- Ist die zusätzliche Belastung des I/O-Systems während der Arbeitszeiten zulässig, oder müssen Wartungsfenster gefunden werden? Dieser und der vorhergehende Punkt machen deutlich, dass der Einsatz von Autoanalyze und Autovacuum in Kombination mit manueller Wartungsdurchführung durch Cron oder ähnliche Scheduler genau abgewogen werden sollte. Während Autoanalyze lediglich ein `ANALYZE` der Tabellen durchführt und daher keine hohe I/O-Belastung zur Folge hat, ist Autovacuum aufgrund der I/O-Auslastung sehr invasiv. Um die I/O-Belastung von

Datenbanken zu reduzieren, können weniger kritische Tabellen von Autovacuum ausgeschlossen werden und auf ein definiertes Wartungsfenster verschoben werden. So müssen nur die wichtigsten Tabellen und Indexe gewartet werden, was I/O-Leistung spart und die Laufzeiten von `VACUUM` verkürzt.

- Ist die I/O-Auslastung des Systems kritisch, sollte kostenbasiert verzögertes Vacuum in Erwägung gezogen werden. Es empfiehlt sich, das Konfigurieren der Kostenparameter sorgfältig an einem gleichwertigen Testsystem vorzunehmen, da die Laufzeiten von `VACUUM` sich verlängern und sich je nach Datenmenge und Aufwand unterschiedlich verhalten. Auch sollte in Erwägung gezogen werden, kostenbasiert verzögertes Vacuum und auch Autovacuum für spezifische Tabellen zu konfigurieren, denn in komplexeren Szenarien hat es wenig Sinn, ein und dieselben Kostenparameter für alle Datenbanken zu benutzen, wenn sich ihre einzelnen Tabellen stark unterscheiden. Zwar bleiben die Laufzeiten trotz falscher Einstellungen für `vacuum_cost_delay` beispielsweise für Tabellen, die wenig fragmentiert sind, noch überschaubar (da wenig Zusatzarbeit für `VACUUM` anfällt), aber es kann sich in unvorhergesehenen Fällen negativ auswirken.
- In der Regel sollte datenbankweites `VACUUM` durchgeführt werden, um das Überlaufen der Transaktionsnummern (XID) zu verhindern. Neue PostgreSQL-Versionen haben dieses Problem zwar entschärft, da die älteste Transaktion nun pro Tabelle protokolliert wird, aber es ist nach wie vor notwendig, in regelmäßigen Abständen ein vollständiges `VACUUM` der Datenbank durchzuführen. Der Autovacuum-Dienst erledigt das, sobald die XID einer Datenbank hinreichend alt wird, von selbst; bei manuellem Wartungsablauf muss das aber unbedingt berücksichtigt und überwacht werden.
- Das Justieren des Parameters `max_fsm_pages` lässt sich nicht pauschal mit bestimmten Vorgabewerten beschreiben. Allgemein gilt: Der maximal fragmentierte Speicherplatz muss von der FSM erfasst werden, was bedeutet, dass jede Datenbankseite, die toten Speicherplatz innerhalb einer Tabelle oder eines Index enthält, abgedeckt werden können muss. `max_fsm_pages` gibt die maximale Anzahl der Datenbankseiten an, die dadurch gespeichert werden können. Eine so angegebene Datenbankseite belegt sechs Bytes im Shared Memory des Datenbankservers. Aufgrund der Verwendung von Shared Memory kann dieser Parameter nicht zur Laufzeit geändert werden. Auch aus diesem Grund kann es hilfreich sein, regelmäßig ein datenbankweites `VACUUM VERBOSE` oder `VACUUM ANALYZE VERBOSE` (oder mit `vacuumdb`) durchzuführen. Anschließend kann durch eine Analyse der Nachrichten am Ende der Logausgabe die Nutzung der FSM analysiert werden.

Für den Administrator stellt das Erstellen einer geeigneten Wartungsstrategie eine wichtige Herausforderung dar. Beachtet man die beschriebenen Faktoren und stellt sie mit den in Kapitel 5 vorgestellten Überwachungswerkzeugen in Zusammenhang, ergeben sich vielfältige Möglichkeiten, wie die Gestaltung einer für die Anwendung optimalen Wartungsstrategie aussehen kann. Eine gut gewartete PostgreSQL-Datenbank garantiert dann optimale Arbeitsbedingungen für Entwickler sowie Anwender.

KAPITEL 4

Datensicherung

Jedes Computersystem, das wichtige Daten enthält, sollte regelmäßig gesichert werden. Das dürfte allen Datenbankadministratoren bekannt sein. Daher bietet auch PostgreSQL ausgefeilte Mechanismen, um Datensicherung für verschiedene Bedarfsszenarien umzusetzen.

Auch wenn klar ist, dass man irgendeine Art von Datensicherung benötigt, ist es zunächst sinnvoll, sich Gedanken zu machen, aus welchen Gründen genau Daten gesichert werden sollen und unter welchen Umständen welche gesicherten Daten eventuell wieder benötigt werden. Derartige Überlegungen verhindern, dass im Katastrophenfall die vorhandenen Sicherungen unnütz sind.

Die von PostgreSQL angebotenen Sicherungsverfahren reichen von einer einfachen Dateisystemkopie, die aber nur eingeschränkt funktioniert, über die einfachen und von den meisten Benutzern angewendeten SQL-Dumps bis hin zum relativ komplizierten Transaktionslog-Archivierungsverfahren. Die Auswahl und Umsetzung des geeigneten Verfahrens wird gelingen, wenn man sich über die an das Datenbanksystem gestellten Anforderungen im Klaren ist und die Gründe für die Datensicherung genau definiert hat.

Datensicherungsstrategie

Die Umsetzung einer nützlichen Datensicherungsstrategie erfordert einige Vorabüberlegungen. Eine mangelhafte Planung der Datensicherung kann eine Menge Aufwand für wenig Sicherheitsgewinn bedeuten.

Allgemeines über Sicherheit

Absolute Sicherheit gibt es bekanntlich nicht, und somit auch keine absolut zuverlässige Datensicherungsstrategie. Datensicherung ist wie alle Sicherheitsmaßnahmen vom Gartentorschloss bis zur Terrorabwehr im Prinzip ein Fall von Risikomanagement. Bruce Schneier beschreibt in seinem Buch »Beyond Fear« fünf Fragen, die man sich bei der

Bewertung einer Sicherheitsmaßnahme stellen sollte, und diese Fragen eignen sich auch hervorragend für die Erarbeitung einer Datensicherungsstrategie für eine PostgreSQL-Datenbank:

1. Welche Vermögenswerte sollen geschützt werden?
2. Was sind die Risiken für diese Vermögenswerte?
3. Inwiefern verringert die Sicherheitslösung diese Risiken?
4. Welche neuen Risiken erzeugt die Sicherheitslösung?
5. Welche Kosten und Kompromisse erfordert die Sicherheitslösung?

Risiken

Die zu schützenden Vermögenswerte sind in einer Datenbank natürlich die Daten.

Die Risiken für diese Daten sind insbesondere:

Verlust, Vernichtung oder Verfälschung der Daten
: Das ist das Thema dieses Kapitels.

Unberechtigter Zugriff auf die Daten
: Das ist das Thema von Kapitel 7. Wenn unberechtigter Zugriff auf Daten stattfindet, kann das auch zu vorsätzlicher Vernichtung der Daten führen. Daher ist Datensicherung auch Teil einer jeden Strategie zur Zugriffssicherung.

Ausfall des Datenbanksystems
: Das ist das Thema von Kapitel 9. Die Szenarien, die zum Ausfall eines Datenbanksystems führen können, können auch zu Datenverlust führen. Deswegen ist Datensicherung auch dabei eine Voraussetzung.

Dieses Kapitel beschäftigt sich also mit dem Risiko des Verlusts, der Vernichtung oder der Verfälschung der Daten in der Datenbank. Es gibt wiederum verschiedene mögliche Gründe für Datenverlust. Diese erfordern teilweise unterschiedliche Ansätze zur Datensicherung.

Ausfall des Speichermediums
: Das bedeutet in den meisten Fällen vereinfacht gesagt, dass die Festplatte kaputt ist und die Daten sich nicht mehr (vollständig) lesen lassen. Festplatten können jederzeit und ohne Vorwarnung kaputtgehen. Eine sinnvolle Datensicherungsstrategie sollte daher eine möglichst oft aktualisierte Kopie der Festplatte vorhalten, damit diese im Falle eines Ausfalls auf ein neues Speichermedium zurückgespielt werden kann.

Fehlerhafte Hardware
: Das bedeutet, dass etwa die Festplatte oder der Hauptspeicher kaputt ist, was aber nicht sofort auffällt. Aufgrund von Fehlern in Hardware oder Software könnten möglicherweise über eine lange Zeit falsche Daten geschrieben werden. Wenn das auffällt, benötigt man also nicht unbedingt eine aktuelle Kopie des Datenbestandes,

sondern mehrere historische Datenstände, um einen korrekten, plausiblen zu finden und diesen dann mit dem aktuellen Stand zusammenzuführen.

Ausfall des Rechenzentrums
: Neben einzelnen Hardwarekomponenten kann auch das ganze Rechenzentrum ausfallen. Die möglichen Gründe dafür sind vielfältig: Unfälle, Feuer, Sturm, Stromausfall, Vandalismus. Daraus folgt insbesondere, dass eine Datensicherung nicht auf denselben Systemen abgespeichert werden sollte wie die Daten im Produktivbetrieb.

Menschliches Versehen
: Das bedeutet, dass ein Benutzer oder eine Anwendung aus Versehen Daten löscht oder ändert. Wenn das sofort auffällt, benötigt man zur Wiederherstellung eine relativ aktuelle Kopie der Daten zu dem Zeitpunkt, bevor die Daten gelöscht wurden. Eventuell dauert es aber, bis ein solcher Fehler auffällt oder bekannt wird. Daher benötigt man auch dabei möglicherweise ältere Datenstände.

Menschlicher Vorsatz
: Wenn Benutzer, möglicherweise solche, die sich unberechtigt Zugriff verschafft haben, Daten absichtlich löschen oder verfälschen, ist das vergleichbar mit dem Fall ausgefallener oder fehlerhafter Hardware. Es gilt jedoch zu bedenken, dass ein solcher Benutzer es auch darauf anlegen könnte, die schon gesicherten Daten zu löschen. Hier ist also zusätzliche Sorgfalt nötig.

Eine jede Methode oder Strategie zur Absicherung gegen Datenverlust oder -vernichtung muss dann in Anbetracht dieser Risiken qualifizierte Antworten auf die letzten drei oben genannten Fragen liefern, nämlich inwiefern sie Datenverlust abwehrt, welche neuen Risiken sie erzeugt und welche Kosten sie verursacht.

Überlegungen zur Datensicherung

Neben den oben beschriebenen allgemeinen Überlegungen zu Sicherheit gibt es eine Reihe von praktischen Fragen, die sich bei der Erarbeitung einer Datensicherungsstrategie stellen.

Wohin sichern?

Wie oben angedeutet, sollte die Datensicherung auf einem anderen Rechner als dem mit dem Datenbanksystem abgelegt werden, und dieser sollte möglichst auch in getrennten Räumlichkeiten stehen. Das ist natürlich letztlich primär eine Kostenfrage: Die Verwendung eines zusätzlichen Rechenzentrums sowie für Datensicherung und -wiederherstellung (!) ausreichende Bandbreite zwischen diesen verursacht natürlich erhebliche zusätzliche Kosten.

Auch sollte der Rechner, der die Sicherungsdateien empfängt, einigermaßen zuverlässig sein und mit qualitativ hochwertiger Hardware ausgestattet sein. Und nicht zuletzt müssen die Sicherungsdateien vor unberechtigten Zugriff geschützt werden, und zwar mindestens so gut wie das Datenbanksystem selbst. In der Praxis wird es hier immer einen Kompromiss zwischen Ausstattung und den dazu nötigen Kosten geben.

Üblicherweise gibt es in Rechenzentren (oder auch in losen Rechnergruppen) einen dedizierten Datensicherungsrechner, der die Datensicherungen speichert. Üblicherweise werden die Sicherungsvorgänge auch von diesem Rechner aus gesteuert, das heißt, der Sicherungsrechner holt sich die zu sichernden Daten von den anderen Rechnern ab (»Pull«-Verfahren) statt umgekehrt. Das lässt sich in der Regel einfacher konfigurieren, verwalten und absichern. Wenn man ein vorgefertigtes oder eingekauftes Datensicherungssystem verwenden kann oder muss, könnte das Verfahren abweichen, aber wenn man sich selbst etwas aufbauen kann oder muss, ist ein »Abholverfahren« generell vorteilhafter als ein »Hinbringansatz«. Zur Absicherung gegen Ausfall des Rechenzentrums kann man dann mit wenig Konfigurationsaufwand regelmäßig den gesamten Inhalt des Sicherungsrechners auf einen Rechner an einem anderen Ort kopieren.

Zum Gesamtprozess der Datensicherung im Rechenzentrum gehören aber auch noch andere Überlegungen neben der Sicherung von Datenbanken, wie die Sicherung der Dateisysteme und der Konfiguration der Rechner, die Archivierung der Sicherungen, zum Beispiel auf CD oder Band, und die Organisation der Sicherungsstände, damit man alte auch wiederfinden kann. Klären Sie diese Aspekte mit den Systemadministratoren oder sich selbst, bevor Sie eine Datenbanksicherung in dieses Gesamtsystem einbinden.

Wie oft sichern?

Wie oben schon erwähnt wurde, benötigt man für die ideale Datensicherung eine ständig aktuelle Kopie des Datenbestandes. Das ist in der Praxis schwierig umzusetzen, da die dazu benötigten Rechenressourcen in keinem Verhältnis zum Nutzen stehen. Nichtsdestotrotz muss man sich Sicherungsintervalle überlegen, und zwar in Hinblick auf die von der Wiederherstellung verursachten Ausfallzeiten oder die Lücke der verlorenen Daten, und in Anbetracht dessen, was die Anwendung akzeptieren kann, sowie des Risikos, dass ein Ausfall so lange dauern wird. Hier werden Sie auch relativ viel experimentieren und ausprobieren müssen.

Ebenso muss man sich überlegen, wie lange man Datensicherungen aufheben möchte. Das hängt hauptsächlich vom verfügbaren Speicherplatz ab, aber möglicherweise auch von Datenschutzbestimmungen und anderen gesetzlichen Regelungen.

Was sichern?

Am einfachsten ist es wohl, wenn man einfach alles sichert, sofern man sich überhaupt darüber im Klaren ist, was »alles« ist. Zu einem PostgreSQL-Datenbanksystem gehören mehrere Datenbanken, globale Objekte wie Benutzerrollen, die Datenbanken selbst sowie Tablespaces. Außerdem gehören noch die Konfigurationsdateien *postgresql.conf*, *pg_hba.conf* und *pg_ident.conf* dazu, und eventuell SSL-Schlüssel und -Zertifikate. Oft wurde auch die Betriebssystemkonfiguration angepasst und sollte mitgesichert werden, um eine vollständige Wiederherstellung und Wiederinbetriebnahme der Datenbank zu ermöglichen.

Um Platz, Zeit oder andere Ressourcen zu schonen, ist es möglicherweise auch sinnvoll – wenn auch nicht immer so einfach möglich –, Teile des Datenbanksystems in unterschiedlichen Intervallen zu sichern. Wichtigere Tabellen, sofern man das abgrenzen kann, möchten Sie vielleicht öfter sichern, selten geänderte Tabellen aber nicht so oft. Bestimmte Teile der Datenbank werden möglicherweise ganz automatisch aus anderen Datenbeständen berechnet und müssen gar nicht gesichert werden. Einige Sicherungsmethoden können hier den Mangel an Änderungen selbst erkennen und dann nur die Unterschiede speichern. Eine solche Teilsicherung muss jedoch ganz genau geplant werden, damit am Ende zusammen eine vollständige Sicherung vorhanden ist und auch wieder eingespielt werden kann.

Wie wiederherstellen?

Oft vernachlässigt bei der Planung einer Datensicherungsstrategie ist die Frage, wie (und ob) sich die Sicherung wiederherstellen lässt. Natürlich darf man zunächst davon ausgehen, dass die für die Datensicherung vorgesehenen Software- und Hardwaresysteme richtig funktionieren. Trotzdem kann Datensicherung auch schiefgehen, etwa weil die Festplattenpartition voll oder der Zielrechner ausgefallen ist oder das Steuerungsskript Fehler enthält. Dazu kommt die Frage, ob im Falle eines Falles ein Mitarbeiter verfügbar ist, der ausreichende Kenntnisse und Zugriffsrechte hat, um die Wiederherstellung vorzunehmen.

Es ist also unbedingt zu empfehlen, zum einen den Sicherungsvorgang irgendwie zu überwachen (zumindest regelmäßig manuell oder mit der gesamten Systemüberwachung) und zum anderen die Wiederherstellung regelmäßig zu üben.

Was kostet das?

Die ideale Datensicherung sichert also alle Daten andauernd und überall hin auf perfekte Hardware mit unendlicher Netzwerkbandbreite. Das kann aber natürlich keiner bezahlen. Die Kosten für Datensicherungsmaßnahmen müssen im Verhältnis zum Wert der Daten und den zu erwartenden Risiken stehen. Versicherungsunternehmen zum Beispiel haben Statistiken und Formeln, um derartige Szenarien genau zu analysieren.

Eine einfache Rechnung geht so: Es gibt für den Fall eines Datenverlustes zu erwartende, oft sehr hohe Kosten. Dazu gibt es ein Risikofaktor zwischen 0 und 1, der beschreibt, wie wahrscheinlich der Datenverlust ist. Multipliziert man diese Zahlen, erhält man die Risikokosten, also die Kosten, die man auf lange Sicht wird zahlen müssen, wenn man nichts unternimmt. Mit steigender Intensität der Gegenmaßnahmen – also zunächst einmal überhaupt Datensicherung, dann verbesserte Hardware, Häufigkeit und so weiter – sinken das Risiko und somit die Risikokosten. Mit steigender Ausstattung steigen aber auch die Kosten für die Sicherheitsmaßnahmen selbst.

Das Ziel soll sein, diejenigen Maßnahmen zu wählen und umzusetzen, die die Summe aus Risikokosten und Kosten für die Gegenmaßnahme minimieren. In Wirklichkeit ist es natürlich etwas komplizierter, weil es mehrere Risiken mit verschiedenen Kosten gibt. Aber das ist das Prinzip. In der Praxis kann man diese Parameter jedoch sowieso schlecht beziffern, es sei denn man hat einen hoch bezahlten Sicherheitsberater an der Hand, sondern wird sich daher auf sein Gespür, seine Erfahrung und sein unternehmerisches Geschick verlassen müssen.

Datensicherungsmethoden für PostgreSQL

PostgreSQL, in Zusammenarbeit mit Betriebssystem und Hardware, bietet eine Reihe von Verfahren, die zur Datensicherung auf verschiedene Art geeignet sind. Üblicherweise werden in der Praxis jeweils einige von diesen Verfahren kombiniert.

RAID

Ein RAID-System ist ein Verbund unabhängiger Festplatten, die logisch als ein einziges Speichermedium behandelt werden. Es gibt verschiedene RAID-Level, die anzeigen, auf welche Art die Festplatten zusammengefasst werden. Interessant für Datensicherung ist RAID 1, Spiegelung, und RAID 5, Datenverteilung mit zusätzlichen Paritätsinformationen. Diese RAID-Systeme sichern ausschließlich gegen den Ausfall des Speichermediums, sind also nicht als abschließende Datensicherungslösung geeignet. Wegen der relativ hohen Ausfallrate von Festplatten im Vergleich zu den anderen erwähnten Risiken und der überschaubaren Anschaffungs- und Wartungskosten ist der Einsatz von RAID-Systemen aber für alle wichtigen Computersysteme zu empfehlen.

Andere RAID-Level wie RAID 0, Striping, bieten keine Datensicherungsfunktionalität, sondern erhöhen das Risiko von Datenverlust eventuell noch. (Bei RAID 0 tritt Datenverlust bereits auf, wenn eine von mehreren Festplatten ausfällt.) Sie bieten dagegen möglicherweise bessere Leistung für das Datenbanksystem. Deshalb sind insbesondere Kombinationen von RAID 1 mit RAID 0, genannt RAID 1+0 oder RAID 10, für Datenbanksysteme beliebt.

Weitere Informationen zu RAID-Systemen finden sich in Kapitel 10.

Replikation

Replikation ist das Kopieren der Daten auf mehrere Rechner. Es kann aus verschiedenen Gründen sinnvoll sein, unter anderem zur Lastverteilung oder Hochverfügbarkeit. Das wird in Kapitel 9 behandelt. Auch für die Absicherung gegen bestimmte Arten von Datenverlust ist Replikation eine mögliche Maßnahme.

Ähnlich wie RAID-Systeme (die im Fall von RAID 1 und RAID 5 im Prinzip Replikation auf Speicherebene umsetzen), kann Replikation nur gegen den Datenverlust bei Komplettausfall des Speichermediums schützen, aber nicht gegen andere Risiken. Da in diesem Fall ein RAID-System jedoch einfacher einzurichten und zu warten ist, ist der Einsatz von klassischen Datenbank-Replikationssystemen für denselben Zweck eher weniger sinnvoll, insbesondere in Anbetracht der für PostgreSQL tatsächlich verfügbaren Lösungen. Weitere Details finden Sie in Kapitel 9.

Dateisystemsicherung

Die wohl einfachste und nächstliegende Methode, um eine Datensicherung eines PostgreSQL-Datenbanksystems durchzuführen, ist, das Datenverzeichnis zu kopieren. Da das Datenverzeichnis aus normalen Dateien und Verzeichnissen besteht, kann man dazu beliebige Werkzeuge aus dem Repertoire des Betriebssystems verwenden, zum Beispiel

```
tar czf backup.tar.gz /usr/local/pgsql/data/
```

oder

```
cp -R /usr/local/pgsql/data /irgendwo/backup/
```

Sinnvollerweise legt man die kopierten Dateien dann auf eine andere Festplatte oder kopiert sie auf einen anderen Rechner.

Wenn `tar` verwendet werden soll, ist es im Gegensatz zu dem obigen Beispiel jedoch noch besser, das Archiv relativ zum Datenverzeichnis statt zum Wurzelverzeichnis zu erstellen, damit man es später leichter an einer anderen Stelle wieder auspacken kann. Der geänderte Befehl lautet dann

```
tar -c -z -C /usr/local/pgsql/ -f backup.tar.gz data/
```

Dieses Verfahren kann man skripten und etwa per `cron` regelmäßig ausführen lassen.

Um jedoch eine in sich beständige Datensicherung zu erreichen, *muss* der Datenbankserver vor dem Kopieren *heruntergefahren* werden. Es reicht nicht aus, etwa alle Datenbanksitzungen zu beenden und neue zu unterbinden. Der Grund dafür ist, dass beim Archivieren oder Kopieren die Dateien nicht alle gleichzeitig (»atomar«) gelesen werden, während der Datenbankserver während des Kopiervorgangs möglicherweise Daten zwischen den Dateien verschiebt. Das ist nicht als Ausnahmeumstand zu verstehen: Im laufenden Betrieb kopierte Dateien werden in der Regel als Datensicherung nutzlos sein. Wenn ein Datenbanksystem aber immer verfügbar sein soll, ist diese Methode also nicht anwendbar.

Eine Möglichkeit, um die Ausfallzeit zu reduzieren, ist die Verwendung von `rsync`. Man führt `rsync` zunächst im laufenden Betrieb aus. Dann fährt man den Server herunter und führt `rsync` erneut aus. Danach kann man den Server wieder starten. Der zweite Lauf wird erheblich schneller sein als der erste, da er nur einige wenige Änderungen nachziehen muss. Da der Server heruntergefahren war, ist das Ergebnis des zweiten Laufs eine korrekte Datensicherung. Der Befehl wäre beispielsweise

```
rsync -a /usr/local/pgsql/data/ /irgendwo/data/
```

Man beachte jeweils die Schrägstriche am Ende der Pfadangaben. Das Verhalten von `rsync` ändert sich, wenn sie nicht angegeben werden.

Wenn die Möglichkeit besteht, vom Dateisystem einen konsistenten Snapshot zu machen, funktioniert das als auch als Datensicherung, selbst wenn der Snapshot im laufenden Betrieb gemacht wird. LVM und auch einige SAN- und NAS-Systeme bieten diese Snapshot-Funktionalität. Wenn ein so gesichertes Datenverzeichnis wieder eingespielt wird, bemerkt der PostgreSQL-Server, dass er nicht sauber heruntergefahren worden ist, und beginnt einen WAL-Recovery-Lauf. Das ist vollkommen normal und sicher, denn es entspricht dem Fall, dass etwa der Rechner abgestürzt oder der Strom ausgefallen war, und PostgreSQL ist für solche Fälle ausgelegt. Man sollte es bloß wissen, denn die Startzeit kann sich dadurch verzögern.

Das Snapshot-Verfahren wird allerdings nicht funktionieren, wenn die zum Datenbanksystem gehörigen Dateien über mehrere Dateisysteme verteilt sind, etwa weil die WAL-Dateien separat gelagert sind oder Tablespaces verwendet werden, denn der Snapshot muss von allen Dateien genau gleichzeitig erzeugt werden. In diesem Fall sollte man von dieser Datensicherungsmethode absehen oder eben den Server vor der Sicherung herunterfahren.

Um eine Kopie des Datenverzeichnisses wiederherzustellen, muss man natürlich ebenfalls den Server herunterfahren. Dann reicht es, das alte Datenverzeichnis zu entfernen und das gesicherte wieder an die alte Stelle zu kopieren, zum Beispiel mit

```
tar xzf backup.tar.gz
```

oder

```
cp -R /irgendwo/backup/ /usr/local/pgsql/data /
```

Bei Verwendung von `tar` ist auch hier zu beachten, dass die Verzeichnisse wieder an der richtigen Stelle liegen.

Auch muss man in jedem Fall dafür Sorge tragen, dass die Dateien dem richtigen Benutzer gehören, zum Beispiel *postgres*, aber nicht *root*, und dass Sie die richtigen Zugriffsrechte haben. Bei den obigen Beispielen wird das funktionieren, wenn sie als der Benutzer, dem das Datenverzeichnis gehört, ausgeführt werden. Wenn man andere Befehle verwendet, sollte man das austesten.

Es ist nicht möglich, bestimmte Teile der Datensicherung einzeln wieder zurückzuspielen, etwa die Dateien zu einzelnen Tabellen. Die Informationen in den verschiedenen Dateien sind untereinander verknüpft, und nur eine Wiederherstellung des gesamten Verzeichnisses wird den richtigen Datenbestand wiederherstellen.

Diese Datensicherungsmethode ist übrigens auch nicht besonders platzsparend. Während `pg_dump` (siehe unten) z.B. nur einen `CREATE-INDEX`-Befehl speichern muss, wird bei einer Kopie des Datenverzeichnisses der gesamte Index gespeichert. Ebenso werden redundante Daten und Lücken in den Tabellen und weiterer Overhead mitgesichert.

Da dieses Verfahren also das Datenbanksystem unterbricht, ist es nur selten sinnvoll. Ansonsten ist es aber relativ einfach umzusetzen und daher in einigen Fällen möglicherweise anwendbar.

Dumps

Das englische Verb »to dump« bedeutet so viel wie »auskippen«. Der Vorgang kippt also den Inhalt der Datenbank aus. Man kann den Vorgang auch als SQL-Export bezeichnen.

Dumps ausführen

Das Programm `pg_dump` gibt eine Datenbank als eine Folge von SQL-Befehlen aus, die, wenn man sie so wieder ausführt, die Datenbank im ursprünglichen Zustand herstellt. Der Befehl ist im einfachsten Fall

```
pg_dump dbname > datei.sql
```

Das Argument ist der Datenbankname, und die Ausgabe wird auf die Standardausgabe geschrieben, die üblicherweise wie hier gezeigt in eine Datei umgeleitet wird. Die Dateiendung kann frei gewählt werden, aber da es sich ja um SQL-Befehle handelt, ist *.sql* üblich.

`pg_dump` sichert nur eine einzelne Datenbank. Wenn ein System mehrere Datenbanken enthält, kann der Befehl `pg_dumpall` verwendet werden, der alle im System enthaltenen Datenbanken ausgibt. Der Aufruf ist dann nur

```
pg_dumpall > datei.sql
```

pg_dumpall sichert außerdem automatisch noch globale Objekte, also Objekte, die zu keiner beziehungsweise allen Datenbanken gehören. Das sind Benutzerrollen und Tablespaces und die Definition der Datenbanken selbst.

Da die Datensicherungsdateien Textdateien sind, lassen sie sich besonders effektiv komprimieren. Zum Platzsparen kann man den entsprechenden Komprimierbefehl, zum Beispiel `gzip`, gleich per Pipe in den Aufruf einbauen:

```
pg_dumpall | gzip > datei.sql.gz
```

Sowohl `pg_dump` als auch `pg_dumpall` arbeiten als normale Clientanwendungen mit den entsprechenden Zugriffsrechten. Sie benötigen also Zugriff in *pg_hba.conf* und Leserechte für die zu sichernden Tabellen. Normalerweise werden sie als Superuser *postgres* ausgeführt, und man schaltet den Zugriff für den Superuser in *pg_hba.conf* mit dieser Zeile frei:

```
#TYP   DATENBANK  BENUTZER  CIDR-ADRESSE  METHODE
local  all        postgres                ident sameuser
```

Eine Einstellung dieser Art ist auch für den Zugriff für andere Wartungszwecke wie `VACUUM` sinnvoll. Am besten schreibt man sie als erste Zeile in *pg_hba.conf*.

pg_dump liest alle Daten in einer serialisierbaren Transaktion. Dadurch erhält man einen konsistenten Datenstand, selbst wenn gleichzeitig Änderungen in der Datenbank vorgenommen werden. Der Lesevorgang durch pg_dump blockiert auch keine anderen Datenbanksitzungen (außer solche mit exklusiver Sperre, wie VACUUM FULL).

Datensicherung auf andere Rechner

pg_dump und pg_dumpall haben die von psql bekannten Optionen -h, -p und -U, um Hostnamen, Port und Benutzernamen für die Verbindung anzugeben. Sie können also auch von einem anderen Rechner als dem Datenbankserver ausgeführt werden.

Um die gesicherten Daten vom Rechner an einen anderen, sichereren Ort zu transportieren, gibt es mehrere Möglichkeiten. Wenn man etwa noch andere Dateien auf dem System regelmäßig sichert, legt man den Dump einfach dazu und lässt ihn von der vorhandenen Datensicherungsroutine erfassen. Ansonsten kann man den Dump z.B. per rsync oder scp auf einen anderen Rechner kopieren. Möglich ist auch, pg_dump wie oben beschrieben gleich auf einem anderen Rechner auszuführen und die Dumps dort lokal abzulegen. Das funktioniert genauso gut, ist aber eher unüblich, da man ungern den PostgreSQL-Server über das Netzwerk freigibt.

Automatisierung

Um die Datensicherung mit pg_dump oder pg_dumpall automatisch regelmäßig durchzuführen, wird der Aufruf bei Cron eingetragen. Dazu loggt man sich als Benutzer *postgres* ein, ruft crontab -e auf und gibt dort eine der folgenden Zeilen (oder eine Abwandlung davon) ein. Für eine Sicherung zu jeder vollen Stunde sieht das z.B. so aus:

```
0 * * * * pg_dumpall > datei.sql
```

Für tägliche Sicherung (im Beispiel um 4:00 Uhr):

```
0 4 * * * pg_dumpall > datei.sql
```

Für wöchentliche Sicherung (im Beispiel sonntags um 4:00 Uhr):

```
0 4 * * 0 pg_dumpall > datei.sql
```

Für monatliche Sicherung (im Beispiel am 1. des Monats um 4:00 Uhr):

```
0 4 1 * * pg_dumpall > datei.sql
```

Man kann die konkreten Werte wie Uhrzeit und Wochentage natürlich an die eigenen Bedürfnisse anpassen. Insbesondere sollte der Dump vor einem etwaigen anderen Cronjob laufen, der die Dump-Datei wegkopieren soll. Auch sollte man nicht unbedingt alle nächtlichen Cronjobs gleichzeitig laufen lassen, um die Ressourcen etwas gleichmäßiger zu nutzen. Durch die Wahl geeigneter Zeitparameter kann man auch kalendarischen Anomalien (wie den in manchen Monaten fehlenden Tagen und den fehlenden oder doppelten Zeiten bei der Zeitumstellung) ausweichen.

Sicherungsstände rotieren

Wie zuvor beschrieben wurde, sollten jederzeit mehrere verschiedene Datensicherungsstände vorgehalten werden. Das kann man mit pg_dump zum Beispiel arrangieren, indem man die Ausgabedateien automatisch nummeriert. Sorgt man dafür, dass die Nummerierung irgendwann von vorn anfängt, grenzt man so die Anzahl der vorgehaltenen Dateien ein. Am besten eignen sich dazu Datums- und Zeitfelder, die man mit dem Befehl date ausgeben kann. Um zum Beispiel täglich eine Sicherung zu erzeugen und nach einen Monat wegzuwerfen, kann man diesen Befehl verwenden:

```
pg_dumpall > backup-$(date +%d).sql
```

(Die Dateien mit der Endung -31 bleiben dabei natürlich im Schnitt zwei Monate liegen statt einen, aber das bereitet keine weiteren Probleme.) Auf diese Weise könnte man zum Beispiel auch monatliche (%b oder %m) oder wochentägliche (%a) Sicherungen einrichten. (Man sollte aber darauf achten, dass die monatlichen Sicherungen nicht die gleichen Dateinamen ergeben wie die täglichen Sicherungen. %b verwendet hier den Monatsnamen zur besseren Unterscheidung statt wie %m die Monatszahl.)

In der Praxis sähe das für eine sinnvolle tägliche sowie monatliche Sicherung wie im Folgenden aus. (Häufigere Sicherung ist mit pg_dump zu ineffizient, siehe unten.) Dazu legt man folgende Cron-Einträge wie oben beschrieben an:

```
0 3 * * * pg_dumpall | gzip > backup-$(date +%d).sql.gz
0 3 1 * * pg_dumpall | gzip > backup-$(date +%b).sql.gz
```

Wiederherstellung

Um einen Dump wiederherzustellen, übergibt man die Dump-Datei an psql als Eingabe. Das sieht am einfachsten so aus:

```
psql dbname < backup-xyz.sql
```

Wenn der Dump komprimiert ist, baut man gunzip per Pipe ein:

```
cat backup-xyz.sql.gz | gunzip | psql dbname
```

Wenn die Sicherung mit pg_dump gemacht wurde, stellen diese Befehle die gesicherte Datenbank in der angegebenen Datenbank wieder her. Sie muss nicht denselben Namen haben wie das Original. Das Datenbanksystem muss aber dieselben Benutzer und Tablespaces haben, wenn diese von der gesicherten Datenbank verwendet werden.

Wenn die Sicherung mit pg_dumpall durchgeführt wurde, werden die Datenbanken bei der Wiederherstellung automatisch angelegt. Die Datenbank im psql-Aufruf kann dann irgendeine sein, man kann sie auch weglassen. Üblicherweise gibt man »postgres« an, denn diese Datenbank gibt es immer. Benutzer und Tablespaces werden ebenfalls angelegt.

Das ist zunächst alles, aber leider ist das voreingestellte Verhalten von psql so, dass es den Bildschirm mit unnützen Informationen zuschreibt und Fehler nicht verlässlich abfängt. Deswegen ist es empfehlenswert, beim Einspielen eines Dump oder gar jeder Art von SQL-Skript einige zusätzliche Optionen zu setzen.

- Um die Ausgabe der Befehle zu unterbinden (abgesehen von Fehlern), verwendet man die Option `-o /dev/null`.
- Um die Ausgabe von NOTICE-/HINWEIS-Meldungen auszuschalten, setzt man die Umgebungsvariable `PGOPTIONS` auf `–client-min-messages=error`. (Neuere Versionen von `pg_dump` setzen diesen Parameter in Dump automatisch auf `warning`, also kann man diesen Punkt eventuell auslassen.)
- Um bei einem Fehler abzubrechen anstatt weiterzumachen, verwendet man die Option `-v ON_ERROR_STOP=1`. Wenn offensichtlich wird, dass der Dump viele Fehler enthält (warum auch immer, das kommt eigentlich nicht vor), kann man diese Option weglassen, um sich einen Gesamtüberblick zu verschaffen, aber normalerweise sollte sie Pflicht sein.
- Um die ganze Wiederherstellung in einer Transaktion auszuführen, damit bei Fehlern keine nur halb wiederhergestellte Datenbank liegen bleibt, verwendet man die Option `--single-transaction`.

Zusammen sieht das also etwa so aus:

```
PGOPTIONS='--client-min-messages=error' psql -o /dev/null -v ON_ERROR_STOP=1 --single-
transaction test < backup.sql
```

Wenn große Datenmengen eingespielt werden sollen, ist es sinnvoll, die Serverkonfigurationsparameter `checkpoint_segments` und `maintenance_workmem` vorübergehend sehr viel höher zu setzen, um das Einspielen zu beschleunigen. Aus dem gleichen Grund ist es auch sinnvoll, währenddessen die Transaktionslog-Archivierung (siehe unten) auszuschalten und danach mit einer neuen Gesamtsicherung anzufangen. Die Parameter `checkpoint_segments` und `archive_command` lassen sich nur in der Konfigurationsdatei *postgresql.conf* ändern, also muss man dazu Zugriff auf diese Datei haben. Diese und andere Hinweise zur Performance-Optimierung werden in Kapitel 8 im Detail behandelt.

Nach dem Einspielen sollte man den SQL-Befehl `ANALYZE` ausführen oder mit dem Befehl `vacuumdb -a -z` alle Datenbanken analysieren, damit die neuen Daten in die Statistiken des Anfrageplaners Eingang finden.

Keine inkrementelle Sicherung

Die einzige Schwachstelle von `pg_dump` und `pg_dumpall` in Bezug auf ihren Einsatz zur Datensicherung ist, dass sie keine inkrementellen Sicherungen unterstützen. Die Daten müssen also bei jedem Sicherungsvorgang komplett neu geschrieben werden. Das führt zu zwei allgemeinen Problemen.

Wenn man davon ausgeht, dass man in der Regel mehrere Sicherungsstände vorrätig halten möchte, kann das irgendwann zu Platzproblemen führen. Nun ist zusätzlicher Festplattenplatz relativ günstig, aber ab einer bestimmten Datenbankgröße, spätestens irgendwo bei 50 GByte, wird es verschwenderisch, und man sollte sich das im folgenden Abschnitt beschriebene inkrementelle Datensicherungsverfahren ansehen.

Wenn ein spezielles Software- oder Hardwaresystem für die Datensicherung vorhanden ist, kann man die Ausgaben von pg_dump auch dahin senden und archivieren lassen. Oft können derartige Systeme auch den Speicherplatz optimieren, wenn sich die gesicherten Dateien nur geringfügig unterscheiden, was bei regelmäßigen Dumps so sein wird. In diesem Fall sollten die Daten aber nicht komprimiert werden, weil das Sicherungssystem sonst die Unterschiede nicht erkennen kann.

Abgesehen von den Problemen mit dem Festplattenplatz wird ab einer bestimmten Datenbankgröße jedoch die Zeit zum Dumpen der gesamten Datenbank zu einem noch größeren Problem werden. Wenn beispielsweise eine Festplatte eine Übertragungsrate von 100 MByte/s hat, kann man damit prinzipiell maximal 360 GByte pro Stunde dumpen. Wenn nun die Anforderungen an das System eine häufigere Sicherung verlangen oder die Festplatte noch langsamer ist oder die Datenbank noch größer, dann ist die Dump-Methode zur Datensicherung nicht einsetzbar. Abgesehen davon möchte man natürlich den Festplattendurchsatz nicht ausschließlich für das Dumpen, sondern eher für den Produktivbetrieb bereithalten.

In der Praxis ist das Dump-Verfahren daher nach aktuellem Stand der Hardware für Datenbanksysteme bis etwa 10 oder 20 GByte Datenumfang geeignet. Für größere Systeme sollte ein inkrementelles Verfahren verwendet werden.

Andere Ausgabeformate

pg_dump unterstützt neben der SQL-Ausgabe noch zwei andere Ausgabeformate, nämlich das Tar- und das »Custom«-Format. Das bisher verwendete normale Format wird in diesem Zusammenhang als »Plain Text« bezeichnet. Der Vorteil der anderen beiden Formate ist insbesondere, dass sie es ermöglichen, Teile der Datensicherung zu extrahieren, etwa wenn nur eine bestimmte Tabelle wiederhergestellt werden soll. Das geht mit dem normalen SQL-Format natürlich auch, erfordert dort aber aufwendige Handarbeit mit einem Texteditor.

Um beim Dumpen ein Format zu wählen, wird die Option -F verwendet. Für das Tar-Format sieht das z.B. so aus:

```
pg_dump -Ft > daten.tar
```

Für das Custom-Format:

```
pg_dump -Fc > daten.bak
```

Und auch für das bekannte Plain-Text-Format gibt es eine ausdrückliche Option, die aber die Voreinstellung ist:

```
pg_dump -Fp > daten.sql
```

Die Wahl der Dateinamenendungen ist auch hier freigestellt. Das Tar-Format ist mit dem Archivformat des tar-Befehls kompatibel, daher auch die hier gewählte Endung. Das Custom-Format ist ein nur von pg_dump verwendetes Format, für das es keine weithin übliche Dateiendung gibt.

Um eine Datensicherung in einem der beiden alternativen Formate wieder einzuspielen, verwendet man den Befehl pg_restore. Dieser Befehl entpackt quasi das Archivformat. Der einfachste Aufruf ist

```
pg_restore daten.bak
```

Das gibt den Inhalt des Archivs auf die Standardausgabe aus. Man könnte ihn dann beispielsweise mit psql weiterverarbeiten. pg_restore kann allerdings auch selbst in die Datenbank schreiben, was man beim Wiederherstellen normalerweise möchte. Dazu gibt man mit der Option -d die Datenbank an:

```
pg_restore -d neuedb daten.bak
```

Auch hier gibt es wieder die Optionen -h, -p und -U, um die Verbindungsparameter anzugeben.

Der eigentliche Vorteil der alternativen Archivformate ist, dass man selektiv wiederherstellen kann. Das funktioniert folgendermaßen. Zunächst lässt man sich mit pg_restore mit der Option -l ein Inhaltsverzeichnis (englisch »table of contents«, TOC) des Archivs ausgeben:

```
pg_restore -l daten.bak > daten.toc
```

Beispiel 4-1 zeigt, wie ein solches Inhaltsverzeichnis aussieht. (In der Praxis sind sie meistens natürlich viel länger.)

Beispiel 4-1: Table of Contents einer Dump-Datei im Custom-Format

```
;
; Archive created at Mon Aug 25 21:00:05 2008
;     dbname: shop
;     TOC Entries: 20
;     Compression: -1
;     Dump Version: 1.10-0
;     Format: CUSTOM
;     Integer: 4 bytes
;     Offset: 8 bytes
;     Dumped from database version: 8.3.3
;     Dumped by pg_dump version: 8.3.3
;
;
; Selected TOC Entries:
;
3; 2615 2200 SCHEMA - public postgres
1749; 0 0 COMMENT - SCHEMA public postgres
1750; 0 0 ACL - public postgres
1471; 1259 16422 TABLE public bestellungen peter
```

Beispiel 4-1: Table of Contents einer Dump-Datei im Custom-Format (Fortsetzung)

```
1469; 1259 16411 TABLE public personen peter
1470; 1259 16420 SEQUENCE public bestellungen_id_seq peter
1751; 0 0 SEQUENCE OWNED BY public bestellungen_id_seq peter
1752; 0 0 SEQUENCE SET public bestellungen_id_seq peter
1468; 1259 16409 SEQUENCE public personen_id_seq peter
1753; 0 0 SEQUENCE OWNED BY public personen_id_seq peter
1754; 0 0 SEQUENCE SET public personen_id_seq peter
1739; 2604 16425 DEFAULT public id peter
1738; 2604 16414 DEFAULT public id peter
1745; 0 16422 TABLE DATA public bestellungen peter
1744; 0 16411 TABLE DATA public personen peter
1743; 2606 16430 CONSTRAINT public bestellungen_pkey peter
1741; 2606 16419 CONSTRAINT public personen_pkey peter
```

Nun kann man das Inhaltsverzeichnis bearbeiten und alle Objekte, die man nicht wiederherstellen möchte, löschen oder mit ; (Semikolon) auskommentieren. Wenn man zum Beispiel in Beispiel 4-1 den Tabelleninhalt der Tabelle *bestellungen* nicht zurückspielen möchte, löscht man diese Zeile oder kommentiert sie aus (in der Praxis üblicher), etwa so:

```
;1745; 0 16422 TABLE DATA public bestellungen peter
```

Anschließend kann man `pg_restore` mit der Option `-L` (diesmal großes L) ein Inhaltsverzeichnis angeben, das für die Wiederherstellung benutzt wird, zum Beispiel so:

```
pg_restore -d neuedb -L daten.toc daten.bak
```

Das Custom-Format sollte dem Tar-Format in der Regel vorgezogen werden. Das Tar-Format hat zwar den Vorteil, dass man es auch mit dem normalen Unix-Tar auseinandernehmen kann, aber diese Eigenschaft wird in der Praxis kaum benötigt. Es hat allerdings den Nachteil, dass eine Datei im Archiv nur acht GByte groß sein kann. Wenn eine Tabelle größer ist, kann das Tar-Format also nicht verwendet werden. Diese Größe stammt noch aus der Gründerzeit des Unix-Betriebssystems, ist aber für heutige Datenbanken problematisch. Das Custom-Format hat gegenüber dem Tar-Format außerdem noch den Vorteil, dass man die Einträge im Inhaltsverzeichnis beim Rückspielen auch umsortieren kann. Da `pg_dump` aber seit geraumer Zeit alle Einträge in einer garantiert richtigen Reihenfolge ausgibt, ist diese Funktionalität kaum noch notwendig.

WAL-Archivierung und Point-in-Time-Recovery

Ein PostgreSQL-Datenbanksystem schreibt neben dem eigentlichen Datenbestand ein sogenanntes Write-Ahead-Log (WAL) auf die Festplatte. Es enthält eine Aufzeichnung sämtlicher im Datenbanksystem vorgenommenen Schreiboperationen. Im Falle eines Absturzes kann aus diesen Aufzeichnungen der Datenbestand repariert oder wiederhergestellt werden. Bei Linux-Dateisystemen wird dieses Verfahren als »Journal« bezeichnet, ist aber im Prinzip identisch.

Normalerweise wird das Write-Ahead-Log in regelmäßigen Abständen (bei sogenannten Checkpoints) mit dem Datenbestand abgeglichen und dann gelöscht, weil es nicht mehr benötigt wird. Man kann das WAL aber auch als Datensicherung verwenden: Da es eine Aufzeichnung aller Schreiboperationen in der Datenbank enthält, kann man daraus den Datenbankzustand wiederherstellen. In dem Fall wird das WAL nicht regelmäßig gelöscht, sondern an eine sichere Stelle wegkopiert.

Konzepte

Das Write-Ahead-Log besteht aus sogenannten Segmenten, jeweils 16 MByte groß, die im Datenverzeichnis im Unterverzeichnis *pg_xlog* zu finden sind. Sie haben numerisch aufsteigende Dateinamen, die über die gesamte Bestandsdauer des Datenbanksystems hinweg eindeutig sind.

Um eine Datensicherung auf Basis von WAL durchzuführen, benötigt man eine Basissicherung, das heißt eine komplette Sicherung des Datenverzeichnisses, und die WAL-Segmente zwischen der Basissicherung und dem aktuellen Zeitpunkt. Bei der Wiederherstellung der Sicherung würden dann zunächst die Basissicherung eingespielt und darauf aufbauend die WAL-Segmente abgespielt.

Es ist allerdings nicht notwendig, das WAL in jedem Fall bis zum Ende (also etwa dem Zeitpunk des Absturzes) abzuspielen. Man kann die Sicherung auch bis zu einem beliebigen früheren Zeitpunkt zwischen Basissicherung und dem Ende der vorhandenen WAL-Segmente ausführen. Daher rührt der Name »point-in-time recovery« (PITR), zu deutsch etwa »Zeitpunktwiederherstellung«.

Theoretisch reicht es aus, einmal im Leben des Datenbanksystems eine Basissicherung zu machen und dann alle darauf folgenden WAL-Segmente aufzuheben. So könnte man in der Tat zu jedem beliebigen Zeitpunkt zurückgehen. In Wirklichkeit ist das aber unpraktisch, denn der Speicherplatzbedarf wäre erheblich, und die Wiederherstellung einer Datensicherung bis zum Ende oder in dessen Nähe, was der wahrscheinliche Anwendungsfall ist, wird sehr, sehr lange dauern. Deswegen ist der übliche Ansatz, die Basissicherung regelmäßig zu wiederholen, etwa täglich oder wöchentlich.

Archivierung konfigurieren

PostgreSQL macht keine Vorschriften darüber, wie die WAL-Segmente archiviert werden sollen. Der Datenbankadministrator kann hier einen beliebigen Shell-Befehl einstellen, der von Datenbankserver aufgerufen wird, um eine bestimmte WAL-Datei wegzukopieren. Das »Kopieren« kann ein einfacher Aufruf von `cp` sein oder auch etwas Komplizierteres wie `scp` über SSH, Kopieren über FTP, Brennen auf CD, Kopieren auf Band oder irgendetwas anderes. Wichtig ist nur, dass der Kopiervorgang verlässlich und automatisch funktioniert und im Hinblick auf die Geschwindigkeit mit den anfallenden WAL-Dateien mithalten kann. Das schließt wohl das Brennen auf CD schon wieder aus, und auch das Versenden über das Netzwerk wird eine gewisse Bandbreite erfordern.

Um die Archivierung der WAL-Segmente zu konfigurieren, wird der zum Kopieren auserkorene Befehl in den Konfigurationsparameter `archive_command` eingestellt. Das wird sinnvollerweise in der Konfigurationsdatei *postgresql.conf* gemacht. Dabei werden als Platzhalter `%p` für die zu kopierende Datei samt Pfad verwendet und `%f` als Dateiname ohne Verzeichnisangabe für die Zieldatei. Es gibt zwei Anforderungen an das Verhalten des Befehls:

- Er darf keine vorhandenen Dateien überschreiben.
- Er muss einen Exitstatus 0 zurückgeben, wenn die Datei erfolgreich kopiert wurde, ansonsten einen anderen als 0.

Ein einfaches Besipiel ist

```
archive_command = 'test ! -f /mnt/irgendwo/%f && cp %p /mnt/irgendwo/%f'
```

Das funktioniert auf allen Linux- und Unix-Varianten. Alternativ geht auch Folgendes:

```
archive_command = 'cp -i %p /mnt/irgendwo/%f </dev/null'
```

Die Option `-i` wird bei einer existierenden Datei eine Frage ausgeben, die aber durch das `</dev/null` automatisch negativ beantwortet wird. Diese Variante funktioniert auf Linux-Systemen genauso gut, ist aber möglicherweise nicht so gut portierbar und eventuell auch nicht so einfach zu verstehen.

Die WAL-Segmente lassen sich übrigens für Binärdaten ganz gut komprimieren, im Schnitt auf unter ein Viertel. Deswegen möchte man vielleicht direkt beim Archivieren einen Komprimierbefehl einbauen. Man sollte allerdings bei Systemen mit hoher Last die zusätzliche CPU-Last beachten. Der Befehl ist zum Beispiel

```
archive_command = 'test ! -f /mnt/irgendwo/%f.gz && gzip -c %p > /mnt/irgendwo/%f.gz'
```

Wenn der Archivierungsbefehl fehlschlägt (durch Exitstatus angezeigt), wird der PostgreSQL-Server regelmäßig erneut versuchen, die Datei zu sichern. Man kann somit auch Wartungsfenster überbrücken, indem beispielsweise einfach der Mount-Punkt des Sicherungsverzeichnisses eine Weile abgehängt wird. Allerdings laufen die WAL-Segmente dann im Datenverzeichnis auf und belegen entsprechend Platz.

Ab PostgreSQL Version 8.3 ist es zusätzlich notwendig, den Parameter `archive_mode` auf `on` zu setzen; in älteren Versionen ist nichts Zusätzliches nötig. Dann ist die WAL-Archivierung fertig konfiguriert. Bei entsprechender Datenbankaktivität werden nun nach kurzer Zeit Dateien kopiert.

Archivierungsintervalle

In der Voreinstellung werden WAL-Segmente nur wegkopiert, wenn sie voll sind. Ein Segment ist auf 16 MByte Größe festgelegt; das lässt sich ohne Neukompilieren auch nicht ändern. Also muss so viel an Datenänderungsbeschreibung vollgeschrieben werden, bis etwas wegkopiert wird. Das kann je nach Schreiblast im Datenbanksystem ein paar Minuten oder sehr viel länger dauern. Wenn in diesem Intervall das Speichermedium ausfällt, sind die in dem Zeitraum angefallenen Daten verloren.

Zunächst sollte man sich Gedanken machen, inwiefern das ein Problem ist. Keine Konfiguration eines Datensicherungssystem in PostgreSQL wird das so aufkommende Verlustintervall auf wenige Sekunden oder gar Millisekunden drücken können, und schon gar nicht Verlust vollkommen ausschließen. Die hier beschriebenen Datensicherungsverfahren sichern hauptsächlich gegen logischen Datenverlust, also etwa unabsichtliches Löschen, oder den kompletten katastrophalen Ausfall des Rechenzentrums. Um sich also gegen Ausfälle des Speichermediums zu rüsten, wird ein Ansatz wie RAID oder DRBD unabdingbar sein.

Um jedoch das Sicherungsintervall trotzdem zu verkleinern, kann man den Konfigurationsparameter `archive_timeout` setzen. Es ist allerdings zu bedenken, dass in jedem Fall ein komplettes Archivsegment kopiert wird, auch wenn es zum Zeitpunkt des Timeout noch nicht vollständig gefüllt war. Wenn das Timeout also zu klein ist, wird viel Speicherplatz verschwendet. Komprimierung direkt bei der Archivierung wie oben gezeigt kann hier wiederum sehr viel wiedergutmachen.

Basissicherungen

Auch bei der Basissicherung überlässt PostgreSQL dem Administrator die Auswahl der Mittel. Eine Basissicherung ist eine Dateisystemkopie des Datenverzeichnisses. Wie oben beschrieben wurde, ist so ein Verfahren eigentlich nicht zur Datensicherung geeignet. Daher gibt es zusätzlich einen besonderen Backup-Modus, der diese Art von Sicherung zuverlässig macht. Beachten Sie, dass man den Backup-Modus nur einschalten kann, wenn man die WAL-Archivierung vorher eingeschaltet hat, das heißt `archive_command` beziehungsweise ab Version 8.3 `archive_mode` entsprechend eingestellt ist. Die Basissicherungen sind nur mit den dazugehörigen WAL-Segmenten verwendbar. Man kann sie also nicht einfach ohne WAL-Segmente als Ersatz für die Dateisystemsicherung verwenden. Genaueres dazu folgt unten im Zusammenhang mit der Wiederherstellung.

Um den Backup-Modus zu starten, verbindet man sich mit dem Datenbanksystem (welche Datenbank ist egal) und führt die Funktion `pg_start_backup` aus. Als Argument nimmt diese Funktion ein sogenanntes Label, das schlicht eine Beschreibung der Sicherung ist. Denkbar ist, anzugeben, wohin die Sicherung abgespeichert werden soll (also irgendein Pfad) oder wann und in welchem Zusammenhang sie geschehen ist (etwa »wöchentlich«). Der Aufruf ist dann ganz einfach:

```
SELECT pg_start_backup('label');
```

Wenn dieser Befehl durchgelaufen ist (und nicht wenn er noch läuft), kann man eine Kopie des Datenverzeichnisses machen, so wie weiter oben beschrieben wurde, also zum Beispiel mit `tar`. Um den Backup-Modus wieder zu verlassen, führt man die Funktion `pg_stop_backup` ohne Argumente aus, also mit

```
SELECT pg_stop_backup();
```

Es ist nicht nötig, dass diese beiden Funktionen in derselben Datenbankverbindung oder derselben Datenbank ausgeführt werden. Der Backup-Modus ist global und persistent.

Organisation der Sicherung

Da es unbegrenzt viele Möglichkeiten gibt, wie sich WAL-Archivierung einrichten lässt, möchten wir an dieser Stelle einen konkreten Vorschlag unterbreiten, der von Administratoren so eingesetzt werden kann und für übliche Anwendungsfälle geeignet ist.

Die verschiedenen Sicherungsdateien legen Sie in ein Verzeichnis parallel zum Datenverzeichnis. Wenn das Datenverzeichnis zum Beispiel */usr/local/pgsql/data/* ist, ist das Archivverzeichnis */usr/local/pgsql/archive/*. Unter diesem legen Sie zwei Unterverzeichnisse an: *base* für die Basissicherungen und *log* für die WAL-Segmente. All diese Verzeichnisse müssen selbst angelegt, dem richtigen Eigentümer zugeteilt und mit geeigneten Zugriffsrechten versehen werden, zum Beispiel so:

```
mkdir -p /usr/local/pgsql/archive/base /usr/local/psql/archive/log
chown -R postgres:postgres /usr/local/pgsql/archive
chmod -R go-rwx /usr/local/pgsql/archive
```

Als Archivierungsbefehl verwenden Sie

```
archive_command = 'test ! -f /usr/local/pgsql/archive/log/%f && cp %p /usr/local/pgsql/
archive/log/%f'
```

Wer mag, kann hier wie oben gezeigt `gzip` einbauen.

Für die Basissicherung verwenden Sie das folgende kleine Shell-Skript *base-backup.sh*:

```
#!/bin/sh

set -e
filename=/usr/local/pgsql/archive/base/basebackup_$(date +'%Y-%m-%dT%H:%M:%S.%N%:z').tar.gz
psql -c "SELECT pg_start_backup('$filename');" >/dev/null
tar --force-local -C /usr/local/pgsql/data -c -z -f "$filename" --anchored --exclude=pg_
xlog . || [ $? -eq 2 ]
psql -c "SELECT pg_stop_backup();" >/dev/null
```

Der Aufruf erfolgt als Cronjob täglich, mit folgendem Cron-Eintrag für den Benutzer *postgres*:

```
0 4 * * * sh PFAD/base-backup.sh
```

Bei sehr großen Datenbanken führt man die Basissicherung eventuell seltener durch.

Zur Erklärung: Die Tar-Dateien werden mit einem Zeitstempel benannt. Erfahrungsgemäß ist es besser, den Zeitstempel so genau wie möglich zu machen, damit keine Sicherung aus Versehen überschrieben wird. Beim Testen kann es zum Beispiel sein, dass man mehrere Sicherungen in einer Minute durchführt, was ohne eindeutige Markierung der Tar-Dateien nicht verwaltbar wäre. Die Option `--force-local` bei `tar` ist notwendig, weil `tar` sonst wegen des `:` im Namen der Archivdatei denken würde, dass auf einen fremden Rechner gesichert werden soll. Die Optionen `--anchored` und `--exclude` sorgen dafür, dass das Verzeichnis *pg_xlog* nicht mitgesichert wird, weil das für die Wiederherstellung nicht notwendig ist und somit Platz gespart wird.

Bereinigung der Sicherung

In einzelnen Fällen wird es so sein, dass die Datensicherungen unbegrenzt aufgehoben und bereitgehalten werden (müssen). Meistens wird man nach einer gewissen Zeit jedoch sehr alte Sicherungen löschen oder zumindest auf ein anderes Archivmedium (zum Beispiel Band) auslagern. Dazu ist es notwendig, die richtigen Dateien unter den Basissicherungen und den Transaktionslog-Segmenten zu identifizieren, die gelöscht werden können.

Am besten fängt man damit an, festzulegen, wie lange eine Basissicherung aufgehoben werden soll. Das kann je nach Umständen bis zur nächsten oder übernächsten Basissicherung oder einige Wochen oder Jahre sein.

Mit folgendem Befehl findet man zum Beispiel alle Dateien, die älter als ein bestimmtes Datum sind:

```
find /usr/local/pgsql/archive/base -not -newermt 2008-07-26
```

Die so oder anders gefundenen nicht mehr benötigten Basissicherungen kann man dann einfach so löschen.

Etwas komplizierter ist die Bereinigung der Transaktionslogs. Eine Basissicherung benötigt zur Wiederherstellung die Transaktionslog-Segmente, die während der Erstellung der Basissicherung generiert wurden. Deswegen sollte man nicht einfach zeitstempelbasiert die Logsegmente löschen, weil man damit möglicherweise die älteste noch nicht gelöschte Basissicherung unbrauchbar macht. Die Information, ab wo man Logsegmente löschen kann, ist in der ältesten noch vorhandenen Basissicherung selbst enthalten, nämlich in der Datei *backup_label*, die von `pg_start_backup` im Datenverzeichnis angelegt und von `pg_stop_backup` entfernt wird und somit vom `tar`-Befehl mit eingepackt wird. Diese Datei hat einen Inhalt wie diesen:

```
START WAL LOCATION: 0/2ED996C (file 000000010000000000000002)
CHECKPOINT LOCATION: 0/2ED996C
START TIME: 2008-08-26 19:29:52 CEST
LABEL: mylabel
```

Die in der ersten Zeile erwähnte Datei ist genau die älteste WAL-Datei die man aufheben muss, um diese Basissicherung noch zurückspielen zu können.

Mit etwas Shell-Skript-Programmierung kann man diese Information automatisch aus dem Tarball der Basissicherung herauslesen, zum Beispiel so:

```
first_wal=$(gunzip -c -f basebackup_XYZ.tar.gz | tar -f - -x -O ./backup_label | sed -n -
r '/^START WAL LOCATION:/s/^.*file ([0-9A-F]{24}).*$/\1/p')
```

Anschließend ermittelt man, welche Dateien in der WAL-Abfolge vor dieser liegen und löscht sie:

```
old_files=$(ls .../archive/log | sed -n "/$first_wal/q;p")
rm $old_files
```

Dieses ganze Verfahren kann man in ein Shell-Skript programmieren und regelmäßig ausführen lassen. Ausführliches Testen ist in diesem Fall jedoch besonders anzuraten, damit die wertvollen Datensicherungen nicht regelmäßig und vollautomatisch zerstört werden.

Wiederherstellung

Um eine Datensicherung wiederherzustellen, geht man folgendermaßen vor:

1. Wenn der Datenbankserver noch läuft, muss er gestoppt werden. Bei einer Wiederherstellung muss also der laufende Betrieb unterbrochen werden. Wenn das nicht akzeptabel ist, zum Beispiel weil man nur eine einzige Tabelle wiederherstellen möchte, kann man die Wiederherstellung auch in einer neuen Instanz vornehmen und die interessanten Tabellen dann zum Beispiel mit `pg_dump` in die laufende Instanz übertragen.
2. Da zunächst eine Basissicherung eingespielt wird, sollte das vorhandene Datenverzeichnis aus dem Weg geräumt werden. Wenn genug Platz für eine Kopie des gesamten Datenbestandes vorhanden ist, schiebt man das Verzeichnis einfach weg. Wenn kein Platz da ist, sollte man zumindest das Verzeichnis *pg_xlog* irgendwo aufheben, denn dort könnten sich noch nicht gesicherte WAL-Segmente befinden. Wenn der Grund der Wiederherstellung ein Verlust des Speichermediums ist, wird man diesen Punkt natürlich weglassen.

   Bedenken Sie auch, dass Tablespaces an anderen Stellen des Dateisystems ebenfalls wegbewegt oder gelöscht werden sollten.
3. Nun spielt man die Basissicherung wieder ein, inklusive aller Tablespaces. Dabei ist darauf zu achten, dass die Dateien den richtigen Eigentümer, also beispielsweise *postgres* (aber nicht *root*), und die richtigen Zugriffsrechte haben. Beachten Sie auch, dass die symbolischen Verknüpfungen auf die Tablespaces im Verzeichnis *pg_tblspc* korrekt gesetzt sind. Bei der Verwendung von `tar`, wie sie in diesem Kapitel beschrieben ist, sollten diese Punkte alle automatisch erfüllt sein, aber wenn andere Programme zum Einsatz kommen, sollten diese Punkte überprüft und eventuell die nötigen Optionen verwendet werden, damit alles stimmt.
4. Die Dateien im Unterzeichnis *pg_xlog* bestanden zum Zeitpunkt der Basissicherung und sind nunmehr obsolet und können gelöscht werden. (Falls sie noch benötigt werden sollten, müssten sie ja auch im WAL-Archiv liegen.) Ebenso kann alles im Unterverzeichnis *pg_xlog/archive_status/* gelöscht werden. Wenn das Verzeichnis *pg_xlog* gar nicht mitgesichert wurde (was durchaus sinnvoll ist), legt man das Verzeichnis *pg_xlog* sowie das Unterverzeichnis *archive_mode* jetzt neu an.
5. Wenn man in Schritt 2 das alte Datenverzeichnis oder das alte Verzeichnis *pg_xlog* aufgehoben hat, kopiert man jetzt alle noch vorhandenen WAL-Segmente aus dem alten in das neue Verzeichnis *pg_xlog*. Damit kann bei der Wiederherstellung über das Ende des eigentlich archivierten Logs hinaus zurückgespielt werden. Wenn diese

ungesicherten Segmente nicht mehr vorhanden sind, sind diese Daten verloren. Falls das ein Problem ist, sollte man für das nächste Mal wie oben beschrieben das Archivierungsintervall verkleinern.

6. An dieser Stelle empfiehlt es sich, den Datenbankserver so zu konfigurieren, dass nach einem Neustart erstmal keine Verbindungen von Benutzern ankommen, damit man in Ruhe überprüfen kann, ob die Wiederherstellung wie geplant funktioniert hat. Am besten fügt man dazu folgende Zeilen am Anfang der Datei *pg_hba.conf* ein:

   ```
   local all postgres ident sameuser
   local all all reject
   host all all 0.0.0.0/0 reject
   ```

7. Die Wiederherstellung besteht nun aktuell nur aus der Basissicherung. Man muss dem Datenbanksystem jetzt mitteilen, wie es an die archivierten WAL-Segmente kommt. Dazu legt man eine neue Konfigurationsdatei *recovery.conf* an und konfiguriert dort den Kopierbefehl. Diese Datei gehört in das Wurzelverzeichnis des Datenverzeichnisses und hat das gleiche Format wie *postgresql.conf*. Die wichtigste und einzige nötige Einstellung ist *restore_command*, die wie *archive_command* zuvor den Shell-Befehl bestimmt, der zum Kopieren der WAL-Segmente verwendet werden soll. Dieser sollte nun die Dateien in die umgekehrte Richtung kopieren, zum Beispiel so:

   ```
   restore_command = 'cp /mnt/irgendwo/%f %p'
   ```

   Es ist an dieser Stelle nicht unbedingt nötig, das Überschreiben vorhandener Dateien zu verhindern, daher kann der Befehl einfach so aussehen.

8. Jetzt kann der Server neu gestartet werden. Am Vorhandensein der Datei *recovery.conf* erkennt der Server, dass eine Wiederherstellung aus dem WAL-Archiv gestartet werden soll. Er wird die WAL-Segmente dann, soweit sie benötigt werden, der Reihe nach aus dem WAL-Archiv kopieren und einspielen. Während dieser Zeit kann der Datenbankserver nicht benutzt werden. Daher ist es zu empfehlen, diese Prozedur einmal auszuprobieren, um festzustellen, ob die Wiederherstellungszeit akzeptabel ist. Ansonsten sollte die Häufigkeit der Basissicherungen erhöht werden.

   Das Datenbanksystem bleibt im Wiederherstellungsmodus, bis die Wiederherstellung abgeschlossen ist. Das gilt auch, wenn der Server von Hand angehalten wird oder der Rechner abstürzt. Der Datenbankserver kann dann einfach neu gestartet werden, und die Wiederherstellung wird fortgesetzt.

   Am Ende der Wiederherstellung wird der Datenbankserver automatisch in den normalen Betriebsmodus übergehen. Dann werden die normalen Startmechanismen ausgeführt und das Datenbanksystem für Benutzer freigegeben.

9. Das Datenbanksystem ist jetzt hoffentlich wieder im gewünschten Zustand hergestellt. Melden Sie sich an, prüfen Sie die Situation und schalten Sie dann *pg_hba.conf* wieder frei. Wenn der Zustand nicht der gewünschte ist, fangen Sie nochmal von vorn an.

10. Dieses Verfahren sollte man natürlich ausgiebig testen und seine Mitarbeiter und Kollegen darin schulen.

Point-in-Time-Recovery

Das oben beschriebene Verfahren bewirkt eine komplette Wiederherstellung bis zum Ende des Logs. Wie oben beschrieben möchte man eventuell auch die Wiederherstellung an einem bestimmten früheren Zeitpunkt beenden und somit eine richtige Point-in-Time-Recovery durchführen. Um das zu steuern, gibt es in *recovery.conf* weitere mögliche Parameter.

Das Ende der Wiederherstellung kann man auf zweierlei Art angeben: Zeitpunkt und Transaktionsnummer. Den Zeitpunkt gibt man mit dem Parameter `recovery_target_time` an, zum Beispiel so:

```
recovery_target_time = '2008-08-25 21:52+02'
```

Die Transaktionsnummer gibt man mit dem Parameter `recovery_target_xid`, aber das ist eigentlich unüblich, da es normalerweise nicht einfach so möglich ist, die Transaktionsnummer einer Aktion in der Vergangenheit herauszufinden, es sei denn, man loggt alle Transaktionsnummern mit (einstellbar mit `log_line_prefix`). Wir empfehlen, sich an Uhrzeitangaben zu halten, da das auch für Menschen leichter nachzuvollziehen ist (»um zehn vor drei hat es gekracht«).

Relevant ist in diesem Zusammenhang auch noch der Parameter `recovery_target_inclusive`, der bestimmt, ob das angegebene Ziel (Zeit oder Transaktionsnummer) einschließlich (`true`) oder ausschließlich (`false`) gemeint ist. Die Voreinstellung ist `true`. Wenn die angegebene Zeit nun aber gerade der Zeitpunkt ist, an dem die ungewollte Zerstörung eingesetzt hat, sollte man das auf `false` ändern (oder eine Millisekunde von der Zeit abziehen, was wohl in der Praxis meist die gleiche Wirkung haben wird).

Als zusammenfassendes Beispiel sehen Sie hier eine mögliche komplette *recovery.conf* für die Point-in-Time-Recovery:

```
restore_command = 'cp /usr/local/pgsql/archive/log/%f %p'
recovery_target_time = '2008-08-25 21:52+02'
recovery_target_inclusive = false
```

Zeitleisten

Wenn ein Wiederherstellungslauf vor dem Ende der Logs per Point-in-Time-Recovery beendet wurde, entsteht eine neue Zeitleiste. An der Stelle, an der die Recovery beendet wurde, verzweigt sich der Lauf der Zeit aus Sicht der Datenbank. Es gibt die ursprüngliche Zeitleiste, die beschreibt, was ursprünglich mit der Datenbank passiert ist, und eine neue Zeitleiste, die von der alten abzweigt und eine neue Geschichte für die Daten in der Datenbank schreibt. Science-Fiction- und Fantasy-Freunden kommt diese Situation bekannt vor: Jemand im Universum dreht die Zeit zurück, und der Lauf der Welt geht in einer neuen Zeitleiste anders vonstatten.

In PostgreSQL funktioniert das so: Die Zeitleisten werden aufsteigend durchnummeriert. Am Anfang befindet sich das Datenbanksystem in Zeitleiste 1. Das ist die »1« am Anfang der WAL-Dateinamen wie *00000001000000000000000A*. Nach einer Recovery-Aktion ist das Datenbanksystem dann in Zeitleiste 2 und so weiter; somit entstehen Dateinamen wie *00000002000000000000001F*. Der Einfachheit halber wird eine neue Zeitleiste auch dann angefangen, wenn die Wiederherstellung normal bis zum Ende gelaufen ist, obwohl das theoretisch nicht notwendig wäre.

Bei der Wiederherstellung entstehen in diesem Zusammenhang auch Dateien, die auf *.history* enden und die entstehenden Zeitleisten beschreiben. Diese werden wie die WAL-Dateien archiviert und sollten aufgehoben werden.

Das klingt alles sehr abenteuerlich, ist aber in der Praxis bei der Wiederherstellung und Reparatur durchaus notwendig und hilfreich. Es ist damit nämlich möglich, eine PITR-Aktion, die sich nachträglich als unerwünscht oder falsch herausgestellt hat, wieder rückgängig zu machen, und wieder in die ursprüngliche »Zeitrechnung« zurückzukehren. Ohne Unterscheidung der Zeitleisten würde das Arbeiten mit der versuchten Wiederherstellung die Write-Ahead-Logs der ursprünglichen Zeitrechnung überschreiben und zerstören. Gerade wenn man versucht, den richtigen Stopppunkt für eine Recovery zu finden, muss man die Recovery eventuell mehrmals laufen lassen, danach in die Datenbank sehen und das Ganze dann nochmal versuchen. Ohne Zeitleisten wäre das Ganze unglaublich kompliziert, da man mehrere Sicherheitskopien des Datenverzeichnisses bereithalten müsste. Mit Zeitleisten ist das relativ unkompliziert. Wenn einem ein Recovery-Ergebnis nicht gefällt, fährt man den Server wieder herunter, schreibt eine neue *recovery.conf* und startet den Server neu. Dabei muss man dann lediglich angeben, in welche Zeitleiste die Recovery gehen soll. In der Voreinstellung bleibt die Recovery in der Zeitleiste, die bei der Basissicherung aktiv war. Wenn man eine andere Zeitleiste verwenden möchte, schreibt man den Parameter `recovery_target_timeline` in *recovery.conf*, zum Beispiel so:

```
recovery_target_timeline = 3
```

Zeitleisten, die vor der Basissicherung abgezweigt sind, können so aber nicht erreicht werden. Dazu müsste man frühere Basissicherungen aufheben.

Einschätzung

Datensicherung per WAL-Archivierung ist hauptsächlich sinnvoll ab einer bestimmten Datenbankgröße, vielleicht um die 20 GByte, da sie inkrementelle Datensicherung ermöglicht. Das Hauptproblem ist bei so großen Datenbanken die I/O-Last. Eine vollständige Datensicherung würde hier teilweise mehrere Stunden dauern und das Datenbanksystem beziehungsweise die Hardware dabei unter Volllast halten und somit den Anwendungsbetrieb bremsen. Das sollte man auch bedenken, wenn man die Sicherungsintervalle einrichtet: Es nützt eher wenig, ein tägliches `pg_dump`, das sich als zu langsam herausgestellt hat, durch eine tägliche Basissicherung zu ersetzen, da so ja ungefähr die gleiche Datenmenge bewegt würde. Stattdessen käme in diesem Fall möglicherweise eine wöchentliche Basissicherung in Betracht.

Als zweites großes Problem spielt daneben auch der Speicherplatzbedarf für die Sicherung eine Rolle. Hier hat die WAL-basierte Sicherung allerdings trotz inkrementeller Prinzipien bei genauerer Betrachtung in vielen Fällen nur geringe Vorteile. Eine Basissicherung ist so groß wie ein Datenverzeichnis, ein Text-Dump dagegen wird rund ein Fünftel der Größe des Datenverzeichnisses einnehmen und lässt sich in der Regel auch besser komprimieren als Binärdaten. Man kann also ganz grob davon ausgehen, dass tägliche Dumps über eine Woche aufgehoben in etwa so viel Speicherplatz benötigen werden wie eine wöchentliche Basissicherung mitsamt WAL-Archivierung. Zu bedenken ist auch der Platzbedarf bei der Wiederherstellung. Generell wird die Administration eines Datenbanksystems unbequem, wenn man an der Kapazitätsgrenze arbeiten muss.

Die Point-in-Time-Recovery-Fähigkeit ist unter praktischen Gesichtspunkten ebenfalls kritisch zu sehen. Man wird in der Praxis wohl kaum erstens den gesamten Geschäftsbetrieb anhalten und zweitens möglicherweise mehrere Tage Arbeit verwerfen wollen, weil vor ein paar Tagen irgendjemand versehentlich irgendetwas gelöscht hat. Es ist nämlich zwar möglich, *bis* zu einem bestimmten Zeitpunkt wiederherzustellen, nicht aber, alles *außer* einem bestimmten Zeitpunkt. Insofern ist der praktische Nutzen dieser Funktionalität hauptsächlich in der Möglichkeit einer Vorgangsanalyse auf einem Parallelsystem zu sehen. In komplexen Datenbanken lassen sich auf diese Weise nachvollzogene Datenveränderungen auch nicht so einfach in der Datenbank rückgängig machen; denken Sie zum Beispiel an Fremdschlüssel. Wenn sich derartige Probleme also öfter stellen, sollte man stattdessen vielleicht eher über bessere Zugangsberechtigungen oder andere Protokollierungsverfahren auf logischer Ebene nachdenken.

KAPITEL 5

Überwachung

Um den ordnungsgemäßen Betrieb eines Datenbanksystems sicherzustellen, ist es nötig, die Überwachung (das Monitoring) des Betriebs zu organisieren. Zunächst bedeutet das, dass der Datenbankadministrator sich mit den Möglichkeiten der Software vertraut macht, die gewünschten und interessanten Kennwerte überhaupt auszugeben. Anschließend wird man einen großen Teil der Überwachung automatisieren wollen. Dieses Kapitel behandelt beide Aspekte für PostgreSQL.

Was überwachen?

Die erste Frage, die man sich bei der Erarbeitung eines Überwachungskonzepts stellen sollte, ist, welche Informationen, Daten und Werte sinnvollerweise überwacht werden sollen. Dieser Abschnitt enthält dazu einige Vorschläge.

Datenbankaktivität

Zunächst einmal sollte natürlich die Aktivität des Datenbanksystems selbst überwacht werden. Unter anderem sind hier folgende Punkte relevant:

- Läuft das Datenbanksystem überhaupt?
- aktuelle Sitzungen/Verbindungen
- aktuell ausgeführte Befehle
- bisher ausgeführte Befehle, Statistiken
- Größe von Tabellen, Indexen, Tablespaces

PostgreSQL bietet derartige Informationen über Sichten und Funktionen an; einige können auch über diese Analyse der Logdateien und über Betriebssystemfunktionalität ermittelt werden.

Sperren

Durch Multiversion Concurrency Control (MVCC) spielen Sperren (Locks) generell in PostgreSQL eine geringere Rolle als in manch anderen Datenbanksystemen mit einer eher traditionellen Architektur. Eine großflächige Überwachung der Sperraktivitäten ist daher nicht üblich. Trotzdem gibt es Möglichkeiten, die aktuelle Liste der Sperren anzusehen, was zur Analyse von bestimmten Situationen, die meist von ungünstig bis fehlerhaft programmierten Anwendungen herrühren, hilfreich sein kann.

Logdateien

PostgreSQL schreibt wie jeder Serverprozess diverse Verlaufsinformationen in Logdateien, zum Beispiel Fehlermeldungen und Zeitmessungen, aber auch Verbesserungsvorschläge für die Konfiguration. Diese Informationen enthalten wichtige Hinweise darüber, ob der PostgreSQL-Server und die Clientanwendungen richtig laufen. Das hilft aber nur, wenn diese Loginformationen auch zur Kenntnis genommen und verarbeitet werden.

Nun ist es kaum möglich, die Logdateien ständig alle selbst durchzulesen; deswegen gibt es dafür Werkzeuge, die die Logdateien automatisch auswerten und die interessantesten Informationen übersichtlich darstellen können. Eine weitere Voraussetzung ist, dass das Logging sinnvoll eingestellt ist und die wichtigsten Informationen, und auch nur die, erfasst werden; dazu siehe Kapitel 2.

Betriebssystem

Viele Betriebssystemkennwerte sind hoch relevant für die Funktionalität und Leistungsfähigkeit eines PostgreSQL-Datenbanksystems. Deshalb ist es auch empfehlenswert, sich mit den Werkzeugen des jeweiligen Betriebssystems vertraut zu machen, damit man diese Werte beobachten und dann die PostgreSQL-Installation optimieren kann. Dazu zählen unter anderem:

- Prozessliste
- Speicherverbrauch
- CPU-Last
- Context-Switches
- I/O-Last
- Festplattenplatz

Darüber hinaus ist auch eine generelle Überwachung der weiteren Betriebssystemfunktionalität, zum Beispiel des Netzwerks oder der Uhrzeit, zu empfehlen.

Datensicherung

Nicht zuletzt ist es auch wichtig, das Funktionieren der Datensicherung zu überwachen, denn eine Datensicherung, die nicht läuft oder nicht brauchbar ist, ist keine Datensicherung. Die Überwachung der Datensicherung enthält zwei Aspekte. Erstens sollte geprüft werden, ob die Datensicherung läuft oder gelaufen ist, je nachdem, wie sie konfiguriert ist. Zweitens sollte aber auch regelmäßig geprüft werden, ob die Datensicherung benutzbar ist, also wieder eingespielt werden kann. Fehler bei der Wiederherstellung einer Datensicherung weisen mitunter darauf hin, dass die ursprüngliche Überwachung nicht vollständig war. Die Überwachung ist also auch als Prozess, nicht nur als Konfigurationseinstellung zu verstehen.

Wie überwachen?

Wenn entschieden ist, was eigentlich überwacht werden soll, kommen wir nun dazu, welche Schnittstellen und Werkzeuge dabei behilflich sein können. Hauptsächlich werden Sie dazu die in PostgreSQL eingebauten Möglichkeiten wie den Statistics Collector verwenden, aber auch die einfachen Werkzeuge des Betriebssystems sollten nicht vernachlässigt werden.

Unix-Werkzeuge

Die klarsten und schnellsten Überwachungsergebnisse erhält man mit einigen bekannten Unix-Werkzeugen. Die Informationen sind zwar teilweise nur grob, aber trotzdem gehören diese Werkzeuge für viele PostgreSQL-Administratoren zur Grundausstattung.

ps

Das erste und einfachste Werkzeug, um sich einen Überblick über die Aktivitäten eines PostgreSQL-Servers auf einem Rechner zu verschaffen, ist ps, die Ausgabe einer Prozessliste. PostgreSQL-Serverprozesse passen ihre von ps angezeigte Kommandozeile so an, dass man erkennen kann, was der Prozess macht. Eine Beispielausgabe ist

```
$ ps -f -U postgres
UID        PID  PPID  C STIME TTY          TIME CMD
postgres  2972     1  0 Mar30 ?        00:00:09 /usr/bin/postgres -D /var/lib/postgresql/
data
postgres  2975  2972  0 Mar30 ?        00:00:56 postgres: writer process
postgres  2976  2972  0 Mar30 ?        00:00:40 postgres: wal writer process
postgres  2977  2972  0 Mar30 ?        00:00:16 postgres: autovacuum launcher process
postgres  2978  2972  0 Mar30 ?        00:00:11 postgres: stats collector process
postgres 23175  2972  0 22:18 ?        00:00:00 postgres: peter peter [local] SELECT
postgres 23164  2972  0 22:18 ?        00:00:00 postgres: peter testdb 127.0.0.1(56330) idle
```

Beachten Sie, dass ps je nach Betriebssystem unterschiedliche Optionen unterstützt und auch unterschiedliche Ausgabeformate erzeugt. Das Beispiel oben zeigt eine erweiterte

Ausgabe (`-f`) aller Prozesse des Benutzers *postgres* (`-U postgres`) auf einem Linux-System. Je nach Betriebssystem sollten zumindest

```
ps ax | grep postgres
```

oder

```
ps -ef | grep postgres
```

verwertbare Ergebnisse liefern. Am besten ist es, man probiert etwas mit den Optionen herum, um ein für sich brauchbares Format zu finden.

Der erste gezeigte Prozess ist der Hauptprozess, auch »postmaster« genannt (wegen seines früheren Namens). Die Spalte »CMD« zeigt hier die Argumente, mit denen der Prozess gestartet wurde. (Diese können zum Beispiel von einem *init.d*-Skript zusammengesetzt worden sein.)

Die anderen Prozesseinträge sind Subprozesse des Hauptprozesses. Diese Prozesse ändern ihren Kommandozeileneintrag in der »CMD«-Spalte, so dass man erkennen kann, was diese Prozesse machen. Man kann die Prozessliste auch durch `grep 'postgres: '` schicken, um nur die Subprozesse zu sehen.

Diese ersten vier Prozesse werden automatisch vom Hauptprozess für bestimmte (Hintergrund-)Aufgaben gestartet. Je nach aktueller Situation, Konfiguration und PostgreSQL-Version kann man hier mitunter andere Prozesse sehen. Die letzten zwei Prozesse sind aktive Datenbankverbindungen. Das Format des Prozesseintrags ist

```
postgres: Benutzer Datenbank Client-Host Aktivität
```

Die ersten drei Felder sind für die Dauer der Verbindung festgelegt. Die Aktivitätsanzeige ändert sich, wenn ein neuer SQL-Befehl ausgeführt wird oder beendet worden ist. Dabei wird nur der Befehl allgemein angezeigt, zum Beispiel »`SELECT`« oder »`CREATE TABLE`«, aber nicht der volle Befehl, da die Prozessliste ja für jeden einsehbar ist und diese Details möglicherweise nicht jeder kennen soll. Der oben gezeigte Eintrag »idle« bedeutet, dass die Datenbanksitzung aktuell keinen Befehl ausführt.

Mögliche wäre auch eine Augabe der folgenden Art:

```
postgres 23175  2972  0 22:18 ?        00:00:00 postgres: peter testdb [local] SELECT
waiting
postgres 23164  2972  0 22:18 ?        00:00:00 postgres: peter testdb 127.0.0.1(56330)
idle in transaction
```

Die Ausgabe »idle in transaction« bedeutet, dass die Sitzung aktuell nichts macht, aber eine Transaktion offen hat (also wurde ein `BEGIN` oder `START TRANSACTION` ausgeführt). Die Ausgabe »waiting« nach einem Befehl bedeutet, dass die Sitzung auf eine Sperre wartet. Man kann in diesem Beispiel recht einfach schlussfolgern, dass Prozess 23175 auf Prozess 23164 wartet, da das der einzige Kandidat ist. Für eine genauere Analyse bei einer längeren Prozessliste kann PostgreSQL eine genauere Sperrenliste anzeigen, siehe unten.

Anhand dieser Prozessübersicht kann man schon erste Schlüsse ziehen. Generell möchte man natürlich den Zustand »waiting« vermeiden oder zumindest nicht lange sehen. Bei gehäuftem Auftreten von »idle in transaction« sollten die Alarmglocken läuten. Transaktionen im Leerlauf offen zu halten, verursacht Probleme wie das hier illustrierte Blockieren anderer Sitzungen und weist üblicherweise auf Fehler oder Unzulänglichkeiten in der Clientanwendung hin.

Das Aktualisieren des Prozesstitels kann mit dem Konfigurationsparameter `update_process_title` ausgeschaltet werden. Auf manchen Plattformen bringt das einen Leistungsgewinn. Meist ist es aber unerheblich.

> Auf Solaris ist der Umgang mit den Befehl `ps` etwas komplizierter. Um die von PostgreSQL angepassten und aktualisierten Kommandozeilen zu sehen, geht man folgendermaßen vor: Man muss den Befehl */usr/ucb/ps* statt */bin/ps* nehmen. Als Aufruf verwendet man etwas wie `ps auxww | grep postgres`; dabei ist es wichtig, zwei »w«'s anzugeben. Außerdem muss die richtige Kommandozeile des Hauptprozesses kürzer sein, als die angepassten Kommandozeilen des Subprozesse (also lieber ein paar Optionen weglassen und in die Konfigurationsdatei eintragen). Wenn das nicht alles zusammenpasst, wird man nur die richtigen Kommandozeilenargumente sehen, keine aktualisierten Informationen.

Man kann mit *ps* auch Informationen über den Speicherverbrauch der Prozesse anzeigen. Hier sehen Sie zum Beispiel einen Ausschnitt aus der Ausgabe von `ps aux` auf einem Linux-System:

```
USER        PID %CPU %MEM    VSZ   RSS TTY      STAT START   TIME COMMAND
...
postgres 13530  4.4  1.3 152780  6808 ?        S    18:26   0:01 /usr/lib/postgresql/8.3/
bin/postgres -D /var/lib/postgresql/
postgres 13539  0.0  0.2 152780  1408 ?        Ss   18:26   0:00 postgres: writer process
postgres 13540  0.0  0.2 152780  1272 ?        Ss   18:26   0:00 postgres: wal writer
process
postgres 13541  0.0  0.3 152916  1548 ?        Ss   18:26   0:00 postgres: autovacuum
launcher process
postgres 13542  0.0  0.2  15716  1232 ?        Ss   18:26   0:00 postgres: stats
collector process
```

Hier ist die Spalte »VSZ« die Virtual Size und »RSS« die Resident Set Size (Details finden Sie in der entsprechenden Manpage zu `ps`).

Man könnte über diese Ausgabe entsetzt sein, da die PostgreSQL-Prozesse hier alle allein schon beim Nichtstun 150 MByte und mehr an Speicher verbrauchen. Diese Ausgabe hat allerdings den Fehler, dass alle Prozesse, die Shared Memory benutzen, dieses bei ihrem Speicherverbrauch mitzählen, obwohl das Shared Memory natürlich nur einmal existiert. In diesem Beispiel waren 128 MByte `shared_buffers` konfiguriert. In Wirklichkeit belegen die Prozesse in dieser Situation also nur sehr wenig eigenen Speicher.

Generell sind die Speicherverbrauchsangaben in ps (und anderen Programmen, die die gleichen Werte im Kernel abfragen und ausgeben) aus diesem und ähnlichen Gründen immer relativ zweifelhaft und sollten mit Vorsicht genossen werden. Die Manpage zu ps kann mitunter über Vorbehalte Auskunft geben, ist aber auch nicht immer vollständig oder aktuell.

top

Neben ps gibt es noch andere Programme, mit denen man sich Prozesslisten ausgeben lassen kann. Interessant ist dabei vor allem das Programm top, das die Liste regelmäßig aktualisiert und nach verschiedenen Kriterien wie CPU-Last und Speicherverbrauch sortiert ausgeben kann. Hier sehen Sie einen Beispielaufruf mit zu empfehlenden Argumenten:

```
top -c -u postgres
```

Die Optionen sind -c, um die komplette Kommandozeile anzuzeigen, damit man wie oben gezeigt den aktuellen Befehl und andere Informationen erhält, und -u postgres, um die Liste auf Prozesse des Benutzers postgres zu beschränken.

Neben top ist auch das Programm htop zu empfehlen. Es macht im Prinzip das Gleiche, hat aber eine etwas freundlichere, an Midnight Commander angelehnte, interaktive Oberfläche. Auch hier gibt es die Option -u. Die Option -c gibt es nicht, und sie wird auch nicht benötigt, da in der Voreinstellung die komplette Kommandozeile angezeigt wird. Ein möglicher Aufruf wäre also

```
htop -u postgres
```

Der Nachteil der top-Programme gegenüber ps ist, dass die Ausgabe ständig »umherhüpft«. Diese Art der Ausgabe ist eher zu Beobachtung des aktuellen Zustands und der Systemauslastung geeignet, wogegen die Ausgabe von ps besser für statische Analysen wie die oben illustrierte Aufschlüsselung von Sperren und lang laufenden Transaktionen verwendet werden kann.

ptop

Es gibt auch ein extra für PostgreSQL gedachtes *top*-artiges Programm. Das Paket heißt ptop, das Programm darin allerdings pg_top. Es verbindet sich mit einer PostgreSQL-Datenbankinstanz und hat dazu auch die üblichen Optionen für Host, Port, Benutzer und so weiter. Es gibt eine Liste aller zu dieser Datenbankinstanz gehörenden Prozesse aus, ergänzt durch weitere von top bekannte Informationen wie Speicher- und CPU-Auslastung. Daneben hat pg_top wie top eine sich selbst aktualisierende Ausgabe und diverse interaktive Features. *ptop* ist noch etwas neuer und unbekannter, aber ein Blick darauf könnte sich lohnen.

Die Website von *ptop* ist *http://ptop.projects.postgresql.org/*. Dort findet man auch Downloads als Quellcode und RPMs für Red Hat/Fedora. In Debian ist auch ein Paket enthalten.

vmstat

`vmstat` ist vom Namen her ein Werkzeug zur Überwachung des Speichers (VM = *virtual memory*). Es zeigt daneben aber auch Statistiken über das I/O-System und die CPU an und ist somit ganz gut geeignet, sich allgemein über die Systemlast ein Bild zu machen. Sehen Sie hier eine Beispielausgabe:

```
$ vmstat 5
procs -----------memory---------- ---swap-- -----io---- --system-- ----cpu----
 r  b   swpd   free   buff  cache   si   so    bi    bo   in    cs us sy id wa
 1  0      0  42760  22428 273268    0    0   156    58 1044   452  9  2 85  4
 0  0      0  42760  22436 273268    0    0     0    12 1002   246  0  0 99  0
 0  0      0  42752  22436 273268    0    0     0     1 1003   243  1  0 99  0
 0  0      0  42760  22436 273268    0    0     0    15 1056   242  0  0 99  0
 0  0      0  42760  22436 273268    0    0     0     0 1092   242  1  0 99  0
 0  0      0  42760  22436 273268    0    0     0     0 1002   244  0  0 99  0
```

Das Argument 5 gibt an, dass die Ausgabe alle fünf Sekunden aktualisiert werden soll. Die erste ausgegebene Zeile gibt die Systemauslastung seit dem Booten an, die folgenden Zeilen hier jeweils die letzten fünf Sekunden. Wenn kein Argument angegeben wird, wird nur die erste Zeile ausgegeben. Mit einer Intervallangabe kann man `vmstat` also gut nebenher laufen lassen, um das Systemverhalten z.B. unter Last oder bei der Systemanalyse zu beobachten.

Die Spalten unter »memory« geben den Speicherverbrauch an. Normalerweise ist nur sehr wenig Speicher wirklich »free«, weil der freie Speicher für den Dateisystem-Cache (Spalte »cache«) verwendet wird. Das ist aus Sicht von PostgreSQL gut und sinnvoll. Wenn die Spalte »cache« allerdings auch gegen null geht, ist zu wenig Speicher da. Dann wird man meist auch unter »swap« Aktivität beobachten können. Auf einem leistungsfähigen Datenbankserver sollte es aber nicht zum Swappen kommen.

Die Spalten unter »io« bedeuten: »bi« = *blocks in*, also gelesen, »bo« = *blocks out*, also geschrieben. Ein Block ist unter Linux 1024 Bytes groß. Hier kann man also den I/O-Durchsatz des Systems überschlagen. Dazu finden Sie mehr im folgenden Abschnitt über `iostat`.

Die Spalten unter »cpu« geben Auskunft über die CPU-Aktivität. Die Spalten »us« = *user*, »sy« = *system*, »id« = *idle* und »wa« = *waiting* sind Prozentzahlen. Wenn die Idle-Spalte nahe null ist, bedeutet das, dass die CPU ausgelastet ist. Wenn die Waiting-Spalte dagegen einen hohen Wert anzeigt (etwa 20% und mehr über längere Zeit), wartet die CPU auf I/O-Aktivität. Daran kann man also ungefähr erkennen, ob I/O oder CPU der bremsende Faktor ist.

iostat

`iostat` gibt, wie der Name schon sagt, Statistiken über das I/O-System aus. Das Programm ist in einem Paket namens *Sysstat* enthalten, das weiter unten noch im Detail behandelt wird. In einer Basisinstallation ist es üblicherweise nicht zu finden; es ist aber sehr zu empfehlen, iostat bzw. das *sysstat*-Paket auf PostgreSQL-Servern nachzuinstallieren.

Hier sehen Sie eine Beispielausgabe:

```
$ iostat 5
22:23:42
Linux 2.6.24-1-686 (host.domain.net)     24.04.2008

avg-cpu:  %user   %nice %system %iowait  %steal   %idle
           0,37    0,02    0,13    0,54    0,00   98,94

Device:            tps   Blk_read/s   Blk_wrtn/s   Blk_read   Blk_wrtn
sda               4,41        49,40        62,07    2785310    3499626
dm-0             10,88        49,35        62,07    2782376    3499616
dm-1              3,09        19,20        18,59    1082426    1048232
dm-2              0,00         0,01         0,00        432          0
dm-3              7,78        30,14        43,48    1699258    2451384

avg-cpu:  %user   %nice %system %iowait  %steal   %idle
           0,15    0,00    0,00    0,20    0,00   99,66

Device:            tps   Blk_read/s   Blk_wrtn/s   Blk_read   Blk_wrtn
sda               1,60         3,20        27,20         16        136
dm-0              3,60         3,20        27,20         16        136
dm-1              1,40         3,20         9,60         16         48
dm-2              0,00         0,00         0,00          0          0
dm-3              2,20         0,00        17,60          0         88

avg-cpu:  %user   %nice %system %iowait  %steal   %idle
           0,00    0,00    0,10    0,05    0,00   99,85

Device:            tps   Blk_read/s   Blk_wrtn/s   Blk_read   Blk_wrtn
sda               1,00         0,00        20,80          0        104
dm-0              2,60         0,00        20,80          0        104
dm-1              2,60         0,00        20,80          0        104
dm-2              0,00         0,00         0,00          0          0
dm-3              0,00         0,00         0,00          0          0
```

Auch hier kann man wie bei vmstat per Argument angeben, wie oft die Ausgabe aktualisiert werden soll. Die erste Zeile zeigt die I/O-Aktivität seit dem Systemstart, aber diese Informationen sind normalerweise nicht besonders nützlich. Interessant bei wiederholender Ausgabe ist auch die Option -t, die bei jeder Wiederholung die aktuelle Zeit ausgibt.

Die erste Spalte in der Ausgabe, »Device«, gibt das Gerät an. Die Werte sind natürlich systemabhängig. Es ist bei der Analyse eines PostgreSQL-Systems oft sinnvoll, diese Ausgabe von iostat auf diejenigen Geräte zu beschränken, die von der PostgreSQL-Instanz verwendet werden. Dazu wird das Gerät (oder die Geräte) auf der Kommandozeile angegeben, zum Beispiel so:

```
iostat sda1 sda5 5
```

(iostat unterstützt sowohl physische Geräte als auch Partitionen.)

Die Spalte »tps« (*transfers per second*) ist hier nicht interessant.

Die restlichen Spalten zeigen die Anzahl und die Rate der gelesenen und geschriebenen Daten. Das Standardformat zeigt die Zahlen in Blöcken, wobei ein Block 512 Bytes groß ist. Brauchbarer ist sicher die Ausgabe in kByte oder MByte, wählbar durch die Optionen -k beziehungsweise -m. Insbesondere an den Werten »read/s« und »wrtn/s« kann man ablesen, ob das Festplattensystem die erhofften Durchsatzraten bringt. Bei sequenziellen Scans sollte man hier schon Werte nahe der von der Hardware gesetzten Grenze sehen (100 MByte/s und mehr). Bei Indexscans kann die Rate allerdings niedriger sein: Manchmal sind hier 4 MByte/s schon das Maximum.

In der Praxis sieht ein Aufruf also insgesamt so aus:

```
iostat -m -t /dev/sda
```

Die Manpage von iostat enthält weitere Informationen über die Ausgabeformate und Optionen.

Statistiktabellen

Detailliertere Informationen als die diversen Betriebssystemswerkzeuge bietet PostgreSQL selbst. Dazu sind eine Anzahl von sogenannten Statistiktabellen (eigentlich Sichten) vordefiniert, die man einfach mittels SELECT auslesen kann. Es ist auch durchaus so gedacht, dass man sich auf Grundlage dieser Tabellen eigene Anfragen oder Sichten baut. Dazu folgen gleich einige Beispiele.

Die Statistiktabellen sind relativ zahlreich, daher werden sie hier in mehreren Unterabschnitten behandelt.

Die Beispiele und Beschreibungen hier beziehen sich auf PostgreSQL 8.3. In früheren Versionen enthalten die Sichten meist die eine oder andere Spalte weniger. Die Informationen sind dann in diesen Fällen nicht verfügbar. Generell haben spätere Versionen von PostgreSQL wesentlich bessere Überwachungsmöglichkeiten.

Die Statistikkollektor-Funktionalität ist ab PostgreSQL 8.3 in der Voreinstellung angeschaltet (insbesondere auch weil sie von Autovacuum benötigt wird). In älteren Versionen muss sie mithilfe der einzelnen Konfigurationsparameter stats_start_collector, stats_row_level und stats_block_level eingeschaltet werden. Weitere Informationen zur Konfiguration finden Sie in Kapitel 2.

Aktivität

Die Tabelle pg_stat_activity gibt Auskunft über die aktuell im Datenbanksystem laufenden Sitzungen (Verbindungen). Da die Tabelle ziemlich viele Spalten hat, ist es sinnvoll, sie in psql im Format \x anzuzeigen:

```
testdb=# \x
testdb=# SELECT * FROM pg_stat_activity;
-[ RECORD 1 ]-+-------------------------------
datid         | 16385
datname       | peter
procpid       | 18561
usesysid      | 16384
usename       | peter
current_query | SELECT * FROM pg_stat_activity;
waiting       | f
xact_start    | 2008-04-29 23:09:15.194245+02
query_start   | 2008-04-29 23:09:15.194245+02
backend_start | 2008-04-27 00:16:05.69051+02
client_addr   |
client_port   | -1
-[ RECORD 2 ]-+-------------------------------
datid         | 16390
datname       | foo
procpid       | 9417
usesysid      | 16391
usename       | foo
current_query | <IDLE>
waiting       | f
xact_start    |
query_start   | 2008-04-29 23:06:30.472313+02
backend_start | 2008-04-29 23:06:16.250208+02
client_addr   |
client_port   | -1
```

Dieses Beispiel zeigt den einfachen Fall, dass im Datenbanksystem nur zwei Sitzungen laufen, von denen eine die Anfrage an `pg_stat_activity` ausführt und die andere nichts macht.

Die Felder haben folgende Bedeutung:

datid, datname
: Nummer und Name der Datenbank. `pg_stat_activity` zeigt Aktivitäten in allen Datenbanken an, nicht nur in der aktuellen.

procpid
: Die PID des zu der Sitzung gehörenden Serverprozesses. Diese Information ist nützlich, wenn man zum Beispiel vorhat, störende Sitzungen abzubrechen. Dazu sendet man das Signal SIGINT an den entsprechenden Prozess.

usesysid, usename
: Nummer und Name des Datenbankbenutzers.

current_query
: Der aktuell laufende Befehl. Wenn gerade kein Befehl ausgeführt wird, steht hier `<IDLE>`. Wenn ein Transaktionsblock offen ist (also ein `BEGIN` oder `START TRANSACTION` ausgeführt wurde), wird noch »in transaction« angehängt.

waiting
: Wahr (»t«), wenn die Sitzung auf eine Sperre wartet, sonst falsch (»f«). Zur genaueren Analyse von Sperren kann die Tabelle `pg_locks` verwendet werden, siehe unten.

xact_start
: Der Startzeitpunkt der aktuellen Transaktion.

query_start
: Der Startzeitpunkt des aktuellen Befehls.

backend_start
: Der Startzeitpunkt der aktuellen Sitzung.

client_addr, client_port
: IP-Adresse und TCP-Port des Client. Bei Verbindungen über Unix-Domain-Sockets sind diese Werte NULL und -1, wie gezeigt. Anhand dieser Werte kann man den für eine Datenbankverbindung verantwortlichen Benutzer ermitteln.

Aus Sicherheits- oder Datenschutzgründen werden die Spalten ab `waiting` nur ausgefüllt, wenn der aktuelle Benutzer Superuser ist oder selbst der zur Sitzung gehörende Benutzer ist.

Die Tabelle `pg_stat_activity` ist also geeignet, um sich einen groben Überblick über die aktuellen Aktivitäten im Datenbanksystem zu verschaffen. Anwender, die bisher vielleicht `ps` oder `top` verwendet haben, können sich mit

```
watch 'psql -c "SELECT * FROM pg_stat_activity"'
```

eine ähnliche, regelmäßig aktualisierende Ausgabe erzeugen.

In der Praxis laufen in Datenbanksystemen oft hunderte von Sitzungen, davon auch viele untätig. Um trotzdem den Überblick zu behalten, kann es hilfreich sein, sich nur die interessantesten Sitzungen aus der Ausgabe herauszusuchen. Die folgende Anfrage findet zum Beispiel alle Sitzungen, die auf Sperren warten:

```
SELECT * FROM pg_stat_activity WHERE waiting;
```

Die folgende Anfrage findet alle Sitzungen, die eine Anfrage ausführen, die schon länger als fünf Minuten läuft:

```
SELECT * FROM pg_stat_activity WHERE age(query_start) > interval '5 min';
```

Derartige Anfragen könnte man sich zum Beispiel als Sicht zurechtlegen.

Datenbanken

Die Tabelle `pg_stat_database` zeigt diverse Statistiken über jede Datenbank, z.B.:

```
=# SELECT * FROM pg_stat_database;
 datid |  datname  | numbackends | xact_commit | xact_rollback | blks_read | blks_hit |
tup_returned | tup_fetched | tup_inserted | tup_updated | tup_deleted
-------+-----------+-------------+-------------+---------------+-----------+----------+--
------------+-------------+--------------+-------------+-------------
     1 | template1 |           0 |           0 |             0 |         0 |        0 |
     0 |         0 |           0 |           0 |             0
 11510 | template0 |           0 |           0 |             0 |         0 |        0 |
     0 |         0 |           0 |           0 |             0
 11511 | postgres  |           0 |        5508 |             0 |       679 |   341329 |
1935357 |    78838 |           0 |           0 |             0
 16385 | peter     |           1 |        5343 |             3 |       610 |   340787 |
1912462 |    77927 |           0 |           0 |             0
 16390 | foo       |           1 |         112 |             1 |        85 |     7429 |
 39383 |      1923 |           0 |           0 |             0
 16398 | testdb    |           0 |           0 |             0 |         0 |        0 |
     0 |         0 |           0 |           0 |             0
(6 Zeilen)
```

In der Praxis sind diese Aussagen allerdings nicht sonderlich nützlich oder können aus anderen Tabellen in detaillierterer Form herausgelesen werden; deshalb wird hier nicht näher darauf eingegangen.

Tupelstatistiken

Folgende Tabellen bieten sogenannte Tupelstatistiken, also Statistiken über Tupel- oder Zeilenzugriffe:

- pg_stat_all_tables
- pg_stat_all_indexes
- pg_stat_user_tables
- pg_stat_user_indexes
- pg_stat_sys_tables
- pg_stat_sys_indexes

Dabei steht »sys« für Systemtabellen, »user« für Benutzertabellen, also alle anderen, und »all« für alle zusammen. Meist wird man sich nur für die Benutzertabellen interessieren. Aber generell unterliegen Systemtabellen größtenteils derselben Logik wie andere Tabellen auch. Sie müssen zum Beispiel ebenfalls »gevacuumt« werden

Hier ist ein einigermaßen interessanter Teil der Tabelle pg_stat_user_tables aus der Regressionstest-Datenbank von PostgreSQL 8.3:

```
-[ RECORD 8 ]----+-----------------------------
relid            | 28038
schemaname       | public
relname          | rtest_system
seq_scan         | 6
seq_tup_read     | 18
idx_scan         |
```

```
idx_tup_fetch    |
n_tup_ins        | 3
n_tup_upd        | 1
n_tup_del        | 1
n_tup_hot_upd    | 1
n_live_tup       | 2
n_dead_tup       | 2
last_vacuum      |
last_autovacuum  |
last_analyze     |
last_autoanalyze |
-[ RECORD 9 ]----+-----------------------------
relid            | 28022
schemaname       | public
relname          | rtest_t1
seq_scan         | 44
seq_tup_read     | 172
idx_scan         |
idx_tup_fetch    |
n_tup_ins        | 24
n_tup_upd        | 22
n_tup_del        | 16
n_tup_hot_upd    | 22
n_live_tup       | 8
n_dead_tup       | 38
last_vacuum      |
last_autovacuum  |
last_analyze     |
last_autoanalyze |
-[ RECORD 10 ]---+-----------------------------
relid            | 16427
schemaname       | public
relname          | float4_tbl
seq_scan         | 16
seq_tup_read     | 76
idx_scan         |
idx_tup_fetch    |
n_tup_ins        | 5
n_tup_upd        | 3
n_tup_del        | 0
n_tup_hot_upd    | 3
n_live_tup       | 5
n_dead_tup       | 0
last_vacuum      | 2008-05-02 21:25:29.617357+02
last_autovacuum  |
last_analyze     |
last_autoanalyze |
```

Im Folgenden sehen Sie, was die einzelnen Spalten bedeuten.

relid, schemaname, relname
: Identifiziert die Tabelle.

seq_scan
Anzahl der sequenziellen Scans in der Tabelle bisher. Wenn die Tabelle nicht gerade klitzeklein ist, wird man generell versuchen, die Anzahl der sequenziellen Scans niedrig zu halten und stattdessen Indexe zu benutzen. Eine große Zahl in dieser Spalte deutet also möglicherweise auf fehlende Indexe hin. Im konkreten Fall hängt das natürlich von den Anfragen ab, die die Tabelle verwenden.

Beachten Sie, dass Datensicherungen mit `pg_dump` auch sequenzielle Scans verwenden. Wenn `pg_dump` verwendet wird, wird in dieser Spalte also immer ein kleiner Grundwert zu finden sein.

seq_tup_read
Die Anzahl der durch sequenzielle Scans gelesene Zeilen. Das entspricht dem Produkt aus der Anzahl der sequenziellen Scans und der Anzahl der Zeilen in der Tabelle. Da sich die Anzahl der Zeilen aber mit der Zeit ändern kann, muss das nicht mit der aktuellen Anzahl übereinstimmen. Man kann den Quotienten `seq_tup_read/seq_scan` bilden, um die Größe der sequenziellen Scans festzustellen. Bei einem Wert von ein paar tausend oder weniger sind die sequenziellen Scans in Ordnung und wären auch durch Indexe nicht besser zu lösen. Bei größeren Werten sollte man Tuning-Maßnahmen in Erwägung ziehen.

idx_scan
Anzahl der Indexscans in der Tabelle bisher. Hier kann man sehen, ob die Indexe der Tabelle verwendet werden. Besser kann man Indexe aber auch in der spezialisierten Tabelle `pg_stat_user_indexes` auswerten, mehr dazu folgt unten.

idx_tup_read
Die Anzahl der durch Indexscans gelesenen Zeilen.

n_tup_ins, n_tup_upd, n_tup_del
Die Anzahl der in der Tabelle getätigten Einfüge-, Aktualisierungs- und Löschoperationen. Diese Information ist hauptsächlich für das Autovacuum-System notwendig.

n_tup_hot_upd
Die Anzahl der HOT-Updates in der Tabelle. Das sind besondere Updates, die kein Vacuum benötigen.

n_live_tup, n_dead_tup
Die Anzahl der aktiven (»live«) und obsoleten (»dead«) Zeilenversionen in der Tabelle. Das gibt Auskunft über die Vacuum-Notwendigkeit.

last_vacuum, last_autovacuum, last_analyze, last_autoanalyze
Der Zeitpunkt des letzen Vacuum, Autovacuum, Analyze oder Autoanalyze, oder NULL, wenn die entsprechende Operation noch nie ausgeführt wurde. Damit kann man insbesondere das Funktionieren des Autovacuum-Systems oder der selbst entwickelten Vacuum-Strategie überwachen.

Diese Anfrage zeigt zum Beispiel alle Tabellen an, die länger als eine Woche nicht oder noch nie gevacuumt worden sind:

```
SELECT relname, last_vacuum, last_autovacuum FROM pg_stat_user_tables WHERE coalesce(-
age(least(last_vacuum, last_autovacuum)), '1 month') > interval '1 week';
```

Man sollte allerdings bedenken, dass es durchaus in Ordnung sein kann, wenn eine Tabelle noch nie von Vacuum berührt worden ist, etwa weil sie noch nie benutzt worden ist.

Hier sehen Sie einen interessanten Ausschnitt aus der Sicht `pg_stat_user_indexes`:

```
-[ RECORD 16 ]+------------------------
relid         | 16736
indexrelid    | 27169
schemaname    | public
relname       | tenk1
indexrelname  | tenk1_hundred
idx_scan      | 20001
idx_tup_read  | 500
idx_tup_fetch | 200
-[ RECORD 17 ]+------------------------
relid         | 16736
indexrelid    | 27170
schemaname    | public
relname       | tenk1
indexrelname  | tenk1_thous_tenthous
idx_scan      | 6
idx_tup_read  | 28
idx_tup_fetch | 3
```

Im Folgenden sehen Sie, was die einzelnen Spalten bedeuten.

relid, indexrelid, schemaname, relname, indexrelname
: Identifiziert den Index und die Tabelle. (Index und Tabelle sind immer im selben Schema.)

idx_scan
: Anzahl der Indexscans. Hier kann man gut erkennen, ob ein Index überhaupt benutzt wird. Allerdings werden Primärschlüsselindexe häufig nicht in diesem Sinn benutzt, sind aber trotzdem notwendig. Also sollte man nicht etwa blindlings alle Indexe löschen, die hier auf null stehen.

idx_tup_read, idx_tup_fetch
: Gibt an, wie viele Zeilen aus dem Index gelesen wurden (»read«) und wie viele Zeilen daraufhin aus der Tabelle geholt wurden (»fetch«). Generell könnte ein Indexscan viele Indexzeilen lesen, bis er Treffer gefunden hat. Nur für die Treffer werden aber Zeilen aus der Tabelle geholt.

  Die genaue Zählung ist hier für Außenstehende nicht immer ganz nachvollziehbar, zum Beispiel bei Bitmap-Indexscans oder einem Lossy Index. Man sollte diese Zahlen also eher als Anhaltspunkte verstehen.

Blockstatistiken

Folgende Tabellen bieten sogenannte Blockstatistiken, was bedeutet, dass sie statt Zeilen Informationen über eine niedrigere Speicherebene anbieten:

- pg_statio_all_tables
- pg_statio_all_indexes
- pg_statio_all_sequences
- pg_statio_user_tables
- pg_statio_user_indexes
- pg_statio_user_sequences
- pg_statio_sys_tables
- pg_statio_sys_indexes
- pg_statio_sys_sequences

Das Namensschema ist dabei wie bei den oben beschriebenen Tupelstatistiktabellen, nur dass der Name hier mit pg_statio_ beginnt. Außerdem stehen noch Statistiken für Sequenzen zur Verfügung. (Sequenzen haben aber äußerst selten irgendwelche korrigierbaren Performanceprobleme.)

Hier sehen Sie einen Auszug aus pg_statio_user_tables für die Regressiontest-Datenbank:

```
-[ RECORD 6 ]---+--------------------
relid           | 28301
schemaname      | public
relname         | rule_and_refint_t3
heap_blks_read  | 1
heap_blks_hit   | 23
idx_blks_read   | 2
idx_blks_hit    | 10
toast_blks_read | 0
toast_blks_hit  | 0
tidx_blks_read  | 0
tidx_blks_hit   | 0
```

Die Werte beziehen sich hier auf das Cache-Verhalten bei Zugriffen auf den Heap, auf Indexe, auf die TOAST-Tabellen und bei TID-Scans. Theoretisch könnte man diese Werte verwenden, um z.B. die Shared-Buffer-Einstellungen zu optimieren. Allerdings gibt es dafür keine praktisch anwendbaren Verfahren. Im Prinzip sind diese Informationen daher nicht besonders nützlich.

Statistiken zurücksetzen

Um die Statistikzähler wieder auf null zu setzen, wird die Funktion pg_stat_reset verwendet:

```
SELECT pg_stat_reset();
```

Das kann nach Tuning-Maßnahmen sinnvoll sein, um die Zähler zu bereinigen, oder einfach regelmäßig, wenn einem die Zahlen zu groß werden.

Sperren

Zur Analyse der Sperren im Datenbanksystem gibt es die Tabelle pg_locks. Sie enthält Informationen über Sperren in allen Datenbanken.

Die Spalte locktype (Typ text) enthält den Typ der Sperre. Dabei sind für Administratoren üblicherweise nur Sperren vom Typ 'relation', also für Tabellen und Indexe, relevant. Andere Sperrtypen sind eher für Entwickler oder nur in Ausnahmefällen interessant. Informationen dazu sind teilweise in der PostgreSQL-Dokumentation enthalten.

Hier sehen Sie eine einfache Anfrage nach allen aktuellen Sperren auf Relationen mit ein paar relevanten Spalten:

```
postgres=# SELECT database, relation, pid, mode, granted FROM pg_locks WHERE locktype =
'relation';
 database | relation |  pid  |        mode         | granted
----------+----------+-------+---------------------+---------
    39786 |    39787 | 31017 | AccessShareLock     | f
    39786 |    39787 | 31041 | AccessExclusiveLock | t
    11511 |    10969 | 31054 | AccessShareLock     | t
```

Von besonderem Interesse ist die Spalte granted, die anzeigt, ob die Sperre gehalten wird (»t«) oder ob auf sie gewartet wird (»f«). Man kann hier erkennen, dass Prozess 31041 auf Prozess 31017 wartet, weil die Sperren dieselbe Relation betreffen. Dieses Beispiel entspricht übrigens dem Szenario aus dem Abschnitt zum Befehl ps oben.

Wenn man in der richtigen Datenbank ist, kann man die Nummer in der Spalte relation auch auflösen, indem man die Spalte in den Typ regclass umwandelt. (Ein Join mit pg_class ginge natürlich auch, aber die Schreibweise mit regclass ist kompakter.)

```
testdb=# SELECT database, relation::regclass, pid, mode, granted FROM pg_locks WHERE
locktype = 'relation';
 database | relation |  pid  |        mode         | granted
----------+----------+-------+---------------------+---------
    39786 | test1    | 31017 | AccessShareLock     | f
    39786 | test1    | 31041 | AccessExclusiveLock | t
    39786 | pg_locks | 31054 | AccessShareLock     | t
```

Wenn die Liste der Sperren sehr lang wird, was in praktischen Anwendungen häufig der Fall ist, kann man zum Beispiel mit einer Anfrage wie der folgenden nur die Sperren anzeigen, auf die gewartet wird:

```
testdb=# SELECT database, relation::regclass, pid, mode, granted FROM pg_locks WHERE
locktype = 'relation' AND NOT granted;
 database | relation |  pid  |      mode       | granted
----------+----------+-------+-----------------+---------
    39786 | test1    | 31017 | AccessShareLock | f
```

Zur genaueren Analyse bietet es sich an, pg_locks mit pg_stat_activity zu verbinden, zum Beispiel so:

```
testdb=# SELECT database, relation::regclass, pid, granted, current_query, query_start,
xact_start FROM pg_locks l JOIN pg_stat_activity a ON (l.pid = a.procpid) WHERE locktype
= 'relation' AND pid IN (31017, 31041);
-[ RECORD 1 ]-+-----------------------------
database      | 39786
relation      | test1
pid           | 31017
granted       | f
current_query | SELECT * FROM test1;
query_start   | 2008-05-03 11:29:08.084226+02
xact_start    | 2008-05-03 11:29:08.084226+02
-[ RECORD 2 ]-+-----------------------------
database      | 39786
relation      | test1
pid           | 31041
granted       | t
current_query | <IDLE> in transaction
query_start   | 2008-05-03 11:29:00.16807+02
xact_start    | 2008-05-03 11:28:54.797521+02
```

Wie Sie schon oben gesehen haben, tauchen Systemtabellen wie `pg_locks` selbst auch in der Liste der Sperren mit auf. Bei einer Join-Anfrage wie dieser würden noch diverse Systemtabellen und -indexe berührt, was die Ausgabe erheblich länger machen würde. Daher ist für eine genauere Analyse die Auswahl etwa anhand der PIDs sinnvoll.

Anhand dieser Ausgabe kann man erkennen, was los ist: PID 31041 hat einen Transaktionsblock offen und die Relation `test1` gesperrt, macht aber seit der angegebenen Uhrzeit nichts mehr. PID 31017 hat eine `SELECT`-Anfrage auf die Tabelle laufen, die gesperrt ist.

Auch hier sei noch einmal gesagt, dass man wartende Transaktionen natürlich vermeiden oder zumindest nicht lange sehen möchte. Bei gehäuftem Auftreten von »<IDLE> in transaction« sollten die Alarmglocken läuten. Transaktionen im Leerlauf offen zu halten, verursacht Probleme wie das hier illustrierte Blockieren anderer Sitzungen und weist üblicherweise auf Fehler oder Unzulänglichkeiten in der Clientanwendung hin.

Das Beispiel hier ist natürlich konstruiert, weil die Sperre direkt mit `LOCK` gesetzt wurde. Normalerweise sperren einfache Lese- und Schreibbefehle nicht andere Sitzungen aus; dafür sorgt das MVCC-System in PostgreSQL. Kritischer wird es nur, wenn zum Beispiel `VACUUM FULL` oder `CREATE INDEX` läuft oder ein Slony-I-Cluster eingerichtet wird. Dann werden erheblich wirksamere Sperren verlangt, und ein Blick auf `pg_locks` kann sich lohnen.

Informationen über Objektgrößen

Die Größe von Tabellen und Datenbanken ist auch oft von Interesse. Dazu gibt es einige eingebaute Funktionen, die diese Informationen ermitteln können.

```
regression=# SELECT pg_database_size('regression');
 pg_database_size
------------------
         31898852
(1 Zeile)
```

```
regression=# SELECT pg_size_pretty(pg_database_size('regression'));
 pg_size_pretty
----------------
 30 MB
(1 Zeile)

regression=# SELECT pg_relation_size('public.tenk1');
 pg_relation_size
------------------
          2826240
(1 Zeile)

regression=# SELECT pg_total_relation_size('tenk1');
 pg_total_relation_size
------------------------
                3661824
(1 Zeile)
```

Die letzte Angabe schließt zu der Tabelle gehörende sogenannte TOAST-Tabellen (Tabellen mit ausgelagerten langen Werten) sowie Indexe mit ein.

Grafische Administrationsprogramme

Zugriff auf die gezeigten Statistiken hat man auch in den populären PostgreSQL-Administrationsprogrammen *pgAdmin III* und *phpPgAdmin*. Diese Programme verwenden auch die oben beschriebenen Statistiktabellen, stellen die Informationen aber in etwas bunterer Form dar.

Abbildung 5-1 zeigt die in *pgAdmin III* im Menü über WERKZEUGE → SERVER-STATUS erreichbare Aktivitätsübersicht, im Prinzip eine Abbildung von pg_stat_activity. Interessant ist die Funktionalität zur automatischen Auffrischung. Abbildung 5-2 zeigt, wie in *pgAdmin III* Tabellenstatistiken eingesehen werden können. Dazu wählt man im Objektbaum die Tabelle aus und geht dann auf den Reiter STATISTIKEN. Die Statistiken sind eine Kombination aus den oben beschriebenen pg_stat- und pg_statio-Tabellen.

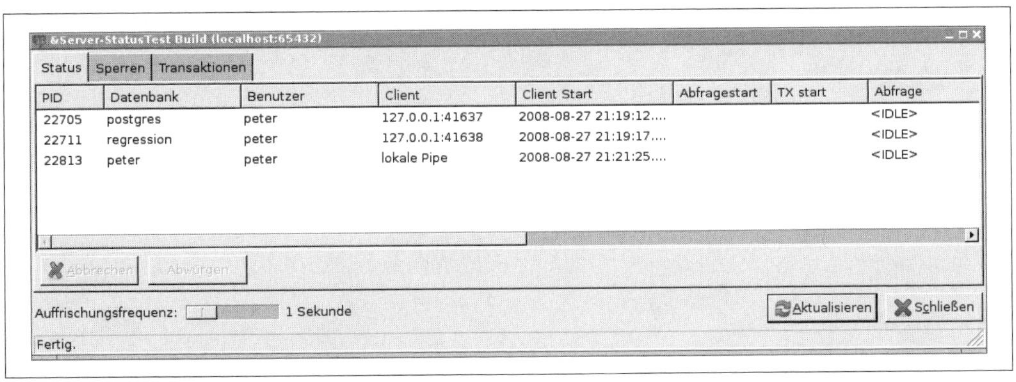

Abbildung 5-1: Aktivitätsübersicht in pgAdmin III

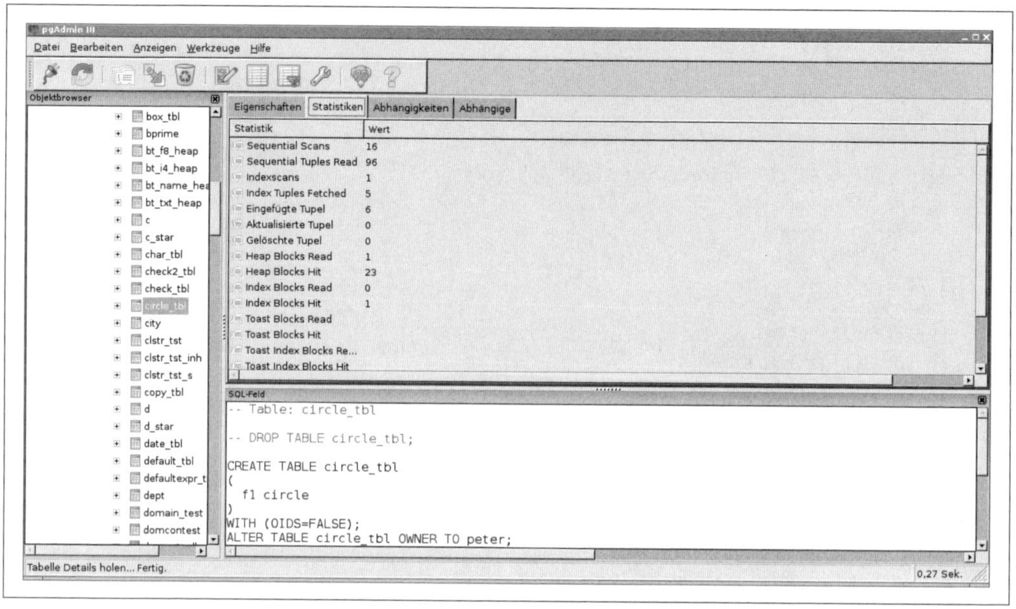

Abbildung 5-2: Tabellenstatistiken in pgAdmin III

Abbildungen 5-3 und 5-4 zeigen, wo die Aktivitätsübersicht und die Tabellenstatistiken in *phpPgAdmin* eingesehen werden können. Um die Aktivitätsübersicht zu bekommen, wählt man links im Baum eine Datenbank aus und geht dann rechts auf PROZESSE/PROCESSES. Die Tabellenstatistiken findet man, indem man links im Baum eine Tabelle auswählt und dann rechts INFO auswählt. Die angezeigten Informationen sind im Grunde dieselben wie in *pgAdmin III* und stammen aus denselben Statistiktabellen.

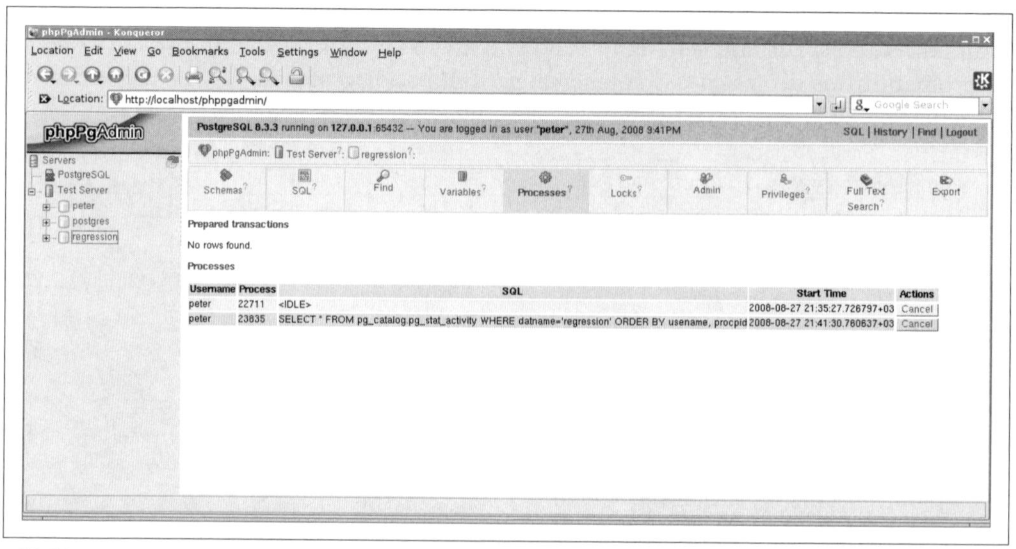

Abbildung 5-3: Aktivitätsübersicht in phpPgAdmin

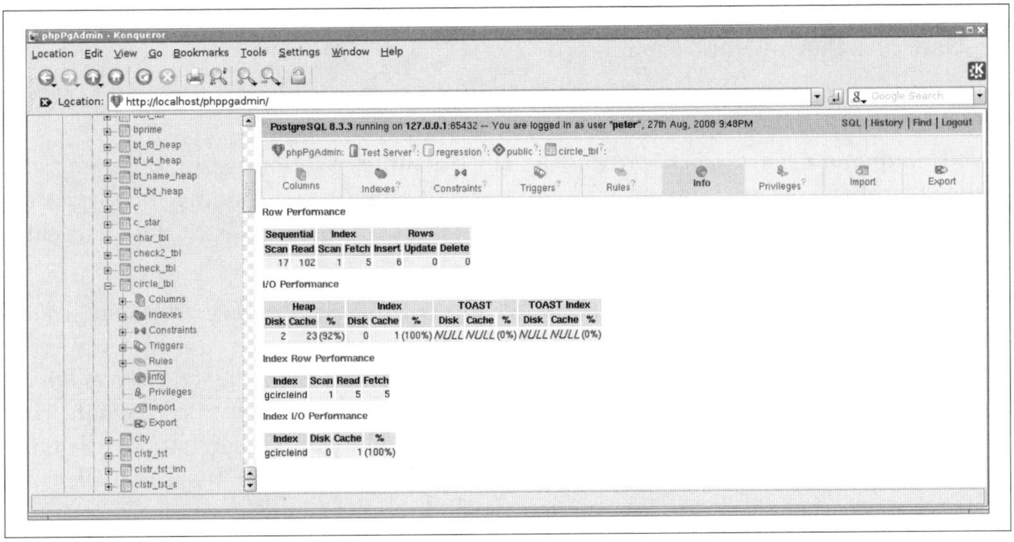

Abbildung 5-4: Tabellenstatistiken in phpPgAdmin

Überwachungswerkzeuge

In diesem Abschnitt stellen wir einige Werkzeuge vor, die zur Überwachung von Systemparametern eingesetzt werden, und erklären, wie sie mit PostgreSQL verwendet werden können. Wir wollen natürlich nicht die Anleitungen für diese Softwarepakete ersetzen, dafür gibt es eigene umfangreiche Bände.

Nagios

Nagios (*http://www.nagios.org/*) ist ein bekanntes umfangreiches und mächtiges Softwarepaket zur Überwachung von Systemdiensten in Netzwerken. Es überwacht Rechner und die auf diesen Rechnern vorgesehenen Serverdienste und kann bei Ausfällen oder Verletzungen von Grenzwerten Alarm schlagen. Nagios selbst kennt schon viele Arten von Tests, kann aber durch Plugins erweitert werden. Wir empfehlen, Nagios oder ein vergleichbares System in allen komplexeren Rechnernetzwerken einzusetzen.

http://www.nagiosexchange.org/ ist eine Fundgrube für Nagios-Plugins. Dort findet man auch einige Plugins für PostgreSQL. Diese Plugins können je nach Konfiguration die Anzahl der Verbindungen, den Festplattenplatz, das Volumen der toten Tupel, Tabellen- und Indexgrößen, Vacuum und Analyze, Sperren, die Logdateien, die Ausführungsdauer von Anfragen und Transaktionen und andere Werte überwachen. Anleitungen liegen den Plugins bei oder sind verlinkt.

Leider hat sich die Entwicklung von PostgreSQL-Plugins für Nagios sehr zersplittert. So sind unter der obigen URL aktuell fünf verschiedene Pluginanbieter verlinkt, deren Angebote sich teilweise überschneiden. Der potenzielle Nagios-Benutzer wird also gezwungenermaßen etwas Zeit zum Recherchieren der aktuellen Lage und zum Ausprobieren der verschiedenen Plugins einplanen müssen.

Munin

Munin (*http://munin.projects.linpro.no/*) ist ein bekanntes Werkzeug zur Erfassung von Statistiken über Systemparameter und zu ihrer grafischen Visualisierung. Im Gegensatz zu Nagios überwacht es also eher den Verlauf, nicht den Zustand. Es ist durchaus sinnvoll, diese beiden Tools parallel zu verwenden.

Munin-Plugins für PostgreSQL gibt es unter *http://pgfoundry.org/projects/muninpgplugins*. Damit kann man zum Beispiel den Speicherplatzverbrauch, die Anzahl der Sperren oder die Anzahl der Transaktionen verfolgen. Unter *http://muninexchange.projects.linpro.no/* kann man verschiedene Plugins für Munin finden, auch einige für PostgreSQL. Hier gab es ebenfalls eine gewisse Zersplitterung der Entwicklung, und man hat nun die Qual der Wahl, was man einsetzen möchte. Das erstgenannte Angebot ist etwas aktueller und umfangreicher, aber ansonsten ist die Funktionalität vergleichbar.

Sysstat

Sysstat (*http://pagesperso-orange.fr/sebastien.godard/*) ist ein Paket mit einer Sammlung von Überwachungswerkzeugen für Linux, in der zum Beispiel das oben schon behandelte `iostat` enthalten ist. Sysstat ist aber auch in der Lage, Statistiken im Hintergrund aufzuzeichnen, die dann später bei Bedarf abgerufen werden können. Es zeichnet unter anderem Statistiken über die CPU-Auslastung, I/O und Netzwerkverkehr auf. Es ist in dieser Hinsicht also vergleichbar mit Munin, benötigt aber wesentlich weniger Ressourcen. Sysstat hat eigentlich nichts mit PostgreSQL zu tun und bietet auch keine Plugins dafür. Allerdings sind aufgezeichnete Systemstatistiken gerade zur nachträglichen Analyse zum Beispiel von Lastproblemen in der Nacht oder während einer Datensicherung sehr nützlich.

Sysstat wird am besten in paketierter Form installiert. Das Debian/Ubuntu-Paket fragt bei der Einrichtung, ob Statistiken gesammelt werden sollen. Wenn man das bejaht, findet man die gesammelten Informationen unter */var/log/sysstat/*.

Schon wegen `iostat` ist die Installation des Sysstat-Pakets auf PostgreSQL-Servern zu empfehlen. Auch die Statistikaufzeichnung ist hin und wieder nützlich.

pgFouine

pgFouine (*http://pgfouine.projects.postgresql.org/*, von französisch *fouiner* = herumschnüffeln) ist ein Programm zur Analyse von PostgreSQL-Logdateien. Es parst die Logdateien und erstellt daraus schöne Berichte als HTML. Die Berichte enthalten unter anderem Aufstellungen über die Anzahl der Anfragen, die langsamsten Anfragen, die häufigsten Anfragen und die häufigsten Fehler. Beispiele sind auf der Website von pgFouine zu sehen.

Der einfachste Aufruf ist

```
pgfouine.php -file postresql.log > report.html
```

(Debian installiert das Programm unter dem Namen *pgfouine* ohne die Endung *.php*.) Der Inhalt der Berichte kann durch verschiedene Optionen variiert werden.

Als Logdatei unterstützt pgFouine das PostgreSQL-eigene Log sowie Syslog.

Man kann die Erzeugung der Berichte aber auch etwas aufschlüsseln. *pgFouine* ist in der Lage, eine Reihe unterschiedlicher Reporte zu erzeugen und diese als Text und HTML-Datei mit oder ohne Grafiken zu speichern. Die zur Verfügung stehenden Berichte sind im Folgenden zusammengefasst.

overall
: Erstellt eine Gesamtstatistik der Datenbank, wie zum Beispiel Gesamtausführungszeit aller Anfragen, Anzahl unterschiedlicher Anfragen und Spitzenwert von Anfragen pro Sekunde.

Hourly
: Der Hourly-Report erzeugt eine nach Stunden aufgeschlüsselte Statistik aller Anfragen. Beispielsweise werden hier die Anzahl der Anfragen pro Stunde, die durchschnittliche Ausführungszeit pro Stunde und Vieles mehr tabellarisch aufgelistet.

Bytype
: Erstellt einen Kurzreport und schlüsselt Anfragetypen (`SELECT`, `INSERT`, `UPDATE`, `DELETE`) nach Anzahl und Gesamtanteil in Prozent auf.

Slowest
: Dieser Reporttyp erzeugt eine Übersicht über die langsamsten Anfragen einer Logdatei. Standardmäßig berücksichtigt er die 20 langsamsten Anfragen einer Auswertung.

N-slowestaverage
: Erzeugt einen Report der durchschnittlich langsamsten Anfragen in der Auswertung.

N-mosttime
: Erstellt einen detaillierten Report der Anfragen mit den anteilig höchsten Ausführungszeiten inklusive SQL, Anzahl der Ausführungen und durchschnittlicher Ausführungszeit.

N-mostfrequent
: Ähnlich wie *n-mosttime* enthält dieser Reporttyp die Anfragen, die am häufigsten in der Auswertung vorkommen inklusive SQL, Anzahl der Ausführungen und durchschnittlicher Ausführungszeit.

N-mostfrequenterrors
: Erzeugt eine Liste mit den häufigsten Fehlern in der aktuellen Auswertung.

History
: Erstellt eine Liste aller Anfragen der aktuellen Auswertung. Dieser Report kann je nach Anzahl der unterschiedlichen Anfragen und Größe der Logdateien sehr groß werden.

Tsung
: Dieser Reporttyp steht nur im Textausgabeformat zur Verfügung.

Im Folgenden sehen Sie beispielhaft die Ausführung von pgFouine zur Erzeugung einer Reihe von Reporten aus Logdateien im Syslog-Format:

```
PGFOUINE_REPORTTYPE="overall hourly slowest \
    n-slowestaverage bytype n-mosttime n-mostfrequent \
    history n-mostfrequenterrors tsung"

for i in $PGFOUINE_REPORTTYPE; do \
    cat messages* | echo "generating report $i"; \
    pgfouine -logtype syslog -report reports/azd-tracking_$i.html=$i \
             -memorylimit 1024 -database azd_tracking \
             -format html-with-graphs - 2> /dev/null;
done
```

Das vorgestellte Skript erzeugt nach und nach alle in der Variable `PGFOUINE_REPORTTYPE` angegebenen Reporte. Es ist möglich, alle Reporte kommasepariert dem Kommandozeilenparameter `-logtype` mitzugeben, um alle Reporte in einem Rutsch erzeugen zu können. Das sollte allerdings mit Bedacht eingesetzt werden, da pgFouine in diesem Fall zu einem sehr hohen Speicherverbrauch neigt. Alternativ kann mit dem Kommandozeilenparameter `-memorylimit` der Speicherverbrauch eingegrenzt werden. Wird dieses Limit erreicht, bricht pgFouine allerdings die Generierung der Reporte sofort ab.

Außerdem gibt es noch das Programm *pgfouine_vacuum.php* (beziehungsweise *pgfouine_vacuum* auf Debian), das Loginhalte zu `VACUUM` auswertet. Der Bericht enthält dann Informationen über die Free Space Map und darüber, wie lange `VACUUM` für jede Tabelle gearbeitet hat und wie viel Platz freigegeben wurde. Das entspricht den Informationen, die `VACUUM VERBOSE` produziert. In der gegenwärtig aktuellen Version 1.0 kann pgFouine jedoch offenbar die `VACUUM`-Logausgaben von PostgreSQL 8.2 und 8.3 nicht korrekt parsen.

Und nun?

Zum Abschluss noch ein paar Worte darüber, was man mit den gesammelten Daten nun anfangen soll. Die Interpretation der Daten oder auch eine automatische Reaktion bei der Überschreitung von Grenzwerten erfordert erstens genaue Kenntnisse der Anwendung und der übrigen Software und Hardware im System und zweitens Erfahrung. Die in diesem Kapitel vorgestellten Methoden und Werkzeuge stellen dabei das übliche Arsenal des PostgreSQL-Administrators dar.

Für den Anfang ist es empfehlenswert, dass genug Zeit zur Verfügung steht, um etwa wöchentlich oder maximal monatlich die erfassten Daten auf Trends, Abweichungen oder anderes verdächtiges Verhalten hin zu untersuchen. Als Reaktion auf langsame Anfragen, blockierte Befehle oder anderes Fehlverhalten können dann die Statistiksichten zur Analyse von konkreten Problemen herangezogen werden.

KAPITEL 6

Wiederherstellung, Reparatur und Vorsorge

Dieses Kapitel beschäftigt sich mit der Frage, was man machen soll, wenn etwas kaputtgegangen ist. Wir werden hier diverse Szenarien durchgehen und beschreiben, was in diesen Situationen am besten zu tun ist. Einige von diesen Situationen sind relativ trivial, andere kompliziert, aber man sollte sich nicht von seinen eventuell bestehenden Vorkenntnissen ablenken lassen, denn die Architektur und auch das Selbstverständnis von PostgreSQL dürften sich in einigen Punkten von den Erwartungen auf anderen Systemen geschulter Anwender und Administratoren unterscheiden.

Im Anschluss gehen wir auch noch darauf ein, wie bestimmte Fehlerfälle im Vorhinein erkannt und vermieden werden können.

Wiederherstellung und Reparatur

Irgendwas ist also schiefgegangen, und jetzt sind Sie vielleicht etwas ratlos, was Sie tun sollen. Hier finden Sie die Lösung.

Generell gilt, dass man oft gar nichts tun muss. PostgreSQL ist ausreichend robust implementiert, dass es viele Arten von Problemen selbst repariert. Das ist schließlich ein übliches Qualitätsmerkmal eines Datenbankverwaltungssystems. Nichtsdestotrotz gibt es mögliche Hardware-, Software- und Bedienfehler, derer man sich bewusst sein sollte und auf die man mit entsprechenden Maßnahmen reagieren kann.

Softwarefehler und Abstürze

Natürlich kann es immer Fehler in der Software geben. Das führt dann oft zu Abstürzen und anderem Fehlverhalten. Mit »Absturz« meinen wir hier das abnormale Beenden eines Softwaresystems. Hardwareausfälle werden im folgenden Abschnitt behandelt.

Das Hauptproblem, das sich aus Sicht des Datenbanksystems aus Softwareabstürzen ergibt, ist, dass nicht committete Daten verloren gehen. Dabei gibt es kleinere Unterschiede zu beachten, je nachdem, welches Softwaresystem genau abgestürzt ist. Ein weiteres Problem bei Softwareabstürzen ist natürlich, dass die Verfügbarkeit der Anwendung eventuell nicht mehr gewährleistet ist. Diese Problematik wird jedoch nicht hier, sondern in Kapitel 9 behandelt.

Clientanwendungsabstürze

Wenn eine Clientanwendung unerwartet beendet wird, sei es durch Absturz oder durch einen anderen Fehler, während sie eine Transaktion offen hält, sind die von der Transaktion bisher geschriebenen Änderungen natürlich verloren. Sie befinden sich möglicherweise noch irgendwo im Hauptspeicher oder auf der Festplatte des Datenbankservers, sind aber nicht notwendigerweise konsistent oder vollständig. Aufräumen muss man in dem Fall aber nichts. Die eventuell schon auf die Festplatten geschriebenen Daten sind vor dem Ende einer Transaktion noch nicht als gültig und sichtbar markiert. Der nächste Vacuum-Vorgang wird sie freigeben oder löschen.

Die internen Abläufe sind hier vergleichbar mit dem normalen Zurückrollen einer Transaktion. Es gibt also keine besondere Strafe für nicht ordnungsgemäß beendete Transaktionen. Solange eine Transaktion nicht als committet registriert ist, werden die dazugehörigen Daten von anderen Transaktionen ignoriert. Da regelmäßiges Vacuum sowieso stattfinden sollte, wird sich die Situation von selbst aufräumen.

Wenn ein Clientprogramm eine Datenbankverbindung beenden möchte, sollte es sich beim Datenbankserver ordnungsgemäß abmelden. Dazu dient zum Beispiel die Funktion `PQfinish()` in der Bibliothek *libpq* sowie ähnliche Funktionen in anderen Programmierschnittstellen. Damit wird dem Datenbankserver mitgeteilt, dass die Sitzung beendet ist und die belegten Ressourcen freigegeben werden können. Wenn ein Clientprogramm das nicht tut, etwa weil es abgestürzt oder fehlerhaft programmiert ist, erkennt der Server das automatisch und beendet die Sitzung. Dazu sieht man dann auch folgenden Eintrag im Serverlog:

```
LOG:  unerwartetes EOF auf Client-Verbindung
```

Wenn solche Einträge gehäuft auftreten, gibt es möglicherweise einen systematischen Fehler im Clientprogramm oder im Betriebssystem, was untersucht werden sollte.

Ein noch laufender SQL-Befehl wird aber nicht beendet, wenn der Client die Verbindung abbricht; der Abbruch wird erst nach dem Ende des Befehls erkannt. Um einen laufenden Befehl ordentlich zu beenden, gibt es in verschiedenen Programmierschnittstellen eine »Query-Cancel«-Funktionalität. In *psql* drückt man einfach Strg+C.

Wenn die TCP/IP-Netzwerkverbindung instabil ist, kann es je nach Konfiguration eine Weile dauern, bis der Server eine abgebrochene Verbindung bemerkt. Die Voreinstellung laut Standard ist, dass eine untätige TCP/IP-Verbindung erstmals nach zwei Stunden überprüft wird. Wenn das inakzeptabel ist, kann man mit den PostgreSQL-Konfigurationsparametern `tcp_keepalives_idle`, `tcp_keepalives_interval` und `tcp_keepalives_count` die entsprechenden Kernel-Einstellungen ändern. In der Voreinstellung sind diese

Paramter alle 0, was bedeutet, dass die Kernel-Voreinstellungen verwendet werden. Die Einstellung

```
tcp_keepalives_idle = 15min
```

würde zum Beispiel bewirken, dass eine untätige Verbindung schon nach 15 Minuten erstmals überprüft wird. Der Parameter `tcp_keepalives_interval` stellt ein, nach welcher Zeit unbeantwortete Überprüfungsanfragen wiederholt werden (übliche Kernel-Einstellung: 75 Sekunden); der Parameter `tcp_keepalives_count` bestimmt, wie oft unbeantwortete Anfragen wiederholt werden, bis die Verbindung als tot betrachtet wird (übliche Kernel-Einstellung: 8 oder 9). Linux-Anwender können die aktuellen Kernel-Einstellungen mit folgendem Befehl ansehen:

```
root# sysctl -a | grep tcp_keepalive_
net.ipv4.tcp_keepalive_time = 7200
net.ipv4.tcp_keepalive_probes = 9
net.ipv4.tcp_keepalive_intvl = 75
```

Insgesamt sollten diese Einstellungen sowohl im Kernel als auch in PostgreSQL nur in Ausnahmefällen geändert werden. Möglicherweise ist es auch eine Alternative, instabile Netzwerkverbindungen durch Tunnellösungen wie OpenVPN zu stabilisieren.

Datenbankserverabstürze

Abstürze der Datenbankserversoftware, also des PostgreSQL-Servers, ergeben sich entweder aus Fehlern in der Software oder werden vom Betriebssystem verursacht.

PostgreSQL verwendet im Server Multiprozessarchitektur. Der Hauptprozess, auch postmaster genannt, hat sehr wenig Funktionalität und startet für Clientverbindungen und andere Aufgaben wie Autovacuum und Archivierung neue Subprozesse. Abstürze in diesen Subprozessen beenden den Hauptprozess also nicht. Aus Sicherheitsgründen, nämlich um die allen Prozessen gemeinsamen Kommunikationsstrukturen (Shared Memory, IPC) zu schützen, werden, wenn der Hauptprozess den unerwarteten Absturz eines Subprozesses bemerkt, alle anderen Subprozesse beendet und neu initialisiert. Der Absturz eines Prozesses, der eine Clientverbindung bedient, würde zum Beispiel dazu führen, dass auch alle anderen Clientverbindungen beendet werden. Sie können danach aber gleich wieder neu gestartet werden. Das bedeutet, dass trotz dieser Multiprozessarchitektur wildes Herumexperimentieren nicht in Produktionssystemen durchgeführt werden sollte.

Abstürze des Hauptprozesses *postmaster* sind äußerst selten und dann meist nicht auf Softwareprobleme zurückzuführen. Wenn es doch passiert, sollte man zunächst dafür sorgen, dass auch alle Subprozesse beendet werden, entweder indem man wartet, bis die jeweilige Clientverbindungen beendet werden, oder indem man mit dem Signal SIGINT die Sitzungen beendet. Clientverbindungen können teilweise auch ohne *postmaster*-Prozess normal arbeiten, also kann man dabei auch etwas geduldig sein. Hilfreich ist die Überwachung der aktuellen Prozessliste mit `ps` oder einem ähnlichen Programm. Wenn alle Prozesse beendet sind und möglicherweise die eigentliche Absturzursache erkannt und beseitigt worden ist, kann man den PostgreSQL-Serverprozess einfach mit einer der gewohnten Methoden neu starten. Der *postmaster*-Prozess hat selbst gar keinen Zugriff auf die eigentlichen Daten der Datenbank, kann also auch im Falle eines Absturzes keine Daten verfälschen. Der *postmaster*-Prozess besitzt Ressourcen wie Shared Memory, Socket-Dateien und PID-Dateien, die aber spätestens beim Neustart des PostgreSQL-Servers bereinigt beziehungsweise neu initialisiert werden.

Abstürze der Subprozesse, die Clientverbindungen bedienen, treten dagegen häufiger auf. Diese Prozesse sind ungleich komplexer in ihrer Logik und dadurch auch anfälliger für beschädigte Daten, Protokollfehler, Hardwareprobleme, Ressourcenengpässe und ähnliche Situationen. Außerdem können Anwender eigene in C geschriebene Erweiterungsmodule in den Serverprozess laden. Gerade während der Entwicklungsphase solcher Module werden Abstürze von Serverprozessen an der Tagesordnung sein.

Die gute Nachricht ist jedoch, dass sich Abstürze von Serverprozessen ähnlich wie Abstürze auf der Clientseite selbst bereinigen. Die Daten offener Transaktionen sind zwar verloren, der schon belegte Speicherplatz wird aber von anderen Sitzungen ignoriert und irgendwann von Vacuum freigegeben.

Betriebssystemabstürze

Betriebssystemprobleme umfassen allerlei Probleme mit dem Rest der im Betriebssystem enthaltenen Software. Diese können durch Bugs oder Fehlkonfigurationen den PostgreSQL-Server beeinträchtigen oder zum Absturz bringen. Auch kann sich das Betriebssystem durch Probleme im Kernel selbst aufhängen.

Auch hier gibt es für den PostgreSQL-Administrator nichts zu tun, außer natürlich der Reparatur der fehlerhaften Betriebssystemkomponenten. Abgestürzte PostgreSQL-Sitzungen und die von ihnen eventuell geschriebenen Daten räumen sich wie oben schon beschrieben von selbst auf.

Eine zusätzliche Herausforderung bei der Implementierung von PostgreSQL ist, dass bei einem Absturz des Betriebssystem-Kernel auch unvollständige Schreibvorgänge vorkommen können. Gegenüber Anwendungen, also auch dem PostgreSQL-Server, garantiert das Betriebssystem eine gewisse atomare Granularität seiner Schreibvorgänge, so dass ein einzelner Schreibvorgang (z.B. in das Write-Ahead-Log oder das Commit-Log) das Datenbanksystem immer von einem konsistenten Zustand in einen anderen konsistenten Zustand überführt. Wenn vorher irgendetwas abstürzt, wird eben der alte konsistente Zustand weiterverwendet. Wenn aber der Betriebssystem-Kernel genau während des Schreibvorgangs abstürzt, kann es auch sein, dass die elementaren Schreibvorgänge unvollständig ausgeführt worden sind. PostgreSQL fängt dieses Problem ab, indem es die Speicherseiten des Write-Ahead-Logs mit Prüfsummen ausstattet. Unvollständige Schreibvorgänge führen dann zu ungültigen Prüfsummen, was wiederum dazu führt, dass diese Schreibvorgänge je nach Möglichkeit bei der Wiederherstellung ungültig gemacht oder repariert werden. Also braucht man auch hier selbst nichts zu unternehmen und kann sich auf die interne Konsistenz des Datenbanksystems verlassen.

Sehr viel unklarer ist oft, ob sich das Betriebssystem selbst von Abstürzen erholen kann. Das fängt bei der Frage an, ob das Dateisystem ausreichend sicher ist und repariert werden kann, und geht bis zu der Frage, ob das Betriebssystem überhaupt noch bootet oder der Bootvorgang kaputt konfiguriert und nie getestet wurde. Es kann also kaum schaden, eine solche Situation ab und zu zu testen, indem man zum Beispiel einfach mal den (oder die!) Netzstecker zieht.

Hardwareausfälle

Wesentlich häufiger als Softwarefehler – wenn man nicht gerade experimentelle Module geladen hat – sind Hardwareprobleme. Diese Tatsache mag für manchen angehenden Administrator überraschend sein, sollte aber auf jeden Fall bei der Fehlerbehebung und Wiederherstellung im Schadensfall bedacht werden. Weitere Informationen zur Auswahl und Einrichtung von Hardware finden Sie in Kapitel 10.

Stromausfall

Den klassischen Stromausfall, das Paradebeispiel für einen spontanen Gesamtausfall der Hardware, übersteht PostgreSQL ohne Probleme. Die Logik ist dabei dieselbe wie bei einem Betriebssystemabsturz, wie er oben beschrieben wurde. Das Datenbanksystem repariert sich also automatisch selbst. Ein verlässliche Stromversorgung ist natürlich trotzdem für jede Art von IT-Betrieb wünschenswert.

Festplattenausfall

Wenn eine Festplatte ausgefallen ist, sind die Daten darauf normalerweise verloren, es sei denn, ein spezialisiertes Unternehmen kann die Daten eventuell doch retten. Normalerweise wird man eine Datensicherung einspielen müssen. Mit Transaktionslog-Archivierung kann man Sicherungen erstellen, die im Fall eines Ausfalls nur eine geringe Sicherungslücke aufweisen.

Obwohl Festplatten neben RAM die im Datenbankbetrieb am häufigsten ausfallenden Komponenten sind, sollte man mit RAID und entsprechender Zustandsüberwachung einen Totalausfall des Festspeichers heutzutage nahezu ausschließen können.

Speicherfehler

Fehlerhaftes RAM führt meist zu teilweise korrupten Datendateien (dazu siehe unten) oder unerklärlichen Abstürzen verschiedener Art (siehe oben). Oft sind die Fehler nicht offensichtlich, sondern nur zu erahnen. Leider lässt sich fehlerhaftes RAM nur durch aufwendige Testprogramme erkennen, die zur vollständigen Abdeckung auch nur bei heruntergefahrenem Betriebssystem funktionieren, und leider gibt es auch keinen einfachen

Ausweg wie den Einsatz von RAID bei Festplatten. Fehlerhaftes RAM ist also durchaus ein dauerhaftes, ernstzunehmendes Risiko für den Datenbankbetrieb.

Bedienfehler, versehentliches Löschen

Es soll ja vorkommen, dass man aus Versehen etwas löscht, was man noch benötigt, sei es durch Unachtsamkeit, Tippfehler oder wildgewordene Programme. Die relevanten Löschbefehle lassen sich in PostgreSQL alle zurückrollen, also lassen sich so einige Fehler schon einmal auf Datenbanksystemebene leicht rückgängig machen. Wenn derartige Versehen häufig vorkommen, kann man je nach Programm eventuell den Transaktionsmodus so umstellen, dass ein expliziter COMMIT-Befehl nötig ist, um Änderungen durchzuführen, also in anderen Worten den Autocommit-Modus ausschalten.

Wenn die vernichtende Transaktion aber schon committet worden ist, ist das nächste Mittel zur Reparatur eine aktuelle Datensicherung. Insbesondere mit dem System der Transaktionslog-Archivierung lassen sich sämtliche Datenbankzustände der Vergangenheit, also auch der unmittelbar vor der ungewollten Löschoperation, wiederherstellen. Aber auch ein regelmäßiger SQL-Dump kann helfen, gelöschte Daten einfach und verlässlich zu rekonstruieren.

Für Fälle, in denen weder ein Rollback noch eine Datensicherung helfen kann, beschreiben die folgenden Unterabschnitte einige Notlösungen oder stellen klar, wann es keine Notlösungen mehr gibt.

Versehentliches Löschen (DELETE)

Wenn versehentlich mit `DELETE` Einträge aus einer Tabelle gelöscht worden sind, sind diese Einträge eigentlich nur aufgrund ihrer Transaktionsnummern als gelöscht markiert und so für andere Transaktionen unsichtbar. Die Daten selbst liegen aber zunächst noch auf der Festplatte, bis ein Vacuum-Lauf den Platz freigibt. Wenn man die Daten also retten möchte, sollte man auf jeden Fall Vacuum oder Autovacuum abschalten und am besten eine Kopie des Datenbanksystems anfertigen, an dem man herumoperieren kann.

Wenn die Daten also noch nicht von Vacuum zerstört worden sind, könnte man sie eventuell auf verschiedene Weisen wiederbeschaffen. Die einfachste Möglichkeit ist, die entsprechende Datendatei mit einem Binäreditor (auch Hexeditor genannt) zu öffnen und die Daten zu finden und herauszukopieren. Ansonsten könnte man auch mit so einem Editor die Transaktionsnummernfelder (insbesondere `xmax`) so ändern, dass die Zeilen wieder sichtbar werden, oder im Commit-Log (*pg_clog*) die löschende Transaktion als zurückgerollt markieren. Etwas radikaler wäre die Lösung, den PostgreSQL-Server so zu patchen, dass er die Transaktionsnummernfelder ignoriert und alle gelöschten Daten anzeigt. All diese Aktionen sollten jedoch nur an einer Kopie des Datenbestands durchgeführt werden, denn man kann bei solchen Operationen auch andere Daten zerstören. Wenn man die gewünschten Daten wiedergefunden hat, kann man sie in die richtige

Datenbank rücküberführen. Da diese Art von Operation detaillierte Kenntnisse der Interna von PostgreSQL verlangt, sollte man sich unbedingt an einen Experten wenden oder Hilfe über eine der Mailinglisten des Projekts suchen.

Daten, die statt `DELETE` mit `TRUNCATE` gelöscht worden sind, sind dagegen aus dem Dateisystem entfernt und daher höchstens mit Undelete-Werkzeugen zu retten.

In jedem Fall gilt aber, dass der Rückgriff auf eine aktuelle Datensicherung die beste Methode zum Retten von versehentlich gelöschten Daten ist.

Datei gelöscht

Wenn man aus Versehen eine Datei aus dem Datenverzeichnis gelöscht hat, sind die darin enthaltenen Daten natürlich verloren, und wenn es eine wichtige Datei war, ist möglicherweise auch das ganze Datenverzeichnis schwer beschädigt. In einigen Fällen kann es aber möglich sein, das Problem zu überbrücken, um zumindest an die noch vorhandenen Daten zu gelangen.

Wenn eine Datei gelöscht wurde, die zu einer Tabelle gehört, jedoch nicht gerade zu einer wichtigen Systemtabelle, wird man möglicherweise mit Fehlermeldungen über eine fehlende Datei belästigt. Dann kann man mit dem Befehl `touch` eine leere Datei an die von der Fehlermeldung genannten Stelle legen, was als gültige, leere Tabelle gilt. Somit kann man zumindest einige lästige Fehlermeldungen vorübergehend abschalten.

Wenn die gelöschte Datei zum Write-Ahead-Log-System gehörte, kann man sich eventuell mit `pg_resetxlog` helfen (dazu siehe unten).

Auch hier gilt natürlich, dass eine Datensicherung nützlich sein kann, aber man sollte bedenken, dass das Rücksichern von einzelnen Dateien aus einer Dateisystemsicherung meist keine sinnvollen Ergebnisse liefert. Möglicherweise lindert es vorübergehend einige Schwierigkeiten, aber eine robuste Datenbankwiederherstellung funktioniert nur mit der kompletten Sicherung nach den jeweils dokumentierten Methoden.

Tabelle gelöscht

Eine Tabelle, die mit `DROP TABLE` gelöscht worden ist, wird nach dem Ende der Transaktion aus dem Dateisystem entfernt und ist damit verloren. Rettung besteht eventuell noch, wenn für das Dateisystem ein Undelete-Werkzeug zur Verfügung steht. Das ist aber zum Beispiel bei dem auf Linux am weitesten verbreiteten Dateisystem *ext3* nicht möglich. In dem Fall hilft also nur noch der Rückgriff auf eine einigermaßen aktuelle Datensicherung.

Index gelöscht

Wenn ein Index aus Versehen gelöscht worden ist (`DROP INDEX`), ist das halb so schlimm, denn Daten gehen dabei ja nicht verloren. Der Index kann einfach wieder erzeugt werden, gesetzt den Fall, man erinnert sich an seine konkrete Definition.

Wenn ein Unique-Index oder Primärschlüssel gelöscht worden ist, kann es natürlich sein, dass während der Abwesenheit des Unique-Constraint doppelte Werte eingefügt werden. Das Neuanlegen des Index wird dann scheitern. In diesem Fall muss man die ungültigen Daten von Hand aussortieren, bevor man den Index neu anlegen kann.

Datenbank gelöscht

Wenn eine Datenbank aus Versehen gelöscht worden ist (`DROP DATABASE` oder `dropdb`), gilt dasselbe wie beim Löschen einer Tabelle: Die zur Datenbank gehörigen Dateien sind aus dem Dateisystem gelöscht worden. Selbst mit Undelete-Tricks oder -Werkzeugen wird es schwer sein, die vollständige Datei- und Verzeichnisstruktur wiederherzustellen. Man sollte also davon ausgehen, dass eine gelöschte Datenbank weg ist, und für den Fall der Fälle eine Datensicherung parat haben.

Korrupte Dateien

Korrupte Dateien sind Dateien (oder Verzeichnisse), die zwar noch scheinbar normal existieren, deren interne Strukturen aber verfälscht sind, so dass sie den Nutzdatenbestand nicht mehr korrekt wiedergeben. Korrupte Dateien sind meist die Folge bestimmter Arten von Hardwareproblemen (meist fehlerhaftes RAM), seltener Softwareproblemen oder Bedienfehlern. Korrupte Dateien im Datenverzeichnis eines PostgreSQL-Servers können sich auf verschiedene Weise in der Praxis auswirken.

Server startet nicht

Wenn der Datenbankserver nicht starten will, gibt es natürlich eine Menge möglicher Ursachen. Zunächst sollte man also die Fehlermeldung finden und verstehen. Eventuell ist die Software nicht richtig installiert, man hat nicht die nötigen Zugriffsrechte, die Festplatte ist voll, oder ein anderer Server läuft schon im selben Datenverzeichnis oder mit derselben Portnummer. Kapitel 1 enthält Hinweise zur richtigen Installation von PostgreSQL. Insbesondere wenn das Problem direkt nach einer neuen Installation oder nach einem regulärem Neustart des Rechners auftritt, ist dieses Kapitel hier wohl nicht die beste erste Hilfe bei der Fehlerbeseitigung.

Anders sieht die Sache aus, wenn der Datenbankserver spontan oder nach einem Absturz oder einem ähnlichen Ereignis nicht mehr starten möchte und die oben genannten Fehlerquellen ausgeschlossen worden sind. Dann liegt möglicherweise irgendwo Datenbeschädigung vor. Nun ist es so, dass eine Datenbeschädigung nicht gleich beim Serverstart erkannt wird, sondern erst, wenn zur Laufzeit irgendwann mal zum Beispiel auf die betroffene Tabelle zugegriffen wird. Probleme beim Serverstart liegen dann wahrscheinlich an Verfälschungen im Write-Ahead-Log, weil es beim Start zuerst verarbeitet wird. Der folgende Abschnitt behandelt diesen Fall.

Write-Ahead-Log defekt

Ein Defekt am Write-Ahead-Log (WAL) äußert sich, wie eben beschrieben, oft dadurch, dass der Server gar nicht starten will. WAL-Probleme zeigen sich selten zur Laufzeit, sondern eben eher beim nächsten Neustart. Da derselbe Mechanismus verwendet wird, kann es auch vorkommen, dass vergleichbare Probleme bei der Wiederherstellung einer Datensicherung auf Transaktionslog-Basis auftreten.

Hier sehen Sie eine Beispielfehlerausgabe eines startenden Servers mit (mutwillig) zerstörtem Write-Ahead-Log:

```
LOG:  Datenbanksystem wurde am 2008-03-29 15:33:39 CET heruntergefahren
LOG:  konnte nicht aus Logdatei 0, Segment 0 bei Position 0 lesen: No such file or
directory
LOG:  ungültiger primärer Checkpoint-Datensatz
LOG:  konnte nicht aus Logdatei 0, Segment 0 bei Position 0 lesen: No such file or
directory
LOG:  ungültiger sekundärer Checkpoint-Datensatz
PANIK:  konnte keinen gültigen Checkpoint-Datensatz finden
LOG:  Start-Prozess (PID 1468) wurde von Signal 6 beendet: Aborted
LOG:  Serverstart abgebrochen wegen Start-Prozess-Fehler
```

(An dieser Stelle brach der Startvorgang ab.)

Natürlich sind in der Praxis vorkommende Fehler unvorhersehbarer Art, und diese Beispielausgaben sind eben nur Beispiele, aber man findet wiederkehrende Anhaltspunkte. Insbesondere früh während des Startvorgangs auftauchende Fehlermeldungen, die sich auf »Logdateien« beziehen (es handelt sich hier um das Write-Ahead-Log) oder in denen ein »Checkpoint« erwähnt wird, deuten auf Probleme mit korruptem Write-Ahead-Log hin.

Um ein defektes Write-Ahead-Log zu reparieren, gibt es das Programm `pg_resetxlog`, das in der PostgreSQL-Installation enthalten ist. Wie der Name andeutet, setzt es das Transaktionslog (= xlog = WAL) zurück. Ausgeführt wird `pg_resetxlog` mit dem Datenverzeichnis als Argument, also zum Beispiel so:

```
pg_resetxlog /usr/local/pgsql/data
```

Dieser Befehl muss unter dem Betriebssystembenutzer ausgeführt werden, dem das Datenverzeichnis gehört, also üblicherweise *postgres*, weil er im Datenverzeichnis lesen und schreiben können muss. Danach kann der Server normalerweise wieder gestartet werden. Auch im obigen provozierten Beispiel startete das Datenbanksystem danach wieder.

Nachdem ein Datenbanksystem mit `pg_resetxlog` behandelt wurde, startet es zwar meist wieder, kann aber inkonsistente Daten aufgrund von Teil-Commits enthalten. Man sollte also die Ergebnisse der letzten Transaktionen prüfen und eventuell die Daten per SQL-Befehl berichtigen. Am sichersten ist es, nach `pg_resetxlog` die Daten sofort mit `pg_dumpall` herauszudumpen, das Datenbankverzeichnis mit `initdb` neu zu initialisieren und die Daten aus dem Dump wieder neu einzulesen. So ist sichergestellt, dass die internen Datenstrukturen wieder stimmen. Danach kann man wie beschrieben die logische Konsistenz der Daten wiederherstellen und danach den Anwendungsbetrieb wieder freigeben.

Schwieriger wird es noch, wenn nicht (nur) die WAL-Dateien verfälscht sind, sondern auch die Datei *pg_control* im Datenverzeichnis. Diese Datei ist gewissermaßen das Herz des Datenverzeichnisses, weil sich dort einige wenige essenzielle Kontrollinformationen befinden. Diese Datei ist durch eine Prüfsumme geschützt. Wenn Sie kaputt ist, erhält man beim Starten des Servers folgende Fehlermeldung:

```
FATAL:  falsche Prüfsumme in Kontrolldatei
```

Wenn die Datei ganz verschwunden ist, dann sieht die Fehlermeldung so aus:

```
postgres: konnte das Datenbanksystem nicht finden
Es wurde im Verzeichnis »/usr/local/pgsql/data« erwartet,
aber die Datei »/usr/local/pgsql/data/global/pg_control« konnte nicht geöffnet werden: No
such file or directory
```

Wenn die Prüfsumme von *pg_control* falsch ist, wird sich pg_resetxlog erst einmal weigern, fortzufahren. Dazu erhält man dann eine Fehlermeldung folgender Art:

```
$ pg_resetxlog /usr/local/pgsql/data
pg_resetxlog: pg_control existiert, aber mit ungültiger CRC; mit Vorsicht fortfahren
Geschätzte pg_control-Werte:

Erste Logdatei-ID nach Zurücksetzen:       0
Erstes Logdateisegment nach Zurücksetzen: 2
pg_control-Versionsnummer:                 833
Katalogversionsnummer:                     200711281
Datenbanksystemidentifikation:             5183171537656567645
TimeLineID des letzten Checkpoints:        1
NextXID des letzten Checkpoints:           0/387
NextOID des letzten Checkpoints:           11512
NextMultiXactId des letzten Checkpoints:  1
NextMultiOffset des letzten Checkpoints:  0
Maximale Datenausrichtung (Alignment):     4
Datenbankblockgröße:                       8192
Blöcke pro Segment:                        131072
WAL-Blockgröße:                            8192
Bytes pro WAL-Segment:                     16777216
Maximale Bezeichnerlänge:                  64
Maximale Spalten in einem Index:           32
Maximale Größe eines Stücks TOAST:         2000
Speicherung von Datum/Zeit-Typen:          Gleitkommazahlen
Maximallänge eines Locale-Namens:          128
LC_COLLATE:                                de_DE.utf8
LC_CTYPE:                                  de_DE.utf8

Wenn diese Werte akzeptabel scheinen, dann benutzen Sie -f um das
Zurücksetzen zu erzwingen.
```

pg_resetxlog hat hier also die richtigen Werte für *pg_control* geschätzt. Wenn man der Meinung ist, dass sie richtig sind, dann kann man wie angedeutet mit

```
pg_resetxlog -f /usr/local/pgsql/data
```

fortfahren.

Wenn die Werte falsch sind, bietet pg_resetxlog einige Kommandozeilenoptionen, um neue Werte anzugeben. Für diesen Fall, oder wenn man die Werte nicht interpretieren kann, ist es anzuraten, die Manpage von pg_resetxlog zu lesen, die erklärt, wie passende Werte zu finden sind. Es ist wichtig, dass man die Manpage zur richtigen Version von PostgreSQL liest, da die Interna sich von Version zu Version etwas unterscheiden können.

Gerade wenn man pg_resetxlog wie hier gezeigt »nachhelfen« musste (durch die Option -f oder durch Angabe von Ersatzwerten für *pg_control*), sollte man danach unbedingt die Datenbank dumpen und wieder neu einspielen. Sollte man vorher Befehle ausführen, die Daten ändern, kann das die Daten noch mehr kaputtmachen.

pg_resetxlog ist das einzige von PostgreSQL speziell zur Fehlerreparatur mitgelieferte Werkzeug. Es lohnt sich für jeden PostgreSQL-Administrator, seine Verwendung kennenzulernen und auszuprobieren, damit man für den Notfall gerüstet ist.

Index defekt

Defekte Indexe äußern sich durch teilweise kompliziert klingende Fehlermeldungen beim Zugriff auf Tabellen, falls bei dem Zugriff ein Index verwendet wird. Insbesondere Fehlermeldungen, die auf »btree« (oder andere Namen von Indextypen) Bezug nehmen, handeln von Indexen.

Wegen der Komplexität von Indeximplementierung, die auch noch schnell sein, nebenläufig arbeiten und im Falle von Abstürzen wiederhergestellt werden können sollen, kann es im Indexcode Bugs geben. In der Vergangenheit sind immer wieder solche Bugs gefunden worden, und obwohl sich die Situation stark verbessert hat, sind Probleme mit beschädigten Indexen unter den seltenen Fällen von Bugs in PostgreSQL schon einigermaßen häufig. Man sollte also, wenn man merkwürdige Fehler beim Tabellenzugriff sieht, diese Möglichkeit in Betracht ziehen.

Wenn ein kaputter Index vermutet wird, ist die einfachste Lösung, den Index mit dem Befehl REINDEX neu zu bauen (Syntax: REINDEX INDEX indexname). Diese Maßnahme löst in den allermeisten Fällen das Problem. Wenn man sich nicht sicher ist, um welchen Index es sich handelt, oder man weitere Probleme mit der Tabelle vermutet, kann man auch alle Indexe einer Tabelle neu bauen (Syntax: REINDEX TABLE tabellenname).

Zu beachten ist, dass während der Reindizierung der Schreibzugriff auf die Tabelle gesperrt ist. Wenn das inakzeptabel ist, kann man auch den Index löschen und mit dem Befehl CREATE INDEX CONCURRENTLY ohne zu sperren neu anlegen. Leider gibt es (noch) kein REINDEX CONCURRENTLY; man muss die Schritte Löschen und Neuanlegen also getrennt durchführen, wenn man ohne Sperren arbeiten möchte. Außerdem ist zu beachten, dass das Löschen eines Index, der zu einem Unique-Constraint oder einem Primärschlüssel gehört, natürlich den Constraint abschaltet, wodurch je nach Konstruktion der Anwendung möglicherweise unerwünschte Daten in die Datenbank gelangen können. In diesem Fall ist es möglicherweise doch sicherer, REINDEX zu verwenden.

Als vorübergehende Maßnahme könnte man bei einem kaputten Index auch den Parameter `enable_indexscan` ausschalten, um keine Indexe mehr zu verwenden. Eine dauerhafte Lösung ist das natürlich nicht.

Etwas schwieriger wird es, wenn der vermutetermaßen kaputte Index ein Systemindex ist, der vom Datenbanksystem intern verwendet wird. Eventuell stürzen Datenbanksitzungen in solchen Fällen auch schon kurz nach dem Start ab, sobald der kaputte Index bei der Initialisierung verwendet wird. In solchen Fällen ist es nötig, den Datenbankserver so zu starten, dass er keine Systemindexe verwendet. Dazu startet man den Server mit der Option `-P`, am besten von Hand, zum Beispiel so:

```
postgres -D /usr/local/pgsql/data -P
```

Mit den Befehl `REINDEX SYSTEM datenbankname` kann man der Einfachheit halber auch alle Systemindexe einer Datenbank neu bauen lassen. (Der Datenbankname muss der Name der aktuellen Datenbank sein.)

Wenn ein Index einer von allen Datenbank gemeinsam genutzten Systemtabelle (aktuell `pg_authid`, `pg_auth_members`, `pg_database`, `pg_pltemplate`, `pg_shdepend`, `pg_shdescription` und `pg_tablespace`) kaputt ist, muss der Datenbankserver im Einzelbenutzermodus gestartet werden, zum Beispiel so:

```
postgres --single -D /usr/local/pgsql/data
```

Am Prompt gibt man dann direkt den gewünschten Befehl ein, also hier eine der oben genannten Varianten von `REINDEX`. Mit Strg+D (EOF) wird die Einzelbenutzersitzung beendet.

Wenn man einen kaputten Index erfolgreich repariert hat, sollte man auch ein Upgrade der PostgreSQL-Installation auf die jeweils neuste Unterversion in Betracht ziehen, da solche Fehler dort oft behoben sind. Wenn nicht, sollte man Bugs, insbesondere reproduzierbare, auf jeden Fall den Entwicklern melden.

Tabelle defekt

Wenn beim Zugriff auf eine Tabelle, ob lesend oder schreibend, merkwürdige Fehlermeldungen auftreten, die auf Datenbeschädigung hindeuten, liegt das in vielen Fällen gar nicht an der Tabelle selbst, sondern an einem Index. Zunächst sollte man also versuchen, wie im vorigen Abschnitt beschrieben die Indexverwendung auszuschalten oder die Indexe zu reparieren.

Datenbeschädigung in der Tabelle selbst kann sich auf verschiedene Arten äußern. Wenn man gewissermaßen Pech hat, sind nur die Nutzdaten verfälscht, und man bemerkt den Fehler gar nicht oder erst dann, wenn die Clientanwendung die Daten nicht sinnvoll verarbeiten kann.

Wenn die Metadaten in der Tabelle beschädigt sind, führt das oft dazu, dass ein bestimmter Zeiger irgendwohin zeigt, wo nichts steht. Das kann sich auf verschiedene Arten äußern: Ist ein sogenannter Item-Pointer falsch, erhält man eine Datenzeile zurück, die »Müll« enthält. Dieser Müll führt dann oft auch dazu, dass weitere Fehler auftreten. Ist eine Transaktionsnummerninformation falsch, erhält man entweder Daten aus anderen Transaktionen, eventuell schon gelöschte, oder man sieht eine Fehlermeldung der Art

```
FEHLER:  konnte auf den Status von Transaktion 1481866610 nicht zugreifen
DETAIL:  Konnte Datei »pg_clog/0585« nicht öffnen: Datei oder Verzeichnis nicht gefunden.
```

Wenn TOAST-Zeiger kaputt sind, erhält man entweder falsche Daten zurück oder bekommt Fehlermeldungen im Zusammenhang mit dem Zugriff auf die TOAST-Daten.

Wenn man an dieser Stelle nicht gleich aufgeben und eine Datensicherung einspielen möchte, versucht man am besten zuerst, die kaputte Datenzeile zu isolieren, also durch Probieren herauszubekommen, welche Zeile genau kaputt ist. Zur Identifikation einer Zeile ist der Primärschlüssel geeignet. (Wenn sich dann herausstellt, dass hunderte von Zeilen betroffen sind, sollte man wohl doch wieder auf die Datensicherung zurückgreifen.) Dann kann man den Rest der Tabelle in eine neue Tabelle kopieren. Wenn es sich also zum Beispiel herausgestellt hat, dass in der Tabelle `bestellungen` die Zeile mit `nr = 37` kaputt ist, kann man mit dem Befehl

```
CREATE TABLE bestellungen2 AS SELECT * FROM bestellungen WHERE nr <> 37;
```

eine Kopie der Tabelle ohne die kaputte Zeile anlegen (wohlgemerkt ohne Constraints und Indexe; die muss man von Hand nachtragen). Anschließend kann man bei Bedarf durch Umbenennen der Tabellen die kaputte und die Ersatztabelle vertauschen.

Um sich die kaputte Zeile genauer anzusehen, kann man einen Binäreditor (Hexeditor) oder ein Programm zum Ansehen von Dateien im Binär- oder Hexadezimalmodus verwenden. Dazu findet man zunächst heraus, in welcher Datei die Tabelle liegt. Zuerst die OID der Datenbank:

```
test=# SELECT oid FROM pg_database WHERE datname = current_database();
  oid
-------
 16385
(1 Zeile)
```

Dann die Dateinummer der Tabelle:

```
test=# SELECT relfilenode, reltablespace FROM pg_class WHERE relname = 'bestellungen';
 relfilenode | reltablespace
-------------+---------------
       16392 |             0
(1 Zeile)
```

Diese Tabelle liegt dann in der Datei *base/16385/16392* im Datenverzeichnis. Wenn der Tablespace-Eintrag nicht 0 ist, liegt sie statt unter *base* im entsprechenden Verzeichnis unter *pg_tblspc*.

Dann kann man den Speicherort der Zeile in dieser Datei herausfinden. Er steht in der versteckten Spalte `ctid` in jeder Zeile, zum Beispiel:

```
SELECT ctid FROM bestellungen WHERE nr = 37;
 ctid
-------
 (5,1)
```

Die erste Zahl ist der Block. Multipliziert man diese Zahl mit 8192, erhält man den Anfang des Datenblocks innerhalb der Datei. Wenn der Anfang jenseits von 1 GByte ist, setzt sich die Datei in Dateien mit Namen wie *16392.1*, *16392.2* und so weiter fort. Die zweite Zahl ist die sogenannte Item-Nummer. Das ist *nicht* der Offset innerhalb des Blocks, sondern ein Zeiger auf einen Zeiger auf die eigentlichen Daten. Irgendwo in dieser Kette wird dann die Datenbeschädigung zu finden sein.

Das Programm pg_filedump, erhältlich unter *http://sources.redhat.com/rhdb/utilities.html* oder für einige Betriebssysteme auch als Binärpaket, kann die Datendateien formatiert ausgeben und so die Analyse vereinfachen. Hier sehen Sie den Blick auf den Block 5 der oben identifizierten fraglichen Beispieldatei, mit formatiertem Dateninhalt (Option `-f`):

```
$ pg_filedump -R 5 -f /usr/local/pgsql/data/base/16390/123553

*******************************************************************
* PostgreSQL File/Block Formatted Dump Utility - Version 8.2.0
*
* File: /usr/local/pgsql/data/base/16390/123553
* Options used: -R 5 -f
*
* Dump created on: Sun Mar 30 00:27:28 2008
*******************************************************************

Block    0 ********************************************************
<Header> -----
 Block Offset: 0x00000000         Offsets: Lower      24 (0x0018)
 Block: Size 8192  Version    3            Upper    8152 (0x1fd8)
 LSN:  logid      0 recoff 0xbdaa286c      Special  8192 (0x2000)
 Items:    1                   Free Space: 8128
 Length (including item array): 24

  0000: 00000000 6c28aabd 01000000 1800d81f  ....l(.........
  0010: 00200320 d89f5000                    . . ..P.

<Data> ------
 Item   1 -- Length:   40  Offset: 8152 (0x1fd8)  Flags: USED
  1fd8: 51121d00 00000000 00000000 00000000  Q...............
  1fe8: 00000000 01000200 02081c00 25000000  ............%...
  1ff8: 08000000 74657374                    ....test


*** End of Requested Range Encountered. Last Block Read: 5 ***
```

Allerdings gilt es zu bedenken, dass korrupte Daten auch `pg_filedump` verwirren können. Ein Blick auf die unformatierten Daten gibt am Ende immer das verlässlichste Bild. Dazu bietet `pg_filedump` die Option `-d` an. Ein Beispielaufruf wäre

```
$ pg_filedump -R 5 -d /usr/local/pgsql/data/base/16390/123553
```

`pg_filedump` kann auch Kontrolldateien und Indexdateien formatieren und ist recht nützlich zur Fehleranalyse und auch zum Lernen und ist somit für interessierte PostgreSQL-Administratoren zu empfehlen.

Zurück zu den korrupten Daten. Wenn man nun das interne Speicherformat genau kennt, kann man versuchen, das Problem zu berichtigen. Der Quellcode und die PostgreSQL-Dokumentation enthalten Informationen über das Speicherformat der jeweiligen Version. Oft wird es aber nicht so sein, dass nur ein oder zwei Bytes verfälscht sind und man das Problem einfach berichtigen kann. In der Praxis dürften der ganze Block oder kleinere Blockeinheiten (zum Beispiel 512 Bytes) mit offensichtlichem Müll überschrieben worden sein. In solchen Fällen kann man die entsprechenden überschriebenen Daten abschreiben und sollte dann versuchen, sie aus der Datensicherung wiederherzustellen.

Nach einer solchen Aktion sind auch ein umfassender Hardwaretest sowie eine Komplettüberprüfung der Datensicherungsvorgänge anzuraten.

Vorsorge

Anwender, die sich bereits mit den in diesem Kapitel beschriebenen Problemen beschäftigt haben, insbesondere mit der Problematik von korrupten Dateien und Indexen, werden sich die Frage gestellt haben, wie man solchen Problemen vorbeugen kann oder wie man korrupte Daten vorher etwa durch Routineprüfungen erkennen kann. Darauf möchten wir in diesem Abschnitt kurz eingehen.

Prinzipiell gibt es für PostgreSQL keine Standardwerkzeuge, die die Datendateien auf bekannte Fehlerarten überprüfen. Die Philosophie der Entwickler ist dabei, bekannte Fehler zu reparieren, anstatt Werkzeuge zu entwickeln, die die Fehler erkennen können. Die Durchführung einer spezifischen Fehlerprüfung über den gesamten Datenbestand »nur zur Sicherheit« ist also nicht möglich und nicht vorgesehen.

Um dennoch die Integrität der Daten zu überprüfen, sollte man regelmäßig in realitätsnaher Weise auf sie zugreifen. Um das sicherzustellen, gibt es ein paar einfache Möglichkeiten:

pg_dump
: Wenn die Daten regelmäßig mit `pg_dump` oder `pg_dumpall` gesichert werden, wird durch einen erfolgreichen Dump-Vorgang bewiesen, dass zumindest alle Daten in der Datenbank erfolgreich gelesen werden können. Die Datensicherung bietet dann also nicht nur Schutz vor Datenverlust, sie stellt auch sicher, dass der momentan in Betrieb befindliche Datenstand lesbar ist.

  Die Indexe werden auf diese Art zwar nicht getestet, aber sie können ja im Zweifelsfall einfach neu gebaut werden.

Vacuum
: Auch durch regelmäßiges Vacuum werden alle Datensätze irgendwann einmal angefasst, ausgelesen oder neu geschrieben. Auch dadurch wird regelmäßig sichergestellt,

dass die internen Strukturen der Datensätze konsistent sind. Das gilt in diesem Fall sowohl für Tabellen als auch für Indexe. Das Verhalten und die Effekte von Vacuum sind zwar nicht so einfach nachzuvollziehen wie ein SQL-Dump, aber durch Vacuum wird ein größerer Teil der internen Logik der Speichersysteme bemüht, was es sogar zu einem noch umfangreicheren Test als das Ausführen von `pg_dump` macht.

Nicht getestet wird jedoch in beiden Fällen, ob die Daten auch schreibbar oder änderbar sind. Das lässt sich allerdings ohne das tatsächliche Ausführen der Änderungen kaum sinnvoll testen. Für diesen Fall wird man darauf angewiesen sein, dass die Clientanwendungen robust implementiert sind und sinnvolle Fehlerberichte abgeben.

Auch nicht getestet wird, ob die gelesenen Daten unverfälscht sind. Wenn Nutzdaten verfälscht werden, werden meistens auch Metadaten verfälscht, was durch Auslesen erkannt werden kann.

Ergänzt wird die umfassende Vorsorge gegen Datenbeschädigung durch weitere Maßnahmen:

Loganalyse
: Die Logdateien des PostgreSQL-Servers und des Betriebssystems sollten ständig auf unerwartete Fehler hin überwacht werden. So erfährt man frühzeitig von Lese- oder Schreibfehlern, nachlassender Hardware oder fehlgeschlagenen Datensicherungsjobs. Ohne Analyse der Logdateien wäre jede regelmäßige Konsistenzkontrolle wenig wert.

Speicherüberprüfung
: Das RAM des Rechners sollte spätestens immer dann überprüft werden, wenn irgendwelche Datenbeschädigungen entdeckt oder vermutet worden sind, besser auch öfter. RAM-Fehler sind wohl die häufigste Ursache für sporadische Datenbeschädigungen in PostgreSQL. Zum Testen des RAM gibt es einige bekannte Testprogramme, zum Beispiel *memtest86* oder *memtester*.

Festplattenüberprüfung
: Auch die Festplatte und das Speichersystem sollten überwacht werden, zum Beispiel durch Abfrage des SMART-Speichers von Festplatten oder der Abfrage von Statusinformationen aus dem RAID-Controller, am besten alles eingebunden in ein generelles Überwachungssystem.

: Kaputte Festplatten führen eher zu großräumiger Datenzerstörung als zu isolierter Datenverfälschung, aber trotzdem oder gerade deshalb sind Vorsorge und Überwachung hier sinnvoll.

Mehrstufige Datensicherung
: Wenn Daten beschädigt oder zerstört worden sind, ist natürlich der Rückgriff auf eine Datensicherung notwendig. Falls der letzte Stand der Datensicherung aber die verfälschten Daten auch schon mitgesichert hat, sollte die Datensicherung aus mehreren historischen Datenversionen bestehen. Auch das ist eigentlich ein selbstverständlicher Teil der Datensicherungsstrategie.

Aktuelle PostgreSQL-Versionen

Es gilt: Fehler in PostgreSQL, die zu Datenbeschädigung oder ähnlichen Problemen führen, werden oft schneller repariert, als man sie als Endanwender finden kann. Die Installation der jeweils aktuellen Unterversion der eingesetzten Hauptversion (auch wenn man noch keine Probleme hat) sorgt dafür, dass man von den meisten Problemen ganz verschont bleibt.

Das Thema der Überwachung von PostgreSQL-Servern wird ausführlich in Kapitel 3 behandelt.

KAPITEL 7

Sicherheit, Rechteverwaltung, Authentifizierung

Datenbanksysteme speichern in der Regel interessante, wichtige und vertrauliche Daten. Daher gilt es, diese Daten vor unberechtigtem Zugriff zu schützen. In diesem Kapitel geht es darum, wie das auf verschiedenen Ebenen zu erreichen ist.

Allgemeines über Sicherheit

Allgemeine Betrachtungen zum Thema Sicherheit wurden bereits in Kapitel 4 angestellt. Wir werden diesen Ansatz hier fortführen.

Wie dort schon beschrieben wurde, gibt es für Daten an sich drei allgemeine Risiken:

Verlust, Vernichtung oder Verfälschung der Daten
: Das ist das Thema von Kapitel 4.

Unberechtigter Zugriff auf die Daten
: Das ist das Thema dieses Kapitels.

Ausfall des Datenbanksystems
: Das ist das Thema von Kapitel 9.

Dieses Kapitel beschäftigt sich also mit dem Risiko, dass jemand Zugriff auf die Daten erhält, der dazu nicht berechtigt ist. Das kann dazu führen, dass derjenige Kenntnis von Informationen erhält, die nicht für ihn vorgesehen sind, oder dass er die Informationen sogar mutwillig verändern oder vernichten kann. Gerade im letztgenannten Fall ist auch eine regelmäßige Datensicherung, wie sie in Kapitel 4 beschrieben wurde, ein Bestandteil der Gesamtsicherheitsstrategie.

Das Thema Sicherheit in diesem Sinn wird in vielen anderen Werken detailliert behandelt. Dieses praktisch orientierte Buch wird sich hauptsächlich mit der Umsetzung von verschiedenen Sicherheitslösungen in einem PostgreSQL-Datenbanksystem befassen.

Benutzerverwaltung

Wie in vielen Informationssystemen üblich, basiert die Verwaltung der Zugriffsrechte in einem PostgreSQL-Datenbanksystem auf Benutzerkonten und den diesen Benutzern gewährten verschiedenen Rechten und Privilegien.

PostgreSQL hat eine eigene Liste von definierten Benutzern, die vom Betriebssystem getrennt ist. Benutzer, die im Betriebssystem existieren, existieren also nicht automatisch im Datenbanksystem, sondern müssen extra angelegt werden. Es ist dabei aber nicht notwendig, dass die Namen der Benutzer im Betriebssystem und im Datenbanksystem übereinstimmen (was aber trotzdem recht praktisch sein kann, wie sich weiter unten zeigen wird).

Ebenfalls wissenswert ist, dass Benutzer in einem Datenbanksystem global existieren, also außerhalb von einer bestimmten Datenbank, im Gegensatz zu anderen Datenbankobjekten wie Tabellen oder Funktionen. Anders ausgedrückt: In jeder Datenbank einer Instanz existiert dieselbe Menge von Benutzern. Daher ist das Anlegen und Verwalten von Benutzern nur einmal in einer beliebigen Datenbank erforderlich und wird damit in allen Datenbanken der Instanz aktiv. In den folgenden Abhandlungen und Beispielen ist also die aktuelle Datenbank, wenn nicht ausdrücklich etwas anderes erwähnt wird, ausnahmsweise unwichtig.

Benutzer, Gruppen, Rollen

Neben Benutzerkonten, die zum Beispiel den einzelnen menschlichen Benutzern des Datenbanksystems zugeordnet werden können, gibt es die Möglichkeit, Gruppen anzulegen. Gruppen haben Benutzer als Mitglieder und können Rechte erhalten, die dann sofort den Mitgliedern zur Verfügung stehen, wodurch sich die Verwaltung der Zugriffsrechte vereinfachen (aber auch verkomplizieren) lässt. PostgreSQL verallgemeinert und vereinheitlicht das Konzept von Benutzern und Gruppen unter dem Konzept der Rollen (im Sinn von »man schlüpft in eine Rolle«). Eine Rolle kann Inhaberin von Zugriffsrechten sein, aber auch Mitglied einer anderen Rolle, auch mehrstufig, wodurch sehr komplexe Strukturen von Zugriffsrechten erzeugt werden können.

Eine Benutzerrolle unterscheidet sich von anderen Rollen dadurch, dass man sich mit dieser Rolle im Datenbanksystem anmelden oder einloggen kann. Mit anderen Rollen geht das nicht, wodurch diese Rollen auf eine Funktionalität als Gruppe reduziert sind. Dieses Loginattribut von Rollen unterscheidet also Benutzer und Gruppen im herkömmlichen Sinn. Deswegen werden Benutzerkonten teilweise auch als Loginrollen bezeichnet.

Obwohl die internen Strukturen sowie die Schnittstellen und Dokumentation von PostgreSQL nach einer mehrjährigen Phase der Umstellung nun komplett von »Rollen« ausgehen, kann es trotzdem hilfreich sein, die Bedeutung von »Rolle« als »Benutzer oder Gruppe« im Hinterkopf zu behalten, weil das möglicherweise einfacher zu verstehen ist und auch in verschiedenen Anleitungen so vorkommt. Auch in diesem Buch wird gelegentlich die Rede von »Benutzer« sein, obwohl das intern auch nur ein bestimmter Fall einer Rolle ist.

Benutzer anlegen

Um eine Rolle anzulegen, gibt es den SQL-Befehl `CREATE ROLE`. Da Benutzer, mit denen man sich einloggen können soll, das Loginattribut erhalten sollen, gibt man das im Befehl zusätzlich an. Der Befehl sieht dann zum Beispiel so aus:

```
CREATE ROLE peter LOGIN;
```

Der Rollen- beziehungsweise Benutzername ist in diesem Befehl ein normaler SQL-Bezeichner. Um Großbuchstaben, Sonderzeichen und so weiter zu verwenden, stellt man den Namen also in doppelte Anführungszeichen, zum Beispiel so:

```
CREATE ROLE "Peter" LOGIN;
CREATE ROLE "Peter Eisentraut" LOGIN;
CREATE ROLE "foo$bar" LOGIN;
```

Wenn das Loginattribut weggelassen wird, hat man eine Rolle anlegt, mit der man sich nicht anmelden kann. Das ist dann also wie erwähnt im Prinzip nur eine Gruppe.

Außerdem gibt es den althergebrachten, etwas kompakteren SQL-Befehl `CREATE USER`, der ohne weitere Optionsangaben eine Loginrolle anlegt, zum Beispiel so:

```
CREATE USER peter;
```

Diese beiden Befehle haben ansonsten genau denselben Effekt.

Um Benutzer oder Rollen anzulegen, muss man entweder selbst Superuser sein oder das Privileg `CREATEROLE` haben (mehr dazu unten).

Um diese SQL-Befehle auszuführen, muss man natürlich im Datenbanksystem angemeldet sein. Um das tun zu können, muss man jedoch schon einen Benutzer haben. Daher gibt es in einem frisch initialisierten Datenbanksystem (nach `initdb`) schon einen vordefinierten Benutzer. Dieser heißt üblicherweise *postgres*. Man kann jedoch bei `initdb` auch einen anderen Namen angeben (Option `-U`).

Der vordefinierte Benutzer *postgres* ist ein Superuser und hat im Datenbanksystem in etwa die Rolle des Benutzers *root* auf Unix- und Linux-Systemen beziehungsweise *Administrator* auf Windows-Systemen. Genau wie *root* und *Administrator* sollte man diese Rolle nur zu Administrationszwecken verwenden, wo die Superuser-Rechte unbedingt benötigt werden. Für normale Arbeiten erzeugt man dann andere Benutzerkonten.

Um also einen neuen Benutzer anzulegen, meldet man sich zuerst als *postgres* im Datenbanksystem an und führt dann den gewünschten Befehl aus, zum Beispiel

```
$ psql -U postgres postgres
postgres=# CREATE ROLE peter LOGIN;
```

Das Argument `-U postgres` wählt hier den Benutzernamen für die Datenbankverbindung aus. Das letzte Argument `postgres` wählt die Datenbank für die Verbindung aus. Da Rollen global im Datenbanksystem existieren, ist es egal, welche Datenbank man verwendet. Die Datenbank *postgres* ist jedoch immer vorhanden und genau für diese Art administrative Zwecke vorgesehen, da sie für nichts anderes verwendet wird.

Später, wenn man neue Benutzer und Datenbanken erzeugt hat, ist es nicht notwendig, Benutzer *postgres* und Datenbank *postgres* zu verwenden. Ein anderer Benutzer mit den nötigen Rechten und eine andere beliebige Datenbank können verwendet werden. Letztlich bietet es sich aber trotzdem an, sich an `postgres` und `postgres` zu halten, da diese Namen normalerweise immer vorhanden sind und genau für diese Zwecke vorgesehen sind.

Es gibt auch eine vereinfachte Variante, mit der man Benutzer in nur einem Schritt anlegen kann: das Programm `createuser`. Man führt es direkt vom Betriebssystem aus, zum Beispiel mit

```
createuser peter
```

Dieses Programm verbindet sich mit der Datenbank *postgres* und führt den Befehl `CREATE ROLE` wie oben gezeigt aus. Es gibt also am Ende keinen Unterschied, wie der Benutzer angelegt wird.

Man sollte immer auf den Unterschied achten: In der SQL-Umgebung heißt es `CREATE USER`, auf der Betriebssystem-Shell heißt es `createuser`.

Beim Aufrufen von `createuser` ist zu beachten, dass man hier nicht in der SQL-Umgebung ist, sondern in der Shell des Betriebssystems, wo andere Quoting-Regeln gelten. Wenn also Großbuchstaben im Benutzernamen gewünscht sind, dann kann man sie (in einer Unix-Shell) einfach hinschreiben, da die Shell Großbuchstaben nicht verändert. Wenn Sonderzeichen gewünscht sind, verwendet man den Quoting-Regeln der Shell entsprechend einfache oder doppelte Anführungszeichen. Beispiele:

```
createuser Peter
createuser "Peter Eisentraut"
createuser 'foo$bar'
```

Es gibt bei `createuser` wie in `psql` die Option `-U`, um einen Benutzer auszuwählen, als der man verbunden werden möchte (also nicht den, der anlegt werden soll), zum Beispiel so:

```
createuser -U postgres peter
```

Wenn man bei `createuser` keinen anzulegenden Benutzernamen angibt, wird man danach gefragt. Ebenso fragt `createuser` nach verschiedenen Attributen des neuen Benutzers. Diese werden im folgenden Abschnitt behandelt. Ein Aufruf könnte in der Praxis so aussehen:

```
$ createuser
Geben Sie den Namen der neuen Rolle ein: peter
Soll die neue Rolle ein Superuser sein? (j/n) n
Soll die neue Rolle Datenbanken erzeugen dürfen? (j/n) n
Soll die neue Rolle weitere neue Rollen erzeugen dürfen? (j/n) n
```

Nun ist es, wie unten beschrieben ist, je nach Konfiguration der Client-Authentifizierung nicht unbedingt möglich, sich ohne Weiteres als Benutzer *postgres* einzuloggen. Das ist auch richtig so, da dieser Benutzer ja Superuser ist und somit alles Mögliche in der Datenbank anstellen kann. In einer Installation aus dem Quellcode ist die Client-Authentifizierung noch nicht eingeschaltet, und die Befehle sollten wie oben gezeigt funktionieren. In paketbasierten Installationen auf Linux (Debian, Red Hat, SuSE, Ubuntu) ist es so eingerichtet, dass man sich zuerst als Betriebssystembenutzer *postgres* einloggen muss, um sich von dort aus als Datenbankbenutzer *postgres* einzuloggen (Authentifizierungsmethode »ident sameuser«, siehe unten). Die Befehlsfolge ist also dann zum Beispiel

```
$ su -
# su - postgres
$ createuser peter
```

Es ist dann nicht notwendig, bei `createuser` einen Benutzernamen mit der Option `-U` anzugeben, da für die Datenbankverbindung als Voreinstellung der Name des aktuellen Betriebssystembenutzers genommen wird.

Auf Windows-Systemen wird dem Datenbankbenutzer *postgres* bei der Installation ein Passwort zugeteilt, das dann von `createuser` oder auch `psql` abgefragt werden wird.

Rollenattribute

Ein Rolle kann verschiedene Attribute haben, die dieser Rolle zusätzliche Rechte und Fähigkeiten verleihen oder auch Einschränkungen auferlegen. Das ist zu unterscheiden von Rechten, die Rollen für bestimmten Datenbankobjekte haben. Die hier gemeinten Attribute beziehen sich nur auf die Eigenschaften der Rolle selbst.

Man beachte, dass Rollenattribute nicht über Rollenmitgliedschaft weitergegeben werden. Man kann also beispielsweise keine »Supergruppe« oder »Logingruppe« anlegen und darüber Benutzern die entsprechenden Attribute zur Verfügung stellen. Diese Benutzer könnten dann letztendlich keine besonderen Rechte ausüben. Die Attribute werden nur wirksam, wenn sie den Benutzerrollen unmittelbar zugeteilt werden. Diese Attribute sind also nur sinnvoll, wenn die Rolle auch das Loginattribut hat.

Ansonsten können die Rollenattribute kombiniert werden. Auch ist die Reihenfolge, wie sie in den folgenden Syntaxbeispielen erscheint, als frei zu verstehen und kann beliebig variiert werden.

Login

Ein solches Attribut wurde oben schon genannt: das Loginattribut. Wie gesehen, ist der Befehl, um eine Rolle mit Login-Attribut anzulegen

```
CREATE ROLE name LOGIN;
```

Man kann das Loginattribut auch ausdrücklich abwählen, indem man angibt:

```
CREATE ROLE name NOLOGIN;
```

Das ist aber die Voreinstellung beim Befehl `CREATE ROLE` und muss daher nicht explizit gemacht werden.

Beachten Sie aber, dass im Gegensatz dazu der SQL-Befehl `CREATE USER` und das Programm `createuser` aus historischen Gründen in der Voreinstellung das Loginattribut setzen. Man kann aber auch `CREATE USER` mit `LOGIN` oder `NOLOGIN` ausführen.

Beim Programm `createuser` werden die Rollenattribute mit Kommandozeilenoptionen ausgewählt. Um eine Nicht-Loginrolle zu erzeugen, verwendet man die Option `-L` oder `--no-login`; das Gegenteil, das wie gesagt die Voreinstellung ist, ist `-l` oder `--login`.

Superuser

Eine Rolle, die Superuser ist, umgeht sämtliche Zugriffsbeschränkungen im Datenbanksystem. Das heißt, dass Zugriffsrechte für Tabellen und andere Datenbankobjekte für Superuser irrelevant sind. (Man kann einem Superuser trotzdem ausdrücklich Zugriffsrechte erteilen, aber das hat keine besonderen Auswirkungen.) Außerdem können bestimmte Aktionen nur von einem Superuser durchgeführt werden. So können Superuser mit `COPY` und anderen Befehlen direkt auf das Dateisystem des Serverbetriebssystems zugreifen. Nur Superuser können in C geschriebene Funktionen anlegen und nicht vertrauenswürdige Sprachen (zum Beispiel PL/PerlU) verwenden, da damit effektiv auch ein Zugriff auf das Serverbetriebssystem stattfinden kann. Außerdem können nur Superuser direkt Änderungen am Inhalt der Systemkataloge vornehmen (zum Beispiel mit `INSERT` oder `UPDATE`), zum Beispiel zur Reparatur.

Um einen Superuser zu erzeugen, gibt man beim Erzeugen mit `CREATE ROLE` das Schlüsselwort `SUPERUSER` an:

```
CREATE ROLE foo LOGIN SUPERUSER;
```

Man kann diese Eigenschaft auch mit dem Schlüsselwort `NOSUPERUSER` explizit abwählen, aber das ist natürlich sowieso die Voreinstellung.

Beim Programm `createuser` lauten die entsprechenden Optionen `-s` oder `--superuser` beziehungsweise `-S` oder `--no-superuser`. Dieser Befehl hier hat also denselben Effekt wie der oben:

```
createuser -s foo
```

Wie oben gesehen, wird `createuser` nachfragen, wenn zu diesem Attribut keine Angaben gemacht werden.

Im Gegensatz zu Unix-Betriebssystemen kann es in PostgreSQL mehrere unabhängige Superuser geben. Diese haben dann alle dieselben Rechte und Möglichkeiten. Wie oben erwähnt, ist ein Superuser namens *postgres* üblicherweise schon im System vorhanden. Dieser Benutzer ist auch insofern besonders, als man ihn nicht löschen kann, weil er der Eigentümer der Systemkatalogobjekte ist. Man kann ihn aber zum Beispiel umbenennen oder andere Attribute ändern.

> Es gibt auch das Rollenattribut CREATEUSER, das aus historischen Gründen identisch mit SUPERUSER ist und nichts mit dem unten beschriebenen Attribut CREATEROLE zu tun hat, da es früher zwingend notwendig war, Superuser zu sein, um Benutzer anzulegen. Wegen dieser verwirrenden Konstellation ist die Verwendung des Attributs CREATEUSER beziehungsweise dieser Schreibweise obsolet und sollte vermieden werden.

Attribut Datenbanken erzeugen

Um Datenbanken erzeugen zu können, muss ein Benutzer das entsprechende dazu berechtigende Attribut haben (oder Superuser sein, da die ja alles dürfen). Beim Erzeugen einer Rolle kann das folgendermaßen angegeben werden:

```
CREATE ROLE peter LOGIN CREATEDB;
```

Das Gegenteil (die Voreinstellung) wird durch das Schlüsselwort `NOCREATEDB` angegeben.

Bei `createuser` lauten die entsprechenden Optionen `-d` oder `--createdb` beziehungsweise `-D` oder `--no-createdb`. Ansonsten wird `createuser` (wie oben gesehen) dieses Attribut abfragen.

Attribut Rollen erzeugen

Um selbst Rollen zu erzeugen, muss der aktuelle Benutzer üblicherweise Superuser sein, aber es reicht auch, das spezielle Attribut `CREATEROLE` zu haben. Das kann beim Erzeugen des Benutzers so angegeben werden:

```
CREATE ROLE peter LOGIN CREATEROLE;
```

Das Gegenteil ist wie zu erwarten `NOCREATEROLE`. Bei `createuser` heißen die Optionen `-r` oder `--createrole` beziehungsweise `-R` oder `--no-createrole`. Ansonsten wird `createuser` auch dieses Attribut abfragen.

Ein Benutzer mit `CREATEROLE`-Attribut kann auch andere Benutzer ändern und löschen sowie Zugriffsrechte erteilen und entziehen. Um allerdings Superuser-Rollen zu erzeugen, zu löschen oder zu ändern, muss man selbst Superuser sein; dafür reicht das `CREATEROLE`-Attribut nicht aus.

Der Sinn des Attributs `CREATEROLE` und auch von `CREATEDB` ist, dass man Routineaufgaben wie die Verwaltung von Benutzern und Datenbanken nicht als Superuser ausführen muss. So vermeidet man unnötige Risiken, als Superuser aus Versehen etwas kaputt zu machen. Ein Benutzer mit diesen Attributen hat aber trotzdem erhebliche Rechte und sollte deswegen ausreichend vor Missbrauch geschützt werden.

Passwörter

Man kann jeder Rolle ein Passwort zuteilen. Es wird abgefragt, wenn für die Anmeldung am Datenbanksystem Passwortauthentifizierung konfiguriert ist. Es ist also umgekehrt nicht so, dass das Passwort automatisch abgefragt wird, sobald es gesetzt ist, sondern die Client-Authentifizierung muss entsprechend konfiguriert werden. Passwörter sind nur für Loginrollen sinnvoll.

Um ein Passwort zu setzen, gibt es mehrere Möglichkeiten. Zunächst kann man es beim Erzeugen der Rolle angeben:

```
CREATE ROLE peter LOGIN PASSWORD 'geheim';
```

Das Passwort ist hier eine normale Zeichenkette, steht also in einfachen Anführungszeichen.

Passwörter werden intern mit MD5 verschlüsselt abgespeichert, wobei auch der Benutzername als Teil des Passworts mitverschlüsselt wird, damit nicht anhand des Verschlüsselungsergebnisses auf den ersten Blick offensichtlich ist, dass zwei Benutzer dasselbe Passwort haben.

Das Passwort wie oben anzugeben ist mehr oder weniger gefährlich, da dieser SQL-Befehl möglicherweise, je nach Konfiguration, in der History-Datei von *psql* (*.psql_history*) sowie im Serverlog aufgezeichnet wird, wodurch dann andere später das seinerzeit gesetzte Passwort nachlesen können. Zwar kann das in der Regel nur der Serveradministrator, aber man sollte sich wohl nicht darauf verlassen und das Passwort irgendwo im Klartext stehen lassen, zumal Benutzer häufig dasselbe Passwort noch für andere Zwecke verwenden.

Man kann das Passwort auch vorab verschlüsseln und angeben:

```
CREATE ROLE peter LOGIN PASSWORD 'md58319c13ab7cc377d7e112a0892b8d476';
```

Das System erkennt hier, dass es sich um das verschlüsselte Passwort und nicht das wortwörtliche handelt. Allerdings kann und will man wohl das selbst gewählte Passwort nicht so einfach von Hand verschlüsseln, deshalb gibt es Hilfsmittel. Das Programm `createuser` bietet die Option `-P` oder `--pwprompt`, die bewirkt, dass interaktiv nach dem Passwort gefragt wird, das dann wie oben gezeigt verschlüsselt gesendet wird, zum Beispiel so:

```
$ createuser -P peter
Geben Sie das Passwort der neuen Rolle ein:
Geben Sie es noch einmal ein:
Soll die neue Rolle ein Superuser sein? (j/n) n
(usw.)
```

Das eingegebene Passwort wird nicht auf dem Bildschirm dargestellt und verschlüsselt an den Server übertragen, liegt also nirgends im Klartext herum.

Alternativ lässt man das Passwort beim Anlegen der Rolle weg und setzt es nachher mit dem *psql*-Befehl `\password`:

```
postgres=# \password peter
Neues Passwort eingeben:
Wiederholen:
```

Ein Benutzer kann sein Passwort so auch selbst setzen. Dazu lässt man die Angabe des Benutzernamens nach `\password` einfach weg.

Wenn für eine Rolle kein Passwort gesetzt ist, hat das Passwort den NULL-Wert. Wenn bei der Erzeugung der Rolle nichts angegeben wird, wird das Passwort der neuen Rolle auf NULL gesetzt. Explizit kann man das auch mit der Option `PASSWORD NULL` auswählen. Für eine solche Rolle wird die Passwortauthentifizierung immer fehlschlagen. Eine leere Zeichenkette ist dagegen ein gültiges, wenn auch wohl nicht besonders sinnvolles Passwort.

PostgreSQL hat keine Verfahren, um die Stärke von Passwörtern zu prüfen. Wenn so etwas gewünscht ist, sollte die Verwendung von PAM in Betracht gezogen werden.

Passwortgültigkeit

Man kann jedem Passwort eine Gültigkeitsdauer zuweisen, indem man beim Erzeugen des Benutzers mit der Klausel `VALID UNTIL` die Ablaufzeit angibt, zum Beispiel so:

```
CREATE USER peter PASSWORD 'geheim' VALID UNTIL '2008-05-01 00:00:00+02';
```

Für die Ablaufzeit sind sämtliche von PostgreSQL unterstützten Formate erlaubt, also nicht nur das hier gezeigte, besonders ausführliche. Das Programm `createuser` hat keine entsprechende Option.

Nach Ablauf der Gültigkeit schlägt die Passwortauthentifizierung fehl. Beachten Sie, dass das Benutzerkonto aktiviert bleibt und nur das Passwort nicht mehr verwendet werden kann.

Dieses Feature ist nicht besonders ausgefeilt. Zum Beispiel wird durch das Setzen eines neuen Passworts nicht etwa die Gültigkeitsdauer neu gesetzt. Auch ist das Setzen der Gültigkeitsdauer nur für Superuser oder Rollen mit dem `CREATEROLE`-Attribut möglich, nicht aber für den betroffenen Benutzer selbst. Dagegen kann der Benutzer selbst ja wie oben beschrieben sein eigenes Passwort ändern. Womöglich ist es sinnvoller und effektiver, dieses Feature nicht zu verwenden und bei Bedarf die Gültigkeit von Benutzerkonten mit PAM zu verwalten.

Verbindungslimits

Durch Angabe eines Verbindungslimits wird die Anzahl der gleichzeitigen Datenbankverbindungen durch den Benutzer beschränkt, und zwar zusätzlich zum globalen Verbindungslimit (Konfigurationsparameter `max_connections`). Um beim Erzeugen eines Benutzers ein Verbindungslimit anzugeben, wird für `CREATE ROLE` die Klausel `CONNECTION LIMIT` verwendet, zum Beispiel so:

```
CREATE ROLE peter LOGIN CONNECTION LIMIT 20;
```

Für `createuser` gibt es die entsprechenden Optionen `-c` und `--connection-limit`:

```
createuser -c 20 peter
createuser --connection-limit=20 peter
```

Die Voreinstellung ist -1, was bedeutet, dass es kein Limit gibt.

Wenn das Verbindungslimit überschritten wird, erhält der Benutzer eine Fehlermeldung. Bei *psql* sähe das beispielsweise so aus:

```
$ psql -U peter template1
psql: FATAL:  zu viele Verbindungen von Rolle »peter«
```

Das Verbindungslimit ist jedoch keine Allzweckwaffe etwa gegen Denial-of-Service-Attacken. Angemeldete Benutzer können auch mit einer einzigen Verbindung das Datenbanksystem aus- und überlasten. Das Verbindungslimit ist eher ein milder Schutz gegen Konfigurationsfehler, wie falsch eingestellte Connection-Pools im Applikationsserver.

Rollen ändern

Um die Eigenschaften einer Rolle zu ändern, gibt es den SQL-Befehl `ALTER ROLE` (oder alternativ und äquivalent `ALTER USER`) mit verschiedenen Varianten. Auch für das Ändern von Rollen gilt die Einschränkung, dass das nur Superuser oder Benutzer mit dem Attribut `CREATEROLE` dürfen, wobei Superuser-Rollen nur von Superuser-Rollen geändert werden können. Eine Ausnahme ist, wie schon erwähnt, dass alle Benutzer ihre eigenen Passwörter ändern dürfen.

Um eine Rolle umzubenennen, lautet der Befehl

```
ALTER ROLE name RENAME TO neuer_name;
```

Die aktuell eingeloggte Rolle kann nicht umbenannt werden:

```
peter=# ALTER ROLE peter RENAME TO paul;
FEHLER:  aktueller Sitzungsbenutzer kann nicht umbenannt werden
```

Man meldet sich dann stattdessen als ein anderer Benutzer mit ausreichenden Rechten an, um den Befehl auszuführen.

Intern wird auf Rollen mit numerischen IDs verweisen, also ist das Ändern des Namens einer Rolle eine triviale Operation. Natürlich muss der Name an verschiedenen anderen Stellen von Hand geändert werden, so zum Beispiel in den Konfigurationsdateien *pg_hba.conf* und *pg_ident.conf* sowie in der Konfiguration der Datenbankclient.

Wenn die umzubenennende Rolle ein Passwort hat, wird es beim Umbenennen ungültig und wird gelöscht. Darauf wird auch hingewiesen:

```
postgres=# ALTER USER joe RENAME TO joe2;
HINWEIS:  MD5-Passwort wegen Rollenumbenennung gelöscht
ALTER ROLE
```

Der Grund dafür ist, dass der Rollenname Teil des mit MD5 verschlüsselten gespeicherten Passworts ist (damit man nicht einfach durch Ausprobieren anhand der Verschlüsselungsergebnisse die Passwörter der anderen Benutzer herausfinden kann). Wenn der Name geändert wird, kann das naturgemäß nicht umgerechnet werden, da MD5 nicht umkehrbar ist. In diesem Fall muss man also ein neues Passwort vergeben.

Auch alle anderen Attribute, die man wie oben beschrieben beim Anlegen von Rollen angeben kann, können mit ALTER ROLE und derselben Klausel wie bei CREATE ROLE geändert werden, zum Beispiel so:

```
ALTER ROLE peter SUPERUSER;
ALTER ROLE paul NOCREATEDB;
ALTER ROLE staff NOLOGIN;
ALTER ROLE joe CREATEDB CONNECTION LIMIT 100;
```

Das Ändern von Passwörtern ist auch mit diesem Befehl möglich. Wie oben beschrieben, sollte das aber aus Sicherheitsgründen vermieden und stattdessen der psql-Befehl \password verwendet werden.

Gruppenrollen anlegen und verwalten

Eine Gruppenrolle wird mit dem bekannten Befehl CREATE ROLE angelegt, unter Auslassung des Loginattributs:

```
CREATE ROLE mitarbeiter;
CREATE ROLE admins;
```

Um die Rechte einer Rolle an eine andere Rolle weiterzugeben, verwendet man den Befehl GRANT:

```
GRANT admins TO joe;
```

Je nachdem, wie man dieses Konzept für sich selbst illustrieren mag, ist *joe* jetzt ein Administrator oder hat die Administratorenrolle oder ist in der Gruppe *admins*. (Der Gruppenname ist nur ein Beispiel; diese Gruppe hat keine besonderen Rechte, wenn man sie nicht damit ausstattet.)

Um jemanden aus einer Gruppe zu entfernen oder ihm – anders ausgedrückt – eine Rolle zu entziehen, verwendet man den Befehl REVOKE so:

```
REVOKE admins FROM joe;
```

Die Befehle GRANT und REVOKE sind etwas anderes als die weiter unten behandelten gleichnamigen Befehle zum Verteilen von Privilegien.

Rollen können mehrstufig verteilt werden. Damit würden zum Beispiel alle Mitarbeiter zu Administratoren:

```
-- vorher ...
GRANT mitarbeiter TO andre;
GRANT mitarbeiter TO bernd;
GRANT mitarbeiter TO christoph;

-- dann ...
GRANT admins TO mitarbeiter;
```

Nur Superuser und Rollen mit dem Attribute CREATEROLE können Rollen verteilen und entziehen. Man kann Rollenmitgliedern aber das ausdrückliche Recht geben, weiteren Mitgliedern die Rolle zuzuweisen. Das ist die selten verwendete sogenannte Admin-Option, die mit folgendem Befehl gewährt wird:

```
GRANT admins TO joe WITH ADMIN OPTION;
```

Die Admin-Option kann nur wie hier gezeigt zusammen mit der Rollenmitgliedschaft selbst gewährt werden.

Der Befehl zum Entziehen der Admin-Option ist

```
REVOKE ADMIN OPTION FOR admins FROM joe;
```

Er entzieht nur die Admin-Option, nicht aber die Gruppenmitgliedschaft.

Wenn aufgrund der Admin-Option weitere Benutzer in die Gruppe aufgenommen worden sind und die Admin-Option dann entfernt wird, müssen diese Gruppenmitgliedschaften auch wieder entfernt werden, um eine konsistente Struktur zu erhalten. Dazu muss die Klausel CASCADE angegeben werden, zum Beispiel so:

```
REVOKE ADMIN OPTION FOR admins FROM joe CASCADE;
```

Ansonsten wird es eine Fehlermeldung geben, wenn Gruppenmitgliedschaften aufgrund einer zu entfernenden Admin-Option noch bestehen. Dieses Prinzip entspricht dem Verhalten von CASCADE/RESTRICT bei den meisten DROP-Befehlen in PostgreSQL.

Rollen anzeigen

Um die aktuell definierten Rollen in psql anzuzeigen, kann man den Kurzbefehl \du (für englisch »display/describe users«) verwenden:

```
peter=# \du
                                    Liste der Rollen
 Rollenname | Superuser | Rolle erzeugen | DB erzeugen |     Verbindungen     | Mitglied
von
------------+-----------+----------------+-------------+----------------------+------------
--
 egroupware | nein      | nein           | nein        | keine Beschränkung |
 joe2       | nein      | nein           | nein        | keine Beschränkung |
{otrs,staff}
 otrs       | nein      | nein           | nein        | keine Beschränkung |
 peter      | ja        | ja             | ja          | keine Beschränkung |
 postgres   | ja        | ja             | ja          | keine Beschränkung |
 staff      | nein      | nein           | nein        | keine Beschränkung |
 www-data   | nein      | nein           | nein        | 100                  |
(7 Zeilen)
```

Diese Ausgabe zeigt die Rollennamen sowie Informationen über die Attribute Superuser, CREATEROLE, CREATEDB und über etwaige Verbindungslimits, aufbereitet in für Menschen lesbarer Form. (Das Loginattribut ist hier nicht sichtbar.)

Der Befehl \du unterstützt auch die in psql üblichen Suchmuster:

```
peter=# \du p*
                                 Liste der Rollen
 Rollenname | Superuser | Rolle erzeugen | DB erzeugen |    Verbindungen     | Mitglied von
------------+-----------+----------------+-------------+---------------------+------------
 peter      | ja        | ja             | ja          | keine Beschränkung |
 postgres   | ja        | ja             | ja          | keine Beschränkung |
(2 Zeilen)
```

Außerhalb von *psql* bieten die verschiedenen grafischen Administrationsprogramme wie pgAdmin III oder phpPgAdmin ebenfalls Schnittstellen, um die Liste der definierten Rollen anzuzeigen.

Um die Liste der Rollen aus einem Programm heraus abzufragen, kann die Sicht pg_roles verwendet werden:

```
peter=# SELECT rolname, rolcanlogin, rolconnlimit FROM pg_roles;
  rolname   | rolcanlogin | rolconnlimit
------------+-------------+--------------
 www-data   | t           |          100
 egroupware | t           |           -1
 staff      | f           |           -1
 otrs       | t           |           -1
 peter      | t           |           -1
 postgres   | t           |           -1
 joe2       | t           |           -1
(7 Zeilen)
```

Tabelle 7-1 zeigt alle Spalten dieser Sicht.

Tabelle 7-1: Sicht pg_roles

Spaltenname	Datentyp	Beschreibung
oid	oid	OID der Rolle, für interne Verweise
rolname	name	Name der Rolle
rolsuper	boolean	Superuser-Attribut
rolinherit	boolean	Inherit-Attribut
rolcreaterole	boolean	CREATEROLE-Attribut
rolcreatedb	boolean	CREATEDB-Attribut
rolcatupdate	boolean	Schreiben in Systemkatalog erlaubt
rolcanlogin	boolean	Loginattribut
rolconnlimit	integer	Verbindungslimit
rolpassword	text	ausgeblendetes Passwort
rolvaliduntil	timestamp with time zone	Gültigkeitsdauer des Passworts
rolconfig	text[]	rollenspezifische Konfiguration

Die Spalte rolcatupdate stellt ein weiteres Rollenattribut dar, das nicht über CREATE ROLE oder ALTER ROLE erreichbar ist. Es besagt, ob der Benutzer in Systemkatalogen Schreibvorgänge (`INSERT`, `UPDATE`, `DELETE` usw.) vornehmen darf. Das dürfen nur Superuser, und nur solche, bei denen dieses Attribut auf wahr gesetzt ist. Normalerweise ist dieses Attribut bei allen Superusern an, und sinnvolle Anwendungen dafür haben sich noch nicht ergeben. Man könnte dieses Attribut durch direktes Schreiben in den Systemkatalog ändern, aber beachten Sie, dass dieser Vorgang wiederum das *rolcatupdate*-Recht erfordert. Wir empfehlen, die Existenz dieses Attributs einfach zu ignorieren.

Die Spalte `rolpassword` enthält immer nur ********, egal was das Passwort ist oder ob überhaupt eines gesetzt ist. Um das richtige Passwort zu sehen, kann die Tabelle `pg_authid` verwendet werden. Sie hat die gleichen Spalten wie `pg_roles`, aber das Passwort ist sichtbar, zumindest in seiner MD5-verschlüsselten Form. Dafür ist `pg_authid` aber nur für Superuser lesbar, wohingegen `pg_roles` von allen Benutzern gelesen werden kann. (`pg_roles` ist tatsächlich nur eine Sicht über `pg_authid`, die das Passwort ausblendet.) Diese Konstruktion ist vergleichbar mit der Verwaltung von Benutzerkonten und -passwörtern in */etc/passwd* und */etc/shadow* auf Unix-Betriebssystemen.

Hier sehen Sie ein Beispiel, das den Unterschied zwischen `pg_roles` und `pg_authid` zeigt:

```
peter=> SELECT rolname, rolpassword FROM pg_roles;
  rolname   | rolpassword
------------+-------------
 www-data   | ********
 egroupware | ********
 staff      | ********
 otrs       | ********
 peter      | ********
 postgres   | ********
 joe2       | ********
(7 Zeilen)

peter=# SELECT rolname, rolpassword FROM pg_authid;
  rolname   |             rolpassword
------------+-------------------------------------
 www-data   |
 egroupware | md59a6d660e7dd179f921133c2c0f2e00d3
 staff      |
 otrs       | md51d16ebf01474b24f55d7ef851e4c7795
 peter      | md58319c13ab7cc377d7e112a0892b8d476
 postgres   |
 joe2       |
(7 Zeilen)
```

Aus der Zeit, wo Rollen noch Benutzer hießen, gibt es analog zu dieser Aufteilung die Tabellen `pg_user` (ohne Passwörter) und `pg_shadow` (mit Passwörtern), die aber nur Loginrollen enthalten und auch nicht alle Attribute zeigen. Diese Tabellen werden in älteren Anleitungen und Diskussionen häufig erwähnt, werden aber in aktuellen PostgreSQL-Versionen fast nur noch aus Kompatibilitätsgründen erhalten und sollten in neuen Anwendungen nicht mehr verwendet werden.

Rollen löschen

Um eine Rolle zu löschen, wird der Befehl `DROP ROLE` verwendet. (Alternativ gibt es auch den Befehl `DROP USER`, der das Gleiche macht.) Im einfachsten Fall geht das so:

```
DROP ROLE peter;
```

Wie bei den meisten `DROP`-Befehlen gibt es auch hier die optionale Klausel `IF EXISTS`, die die Fehlermeldung unterbindet, wenn es die zu löschende Rolle nicht gibt:

```
DROP ROLE IF EXISTS bernd;
```

Mehrere Rollen können auf einmal gelöscht werden:

```
DROP ROLE peter, bernd, christoph;
```

Das geht natürlich auch mit einzelnen Befehlen in einem Transaktionsblock.

Um eine Rolle zu löschen, muss der ausführende Benutzer das Attribut `CREATEROLE` haben. Superuser können nur von Superusern gelöscht werden. Der aktuelle Benutzer kann nicht gelöscht werden. Dazu kommt, dass man den von `initdb` im Datenbanksystem angelegten Benutzer, üblicherweise *postgres*, nicht löschen kann, weil er der Eigentümer der Systemkataloge ist. Es bleibt also immer ein Benutzer im System übrig.

Rollenmitgliedschaften der zu löschenden Rolle werden automatisch entfernt.

Wenn die zu löschende Rolle noch Eigentümer von Objekten in irgendwelchen Datenbanken ist, ist eine Sonderbehandlung nötig. Wenn man versucht, eine Rolle zu löschen, die noch Eigentümer von Objekten in der aktuellen Datenbank ist, erhält man eine Fehlermeldung der folgenden Art:

```
peter=# DROP ROLE joe2;
FEHLER:  kann Rolle »joe2« nicht löschen, weil andere Objekte davon abhängen
DETAIL:  Eigentümer von Schema yourschema
```

Wenn die zu löschende Rolle Eigentümer von Objekten in anderen Datenbanken ist, sieht die Fehlermeldung so aus:

```
postgres=# DROP ROLE joe2;
FEHLER:  kann Rolle »joe2« nicht löschen, weil andere Objekte davon abhängen
DETAIL:  1 Objekte in Datenbank peter
```

Es gibt für `DROP ROLE` keine `CASCADE`-Klausel, die dieses Problem ja bei anderen `DROP`-Befehlen löst. Das Problem ist hier, dass Rollen global sind und die abhängigen Objekte in verschiedenen Datenbanken sein können. In PostgreSQL ist aber ein Zugriff auf mehrere Datenbanken aus einer Sitzung heraus nicht möglich. Deswegen ist es nötig, die Konstellation in jeder Datenbank einzeln zu bereinigen.

Bevor man die Rolle also löschen kann, muss man jetzt dafür sorgen, dass die abhängigen Objekte wahlweise entfernt werden oder einen anderen Eigentümer erhalten. Das kann man bei Bedarf für jedes Objekt einzeln mit den entsprechenden `DROP`- oder `ALTER`-Befehlen lösen. Praktisch sind aber auch die Befehle `DROP OWNED` und `REASSIGN OWNED`. Wenn man also die abhängigen Objekte löschen will, lautet der Befehl zum Beispiel

```
DROP OWNED BY joe2;
```

Dieser Befehl löscht alle Objekte in der aktuellen Datenbank, deren Eigentümer *joe2* ist.

`DROP OWNED` hat auch eine `CASCADE`-Option, die dafür sorgt, dass Objekte, die von den zu löschenden abhängen, mitentfernt werden. Damit sollte man natürlich vorsichtig sein. Im Zweifel verwendet man `DROP OWNED` erst einmal ohne `CASCADE` und schaut sich die Fehlermeldungen an, oder man verwendet einen Transaktionsblock, um das Geschehene eventuell rückgängig machen zu können.

Um die anhängigen Objekte stattdessen einer anderen Rolle zuzuweisen, lautet der Befehl zum Beispiel

```
REASSIGN OWNED BY joe2 TO admin;
```

Dieser Befehl ändert den Eigentümer aller Objekte in der aktuellen Datenbank, die *joe2* gehören, auf *admin*.

Die Befehle `DROP OWNED` oder `REASSIGN OWNED` betreffen wie beschrieben nur die aktuelle Datenbank. Man wird sie oder andere Befehle, die die Eigentümerstruktur aufräumen, deshalb in jeder betroffenen Datenbank wiederholen müssen. Informationen über die betroffenen Datenbanken und Objekte liefert die Fehlermeldung von `DROP ROLE` (siehe Beispiel oben).

Nachdem alle Objekte, deren Eigentümerin die zu löschende Rolle war, entfernt sind oder einen neuen Eigentümer haben, funktioniert der ursprüngliche Befehl `DROP ROLE` fehlerfrei.

Benutzer und Rollen in der Praxis

Als Grundausstattung jeder Datenbankanwendung empfehlen wir folgende Aufteilung der Rollen im Datenbanksystem:

Superuser »postgres«
: Dieser ist im Datenbanksystem vordefiniert. Er wird nur für notwendige Administrationsaufgaben wie Datensicherung und Vacuum sowie das Anlegen von Benutzern und Datenbanken verwendet.

Schemaeigentümer
: Dieses Benutzerkonto, das außer dem Loginattribut keine besonderen Rechte benötigt, ist Eigentümer der zur Datenbankanwendung gehörenden Datenbankstrukturen (des Schemas), also der Tabellen, Sichten, Funktionen und so weiter (falls Schemas verwendet werden, dann auch dieser). Die Einrichtungsskripten, die die Datenbankstrukturen einspielen, werden unter diesem Benutzer ausgeführt.

  Diese Rolle ist getrennt vom Superuser, weil er unnötig viele Rechte für diese Aufgabe hat.

Anwendungsbenutzer
: Das ist das Benutzerkonto, das von der Anwendung selbst, also zum Beispiel dem Applikationsserver, verwendet wird. Da es nicht Eigentümer der Datenbankobjekte ist, kann es erstens nicht die Datenbankstrukturen verändern und zweitens nur die explizit gewährten Zugriffsrechte (siehe unten) verwenden, womit der Datenzugriff der Anwendung wirksam kontrolliert werden kann.

Wenn die Anwendung in verschiedene Aufgabenbereiche unterteilt werden kann, insbesondere wenn andere Datenbankclients neben einem Webserver zum Einsatz kommen oder nicht interaktive Jobs ausgeführt werden, bietet es sich an, für jeden Aufgabenbereich einen separaten Anwendungsbenutzer mit eigenen Rechten einzurichten.

Für jedes dieser Benutzerkonten sollten auch unterschiedliche Zugangskontrolleinstellungen gelten. Das ist das Thema des folgenden Abschnitts.

In vielen in der Praxis vorkommenden Datenbanksystemen werden die von PostgreSQL gebotenen Möglichkeiten zur Verwaltung von Benutzern und Rollen nicht annähernd ausgenutzt. Ein Grund dafür ist die vorherrschende Systemarchitektur bei webbasierten Anwendungen: Einziger regelmäßiger Datenbankclient ist ein Webserver oder Applikationsserver, der unter genau einem Benutzerkonto läuft (oft `wwwrun` oder `www-data`) und sich in der Datenbank immer gleich anmeldet, oft über einen Connection-Pool. In so einem System ist es dem Datenbankserver nicht ohne Weiteres möglich, die eigentlichen Anwendungsbenutzer zu unterscheiden und ihnen somit unterschiedliche Zugriffsrechte zu erteilen. Die logischen, anwendungsspezifischen Zugriffsrechte werden dann normalerweise weitestgehend im Applikationsserver geregelt. Ohne Hilfe von der Anwendung und größere Änderungen der Architektur lässt sich diese Situation normalerweise nicht sinnvoll verbessern. Der folgende Abschnitt zur Zugangskontrolle enthält einige Informationen zu Lösungsansätzen.

Zugangskontrolle

Wenn eine Clientanwendung eine Verbindung mit dem Datenbankserver aufbaut, gibt sie in der Verbindungsanfrage den Benutzernamen an, unter dem sie verbinden will. Das ist vergleichbar mit dem Vorgang der Eingabe eines Benutzernamens, wenn man sich in einen Computer einloggen möchte. Nach dem Anmelden beziehungsweise dem Start der Verbindung hat man dann anhand des Benutzerkontos (oder der Rolle) verschiedene Rechte im Datenbanksystem, die in den anderen Abschnitten dieses Kapitels beschrieben sind. Vor der Anmeldung findet die Authentifizierung statt, mit der die Identität des Client ermittelt und festgestellt wird, ob die Clientanwendung beziehungsweise der Benutzer, der sie ausführt, berechtigt ist, sich unter dem angegebenen Datenbankbenutzernamen im Datenbanksystem anzumelden. Beim Anmelden am Betriebssystem findet die Authentifizierung üblicherweise durch die Eingabe eines Passworts statt. Das ist bei PostgreSQL auch möglich, aber es gibt noch andere Authentifizierungsmethoden sowie ein Konfigurationssystem, um unter ihnen auszuwählen.

Dieser Abschnitt beschreibt, wie die Client-Authentifizierung eingestellt und die Authentifizierungsmethode ausgewählt wird.

Die Datei pg_hba.conf

Die Zugangskontrolle oder Client-Authentifizierung wird nicht über SQL-Befehle, sondern über eine externe Konfigurationsdatei eingestellt. Diese Datei heißt *pg_hba.conf* und liegt im Datenverzeichnis. Sie wird bei der Initialisierung des Datenverzeichnisses mit `initdb` dort angelegt und kann danach angepasst werden. Der Grund für diese externe Konfiguration ist, dass so keine Gefahr besteht, sich durch fehlerhafte Einstellungen permanent aus dem Datenbanksystem auszusperren.

Diese Konfigurationsdatei dient dazu, festzulegen, wie Verbindungsanfragen von verschiedenen Clients authentifiziert werden sollen. Anhand von verschiedenen Verbindungsparametern wie der IP-Adresse des Client, des Benutzernamens oder der Datenbank kann der Datenbankserver festlegen, welches Authentifizierungsverfahren, zum Beispiel Passwortauthentifizierung oder etwa PAM, der Client durchlaufen muss. Man kann also unterschiedliche Clients unterschiedlich authentifizieren, was manchmal nützlich sein kann. Darüber hinaus kann man anhand der Verbindungsparameter festlegen, welche Clients überhaupt verbinden dürfen.

Um das Dateiformat zu erläutern, verwenden wir folgendes Beispiel:

```
#TYPE  DATABASE  USER      ADDRESS           METHOD
local  all       postgres                    ident sameuser
local  all       all                         trust
host   all       all       127.0.0.1/32      trust
host   all       all       ::1/128           md5
host   all       all       192.168.5.0/24    md5
```

Die Datei *pg_hba.conf* ist eine normale Textdatei. Sie besteht aus Kommentaren, die mit dem Zeichen # am Zeilenanfang gekennzeichnet werden, und Konfigurationseinträgen (einer pro Zeile). Leere Zeilen zur besseren Übersicht sind ebenfalls erlaubt.

Ein Konfigurationseintrag besteht aus mehreren Spalten, die durch Leerzeichen oder Tabs getrennt sind, wie oben gezeigt ist. Der Kommentar in der ersten Zeile zeigt die Bedeutung der Spalten. Der Kommentar hat natürlich keine funktionale Bedeutung und könnte theoretisch entfernt werden.

Bei einer Verbindungsanfrage sucht der Datenbankserver anhand der ersten vier Spalten (Typ, Datenbankname, Benutzername und Adresse) nach einem passenden Eintrag. Der erste passende Eintrag in der Datei wird angewendet. Die letzte Spalte (»Methode«) bestimmt dann die Authentifizierungsmethode, die der Client anzuwenden hat. Wenn der Authentifizierungsvorgang fehlschlägt, werden etwaige folgende Einträge nicht mehr beachtet. Dieses System ist also nicht so mächtig und flexibel wie etwa PAM.

Wenn kein Eintrag passt oder die Datei *pg_hba.conf* leer ist, werden alle Verbindungsanfragen abgelehnt.

Wenn man sich die Datei *pg_hba.conf* zum besseren Verständnis als relationale Tabelle vorstellen würde, wären die Felder Typ, Datenbankname, Benutzername und Adresse zusammen der Suchschlüssel oder Primärschlüssel, und das Feld Methode das Suchergebnis einer Anfrage. Im Gegensatz zu einer solchen relationalen Tabellen gibt es allerdings in der Datei keine Beschränkung auf einzelne Einträge, wobei doppelte Einträge sowieso nicht sinnvoll sind, weil ja der erste Eintrag zählt. Auch spielt im Gegensatz zu einer relationalen Tabelle die Reihenfolge der Einträge sehr wohl eine Rolle.

In den folgenden Unterabschnitten wird die Bedeutung der Felder im Einzelnen behandelt.

Typ

Das erste Feld bestimmt, welche Art von Verbindung dieser Eintrag betrifft, oder technisch genauer: welche Adressfamilie. Folgende Werte sind möglich:

local
: Dieser Eintrag betrifft Verbindungen über Unix-Domain-Sockets.

host
: Dieser Eintrag betrifft alle Verbindungen über TCP/IP-Sockets, also salopp gesagt ganz normale Netzwerkverbindungen.

hostssl
: Dieser Eintrag betrifft Verbindungen über TCP/IP-Sockets, aber nur, wenn sie SSL verwenden.

hostnossl
: Dieser Eintrag betrifft Verbindungen über TCP/IP-Sockets, aber nur, wenn sie SSL nicht verwenden.

Beachten Sie, dass Verbindungen über den Unix-Domain-Socket (also bei `psql`, `pg_dump` und so weiter ohne Angabe eines Hostnamens) mit den Einträgen des Typs `local` authentifiziert werden, während Verbindungen an die Hostadresse `localhost` (also bei `psql`, `pg_dump` und so weiter mit der Option `-h localhost`) als TCP/IP-Verbindungen zählen und daher die Einträge des Typs `host` zählen. Aus Anwendersicht unterscheiden sich diese beiden Verbindungsarten kaum, werden aber intern unterschiedlich behandelt. Daher sollte man in der Regel mindestens zwei Einträge haben, die diese Varianten abdecken, wie diese hier aus dem obigen Beispiel:

```
local   all         all                             trust
host    all         all         127.0.0.1/32        trust
```

Weiterhin ist anzumerken, dass auf Einträge des Typs `host` Verbindungen mit und ohne SSL zutreffen. Der Sinn der Typen `hostssl` und `hostnossl` ist hauptsächlich, dass man Verbindungen ohne SSL eventuell anders oder stärker authentifizieren möchte. In der Praxis ist das aber nicht oft anzutreffen. Wenn man die Typen `hostssl` und `hostnossl` verwenden möchte, sollte man für die betreffenden Adressen entweder keine `host`-Einträge erstellen oder die `host`-Einträge nach den entsprechenden `hostssl`- und `hostnossl`-Einträgen schreiben, sonst würde der `host`-Eintrag auf alle passenden Verbindungen anspringen.

Bevor SSL überhaupt verwendet werden kann, muss es aktiviert werden; siehe dazu unten im Abschnitt *Sichere Datenübertragung*.

Datenbankname

Dieses Feld gibt den Namen der Datenbank an, auf die der Eintrag zutrifft. Zunächst kann man also für jede Datenbank einen separaten Eintrag anlegen:

```
local   meinedb    all                    ???
local   deinedb    all                    ???
local   db3        all                    ???
```

Üblicher und in den meisten Fällen sinnvoller ist jedoch der oben schon angedeutete Wert `all` für alle Datenbanken:

```
local   all        all                    ???
```

Weiterhin kann der Wert `sameuser` angegeben werden. Dann trifft der *pg_hba.conf*-Eintrag nur zu, wenn der vom Client verlangte Datenbankname gleich dem vom Client verlangten Benutzernamen ist. Das ist insbesondere sinnvoll, wenn man jedem Benutzer eine eigene, gleichnamige Datenbank zur Verfügung stellt. Dann kann man jedem Benutzer ein Passwort zuteilen und etwa mit folgendem Eintrag erreichen, dass sich jeder Benutzer nur mit seiner eigenen Datenbank verbinden kann:

```
local   sameuser   all                    md5
```

(Bei Bedarf müssen natürlich weitere Einträge für TCP/IP-Verbindungen hinzugefügt werden.)

Es sei hier nochmal klargestellt, dass dieser Eintrag nur für Verbindungsanfragen aktiviert wird, die denselben Benutzer- und Datenbanknamen angeben. Andere Verbindungsanfragen könnten trotzdem zugelassen werden, wenn es weitere *pg_hba.conf*-Einträge gibt. Man muss also bei der Entwicklung derartiger Konzepte zur Zugriffsbeschränkung immer die gesamte *pg_hba.conf*-Datei in Betracht ziehen.

In etwas erweiterter Form gibt es dieses Konzept auch mit dem Wert `samerole`. Ein solcher *pg_hba.conf*-Eintrag trifft zu, wenn der vom Client verlangte Benutzername Mitglied der Rolle ist, die denselben Namen hat wie die verlangte Datenbank. (Ein Benutzer selbst ist dabei auch »Mitglied« seiner »eigenen« Rolle.) Man könnte also für verschiedene Rollen, sowohl Benutzerrollen als auch Gruppenrollen, jeweils eigene Datenbanken anlegen und den Zugriff über *pg_hba.conf*-Einträge mit der Datenbankangabe `samerole` steuern.

Wenn man trotz dieser Möglichkeiten die Datenbanknamen explizit aufzählen möchte, muss man nicht wie oben gezeigt einen separaten Eintrag für jede Datenbank schreiben. Man kann auch einfach mehrere Werte durch Kommata getrennt (aber ohne Leerzeichen!) schreiben, also zum Beispiel so:

```
local   meinedb,deinedb,db3  all                     ???
```

Man kann die Namen auch in eine externe Textdatei schreiben (ein Eintrag pro Zeile) und diese dann in *pg_hba.conf* einbinden, indem man statt eines Datenbanknamens ein `@` gefolgt vom Dateinamen schreibt. Der Dateiname wird relativ zur Datei *pg_hba.conf* interpretiert. Um das Beispiel also zu replizieren, könnte man eine Datei *importantdbs* anlegen mit dem Inhalt

```
meinedb
deinedb
db3
```

und dann folgende Zeile in *pg_hba.conf* schreiben:

```
local   @importantdbs  all                           ???
```

Man kann auch mehrere Dateien und Datenbanknamen in einer Liste mischen, zum Beispiel so:

```
local   @importantdbs,db11,db12  all                 ???
```

Die Sonderwerte `all`, `sameuser` und `samerole` werden aber nur erkannt, wenn sie allein stehen.

Wenn Datenbanknamen Sonderzeichen oder Leerzeichen enthalten oder mit einem der Sonderwerte übereinstimmen, können sie mit doppelten Anführungszeichen wie in der normalen SQL-Syntax gequotet werden, zum Beispiel

```
local   "sameuser"     all                           ???
```

Abschließend sei hier aber nochmal gesagt, dass in der überwiegenden Zahl der Fälle für das Datenbankfeld der Wert `all` üblich und sinnvoll ist.

Benutzername

Dieses Feld gibt den Namen des Datenbankbenutzers an, auf den der Eintrag zutrifft. Die Möglichkeiten sind hier ähnlich wie beim Datenbankfeld. So kann man mit dem Wert `all` beliebige Benutzer erlauben:

```
local   all         all                          ???
```

Oder man kann damit einzelne Benutzer aufzählen:

```
local   all         peter                        ???
local   all         bernd                        ???
local   all         volker                       ???
```

Oder auch eine Liste schreiben:

```
local   all         peter,bernd,volker           ???
```

Oder Benutzernamen aus einer externen Datei lesen (ein Name pro Zeile):

```
local   all         @wichtigeleute               ???
```

Sonderzeichen, Leerzeichen und besondere Werte wie all können mit doppelten Anführungszeichen gequotet werden.

Eine Gruppe kann mit einem »+« vor dem Namen angegeben werden, zum Beispiel so:

```
local   all        +staff                       ???
local   all        +staff,+admins,postgres      ???
```

Sowohl Benutzer als auch Gruppen sind in PostgreSQL ja Rollen. Ein »+« vor dem Namen bedeutet genauer gesagt, dass der vom Client verlangte Datenbankbenutzer Mitglied der genannten Gruppe sein muss. (Ein Benutzer ist selbst »Mitglied« seiner gleichnamigen Gruppe.) Ohne »+« muss der verlangte Benutzername genau mit dem in *pg_hba.conf* geschriebenen übereinstimmen.

Üblicherweise schreibt man auch im Benutzerfeld meist all. Es ist jedoch auch sinnvoll, allen Einträgen diesen hier voranzustellen:

```
local   all        postgres                     ident sameuser
```

Damit wird sichergestellt, dass der Superuser *postgres* auf jeden Fall Zugriff auf jede Datenbank hat. (Die Authentifizierungsmethode »ident« wird im Anschluss beschrieben.) Das ist insbesondere für automatisierte Wartungsaufgaben wichtig.

Adresse

Das Adressfeld bestimmt, für welche IP-Adressen der *pg_hba.conf*-Eintrag zutrifft. Dieses Feld ist nur bei Einträgen der Typen host, hostssl und hostnossl zulässig. (Einträge des Typs local enthalten also nur vier Felder plus mögliche Parameter nach dem Methodenfeld.)

Ein Adresseintrag besteht aus einer IP-Adresse in üblicher Schreibweise gefolgt von einem Schrägstrich (»/«) und einer Netzmaskenlänge, die angibt, wie viele Bits von links aus gesehen in der IP-Adresse übereinstimmen müssen. Die Bits rechts von der Netzmaske müssen in der angegebenen IP-Adresse null sein.

Beispiele für Adressangaben:

127.0.0.1/32
: Ein Host, nämlich *localhost*

172.20.143.89/32
: Ein Host

172.20.143.0/24
: Ein kleines Netzwerk: Passende IP-Adressen wären zum Beispiel 172.20.143.5 oder 172.20.143.72.

192.168.100.180/30
: Ein sehr kleines Netzwerk: Die einzigen IP-Adressen für Hosts wären 192.168.100. 181 und 192.168.100.182. (.180 ist die Netzwerkadresse und .183 die Broadcast-Adresse). Die Netzmaske muss also nicht durch acht teilbar sein.

10.6.0.0/16
: Ein größeres Netzwerk: Passende IP-Adressen wären zum Beispiel 10.6.0.1 oder 10.6.50.12.

Man beachte, dass die Nullen am Ende einer IP-Adresse nicht weggelassen werden dürfen, sonst wird die IP-Adresse nicht korrekt erkannt.

PostgreSQL unterstützt auch IPv6, und so können auch IPv6-Adressen angegeben werden. Beispiele für IPv6-Adressangaben:

::1/128
: Ein Host, nämlich der lokale, in IPv6-Form

2001:db8::/32
: Ein riesengroßes Netzwerk

Bei Adressen im sogenannten IPv4-in-IPv6-Bereich ist Folgendes zu beachten: Ein Eintrag in IPv6-Schreibweise trifft nur auf IPv6-Verbindungen zu, auch wenn die Adresse eigentlich im IPv4-in-IPv6-Bereich liegt. Im Gegensatz dazu wird ein Eintrag in IPv4-Schreibweise auch aktiv für IPv6-Verbindungen im IPv4-in-IPv6-Bereich. Wenn eine Clientverbindung zum Beispiel von der IPv6-Adresse ::ffff:127.0.0.1 kommt, passen sowohl ein IPv4-Eintrag 127.0.0.1/32 als auch ein geeigneter IPv6-Eintrag wie ::ffff:127.0.0.1/128. Wenn eine Clientverbindung aber von der IPv4-Adresse 127.0.0.1 kommt, passt nur ein IPv4-Eintrag wie 127.0.0.1/32, nicht aber ein IPv6-Eintrag wie ::ffff:127.0.0.1/128. (Das Ganze wird aber möglicherweise dadurch relativiert, dass der Kernel die IPv6-Adresse intern auf IPv4 umrechnet und dann ein IPv4-Eintrag zwingend notwendig wird.)

Das Verhalten der IPv6-Unterstützung hängt stark von anderen Faktoren ab, wie dem Kernel, der C-Bibliothek und dem DNS-System. Auf einigen Betriebssystemen werden IPv6-Adressen unter Umständen verwendet, wo man es gar nicht erwartet. Dann sind zusätzliche Einträge in *pg_hba.conf* nötig. Auf anderen Betriebssystemen funktioniert die IPv6-Unterstützung in PostgreSQL möglicherweise nicht vollständig. Beides ist hauptsächlich in älteren Betriebssystemen der Fall; in moderneren Versionen funktioniert die IPv6-Unterstützung meist besser. Bei Problemen sollte man sich die in den Fehlermeldungen angegebenen IP-Adressen ansehen, um zu überprüfen, ob man wirklich mit genau der Adresse in der Form arbeitet, von der man ausgegangen ist.

Statt einer Netzmaskenlänge wie /24 oder /32 kann man auch die Netzmaske im IP-Adressenformat in einem separaten Feld ausschreiben. Statt

```
127.0.0.1/32
172.20.143.89/32
172.20.143.0/24
192.168.100.180/30
10.6.0.0/16
```

würde man dann schreiben:

```
127.0.0.1         255.255.255.255
172.20.143.89     255.255.255.255
```

```
172.20.143.0      255.255.255.0
192.168.100.180   255.255.255.244
10.6.0.0          255.255.0.0
```

Diese Schreibweise kann aber als obsolet angesehen werden, da sie offensichtlich umständlicher, länger und schwieriger zu berechnen ist.

In jedem Fall können die Adressen nur als numerische IP-Adressen angegeben werden, aber nicht als Host- oder Domainnamen.

Um eine TCP/IP-Verbindung zum Datenbankserver aufbauen zu können, muss neben der Freischaltung in *pg_hba.conf* auch der Konfigurationsparameter `listen_addresses` so eingestellt werden, dass der Datenbankserver beziehungsweise der Kernel auf der Adresse überhaupt Verbindungen annimmt. Die Einträge in *pg_hba.conf* beziehen sich nur auf die Authentifizierung der Verbindungen, nicht darauf, welche IP-Adressen für Verbindungen freigeschaltet werden. Beide Konfigurationen müssen also sinnvoll aufeinander abgestimmt sein.

Bei der Erarbeitung eines Sicherheitskonzepts für das Datenbanksystem sollte bedacht werden, dass die Client-IP-Adresse prinzipiell vom Client bestimmt wird. Die IP-Adresse darf also nicht das alleinige Authentifizierungskriterium sein, so dass sich Hosts ohne weitere Kontrolle anmelden dürfen, es sei denn, man hat sehr genaue (auch physische) Kontrolle über das Netzwerk. Aus diesem Grund ist es in der Regel nicht sinnvoll, umfangreiche Listen von IP-Adressen in der Datei *pg_hba.conf* zu pflegen. Eine einzige Authentifizierungsmethode reicht in der Regel für alle Hosts aus.

Methode

Dieses Feld bestimmt schließlich die zu verwendende Authentifizierungsmethode, wenn alle vorherigen Felder mit der Verbindungsanfrage übereingestimmt haben. Die möglichen Methoden werden in den folgenden Abschnitten beschrieben.

Bei einigen Methoden kann nach dem Namen der Methode noch ein weiteres Feld stehen. Es stellt dann einen methodenspezifischen Parameter dar, der ebenfalls im Folgenden erläutert wird.

Authentifizierungsmethoden

In diesem Abschnitt werden die unterstützten Authentifizierungsmethoden beschrieben.

Trust

Die Authentifizierungsmethode »trust« erlaubt alle Verbindungen ohne weitere Zugangskontrolle. Im Rahmen der in den Spalten Datenbankname und Benutzername angegebenen Werte kann jeder beliebige Datenbank- und Benutzername ausgewählt werden.

Diese Authentifizierungsmethode ist wohl nur in drei Fällen sinnvoll. Erstens kann sie in Testinstallationen verwendet werden, wenn man Entwicklungen ohne lästige Zugangskontrolle testen möchte. Das ist wohl der häufigste Anwendungsfall. Zweitens kann Sie verwendet werden, wenn sowieso nur eine Person Zugriff auf den Rechner hat. In dem Fall sollten aber nur *local*-Verbindungen sowie *host*-Verbindungen von der Adresse 127.0.0.1 (sowie eventuell dem IPv6-Äquivalent) freigeschaltet werden. Drittens kann die Einstellung verwendet werden, wenn es andere, vorgeschaltete Zugangskontrollmechanismen gibt. So kann man zum Beispiel auch SSL zur Authentifizierung des Client verwenden (siehe Abschnitt *Client-Authentifizierung mit SSL*). Oder die Konfigurationsparameter `unix_socket_permissions`, `unix_socket_group` und `unix_socket_directory` können verwendet werden, um den Unix-Domain-Socket auf Basis der Dateisystemrechte abzusichern. Mit den Einstellungen

```
unix_socket_permissions = 0770
unix_socket_group = postgres
```

würde beispielsweise erreicht, dass nur Mitglieder der (Unix-)Gruppe *postgres* über den Unix-Domain-Socket verbinden können. Alternativ kann man mit `unix_socket_directory` die Socket-Datei in ein gesichertes Verzeichnis legen. Ein vergleichbares Verfahren für TCP/IP-Sockets ist nicht vorgesehen (von hochgradig abenteuerlichen Firewall-Regeln vielleicht einmal abgesehen). Man sollte dann für TCP/IP-Verbindungen eine andere Authentifizierungsmethode wählen oder TCP/IP-Verbindungen ganz verbieten, indem man die entsprechenden *pg_hba.conf*-Einträge entfernt.

Reject

Ein Eintrag mit der Methode »reject« sorgt dafür, dass eine passende Verbindung sofort abgelehnt wird. Diese Methode hat nur wenige Anwendungsfälle, etwa um einen Host aus einer Gruppe herauszufiltern, wie in diesem Beispiel:

```
host    all     all     192.168.5.23/32     reject
host    all     all     192.168.5.0/24      md5
```

In einem Fall wie diesem ist die Reihenfolge der Einträge ganz entscheidend, da die Einträge ja wie erwähnt von oben nach unten geprüft werden. Um tatsächliche Sicherheit zu erreichen, ist das aber nicht tauglich, da die Quell-IP-Adresse der Kontrolle des Datenbankadministrators und auch des Betriebssystemadministrators auf dem Datenbankserversystem entzogen ist. Firewall-Regeln sind in solchen Fällen möglicherweise sinnvoller. Ein weiterer Anwendungsfall ist eventuell das Debuggen von Datenbankverbindungsroutinen. In der Praxis wird der »reject«-Eintrag sehr selten verwendet.

Passwortauthentifizierung

Es gibt folgende drei Methoden, eine Passwortauthentifizierung auszuwählen: *md5*, *crypt* und *password*. Sie fragen vom Client ein Passwort ab und vergleichen es mit dem zuvor für den Datenbankbenutzer gesetzten (siehe oben). Das Abfrageverfahren hängt vom Client ab; viele der mit PostgreSQL mitgelieferten Werkzeuge verlangen zum Beispiel, dass der Benutzer das Passwort auf der Konsole eingibt.

Der Unterschied zwischen den Methoden besteht darin, wie das Passwort über die Netzwerkverbindung übertragen wird. Bei der Methode »md5« wird das Passwort mit MD5 gehasht versendet. Dieses Verfahren gilt nach dem aktuellen Stand der Wissenschaft als sicher. Die Methode »md5« sollte daher für Passwortauthentifizierung bevorzugt verwendet werden.

Bei der Methode *crypt* wird das Passwort mit der Systemfunktion `crypt()` verschlüsselt. Diese Methode ist aber nicht plattformübergreifend kompatibel, kryptographisch nicht völlig sicher und unterstützt auch nicht das verschlüsselte Abspeichern von Passwörtern. Bei der Methode *password* wird das Passwort gar im Klartext versendet. Wenn man über Unix-Domain-Sockets verbindet oder die Verbindung mit SSL verschlüsselt, kann das akzeptabel sein. Die Methoden *crypt* und *password* sind aber eher als Kompatibilitätsmodi für Clients vor PostgreSQL Version 7.2 zu verstehen und sollten heutzutage eigentlich gar nicht mehr eingesetzt werden.

Die Methode *md5* wird sehr häufig verwendet. Als Alternative bietet sich noch PAM-Authentifizierung an (siehe unten), wodurch das Passwort gegen andere Quellen als die Datenbank selbst geprüft werden kann.

Ident-basierte Authentifizierung

Die Idee bei der Ident-basierten Authentifizierung (Schlüsselwort »ident«) ist, dass der Client sich bereits beim Betriebssystem authentifiziert hat und dadurch das Recht erhält, sich ohne weitere Kontrolle mit bestimmten Parametern im Datenbanksystem anzumelden. Die Aufgabe der Authentifizierungskonfiguration ist nun, festzustellen, unter welchem Benutzerkonto der Client im Betriebssystem angemeldet ist und welche Datenbankbenutzernamen er zur Anmeldung im Datenbanksystem verwenden darf.

Die Ermittlung des Betriebssystembenutzernamens des Client läuft je nach Verbindungstyp unterschiedlich ab. Bei Verbindungen über Unix-Domain-Sockets fragt der Datenbankserver direkt den Kernel, der ja unmittelbar mit dem Client kommuniziert. Bei Verbindungen über TCP/IP fragt der Datenbankserver den auf dem Host des Client laufenden sogenannten Ident-Server, welcher Benutzername zu einer bestimmten eingehenden Verbindung gehört. Der Ident-Server ist eine standardisierte Software, die in allen modernen Betriebssystemen enthalten ist oder leicht nachinstalliert werden kann. Das sicherheitsrelevante Problem ist jedoch, dass der Ident-Server unter Kontrolle des Clientrechners ist und im Prinzip jede beliebige Antwort geben kann. Wenn man sich als Administrator des Datenbankservers nicht darauf verlassen kann, dass die Clients unkompromittiert sind, bietet die Ident-basierte Authentifizierung keine Sicherheit. (Die eigentliche Aufgabe des Ident-Protokolls ist die Veröffentlichung von Informationen zum Logging und zur Systemanalyse, nicht aber die Zugangskontrolle.) Auf dem lokalen Host ist das Ident-Verfahren jedoch brauchbar, wenn man davon ausgeht, dass der Client keinen *root*-Zugang hat, um den Ident-Server zu manipulieren. (Wenn er *root* hätte, könnte er ja die Datenbank sowieso direkt auslesen.)

Nachdem die Identität des Betriebssystembenutzers, unter dem der Client läuft, festgestellt wurde, überprüft der Datenbankserver, ob der Benutzer unter dem gewünschten Datenbankbenutzer verbinden darf. Das wird anhand der sogenannten Ident-Map festgestellt, die in *pg_hba.conf* nach dem Schlüsselwort `ident` angegeben werden muss. Die Map ist eine Tabelle, die Betriebssystembenutzer und Datenbankbenutzer einander zuordnet. Es gibt eine vordefinierte, virtuelle Map namens »sameuser«, die den Zugriff erlaubt, wenn der Betriebssystembenutzername und der Datenbankbenutzername übereinstimmen. Folgende Einstellung würde zum Beispiel festlegen, dass jeder lokale Betriebssystembenutzer sich unter dem gleichen Namen in der Datenbank anmelden darf:

```
local   all         all                                 ident sameuser
```

Das geht aber nur, wenn der entsprechende Benutzer in der Datenbank auch existiert. Das Authentifizierungssystem legt keine Benutzer automatisch an. Das muss wie oben beschrieben selbst durchgeführt werden.

Wenn die Map »sameuser« nicht ausreicht, weil die gewünschten Benutzerpaare nicht dieselben Namen haben, können weitere Maps definiert werden. Das geschieht in einer weiteren Konfigurationsdatei namens *pg_ident.conf*, die im selben Verzeichnis liegt wie *pg_hba.conf*. Das Format ist ganz ähnlich, nämlich ein Eintrag pro Zeile, mit den drei Spalten Mapname, Betriebssystembenutzername, Datenbankbenutzername:

```
# MAP           OS-NAME             DB-NAME
anwender        bernd               bernd
anwender        peter               peter
# karl hat einen anderen Benutzernamen
anwender        karl                kalle
# peter und bernd dürfen auch als gast
anwender        peter               gast
anwender        bernd               gast
```

Der Name der Map ist willkürlich. Ein passender Eintrag in *pg_hba.conf* wäre

```
local   all         all                                 ident anwender
```

Weitere Maps können in derselben Datei definiert werden, auch durcheinander, indem einfach ein anderer Map-Name angegeben wird.

In der Praxis wird die Ident-Authentifizierung wegen der beschrieben Sicherheitsproblematik fast ausschließlich für lokale Verbindungen verwendet (`local` oder `host 127.0.0.1` oder `::1`). Dann kommt überwiegend die Map »sameuser« zur Anwendung, da die Benutzerkonten ja üblicherweise gleich benannt sein sollten. Eigene Maps kommen selten zur Anwendung, da die Pflege relativ aufwendig ist. Statt etwa Benutzerkonten auf gemeinsame Zugänge abzubilden (siehe Beispiel »gast« oben), ist oft der Einsatz von Gruppenrollen direkt in der Datenbank einfacher und wirkungsvoller. Häufig gibt es auch gar keinen Grund, jedem Benutzer Zugang zum Datenbanksystem zu geben, da sich der Zugang auf einige wenige Konten wie Superuser und Applikationsserver beschränkt. Daher ist das Ident-Verfahren im Produktivbetrieb nur eingeschränkt sinnvoll.

Üblich ist wie schon erwähnt der Eintrag

```
local   all         postgres                          ident sameuser
```

damit der Superuser passwortfreien Zugang zu Wartungszwecken haben kann.

Das Ident-Verfahren kann übrigens auch durch das Passwortverfahren ersetzt werden. Dazu werden die Passwörter für jeden benötigten Datenbankbenutzer in eine Datei geschrieben, die nur vom Betriebssystembenutzer selbst lesbar ist. Clients würden dann diese Datei auslesen. Programme, die auf der Bibliothek *libpq* aufbauen, können dazu die Datei *~/.pgpass* verwenden. Damit wird durch das Anmelden im Betriebssystem der Zugang zum Datenbanksystem im Prinzip freigegeben. Und dieses Verfahren funktioniert sogar sicher für nicht lokale Verbindungen und erfordert keinen Abgleich der Namen der Benutzerkonten und keine aufwendige Pflege einer Ident-Map.

Authentifizierung mit Kerberos, GSSAPI und SSPI

Kerberos ist ein Protokoll zur Authentifizierung über (möglicherweise unsichere) Netzwerke. Was heutzutage als »Single Sign-On« neu angepriesen wird, bot Kerberos im Prinzip schon vor 20 Jahren. Da es allerdings ziemlich kompliziert ist, hat es außerhalb von sehr großen Netzen wenig Verbreitung gefunden. In der Regel muss man PostgreSQL auch nicht über große Netze authentifizieren, sondern hält das direkte Netz und die Zahl der Zugänge klein. Allerdings hat Kerberos den Vorteil, dass man sich damit mit einer Aktion (etwa Passwort) in allen Diensten anmelden kann, zum Beispiel im Webserver und im Datenbanksystem gleichzeitig, wenn alle Komponenten mitspielen.

GSSAPI (Generic Security Services Application Program Interface) ist eine Programmierschnittstelle, die den Zugriff auf Sicherheitsdienste ermöglicht. In der Praxis wird GSSAPI meist dazu eingesetzt, auf Kerberos zuzugreifen. Die Kerberos-API selbst ist nämlich nicht standardisiert. *SSPI* (Security Support Provider Interface) ist eine entsprechende Schnittstelle unter Microsoft Windows. GSSAPI und SSPI verhalten sich aus der Sicht des PostgreSQL-Anwenders von außen gleich; SSPI kann aber nur verwendet werden, wenn sowohl Client als auch Server Windows verwenden.

PostgreSQL unterstützt Authentifizierung über die native Kerberos-API unter dem Methodennamen `krb5`, diese Methode ist jedoch obsolet. Stattdessen sollten die Methoden `gss` (für GSSAPI) beziehungsweise `sspi` angewendet werden. All diese Verfahren funktionieren nur für TCP/IP-Verbindungen.

Die Beschreibung der Einrichtung eines Kerberos-Systems würde den Rahmen dieser Ausführungen sprengen. Interessierte Leser werden an die PostgreSQL-Dokumentation sowie andere, ausführlichere Literatur zum Thema Kerberos verwiesen. In der Praxis sind diese Authentifizierungsmethoden äußerst selten im Einsatz.

Authentifizierung mit PAM

Die Authentifizierungsmethode »pam« verwendet den vom Betriebssystem angebotenen Dienst PAM (Pluggable Authentication Modules). Das ist, wie der Name schon sagt, ein modularer Authentifizierungsdienst, der diverse Authentifizierungsverfahren anbietet und von vielen Serverdiensten wie etwa IMAP-Servern und Webservern sowie dem Loginprozess selbst verwendet wird. PAM ist hauptsächlich auf Linux und Solaris im Einsatz.

Im typischen Anwendungsfall funktioniert die PAM-Methode ähnlich wie Passwortauthentifizierung, nur dass die Passwörter nicht aus der Datenbank, sondern einer anderen Quelle kommen, zum Beispiel aus der Systempasswortdatenbank (normalerweise */etc/shadow*), LDAP oder NIS. (Die Benutzer müssen aber in der Datenbank angelegt sein. PAM übernimmt nur die Authentifizierung, nicht die Verwaltung von Benutzerkonten.)

Der voreingestellte PAM-Servicename ist »postgresql«. Ein anderer kann nach dem Schlüsselwort `pam` in *pg_hba.conf* angegeben werden. Anhand des Servicenamens liest der PAM-Dienst die Authentifizierungskonfiguration aus einer Datei wie */etc/pam.d/postgresql*. PAM bietet einige Dutzend Module, um die Authentifizierung zu steuern. Eine einfache Beispielkonfiguration für PostgreSQL könnten so aussehen:

```
auth      required pam_unix.so nullok_secure
account   required pam_unix.so
password  required pam_unix.so nullok obscure min=4 max=8 md5
session   required pam_unix.so
```

Das Modul `pam_unix.so` steht grob gesagt für »mach es so wie Unix«, also »prüfe das Passwort gegen */etc/shadow*«. Das genaue Verhalten der Module ist jeweils abhängig von weiteren Konfigurationseinstellungen im PAM-System und unterscheidet sich auch je nach PAM-Version und Betriebssystem. Die Lektüre der jeweiligen Dokumentation wird empfohlen.

Wenn PAM so konfiguriert ist, dass die Passwörter aus */etc/shadow* gelesen werden, müssen dem PostgreSQL-Server Leserechte für diese Datei gewährt werden, zum Beispiel indem man den Benutzer *postgres* in die Gruppe *shadow* einfügt. Wenn PAM aber LDAP oder andere Quellen abfragt, ist das nicht notwendig, wobei dort natürlich andere Restriktionen gelten könnten. Generell ist es ziemlich suspekt, die Authentifizierung der Datenbank an die Betriebssystempasswörter zu hängen. Wenn gewünscht wird, dass die Benutzer kein getrenntes Authentifizierungsverfahren für die Datenbank anwenden müssen, dann ist die Ident-Methode ein mögliche Lösung.

In der Praxis wird die PAM-Methode eher selten verwendet. Wo externe Passwortdatenbanken gewünscht sind, wird eventuell auch die neuere LDAP-Methode PAM ersetzen können.

> Es gibt übrigens auch ein PAM-Modul namens `pam_pgsql`, das die Passwörter aus einer PostgreSQL-Datenbank liest. Es bieten sich interessante Einsatzfelder, wenn Benutzerkonten in einer PostgreSQL-Datenbank verwaltet werden, wo sonst üblicherweise etwa LDAP eingesetzt würde. Man könnte also theoretisch eine PostgreSQL-Datenbank auch gegen eine andere PostgreSQL-Datenbank authentifizieren. Ob das sinnvoll ist, ist natürlich fraglich.

Authentifizierung mit LDAP

Die Authentifizierung mit LDAP reicht die Authentifizierungsaufgabe an einen LDAP-Server weiter. Das bietet sich an, wenn man die Passwörter für verschiedene Dienste vereinheitlichen will. Wenn man schon einen LDAP-Server mit Passwörtern für andere Systeme verwendet, dann kann man ihn in der Regeln auch mit PostgreSQL verwenden. Das Einrichten eines LDAP-Servers wird hier aber nicht behandelt. Dazu gibt es viele verschiedene Möglichkeiten und detailliertere Literatur.

Man kann LDAP-Abfragen auch über PAM konfigurieren, aber da besteht erstens der Nachteil, dass man *root*-Rechte benötigt, und zweitens ist PAM nicht auf allen Betriebssystemen verfügbar. Und LDAP ohne Umwege ist auch einfacher.

Wie bei allen Authentifizierungsmethoden gilt hier auch, dass die Benutzer in der Datenbank angelegt werden müssen. Die LDAP-Abfrage prüft nur das Passwort.

Um LDAP-Authentifizierung zu konfigurieren, schreibt man in die entsprechende Zeile in *pg_hba.conf* das Schlüsselwort `ldap` als Methode, gefolgt von einer LDAP-URL:

```
host  all  all  1.2.3.4/24  ldap "ldap[s]://servername[:port]/base dn[;prefix[;suffix]]"
```

Obwohl es nicht unbedingt notwendig ist, ist es generell zu empfehlen, die LDAP-URL wie hier gezeigt in doppelte Anführungszeichen zu setzen, weil sonst der Parser für *pg_hba.conf* leicht durcheinanderkommen kann.

Das URL-Schema `ldap` verwendet unverschlüsseltes LDAP, das URL-Schema `ldaps` verwendet TLS. Das muss im LDAP-Server entsprechend eingerichtet sein. Wenn kein Port angegeben wird, wird der in der LDAP-Bibliothek eingebaute Standardport verwendet.

Dann wird der in der Verbindungsanfrage verwendete Benutzername verwendet, das in der LDAP-URL angegebene Präfix davorgesetzt, das Suffix dahinter, und damit meldet man sich beim LDAP-Server mit dem eingegebenen Passwort an. Der »base dn« wird in der aktuellen PostgreSQL-Version nicht verwendet. Das Präfix ist üblicherweise `cn=`, oder aber `DOMAIN\` für Active Directory.

Hier ist eine Beispiel-URL:

```
"ldap://ldap.example.org/;cn="
```

Beachten Sie, dass die Überprüfung des Passworts vom LDAP-Server vorgenommen wird. Es wird also nicht etwa, wie man vielleicht vermuten würde, das Passwort im LDAP-Verzeichnis gesucht und vom PostgreSQL-Server verglichen. Wie der LDAP-Server das Passwort überprüft, muss also ganz allein dort eingestellt werden. Der LDAP-Server wird dann normalerweise so konfiguriert, dass er die Passwörter unter einem bestimmten BaseDN in einem bestimmten Schema sucht. Wenn der LDAP-Server allerdings gar keine Authentifizierung seiner eigenen Clients vornimmt, ist auch der Zugang zum PostgreSQL-Server offen.

Authentifizierungsprobleme

Jetzt hat man also eine ausgefeilte Zugangskontrollkonfiguration eingerichtet, aber man kann sich nicht so anmelden, wie man sich das gedacht hatte. Anhand der Fehlermeldungen kann man die Problemquelle eingrenzen und die richtigen Korrekturen ergreifen.

Folgende Fehlermeldung deutet *nicht* auf ein Problem bei der Authentifizierung hin:

```
konnte nicht mit dem Server verbinden: Connection refused
        Läuft der Server auf dem Host »dbserver« und akzeptiert er
        TCP/IP-Verbindungen auf Port 5432?
```

Das Problem hier ist, dass auf der gewünschten Adresse kein Server antwortet. Entweder läuft der Server gar nicht oder er akzeptiert keine Verbindungen auf der angegebenen IP-Adresse beziehungsweise Portnummer. Eine unpassende Einstellung des Konfigurationsparameters `listen_addresses`, der in der Voreinstellung nur Verbindungen von *localhost* zulässt, wäre eine mögliche Fehlerquelle. Ansonsten kommen auch Probleme im Kernel oder Netzwerk infrage, zum Beispiel Paketfilter. Diese Fehlermeldung hat auf jeden Fall nichts mit *pg_hba.conf* zu tun.

Eine relevante Fehlermeldung sieht so aus:

```
FATAL:  kein pg_hba.conf-Eintrag für Host »192.168.2.30«, Benutzer »peter«, Datenbank
»dbserver«, SSL aus
```

In diesem Fall gibt es entweder keinen passenden Eintrag in *pg_hba.conf* für die angezeigten Verbindungsparameter, oder ein passender Eintrag ergab den Wert »reject«. Man sollte daher die Eintragungen in *pg_hba.conf* überprüfen, eventuell ist die IP-Adressangabe oder -Netzwerkmaske fehlerhaft. Natürlich kann es auch sein, dass der Fehler ganz normal ist, weil der genannte Client tatsächlich keinen Zugang erhalten soll.

Fehlermeldungen wie

```
FATAL:  Passwort-Authentifizierung für Benutzer »peter« fehlgeschlagen
```

und

```
FATAL:  Ident-Authentifizierung für Benutzer »peter« fehlgeschlagen
```

und so weiter bedeuten, dass ein passender Eintrag in *pg_hba.conf* gefunden wurde, aber der anschließende Authentifizierungsvorgang nicht erfolgreich war. Dem Client werden aus Sicherheitsgründen in der Fehlermeldung nicht viele Details gegeben, aber in der Regel ist der Grund logisch. Im Fall der Passwortauthentifizierung war wahrscheinlich einfach das Passwort falsch. Im Fall von Ident passten die Benutzernamen von Betriebssystem und Datenbank nicht entsprechend der eingestellten Map zusammen. Bei Kerberos, PAM und LDAP gibt es vielfältige Fehlerquellen, die individuell analysiert werden müssen.

Gelegentlich mag man auch eine sehr spezielle Fehlermeldung wie

```
pg_krb5_init: krb5_cc_get_principal: No credentials cache found
```

sehen, was auf bestimmte Konfigurationsprobleme im entsprechenden Subsystem hinweist. (Im diesem Beispiel ist das Kerberos-System gar nicht eingerichtet.)

Konkretere Informationen über ein fehlerhaft funktionierendes Authentifizierungssystem finden sich gegebenenfalls im Serverlog. Wenn beispielsweise die LDAP-Authentifizierung den LDAP-Server nicht erreichen kann, findet man so eine Fehlermeldung im Log:

```
LOG:  LDAP-Login fehlgeschlagen für Benutzer »EXAMPLE\peter« auf Server »ldap.example.
net«: Fehlercode -1
```

Diese und ähnliche Detailinformationen über den Authentizierungsvorgang stehen nur dem Administrator des Datenbankservers zur Verfügung. Wenn sich also der Fehler aus Sicht des Client nicht erklären lässt, ist ein Blick in das Serverlog ratsam.

Keine Authentifizierungsprobleme im engeren Sinne bedeuten auch die Meldungen

```
FATAL:  Datenbank »foo« existiert nicht
```

und

```
FATAL:  Rolle »foo« existiert nicht
```

Sie sagen aus, dass die Authentifizierung schon erfolgreich war, es aber die angegebene Datenbank oder Rolle einfach nicht gibt. Wenn man die Datenbank beziehungsweise Rolle anlegt, sollte die Anmeldung funktionieren.

Intern finden die Vorgänge beim Anmelden am Datenbanksystem in der Reihenfolge statt, wie sie hier behandelt worden sind. Die Prüfung, ob es die Rolle gibt, findet also tatsächlich erst *nach* der eigentlichen Authentifizierung statt. Die Kenntnis dieser Abläufe kann bei der Analyse von Authentifizierungsproblemen hilfreich sein.

Zugangskontrolle in der Praxis

Für den oben beschriebenen Datenbankentwurf mit den drei Rollen Superuser, Schemaeigentümer und Anwendungsbenutzer bietet sich im einfachsten Fall folgende Konfiguration an:

```
local   all         postgres                        ident sameuser
host    all         all         0.0.0.0/0           md5
```

Damit kann der Superuser *postgres* ins Datenbanksystem, indem er sich vorher als Betriebssystembenutzer *postgres* anmeldet. Den Zugang zum Betriebssystembenutzerkonto kann man zum Beispiel wiederum per Passwort oder sudo regeln. Oft ist der Datenbankadministrator auch Systemadministrator und kann sich über den Umweg *root* als *postgres* anmelden. Der Anwendungsbenutzer und alle anderen besonderen Datenbankbenutzerkonten werden in diesem Beispiel per Passwort authentifiziert. Das Passwort könnte dann in einer entsprechend gesicherten Konfigurationsdatei, entweder *.pgpass* oder einer eigenen, der Anwendung zur Verfügung gestellt werden. In der Regel ist es nicht sinnvoll, einzelne IP-Adressen oder Netzwerke aufzuzählen. Das erhöht nur den Wartungsaufwand, bietet aber keine zusätzliche Sicherheit.

Für Testinstanzen, bei denen man keine Authentifizierung durchführen möchte, kann man diese Konfiguration verwenden:

```
local  all        all                         trust
host   all        all       127.0.0.1/32      trust
```

Um versehentliche Einflüsse von außen zu vermeiden, könnte man hier die IP-Adressen wie gezeigt beschränken wollen. Für Testsysteme, die Kommunikation über das Netzwerk benötigen, trägt man stattdessen 0.0.0.0/0 ein.

Alle anderen Authentifizierungsoptionen sind eher selten und nur in Spezialfällen im Einsatz.

Rechteverwaltung

Der Zugriff auf Datenbankobjekte, also Tabellen, Sichten, Funktionen, Schemas usw., wird durch ein Rechtesystem kontrolliert. Das hat natürlich vor allem den Zweck, unberechtigten Zugriff auf Tabellendaten zu verhindern. Aber auch als Ressourcenkontrolle, zum Beispiel bei Funktionen, kann es verwendet werden.

Für verschiedene Arten von Zugriff auf Objekte gibt es getrennte Rechte. Diese Rechte werden in PostgreSQL und auch SQL im Allgemeinen »Privilegien« genannt. Die Verwaltung von Privilegien und ihre genaue Bedeutung werden in diesem Abschnitt behandelt.

> Auch hier gilt, dass Superuser sämtliche Rechtekontrollen umgehen.

Privilegien gewähren und entziehen

Im SQL-Fachjargon werden Privilegien *gewährt* und *entzogen*. Die entsprechenden englischen Verben sind »grant« und »revoke«, und so heißen auch die zuständigen SQL-Befehle `GRANT` und `REVOKE`.

Die generelle Syntax von `GRANT` ist

```
GRANT privileg [, ...] ON objekt [, ...] TO rolle [, ...]
```

Die von `REVOKE` ist

```
REVOKE privileg [, ...] ON objekt [, ...] FROM rolle [, ...]
```

Dabei ist

privileg
: einer der unten beschriebenen Privilegtypen,

objekt
: der Name einer Tabelle, Sequenz, Datenbank, Funktion, Sprache, eines Schemas oder eines Tablespaces (Tabellen schließen Sichten mit ein; siehe Beispiele) und

rolle

der Name einer Rolle (Benutzer oder Gruppe) oder das Schlüsselwort PUBLIC, das das Privileg allen Benutzern im Datenbanksystem zur Verfügung stellt.

Hier sehen Sie einige Beispiele:

```
GRANT SELECT ON personen TO staff;
GRANT UPDATE ON TABLE bestellungen TO mitarbeiter;
GRANT UPDATE ON TABLE schema2.bestellungen TO mitarbeiter;
GRANT USAGE ON SEQUENCE personen_id_seq TO PUBLIC;
GRANT ALL PRIVILEGES ON DATABASE mydb TO bernd;
GRANT EXECUTE ON func1(int, int) TO PUBLIC;

REVOKE USAGE ON LANGUAGE plperl FROM peter;
REVOKE USAGE ON SCHEMA public FROM PUBLIC,

GRANT USAGE ON TABLESPACE fastdisk TO admins;
```

Das Schlüsselwort TABLE ist optional, bei allen anderen Objekttypen muss der Objekttyp mitangegeben werden. Bei Funktionen muss wie gezeigt zur eindeutigen Identifizierung die Parameterliste mitangegeben werden.

Eigentümerrechte

Der Eigentümer eines Objekts ist anfänglich der Benutzer, der es erzeugt hat. Später kann man den Eigentümer mit dem entsprechenden ALTER-Befehl ändern, zum Beispiel ALTER TABLE name OWNER TO rolle im Falle einer Tabelle.

Der aktuelle Eigentümer hat anfänglich immer automatisch alle Privilegien für das entsprechende Objekt. (Die einzelnen Privilegtypen werden im folgenden Abschnitt beschrieben.) Man kann also zum Beispiel seine eigenen Tabellen verwenden, ohne die Privilegien explizit zu bearbeiten. Der Eigentümer kann seine Privilegien jedoch auch per REVOKE-Befehl entfernen, etwa um sich selbst vor unerwünschten Aktionen zu schützen. Er kann sie jedoch jederzeit wieder hinzufügen.

Außerdem gibt es noch bestimmte Rechte, die ausschließlich dem Eigentümer vorbehalten und nicht durch irgendwelche Privilegtypen beschrieben sind. Insbesondere kann nur der Eigentümer Objekte ändern, zum Beispiel sie umbenennen oder löschen oder einer Tabelle Spalten hinzufügen.

Privilegtypen

Es gibt in PostgreSQL eine Reihe unterschiedlicher Privilegtypen, die die Rechte für bestimmte Operationen (Lesen, Schreiben und so weiter) mit bestimmten Objektarten (Tabellen, Funktionen und so weiter) darstellen. Sie werden in den folgenden Unterabschnitten beschrieben.

Zusätzlich zu den einzelnen Privilegien kann man auch die Klausel `ALL PRIVILEGES` (oder nur `ALL`) anstelle eines Privilegs angeben. Dann werden alle Privilegien gewährt beziehungsweise entzogen, die für den verwendeten Objekttyp zutreffen und für die der aktuelle Benutzer Rechte hat. (Wenn der Objekteigentümer die Rechte vergibt, beinhaltet das alle möglichen Rechte. Im Fall von Grant-Optionen – siehe unten – sind das aber nur die Rechte, für die Grant-Optionen bestehen.)

Privilegien für Tabellen und Sichten

Für Tabellen und Sichten gibt es folgende Privilegtypen:

SELECT
: Erlaubt das Lesen der Tabelle oder Sicht mit `SELECT` und `COPY FROM`.

  Wenn ein `UPDATE`- oder `DELETE`-Befehl eine Suchbedingung hat, die aus der Tabelle liest, ist ebenfalls das `SELECT`-Privileg nötig. Zum Beispiel benötigt `DELETE FROM tab1 WHERE x > 5` sowohl `DELETE`- als auch `SELECT`-Privilegien für `tab1`. Der Grund dafür ist, dass ein Benutzer sonst aufgrund des Verhaltens des `UPDATE`- oder `DELETE`-Befehls, insbesondere der zurückgegebenen Zahl der betroffenen Zeilen, Rückschlüsse auf den Datenbankinhalt ziehen könnte. Schreiboperationen können ja zurückgerollt werden, also wäre dieses Ausprobieren sogar möglich, ohne Schaden anzurichten. Da die meisten sinnvollen `UPDATE`- und `DELETE`-Befehle Suchbedingungen haben, ist das `SELECT`-Privileg also in der Praxis auch für die meisten Schreibzugriffe nötig.

INSERT
: Erlaubt das Einfügen in die Tabelle oder Sicht mit `INSERT` und `COPY TO`.

UPDATE
: Erlaubt das Ändern von Daten in einer Tabelle oder Sicht. Außerdem benötigen die Befehle `SELECT ... FOR UPDATE` und `SELECT ... FOR SHARE` neben dem `SELECT`-Privileg das `UPDATE`-Privileg. Der Grund dafür ist, dass sie ein ähnliches Sperrverhalten hervorrufen. In der Praxis sind diese Befehle meist im Zusammenhang mit einem späteren `UPDATE`-Aufruf zu finden; daher ist das eine praxisnahe Vereinfachung.

DELETE
: Erlaubt das Löschen von Daten aus einer Tabelle mit `DELETE`.

  Eigentlich ist ein separates `DELETE`-Privileg sinnlos, da man mit `UPDATE` genauso Daten vernichten kann. Normalerweise kann man die Privilegien `UPDATE` und `DELETE` also immer zusammen vergeben.

  Dieses Privileg erlaubt kein `TRUNCATE`. Nur der Tabelleneigentümer kann `TRUNCATE` ausführen.

Das Schreiben (Einfügen, Aktualisieren, Löschen) in Sichten funktioniert unabhängig von den Privilegien nur, wenn entsprechende Rewrite-Regeln definiert worden sind.

Daneben gibt es noch einige seltener verwendete Privilegtypen für Tabellen und Sichten:

REFERENCES
: Um einen Fremdschlüssel zu definieren, benötigt man dieses Privileg für beide beteiligten Tabellen. In der Praxis wird dieses Privileg selten benötigt, weil üblicherweise alle Tabellen demselben Eigentümer gehören und der Eigentümer die Fremdschlüssel anlegt.

TRIGGER
: Erlaubt das Anlegen von Triggern für die betroffenen Tabellen. Auch Trigger werden üblicherweise direkt vom Tabelleneigentümer anlegt, weshalb es selten notwendig ist, dieses Privileg explizit zu gewähren.

Diese Privilegien sind im SQL-Standard definiert, aber wie erwähnt in der Praxis selten nützlich.

Privilegien für Sequenzen

Für Sequenzen gibt es drei sich überschneidende Privilegtypen.

SELECT
: Erlaubt die Verwendung der Funktion `currval` mit der Sequenz. Diese Funktion liest den aktuellen Sequenzwert aus. Das `SELECT`-Privileg benötigt man in der Praxis seltener, da die Funktion `currval` nicht sehr häufig verwendet wird.

UPDATE
: Erlaubt die Verwendung der Funktionen `nextval` und `setval` mit der Sequenz. Diese Funktionen setzen den Wert der Sequenz.

USAGE
: Erlaubt die Verwendung der Funktionen `currval` und `nextval` mit der Sequenz.

: Das ist der Privilegtyp, den man normalerweise für Sequenzen verwenden wird. Er erlaubt das Auslesen der Sequenz mit `currval` sowie das Weiterzählen mit `nextval`, nicht aber das willkürliche Verändern mit `setval`.

Üblicherweise ist eine Sequenz ja über einen Default-Wert an eine Tabelle gebunden. Die Rechte der Tabelle werden aber nicht automatisch an die Sequenz weitergegeben. Sinnvollerweise benötigen dann alle Benutzer mit `INSERT`- oder `UPDATE`-Rechten für die Tabellen auch das `USAGE`-Privileg für die Sequenz. Ansonsten würden die entsprechenden Tabellenoperationen fehlschlagen.

Privilegien für Funktionen

Für Funktionen (auch Aggregatfunktionen) gibt es nur einen Privilegtyp:

EXECUTE
: Erlaubt das Ausführen der Funktion.

Dieses Privileg ist bei allen neu definierten Funktionen automatisch für `PUBLIC` gesetzt. Für normale Funktionen bringt es in der Regel keinen Sicherheitsgewinn, bestimmten

Benutzern dieses Recht zu entziehen. Insbesondere ist der Quellcode aller Funktionen für alle Benutzer lesbar, also könnte jeder Benutzer den Code der beschränkten Funktion auch von Hand ausführen.

Eine Ausnahme sind Security-Definer-Funktionen, also Funktionen, die mit den Privilegien des Eigentümers statt mit denen des aktuellen Benutzers ausgeführt werden. Derartige Funktionen werden verwendet, um Zugriff auf Tabellen zu gewähren, auf die der aktuellen Benutzer sonst nicht zugreifen könnte. Dann kann es je nach Anwendung sinnvoll sein, diese Möglichkeit nur bestimmten Benutzern zu geben, indem man das EXECUTE-Privileg restriktiver verteilt. Um beim Anlegen der Funktion keine Race Condition zu erzeugen, sollte man das Anlegen der Funktion und das Einstellen der Privilegien in einer Transaktion ausführen:

```
START TRANSACTION;
CREATE FUNCTION name(arg) ... SECURITY DEFINER AS $$ ... $$;
REVOKE ALL PRIVILEGES ON FUNCTION name(arg) FROM PUBLIC;
GRANT EXECUTE ON FUNCTION name(arg) TO wichtiger_user;
COMMIT;
```

So gibt es keinen Zwischenzustand, in dem die Funktion für alle Benutzer ausführbar wäre.

Privilegien für Schemas

Für Schemas gibt es zwei Privilegtypen:

CREATE
: Erlaubt das Erzeugen von neuen Objekten im Schema. Außerdem erlaubt dieses Privileg das Umbenennen von Objekten im Schema. Dazu muss der aktuelle Benutzer jedoch zusätzlich Eigentümer des Objekts sein.

USAGE
: Erlaubt die Verwendung von Objekten im Schema. Dazu sind zusätzlich noch die passenden Privilegien für das Objekt selbst nötig, aber ohne das USAGE-Privileg würde die Aktion trotz ansonsten ausreichender Privilegien nicht erlaubt. Beachten Sie aber, dass die Objekte im Schema trotzdem über die Systemkataloge sichtbar sind – man kann nur nicht auf sie zugreifen. Man könnte diesen Privilegtyp ungefähr mit dem Execute-Permission-Bit für Verzeichnisse auf Unix-artigen Systemen vergleichen.

Privilegien für Datenbanken

Für Datenbanken gibt es drei Privilegtypen:

CONNECT
: Erlaubt das Verbinden mit der Datenbank. Dieses Privileg wird zusätzlich zu Einträgen in *pg_hba.conf* und dem Loginattribut von Rollen geprüft.

Dieses Privileg ist bei neuen Datenbanken automatisch für `PUBLIC` gesetzt. Um die Verbindungsprivilegien einzuschränken, muss daher zuerst `REVOKE CONNECT ON DATABASE xyz FROM PUBLIC` ausgeführt werden.

CREATE
: Erlaubt das Erzeugen von neuen Schemas in der Datenbank.

TEMP

TEMPORARY
: Erlaubt das Anlegen von temporären Tabellen in der Datenbank. Dieses Privileg ist bei neuen Datenbanken automatisch für `PUBLIC` gesetzt. Normalerweise gibt es keinen Grund, es einzuschränken.

Privilegien für Sprachen

Für prozedurale Sprachen gibt es nur einen Privilegtyp, der auch recht selten explizit verwendet wird:

USAGE
: Erlaubt das Verwenden der Sprache, um neue Funktionen anzulegen. Dieses Privileg ist bei neuen Sprachen automatisch für `PUBLIC` gesetzt. Normalerweise gibt es keinen Grund, es einzuschränken.

Unabhängig davon können nicht vertrauenswürdige (*untrusted*) Sprachen nur von Superusern verwendet werden.

Privilegien für Tablespaces

Für Tablespaces schließlich gibt es auch nur einen Privilegtyp:

CREATE
: Erlaubt das Erzeugen von Objekten im Tablespace sowie das Anlegen von Datenbanken mit dem Tablespace als Default-Tablespace.

Grant-Optionen

Normalerweise können Privilegien nur vom Objekteigentümer vergeben werden. Es gibt allerdings auch die Möglichkeit, das Recht zur Vergabe von Privilegien weiterzureichen. Das ist die sogenannte Grant-Option. Sie wird im `GRANT`-Befehl mit der Klausel `WITH GRANT OPTION` markiert:

```
GRANT SELECT ON TABLE foo TO bernd WITH GRANT OPTION;
```

In diesem Beispiel hätte der Benutzer *bernd* nun das Recht, das `SELECT`-Privileg auch selbst an andere Benutzer weiterzureichen. Die Grant-Option kann nur mit dem Privileg selbst vergeben werden.

Um die Grant-Option zu entfernen, dient der Befehl

```
REVOKE GRANT OPTION FOR SELECT ON TABLE foo FROM bernd;
```

Dieser Befehl entzieht nur die Grant-Option, aber nicht das Privileg selbst. Um das Privileg selbst samt Grant-Option zu entziehen, wird der normale REVOKE-Befehl

```
REVOKE SELECT ON TABLE foo FROM bernd;
```

ausgeführt.

Wenn eine Grant-Option wieder entzogen wird, müssen auch die aufgrund dieser Grant-Option weitergegebenen Privilegien rekursiv entfernt werden. Um das zu veranlassen, muss das Schlüsselwort CASCADE angegeben werden, etwa so:

```
REVOKE GRANT OPTION FOR SELECT ON TABLE foo FROM bernd CASCADE;
```

Ansonsten wird es eine Fehlermeldung geben, wenn abhängige Privilegien vorhanden sind, wie bei CASCADE/RESTRICT in PostgreSQL üblich.

Mit dem Mechanismus der Grant-Optionen kann eine Rolle ein bestimmtes Privileg auch auf verschiedene Art erhalten haben. Ein REVOKE entfernt dann nur die Privilegien, die vom aktuellen Benutzer ausgehen. Eventuell könnte eine Rolle das Privileg dann effektiv trotzdem behalten, wenn sie es auf anderem Wege noch einmal erhalten hat. Um dieses System umzusetzen, wird für jedes gewährte Privileg auch gespeichert, wer es gewährt hat, der sogenannte Grantor. Im Prinzip funktioniert dieses Verfahren vollkommen logisch und erwartungsgemäß, aber man kann sich naturgemäß auch sehr verzetteln.

In der Praxis werden die Grant-Optionen eher selten verwendet. Normalerweise reicht es aus, wenn der Tabelleneigentümer die notwendigen Privilegien direkt an die gewünschten Rollen verteilt.

Privilegien anzeigen

Um sich die verteilten Privilegien anzeigen zu lassen, gibt es verschiedenen Möglichkeiten.

Zunächst kann man in psql den Befehl \z verwenden, um sich die Privilegien für Tabellen anzeigen zu lassen. Das Ausgabeformat sieht zum Beispiel so aus:

```
utest=# \z
                       Zugriffsrechte für Datenbank »utest«
 Schema | Name |   Typ   |                       Zugriffsrechte
--------+------+---------+-----------------------------------------------------------
 public | tab1 | Tabelle | {peter=arwdxt/peter,joe=rw/peter,bob=d*/peter,staff=x/peter}
 public | test | Tabelle |
(2 Zeilen)
```

Die Privilegien sind in das Array in der letzten Spalte kodiert. Dieses Format ist das interne Speicherformat und ist so zu verstehen:

```
grantee=privs/grantor
```

(Der grantee ist der Empfänger der Privilegien, der grantor derjenige, der sie erteilt hat.) Die Buchstaben stellen die einzelnen Privilegtypen dar:

- a = INSERT (»append«)
- r = SELECT (»read«)

- w = UPDATE (»write«)
- d = DELETE
- x = REFERENCES
- t = TRIGGER

Ein * hinter dem Buchstaben stellt eine Grant-Option dar. Ein ganz leerer Eintrag (wie im Beispiel bei der Tabelle »test«) bedeutet, dass noch keine Privilegien verändert wurden und die Vorgabewerte (nur der Eigentümer hat Zugriff) gelten. Weitere Informationen zu diesem Format sind in der PostgreSQL-Dokumentation des SQL-Befehls GRANT zu finden.

Wer es noch genauer haben möchte, kann diese Informationen auch direkt aus den Systemtabellen lesen. Die Privilegien über Tabellen, Sichten und Sequences stehen in der Tabelle pg_class, Spalte relacl in genau dem gezeigten Format. Die Informationen über Schemas stehen in pg_namespace.nspacl, die über Datenbanken in pg_database.datacl, die über Funktionen in pg_proc.proacl, die über Sprachen in pg_language.lanacl und die über Tablespaces in pg_tablespace.spcacl, jeweils ähnlich kodiert (siehe auch hier die Anleitung zu GRANT).

Besonders benutzerfreundlich ist dieses Format freilich nicht, aber es ist relativ kompakt und auch nicht so schwer zu erlernen; deswegen hat es sich unter PostgreSQL-Anwendern durchgesetzt.

Alternativ kann man sich die Privilegien im Information Schema anzeigen lassen. Das Information Schema ist eine im SQL-Standard vorgeschriebene Sammlung von Tabellen oder Sichten, die Informationen über das Datenbanksystem ausgeben. Es ist also im Prinzip eine standardisierte Ausführung der Systemkataloge. Damit lassen sich diese Anfragen auf allen SQL-konformen Datenbanksystemen verwenden, aber daher können nur diejenigen Features dargestellt werden, die im SQL-Standard definiert sind, also zum Beispiel keine Tablespaces.

Folgendes Beispiel zeigt, wie man sich die für eine Tabelle definierten Privilegien über das Information Schema anzeigen lassen kann:

```
utest=# SELECT * FROM information_schema.table_privileges WHERE table_name = 'tab1';
 grantor | grantee | table_catalog | table_schema | table_name | privilege_type | is_
grantable | with_hierarchy
--------+--------+-------------+------------+----------+--------------+-------------
 peter  | peter  | utest        | public      | tab1      | SELECT        | NO       | NO
 peter  | peter  | utest        | public      | tab1      | DELETE        | NO       | NO
 peter  | peter  | utest        | public      | tab1      | INSERT        | NO       | NO
 peter  | peter  | utest        | public      | tab1      | UPDATE        | NO       | NO
 peter  | peter  | utest        | public      | tab1      | REFERENCES    | NO       | NO
 peter  | peter  | utest        | public      | tab1      | TRIGGER       | NO       | NO
 peter  | joe    | utest        | public      | tab1      | SELECT        | NO       | NO
 peter  | joe    | utest        | public      | tab1      | UPDATE        | NO       | NO
 peter  | bob    | utest        | public      | tab1      | DELETE        | YES      | NO
 peter  | staff  | utest        | public      | tab1      | REFERENCES    | NO       | NO
(10 Zeilen)
```

Diese Ausgabe ist selbsterklärend, aber für den praktischen Gebrauch oft zu sperrig. (Die letzte Spalte, `with_hierarchy`, bezieht sich auf ein Feature, das in PostgreSQL nicht existiert.)

Die analoge Tabelle für Funktionen heißt `information_schema.routine_privileges`; für andere Objekte kann das Information Schema aber nicht verwendet werden.

Manchmal ist es auch am einfachsten, sich die Datenbank mit `pg_dump` ausgeben zu lassen und sich im Dump die `GRANT`-Befehle anzusehen. Wer eher in SQL denkt, dem wird das vielleicht helfen, die vorhandenen Privilegien zu verstehen.

Wer es gern einfacher mag, kann die Privilegien auch mit einem grafischen Datenbankverwaltungsprogramm einsehen und bearbeiten. Abbildung 7-1 zeigt, wie das zum Beispiel in pgAdmin III aussehen würde. Um dieses Fenster zu erreichen, wählen sie links im Baum eine Tabelle oder ein anderes Objekt aus, klicken dann mit der rechten Maustaste, wählen EIGENSCHAFTEN und dann den Reiter PRIVILEGIEN.

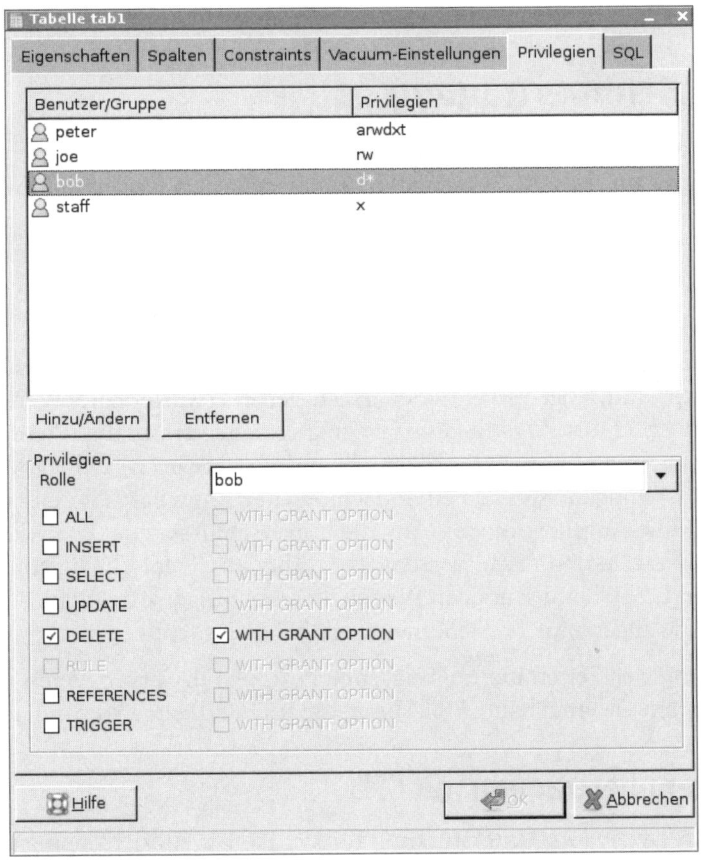

Abbildung 7-1: Verwaltung von Privilegien in pgAdmin III

Rechteverwaltung in der Praxis

Die Verwendung der Privilegienfunktionalität in der Praxis hängt naturgemäß von der Aufteilung der Datenbankrollen ab. Oft wird von einer Anwendung nur ein einziger Benutzer verwendet, der gleichzeitig Eigentümer der Tabellen und anderer Schemaobjekte ist. Dann bestehen alle Zugriffsrechte automatisch, und man muss sich überhaupt nicht mit der Rechteverwaltung beschäftigen. Wir empfehlen dieses Verfahren aber nicht, abgesehen von sehr einfachen Anwendungen.

Wie oben beschrieben, empfehlen wir die Verwendung von getrennten Rollen als Schemaeigentümer und für den Anwendungsbetrieb selbst. Die für den Anwendungsbetrieb nötigen Privilegien werden dann beim Einrichten des Schemas einzeln der oder den Anwendungsrolle/n gewährt. Das ist zwar aufwendiger, führt aber letztlich zu sichereren, robusteren Anwendungen. Der Sicherheitsgewinn mag zuweilen minimal sein, zumindest wird aber versehentlicher Zerstörung durch fehlerhafte Programmteile vorgebeugt. Außerdem wird durch eine detaillierte Rechtevergabe eine saubere und nachvollziehbare Anwendungsarchitektur gefördert.

Sichere Datenübertragung

Zum Schutz vor unberechtigtem Zugriff auf die Daten gehört neben der Authentifizierung des Zugangs auch die Absicherung der übertragenen Nutzdaten durch Verschlüsselung, da ansonsten die Daten von anderen Akteuren im Netz abgefangen und mitgelesen werden könnten. Wie so etwas eingerichtet werden kann, wird in diesem Abschnitt beschrieben.

Es ist außerordentlich wichtig, zu verstehen, dass zur verschlüsselten Datenübertragung auch die Authentifizierung des Servers gegenüber dem Client gehört. Das bedeutet, dass der Client überprüft, ob der Server derjenige ist, den er erwartet hat. (Weiter oben in diesem Kapitel im Abschnitt *Zugangskontrolle* ging es dagegen um die Client-Authentifizierung, bei der der Server überprüft, ob der Client der richtige ist.) Ohne diese Maßnahme ist die Verschlüsselung sinnlos, da ein entschlossener Angreifer über einen sogenannten Man-in-the-Middle-Angriff trotzdem an die unverschlüsselten Daten kommen kann. Man schickt die Daten dann zwar verschlüsselt, aber an die falsche Person. Diese Gefahr wird oft ignoriert, z.B. beim schnellen Wegklicken ungültiger Zertifikate beim Webbrowsen, wodurch die allgemeine IT-Sicherheit negativ beeinträchtigt wird.

Zur Absicherung der Datenübertragung zum PostgreSQL-Server bieten sich allgemein zwei Verfahren an: die eingebaute SSL-Unterstützung und eine externe Tunnellösung.

Sichere Datenübertragung mit SSL

PostgreSQL hat eingebaute Unterstützung für sichere Datenübertragung mit SSL. Diese Unterstützung muss beim Bauen eingeschaltet werden, was aber bei allen verbreiteten Binärpaketen der Fall ist (ansonsten siehe Kapitel 1).

Um SSL zur Laufzeit zu aktivieren, wird der Konfigurationsparameter `ssl` angeschaltet. Danach muss der Server neu gestartet werden. Vorher müssen jedoch einige Schlüssel und Zertifikate eingerichtet werden, sonst startet der Server nicht.

Folgende Dateien sind dazu im Datenverzeichnis des Servers nötig:

server.crt
: Serverzertifikat

server.key
: Privater Serverschlüssel. Wenn der Schlüssel ein Passwort hat, wird es beim Starten des Servers abgefragt.

Im Client müssen folgende Dateien zur Verfügung gestellt werden. (Auf Linux- und Unix-Systemen liegen sie in *~/.postgresql/*, auf Windows in *%APPDATA%\postgresql*.)

root.crt
: Liste vertrauenswürdiger Zertifizierungsstellen (Certificate Authorities/CA) zur Überprüfung des Serverzertifikats

root.crl (optional)
: Zertifikatsperrliste (Certificate Revocation List/CRL) für die Überprüfung des Serverzertifikats

Wenn *root.crt* nicht vorhanden ist, wird das Zertifikat des Servers nicht überprüft. Das ist jedoch, wie oben beschrieben, unsicher und letztlich unsinnig, wenn auch leider weit verbreitet.

Wir empfehlen weitergehende Lektüre zum Thema SSL, um die Bedeutung dieser Dateien und der dahinter stehenden Mechanismen zu verstehen. Zur Erstellung dieser Dateien kann das Kommandozeilenprogramm `openssl` verwendet werden, was aber ziemlich kompliziert sein kann. Ein grafisches Hilfsprogramm wie TinyCA (*http://tinyca.sm-zone.net/*) kann dabei hilfreich sein. Wenn man eine vorhandene Zertifizierungsstelle bemühen will, sollte man dort weitergehende Instruktionen einholen.

Clients verwenden SSL (und damit Verschlüsselung) automatisch, wenn der Server es anbietet. Je nach Clientprogramm und -bibliothek gibt es verschiedene Einstellmöglichkeiten. *libpq*-basierte Programme (die meisten, die nicht JDBC benutzen) können das mit dem Verbindungsparameter `sslmode` oder der Umgebungsvariable `PGSSLMODE` steuern. Es gibt vier mögliche Werte:

`disable`
: Es wird keine SSL-Verbindung aufgebaut.

`allow`
: Es wird zuerst eine SSL-freie Verbindung versucht. Wenn das fehlschlägt, wird eine SSL-Verbindung versucht.

`prefer` *(Voreinstellung)*
: Es wird zuerst eine SSL-Verbindung versucht. Wenn das fehlschlägt, wird eine SSL-freie Verbindung aufgebaut.

`require`
: Es wird eine SSL-Verbindung aufgebaut. Wenn das fehlschlägt, scheitert der Verbindungsversuch.

Wer also mit seinen Daten auf Nummer sicher gehen will, kann diese Einstellung entweder im jeweiligen Programmcode selbst oder in der Umgebung auf `require` setzen. Dann wird ganz verhindert, dass man mit Servern verbindet, die kein SSL eingerichtet haben.

Client-Authentifizierung mit SSL

Man kann SSL darüber hinaus auch zur Client-Authentifizierung verwenden. Dabei prüft der Server, ob der Client ein Zertifikat vorweisen kann, das von einer vorher definierten Zertifizierungsstelle signiert worden ist. Dieses Verfahren funktioniert zusätzlich zur in Abschnitt *Zugangskontrolle* beschriebenen Client-Authentifizierung. Wenn die Client-Authentifizierung mit SSL richtig eingerichtet ist, kann man in *pg_hba.conf* auch `trust` als Methode setzen.

root.crt
: Liste vertrauenswürdiger Zertifizierungsstellen (Certificate Authorities/CA)

root.crl (optional)
: Zertifikatsperrliste (Certificate Revocation List/CRL)

Der Client muss folgende Dateien in *~/.postgresql/* beziehungsweise in *%APPDATA%\postgresql* bereithalten:

postgresql.crt
: Clientzertifikat

postgresql.key
: Privater Schlüssel (darf nicht von anderen lesbar sein)

Client-Authentifizierung mit SSL kann ein etwas sichererer und mächtigerer, aber auch etwas komplexerer Ersatz für die Authentifizierung mit Passwörtern sein. In der Praxis ist das Verfahren wenig verbreitet, was aber teilweise auch daran liegen kann, dass es in der Vergangenheit schlecht dokumentiert war.

Sichere Datenübertragung mit Tunneln

Wem der Einsatz von SSL zu aufwendig oder umständlich erscheint, der kann auch externe Programme verwenden, um sichere IP-Tunnel aufzubauen. Empfehlenswerte Lösungen dafür sind

- OpenSSH (LocalForward oder Tunnel)
- IPSec
- VPN (zum Beispiel OpenVPN)

sowie weitere Software dieser Art. Auch dabei gilt es (wie oben beschrieben) zu beachten, dass Verschlüsselung immer mit Server-Authentifizierung zusammen verwendet werden sollte. Das wird von den genannten Produkten umgesetzt, wenn man sie vernünftig einsetzt.

Generell ist der PostgreSQL-Server nicht so implementiert, dass man ihn im offenen Internet erreichbar machen sollte, da es keine umfangreichen Vorkehrungen gegen Denial-of-Service- und andere Angriffe gibt. Andere Serverdienste wie Webserver und E-Mail-Server, die ihren Dienst regelmäßig direkt im Internet tätigen, sind da meist robuster. Wer also mit einem PostgreSQL-Server über das Internet verbinden muss, sollte dafür lieber eine VPN-Lösung zwischen Client und Server schalten.

KAPITEL 8

Performance Tuning

Dieses Kapitel behandelt, wie man Anfragen und andere SQL-Befehle schneller machen kann. Sicher interessiert das die meisten Datenbankanwender ganz besonders. Ein detailliertes Verständnis der vorangegangenen Kapitel, insbesondere der Konfiguration, Wartung und Überwachung, ist aber notwendig, um dieses Ziel erfolgreich zu erreichen.

Ablauf der Befehlsverarbeitung

Um die Optimierung von SQL-Befehlen angehen zu können, ist es zunächst hilfreich, einen Überblick darüber zu gewinnen, wie Anfragen in PostgreSQL intern verarbeitet werden. Damit kann erkannt werden, welche Maßnahmen an welchen Stellen ansetzen, und Missverständnisse und Enttäuschungen über ausbleibende Ergebnisse können vermieden werden.

Die Verarbeitung eines SQL-Befehls erfolgt in PostgreSQL in folgenden Phasen:

1. Empfang über Netzwerk
2. Parser, Analyse
3. Rewriter
4. Planer/Optimizer
5. Executor
6. Ergebnis über Netzwerk

Empfang über Netzwerk

Ein SQL-Befehl wird also zuerst über eine Netzwerkverbindung empfangen. Das genaue Protokoll kann in der PostgreSQL-Dokumentation eingesehen werden. Im Prinzip wird der SQL-Befehl einfach als Text übertragen. Innerhalb dieser Netzwerkschicht im weiteren Sinne wird unter anderem die Kodierungsumwandlung durchgeführt. Der Rest der Verarbeitung sieht den Befehl also in der Serverkodierung.

In dieser Phase der Verarbeitung gibt es eigentlich keine Optimierungsmöglichkeiten, sofern die Netzwerkverbindung gut funktioniert. Wenn Clientkodierung gleich Serverkodierung ist, könnten hier theoretisch CPU-Zyklen gespart werden, aber diese werden selten großartige Auswirkungen haben.

Parser

Die Befehlszeichenkette in Serverkodierung wird dann vom Parser, genauer Lexer und Parser, betrachtet und durch einen internen Parse-Baum dargestellt. Dem Lexer und Parser im engeren Sinne nachgeordnet ist eine sogenannte Analysephase, die den Parse-Baum auf diverse semantische Bedingungen überprüft und etwas bearbeitet und umbaut. Hier wird zum Beispiel geprüft, ob bei einem `INSERT`-Befehl die Anzahl der Elemente in der Spaltenliste und der Werteliste gleich ist; hier werden die Default-Ausdrücke für neue Tabellen aufgelöst, der Pseudotyp `serial` in `int` mit Default-Wert umgewandelt und verschiedene Syntaxfehler entlarvt.

Nachdem festgestellt wurde, um was für einen SQL-Befehl es sich eigentlich handelt, teilt sich der Weg auf in sogenannte optimierbare Anweisungen (*optimizable statements*) und Hilfsanweisungen (*utility statements*). Erstere sind `SELECT`, `INSERT`, `UPDATE` und `DELETE`, letztere sind alle anderen Befehle. Hilfsanweisungen werden dann direkt ausgeführt und haben sich somit erledigt. Sie erzeugen auch keine Ausgabe außer einer Rückmeldung über den Erfolg oder aber Log- oder Fehlermeldungen. Optimierbare Anweisungen wandern dagegen weiter in den Rewriter.

Für den Parser gibt es keine Schalter oder Verfahren, um die Geschwindigkeit zu optimieren. Er ist im Großen und Ganzen sehr effizient und kann von Anwenderseite nicht geändert werden.

Rewriter

Der Rewriter, genauer: Query Rewriter, ist dafür verantwortlich, die sogenannten Regeln oder Rules, genauer: Query Rewrite Rules, also Anfrageumschreiberegeln, anzuwenden. Hier werden insbesondere Sichten (Views) aufgelöst und in die auszuführende Anfrage eingebaut. Außerdem werden andere benutzerdefinierte Regeln aufgelöst. Die Regelauflösung kann als eine Art Makroersetzung verstanden werden. Im Falle von Sichten kann man sich vereinfacht vorstellen, dass der Text der in der Sichtdefinition angegebenen Anfrage an der Stelle eingesetzt wird, wo der Name der Sicht erwähnt wird. Wenn die Sichtdefinition also

```
CREATE VIEW v1 AS SELECT a, b, c FROM foo;
```

lautet und die auszuführende Anfrage

```
SELECT x, y FROM v1, bar WHERE ...
```

dann ist das Ergebnis des Rewriter äquivalent zu

```
SELECT x, y FROM (SELECT a, b, c FROM foo) AS v1, bar WHERE ...
```

In Wirklichkeit wird jedoch nicht der SQL-Text ersetzt, sondern der Parse-Baum.

Beachten Sie, dass der Rewriter vor dem Planer angesiedelt ist. Der Planer bekommt also gar nichts davon mit, ob eine Anfrage aus einer Sicht kam oder direkt eingegeben wurde. Das hat den Vorteil, dass der Planer die volle Flexibilität beim Planen der tatsächlich auszuführenden Aktion hat. Es wird jedoch diejenigen enttäuschen, die sich von der Erstellung einer Sicht einen Leistungsschub oder Optimierungsvorteil erhofft haben, denn nichts dergleichen wird auftreten.

Durch Regeln kann der Rewriter für die Befehle `INSERT`, `UPDATE` und `DELETE` den ursprünglichen Befehl auch durch andere ersetzen oder zusätzliche Bedingungen hinzufügen. Eine denkbare Anwendung für Regeln ist zum Beispiel das Blockieren von Änderungen in bestimmten Zeilen, mit einer Regeldefinition dieser Art:

```
CREATE RULE rule1 AS ON UPDATE TO customers
    WHERE old.customer_name = 'Otto Normalverbraucher'
    DO INSTEAD NOTHING;
```

Ein Befehl wie

```
UPDATE customers SET balance = balance - 10;
```

wird durch die Regel umgewandelt in

```
UPDATE customers SET balance = balance - 10 WHERE customer_name <> 'Otto
Normalverbraucher';
```

(wiederum nicht im SQL-Text sondern im Parse-Baum). Die umgeschriebene Anfrage kann dann durch die zusätzlichen Bedingungen möglicherweise ganz anders geplant werden als die ursprüngliche. An dieser Stelle bieten Regeln in bestimmten Anwendungsfällen Geschwindigkeitsvorteile gegenüber Triggern.

Der Rewriter ist selten geschwindigkeitskritisch. Lediglich eine große Anzahl von Regeln erfordert eine gewisse Verarbeitungszeit. Wenn die Anfrage dadurch komplexer gemacht wird, wird dann aber auch die Planzeit steigen.

Planer/Optimizer

Die Aufgabe des Planers ist, für den vorliegenden, möglicherweise umgeschriebenen Parse-Baum einen Ausführungsplan (*execution plan*) zu erstellen. Der Ausführungsplan, auch Anfrageplan oder oft einfach »der Plan« genannt, beschreibt, wie die Anfrage im Detail auszuführen ist, also wie auf die Tabellen zugegriffen werden soll, welche Indexe und welche Join-Algorithmen in welcher Reihenfolge verwendet werden und so weiter. Der Ausführungsplan ist ebenfalls ein Baum, der aber unabhängig vom Parse-Baum ist. Der Optimizer ist ein Teil des Planers, wobei die Begriffe oft austauschbar verwendet werden, da die Hauptaufgabe des Planers nicht darin besteht, *irgendeinen* Ausführungsplan zu finden, sondern einen optimalen, also schnellen.

Für jede einigermaßen komplexe Anfrage gibt es in der Praxis eine ganze Menge von möglichen Plänen. Gesetzt den Fall, dass Indexe vorhanden sind, kann auf eine Tabelle auf verschiedene Arten zugegriffen werden. Wenn mehrere Indexe vorhanden sind, vervielfachen sich die Möglichkeiten. Bei Joins gibt es verschiedene Join-Algorithmen sowie verschiedene Join-Reihenfolgen. Ebenso gibt es für Operationen wie `GROUP BY` verschiedene mögliche Algorithmen. Wie Sie schon ahnen können, gibt es für einigermaßen komplexe Anfragen sogar eine exponentiell steigende Anzahl möglicher Pläne, von denen die meisten ziemlich schreckliche Laufzeiteigenschaften haben und daher vollkommen unerwünscht sind.

Das Finden eines guten Plans, möglichst des optimalen Plans, ist die Hauptaufgabe bei der Optimierung von Anfragen, also das Thema dieses Kapitels. Generell sollte der Planer einen guten Plan automatisch finden. Im Gegensatz zu anderen DBMS unterstützt PostgreSQL keine »Optimizer Hints«, also die Möglichkeit, selbst einen Ausführungsplan oder Teile davon anzugeben. Die Hauptaufgabe eines Datenbankentwicklers oder -administrators bei der Anfrageoptimierung ist vielmehr, dem Planer die notwendigen Informationen und Möglichkeiten zu geben, damit er eine gute Wahl treffen kann. Der Rest dieses Kapitels wird sich hauptsächlich damit beschäftigen.

In einigen Fällen kann es vorkommen, dass das Planen selbst unerwünscht lange dauert. Der Planer mag dann zwar einen guten und schnellen Plan finden, braucht dazu aber selbst sehr lang. Wenn eine Anfrage in gleicher oder ähnlicher Form mehrfach ausgeführt werden soll, ist die Standardlösung für das lange Planen, dass die Anfrage »vorbereitet« wird. Das geschieht mit dem SQL-Befehl `PREPARE` oder entsprechenden Funktionen in den verschiedenen Programmierschnittstellen. Die `PREPARE`-Phase berechnet dann einen Ausführungsplan und speichert ihn. Er kann danach mit dem Befehl `EXECUTE` oder einer entsprechenden Funktion ausgeführt werden, eben auch mehrmals. Wenn das Planen trotz vorbereiteter Anfragen immer noch zu lange dauert, sollte man eventuell versuchen, die Anfrage umzuschreiben. In solchen Fällen ist es aber auch empfehlenswert, die PostgreSQL-Entwickler zu kontaktieren, um eine umfassendere Lösung zu erarbeiten.

Executor

Der Executor führt schließlich den Plan aus, den der Planer als Gewinner auserkoren hat. Er arbeitet den Plan dabei mehr oder weniger in der vorgegebenen Hierarchie ab und führt die vorgesehenen Tabellen- und Indexzugriffe, Joins und so weiter durch. Darüber hinaus prüft der Executor die Zugriffsrechte auf Tabellen und die anderen Objekte und prüft Constraints.

Die Laufzeit des Executor hängt zunächst natürlich davon ab, ob der gewählte Plan gut ist. Darüber hinaus kommt hier die gesamte Systemkonfiguration zum Tragen, also die Hardware, die Betriebssystemkonfiguration sowie die Konfiguration des PostgreSQL-Servers. Diese Aspekte werden in anderen Teilen dieses Buches im Detail behandelt.

Ergebnis über Netzwerk

Wenn der Befehl ein `SELECT` war, werden die Ergebnisse der Anfrage vom Executor über das Netzwerk zurück an den Client geschickt. Wenn der Plantyp es erlaubt, zum Beispiel bei einem Sequential Scan, werden die Ergebnisse, sobald sie vorliegen, auch in Teilen zeilenweise gesendet. Bei anderen Plantypen, zum Beispiel Sortieroperationen, liegen die Ergebnisse erst am Ende des Plans vor und werden dann als Ganzes versendet.

Es ist also bei manchen Plantypen möglich (bei anderen aber eben nicht), dass die Ergebnismenge vollständig im Server aufgebaut werden muss, mit entsprechenden Verbrauch an RAM und Festplattenplatz. Der tatsächliche RAM-Verbrauch wird durch verschiedene Konfigurationsparameter, insbesondere `work_mem` und `maintenance_work_mem` kontrolliert; wenn mehr Platz benötigt wird, wird auf die Festplatte ausgelagert. Diese Umstände werden jedoch bisweilen mit der Tatsache verwechselt, dass Clientanwendungen, die auf *libpq* aufbauen, die Ergebnismenge komplett im Speicher – des Client – aufbauen, mit entsprechendem RAM-Verbrauch. Wenn Client und Server auf demselben Rechner laufen, wird die Ergebnismenge also in ungünstigen Fällen doppelt in vollem Umfang vorgehalten. Solchen Clientanwendungen kann eventuell durch die Verwendung eines Cursors abgeholfen werden.

Je nach Einstellung werden die Ergebnisse in Text- oder Binärform versendet. Wenn Textform gewählt ist (die üblichere Form), werden die Ergebnisse jetzt in die Clientkodierung umgewandelt. Bei der Binärform finden andere Umwandlungen statt, beispielsweise der Endianness.

Auch hier können durch geeignete Einstellungen einige der Umwandlungen eingespart werden. Vor allem sollte auch das reine Volumen des Anfrageergebnisses als Geschwindigkeitsfaktor nicht unterschätzt werden. Wenn mehr Spalten als nötig angefordert werden, etwa weil irgendein Framework oder eine Middleware sie automatisch auswählt, wird sich das in der Summe auswirken, ganz abgesehen von der zusätzlichen Arbeit im Executor. Ganz eilige Anwendungen können eventuell auch von der Verwendung des Binärformats anstelle des Textformats profitieren, allerdings mit erhöhtem Entwicklungsaufwand und zu Lasten der Architekturunabhängigkeit und Portierbarkeit.

Flaschenhälse

Bei der Ausführung eines subjektiv zu langsamen SQL-Befehls kann es verschiedene Engpässe oder Flaschenhälse geben. Es ist wichtig, in jeder Situation den richtigen zu kennen oder zu erkennen, damit an der richtigen Stelle optimiert werden kann.

CPU

PostgreSQL startet pro Datenbankverbindung einen Prozess, und moderne Betriebssysteme verteilen diese Prozesse dann auf mehrere CPU-Kerne, falls vorhanden. Generell kann aber somit ein SQL-Befehl nur auf maximal einem CPU-Kern laufen. Sehr rechenintensive SQL-Befehle können einen CPU-Kern schon eine Weile auslasten. Das kann man dann einfach mit Betriebssystemwerkzeugen wie `ps` oder `top` beobachten. In der Praxis ist die CPU aber im Gegensatz zu den anderen aufgeführten Kandidaten eher selten das Problem. Wenn doch, dann bleibt einem in der Regel nichts anderes übrig, als die Anfrage oder das Datenbankschema umzuschreiben, zum Beispiel andere Datentypen zu verwenden.

RAM

Beim RAM ist das Problem normalerweise nicht die Geschwindigkeit, sondern die Menge. Zu wenig RAM bedeutet zu wenig Cache, und zu wenig Cache bedeutet zu viele langsame Festplattenzugriffe. Generell ist eine Analyse des Cacheverhaltens in einem laufenden PostgreSQL-Datenbanksystem schwierig. Deshalb sollte man hier vorsorgen: Im Idealfall wird man das RAM so groß einbauen, wie die Datenbank ist, mindestens aber so groß, dass alle aktiven Indexe gleichzeitig im RAM gehalten werden können. Alternativ oder ergänzend sollte man auch die Indexe so setzen oder ändern, dass sie ins RAM passen. Das könnte zum Beispiel bedeuten, dass mehrspaltige Indexe reduziert und redundante entfernt und partielle Indexe verwendet werden.

Festplattendurchsatz

Der Festplattendurchsatz, also die Menge der Daten, die pro Zeiteinheit von der Festplatte gelesen werden kann, liegt gegenwärtig bei 50 bis 300 MByte/s, bei einigen RAM-gepufferten Systemen oder neuartigen Festspeichersystemen noch etwas höher. Beobachten kann man den aktuellen Durchsatz des Festplattensystems zum Beispiel mit dem Programm `iostat`. Dabei kann man darauf achten, ob die Hardware auch wirklich den erhofften Durchsatz bringt oder nicht optimal konfiguriert ist.

Generell ist der Festplattendurchsatz subjektiv immer viel zu langsam, weswegen einerseits darauf abgezielt werden sollte, viel RAM als Cache zur Verfügung zu stellen, und andererseits passende Indexe erstellt werden sollten, um die Menge der zu lesenden Daten von vornherein zu reduzieren. Diese beiden sind letztlich die üblichsten, aussichtsreichsten und verlässlichsten Maßnahmen bei der Optimierung von SQL-Anfragen in PostgreSQL.

Zu bemerken ist, dass die Datenmenge, die in Datenbanksystemen gespeichert werden soll, in der letzten Zeit sehr viel schneller gewachsen ist als der Festplattendurchsatz. Durch verbesserte Indexmethoden und gewachsene Ausbaumöglichkeiten beim RAM fällt dieser Umstand bei Suchanfragen und OLTP-artigen Anwendungen weniger ins Gewicht. Bei Anfragen aber, die ganze Tabellen betrachten (wie statistische Auswertungen, Data Mining oder Datensicherungen mit SQL-Dumps), ist der Festplattendurchsatz meist der begrenzende Faktor. So dauert das Lesen einer 50 GByte großen Tabelle, etwa zwecks `count(*)`, bei beispielsweise 150 MByte/s praktisch erreichbarem Durchsatz mindestens fünf Minuten. Anwendungen, die hier Antworten »sofort« benötigen, haben also keine Chance ohne anwendungsspezifische Umgehungsmaßnahmen. Schnellere Hardware kann Verbesserungen um einstellige Faktoren ermöglichen (bei überproportionalen

Kosten), aber das Problem nicht gänzlich aus der Welt schaffen. An dieser Stelle ist dann also die Kreativität des Anwendungsentwicklers gefragt.

Festplattenlatenz

Die Latenz eines Festplattensystems beschreibt, wie lange es dauert, bis eine bestimmte Information darauf gelesen werden kann, vor allem bedingt durch die nötigen mechanischen Bewegungen. Das fällt insbesondere bei Indexzugriffen ins Gewicht, da dort die Informationen naturgemäß nicht sequenziell, sondern verteilt vorliegen. Genau analysieren kann man diese Effekte als Anwender so gut wie nie. Man wird jedoch bemerken, dass bei wahlfreien Zugriffen wie einer Indexsuche der mit `iostat` oder ähnlichen Programmen beobachtete Festplattendurchsatz bei sehr niedrigen Werten wie 4 MByte/s sein Maximum zu erreichen scheint.

Vermieden werden können Latenzeffekte am besten, indem man ausreichend RAM für die Indexe als Cache zur Verfügung stellt. Dadurch fallen die mit der Festplatte verbundenen mechanischen Effekte aus, und wahlfreie Lesezugriffe haben im Prinzip die gleiche Zugriffszeit wie sequenzielle. Vermutlich wird man Ähnliches erreichen können, indem man statt auf Festplatten auf neuartige festspeicherbasierte Speichersysteme setzt. Dafür liegen aber noch keine ausreichenden Erfahrungswerte vor.

Festplattenrotation

Die Rotationsgeschwindigkeit moderner Festplatten für Serversysteme beträgt üblicherweise 7.200 rpm, 10.000 rpm oder 15.000 rpm. Sie beeinflusst natürlich zunächst den möglichen Durchsatz und die Latenz. Außerdem beeinflusst die Rotationsgeschwindigkeit die maximale Transaktionsrate, da für jede (schreibende) Transaktion ein WAL-Eintrag auf die Festplatte geschrieben werden muss.

Netzwerkverbindung

Die Geschwindigkeit der Netzwerkverbindung ist in den meisten Anwendungen nicht das Problem. Oft werden nur wenige Ergebnisse gesucht oder die Daten als Statistik zusammengefasst, und diese kleinen Ergebnismengen können über jede Netzwerkverbindung einigermaßen schnell transportiert werden. Wenn allerdings ganze Tabelleninhalte transportiert werden sollen, zum Beispiel zur Datensicherung oder zur Verarbeitung andernorts, dann kann die Geschwindigkeit der Netzwerkverbindung zum Problem werden. Das heute im Serverbereich übliche Gigabit-Ethernet kann ungefähr 100 MByte/s transportieren, gesetzt den Fall, dass niemand sonst das Netzwerk benutzt und die Switches und Router entsprechend ausgelegt sind. Das ist also schon langsamer als der mit den leistungsfähigsten Festplattensystemen mögliche Durchsatz. Im Extremfall kann die Aufrüstung auf 10-Gigabit-Ethernet Abhilfe schaffen, aber diese Hardware ist noch nicht weit verbreitet.

Indexe einsetzen

Zunächst soll in diesem Abschnitt erläutert werden, wie Indexe in PostgreSQL eingesetzt werden können. Später in diesem Kapitel wird dann behandelt, wie Anfragepläne analysiert werden können, um die Indexverwendung zu verbessern.

Einführung

Wer schon genau weiß, wie und warum Indexe zum Einsatz kommen, kann diesen Teilabschnitt überspringen.

Indexe werden in Datenbank-Managementsystemen verwendet, um die Geschwindigkeit bei der Suche von Daten zu verbessern. Mit einem Index kann das System bestimmte Daten sehr viel schneller finden als ohne, aber Indexe erzeugen auch Overhead und Geschwindigkeitseinbußen an anderer Stelle und sollten deshalb mit Bedacht angewendet werden.

Man stelle sich folgende Tabelle vor:

```
CREATE TABLE personen (
    name text,
    adresse text,
    gebdatum date,
    ...
);
```

Das könnte zum Beispiel eine Kundenliste oder ein Einwohnerverzeichnis sein. Eine sinnvolle Anfrage zum Versenden von Korrespondenz wäre dann zum Beispiel

```
SELECT adresse FROM personen WHERE name = 'Otto Mustermann';
```

Im Prinzip müsste das Datenbanksystem jetzt die gesamte Tabelle `personen` Zeile für Zeile durchlesen und prüfen, ob ein passender Eintrag gefunden worden ist. Diese Tabelle könnte jedoch viele Megabyte oder Gigabyte groß sein, und als Antwort erwartet man vielleicht nur eine Zeile – dann ist diese Umsetzung der Suche doch sehr langsam und ineffizient. Wenn es jedoch einen geeigneten Index über die in der Suchbedingung erwähnte Spalte `name` gäbe, könnte die gesuchte Zeile sehr viel schneller gefunden werden. In diesem Fall würde das System wohl nur ein paar Zweige in einem Suchbaum besuchen müssen, um die Antwort zu finden, und müsste somit wesentlich weniger Bytes an Rohdaten von der Festplatte ins RAM laden müssen. Generell erwartet man sich von der Verwendung eines Index die Reduzierung der zu betrachtenden Datenmenge und somit die Reduzierung der nötigen Festplattenzugriffe.

Das Gleiche gilt übrigens auch für einen `UPDATE`-Befehl wie

```
UPDATE personen SET adresse = 'Neue Adresse ...' WHERE name = 'Otto Mustermann';
```

`UPDATE`- und `DELETE`-Befehle mit Suchbedingungen können genau wie `SELECT`-Befehle von Indexen profitieren.

Der Befehl zum Erzeugen eines Index sieht so aus:

```
CREATE INDEX personen_name_index ON personen (name);
```

Der Name des Index, hier `personen_name_index`, kann frei gewählt werden. Als praktisch hat sich jedoch ein einheitliches Namensschema erwiesen, das wie hier aus Tabellenname und Spaltenname besteht. Manche kürzen das Suffix `_index` aber zum Beispiel auch auf `_ix`.

Der Befehl zum Entfernen eines Index sieht so aus:

```
DROP INDEX personen_name_index;
```

Indexe können in PostgreSQL jederzeit erzeugt und gelöscht werden. Das Erzeugen eines Index blockiert jedoch für die Dauer Änderungen in der Tabelle. Abhilfe schafft das nebenläufige Bauen von Indexen in einem besonderen Modus (siehe unten).

Wenn der Index erzeugt ist, wird er vom System automatisch benutzt, wenn er für eine Anfrage für sinnvoll gehalten wird. Wann das so ist und wann nicht, wird unten im Abschnitt *Ausführungspläne* behandelt. Der Befehl `ANALYZE` sollte regelmäßig ausgeführt werden, um dem Planer aktuelle Statistiken zu geben, damit er sinnvolle Entscheidungen über die Indexverwendung treffen kann (auch dazu unten mehr).

Eine der Hauptaufgaben eines Datenbankadministrators oder -Tuners ist es zunächst, vorherzusehen, welche Indexe sinnvoll sein könnten, und diese dann anzulegen. In dem meisten Fällen kann man sich dazu an einigen wenigen Mustern orientieren. Erstens sollte man bei Suchbedingungen der Art

```
spalte = 'Konstante'
```

(wobei die Konstante natürlich je nach Datentyp keine Zeichenkette sein muss) wie im obigen Beispiel gesehen die entsprechende Spalte indizieren. Dadurch hat man schon einen Großteil der Anwendungsfälle abgedeckt. Zweitens sollte man bei Joins jeweils beide in der Join-Bedingung vorkommenden Spalten abdecken. Wenn eine Anfrage zum Beispiel

```
SELECT ...
FROM personen, bestellungen
WHERE personen.name = bestellungen.personen_name
    AND ...
```

lautet (wohlgemerkt ist das aus verschiedenen praktischen Gründen vielleicht nicht der bestmögliche Entwurf eines Datenbankschemas), sollte man `personen.name` und `bestellungen.personen_name` indizieren.

Wie in diesem Beispiel angedeutet, ist die Menge der ausgelesenen Spalten (die `SELECT`-Liste) in diesen Belangen ganz und gar egal.

Wenn man sinnvolle Indexe anlegen möchte, muss man dazu prinzipiell alle in der Anwendung vorkommenden Anfragen kennen. Oft ist das lediglich eine lange Liste, die durchgearbeitet werden will. Manchmal ist es jedoch komplizierter, weil die Anfragen automatisch und dynamisch erzeugt werden. Dann kann man sich eine Liste der möglichen Anfragen eventuell erzeugen lassen oder kann sie aus dem PostgreSQL-Serverlog herausschälen. In der Praxis wird man dann oft das Datenbanksystem gut überwachen müssen und auf neue Anfragen und Performanceprobleme zur Laufzeit reagieren. Wenn die Anforderung gar ist, dass zur Laufzeit der Anwendung beliebige Anfragen erzeugt oder gar direkt vom Anwender eingegeben werden können, dann können sinnvolle Indexe nicht vollständig im Voraus gesetzt werden, außer nach der Strategie »alles indizieren«.

Dann stellt sich als Nächstes die Frage, ob zu viele Indexe schädlich sind. Das kann aus mehreren Gründen der Fall sein. Das Hauptproblem ist, dass ein Index vom Datenbanksystem bei Änderungen in der Tabelle mit der Tabelle synchron gehalten werden muss. Das bremst also Schreibvorgänge in der Tabelle. (Generell ist es aber auch besser, für die Suchbedingung in einem `UPDATE`- oder `DELETE`-Befehl einen Index zur Verfügung zu stellen. Der positive Effekt davon ist in aller Regel größer als der negative durch die notwendige Synchronisierung eines zusätzlichen Index.) Indexe benötigen auch Speicherplatz auf der Festplatte. Zu viele unnötige oder redundante Indexe können auch die Planzeit negativ beeinflussen. Aus diesen Gründen ist also die Komplettindizierung einer Datenbank nicht praktikabel. (Sonst könnte man das ja automatisch machen lassen, und dieses Kapitel wäre wesentlich kürzer.)

Später in diesem Kapitel werden wir zeigen, wie festgestellt werden kann, welche Indexe tatsächlich verwendet werden. Indexe, die vom System gar nicht benutzt werden, etwa weil die erwarteten Anfragen nicht kamen oder weil sich in der Praxis ein anderer Index als besser herausgestellt hat, sollten dann entfernt werden. Auch selten benutzte Indexe sollten nach Abwägung entfernt werden, wenn sie Tabellenänderungen zu sehr bremsen oder der Festplattenplatz knapp wird.

Indextypen

PostgreSQL unterstützt derzeit vier Indextypen. Jeder dieser Typen verwendet intern einen anderen Algorithmus, der ihn für verschiedene Arten von Anfragen geeignet macht. Man kann eine Spalte auch mehrfach mit verschiedenen Typen indizieren, wenn verschiedene Indextypen angebracht sind. In der Praxis kommt das allerdings selten vor.

Der Indextyp kann im Befehl `CREATE INDEX` angegeben werden:

```
CREATE INDEX indexname ON tabelle indextyp (spalte);
```

Als Indextyp wird der im Folgenden aufgeführte interne Name verwendet. Meist muss aber kein Typ angegeben werden, da der Standardtyp verwendet werden soll.

Die verfügbaren Indextypen sind:

B-tree (intern »btree«)
: Dieser Indextyp ist eine Implementierung des in der Welt der Datenbanksysteme weit verbreiteten B+-Baums. Er bedient die meisten Anwendungsfälle für Indexe in

PostgreSQL. Der Indextyp unterstützt Gleichheitssuchen und Bereichssuchen für skalare Datentypen wie Zahlen und Zeichenketten, das heißt er kann alle Anfragen bearbeiten, die die Operatoren <, <=, =, >= und > sowie darauf aufbauende Konstrukte wie `BETWEEN` und `IN` verwenden. Außerdem können Anfragen mit `IS NULL` von B-tree-Indexen bearbeitet werden.

B-tree ist der Standardindextyp und wird verwendet, wenn kein anderer angegeben ist. Aus Anwendersicht sollte – vereinfacht gesagt – immer dieser Indextyp verwendet werden, wenn es keinen expliziten Grund gibt, einen anderen Typ zu verwenden.

Hash (intern »hash«)

Dieser Indextyp verwendet eine Hash-Tabelle. Er unterstützt nur Gleichheitssuchen, also Anfragen mit dem Operator =. Er bedient somit nur eine echte Teilmenge der Anwendungsfälle des B-tree.

Der Indextyp Hash ist eher als Überbleibsel aus vergangenen Zeiten zu sehen. Er bietet, soweit bekannt, keine bessere Geschwindigkeit als B-tree, hat aber diverse Probleme mit Sperren und bei der Recovery. Da er fast wie nie verwendet wird, ist die Implementierung wohl auch nicht so ausgereift wie die des B-tree. Abgesehen von Experimenten sollte er heutzutage nicht verwendet werden.

GiST (intern »gist«)

GiST steht für Generalized Search Tree und ist eher als Infrastruktur für die Erstellung verschiedener anwendungsspezifischer Indextypen zu verstehen. Das eigentliche Verhalten des Index wird bestimmt durch die Datentypen, die Operatoren und die sogenannten Operatorklassen, die sie zusammenfügen. In der Praxis werden GiST-Indexe verwendet für geometrische Datentypen (Bounding-Box-Suchen), PostGIS, Volltextsuche sowie diverse andere Module, die von der Art her eher nichtskalare Datentypen oder Suchoperationen anbieten. Die Dokumentation des entsprechenden Systems oder des Moduls wird dann darauf hinweisen, dass ein GiST-Index verwendet werden sollte. (Es wird in diesen Fällen meist gar nicht möglich sein, andere Indextypen wie etwa B-tree zu verwenden. Verwechslungsgefahr besteht daher eher nicht.)

GIN (intern »gin«)

GIN steht für Generalized Inverted Index und ist ein invertierter Index, der Werte mit mehreren Schlüsseln, zum Beispiel Arrays, indizieren kann. Ähnlich wie GiST kann GIN für verschiedenste Zwecke eingesetzt werden, zum Beispiel für die Volltextsuche und verschiedene Module, die Arrays und Listen indizieren. Auch hier gilt, dass die Dokumentation des entsprechenden Systems auf die Möglichkeit einer Indizierung mit GIN hinweisen wird.

Frühere Versionen von PostgreSQL enthielten einen Indextyp namens *rtree*, der einen R-Baum implementierte, eine bekannte Indizierungsmethode für geometrische Datentypen. Diese Funktionalität wird in aktuellen Versionen von GiST übernommen.

Mehrspaltige Indexe und Indexkombination

Indexe können auch über mehrere Spalten hinweg angelegt werden. Sehen Sie sich zum Beispiel diese Tabelle an:

```
CREATE TABLE personen (
    vorname text,
    nachname text,
    adresse text,
    gebdatum date,
    ...
);
```

Und das hier sind die Anfragen:

```
SELECT adresse FROM personen WHERE vorname = 'Otto' AND nachname = 'Mustermann';
```

In diesem Fall bietet es sich an, beide Spalten (vorname und nachname) zu indizieren. Der Befehl, um den Index anzulegen, sähe dann so aus:

```
CREATE INDEX personen_name_index ON personen (vorname, nachname);
```

Mehrspaltige Indexe werden nur von den Indextypen B-tree und GiST unterstützt.

Mehrspaltige B-tree-Indexe können vom Planer auch verwendet werden, wenn nur eine Teilmenge der indizierten Spalten in der Suchbedingung einer Anfrage vorkommt. Der gezeigte Beispielindex könnte auch für die Anfrage

```
SELECT adresse FROM personen WHERE vorname = 'Otto';
```

verwendet werden. Der einzige Nachteil wäre hier, dass der Index größer ist, als er eigentlich sein müsste, weil ja die ganzen Nachnamen noch darin enthalten sind. Wie schon mehrfach erwähnt wurde, sollte man generell versuchen, Indexe klein zu halten.

Wenn die Anfrage

```
SELECT adresse FROM personen WHERE nachname = 'Mustermann';
```

lauten würde, könnte der Index nur in eingeschränkter Form verwendet werden. Da der indizierte Suchschlüssel mit dem Vornamen beginnt, kann die eigentliche, effiziente Baumsuche durch den Index allein anhand des Nachnamens nicht durchgeführt werden. Der Executor kann jedoch den Index komplett sequenziell durchsuchen, um passende Zeilen zu finden. Das spart dann womöglich Zugriffe auf die Tabelle selbst, ist aber bei Weitem nicht so effizient wie ein normaler Indexscan, sollte also eher als eine Art Notlösung betrachtet werden. Wenn so eine Anfrage häufiger vorkommt, sollte man eher noch einen Index anlegen, in dem die Spalte nachname in führender Position steht.

Generell gilt, dass ein normaler Indexscan möglich ist, wenn die Spalten, die in ununterbrochener Reihenfolge von links in der Indexdefinition stehen, mit dem Operator = in der Suchbedingung vorkommen müssen. Die letzte Spalte kann auch mit einem Ungleichheitsoperator verwendet werden. Wenn der Index also auf (a, b, c) gesetzt ist, sind beispielsweise `a = 1 AND b = 2 AND c > 5` oder `a = 1 AND b < 2` Suchbedingungen, die über einen Indexscan gelöst werden könnten. Ansonsten kann der Index wie beschrieben nur komplett durchsucht werden.

Ein ähnliches Verhalten gilt auch für GiST-Indexe. Auch hier ist der Indexzugriff am effizientesten, wenn die in der Definition zuerst genannte Spalte Teil der Suchbedingung ist.

Für komplexe Suchbedingungen kann PostgreSQL auch mehrere Indexe verwenden. Wenn alle Suchbedingungen durch `AND` und `OR` verbunden sind, können die einzelnen Suchbedingungen auch durch einzelne Indexscans abgearbeitet werden. Die Zwischenergebnisse werden als Bitmap im Speicher gehalten und dann logisch kombiniert. Das ist nicht ganz so effizient wie ein mehrspaltiger Index über dieselben Spalten, aber trotzdem brauchbar. Daher ist ein mehrspaltiger Index nicht immer ein Muss.

In der Praxis wird es immer viele Möglichkeiten geben, die Tabellen für eine gegebene Anwendung zu indizieren. Generell gilt es dabei immer, Effizienz der Anfragen, Speicherverbrauch für die Indexe und die Updategeschwindigkeit bei vielen Indexen gegeneinander abzuwägen.

Bei Spalten, die fast immer zusammen vorkommen (wie Vorname und Nachname oder Straße und Hausnummer), ist die Verwendung eines mehrspaltigen Index meistens sinnvoll. Man sollte dabei die jeweils am häufigsten einzeln gesuchte Spalte (in diesen Fällen wohl Nachname und Straße) zuerst schreiben. (Man könnte sich hier jedoch auch überlegen, ob es überhaupt sinnvoll ist, diese Informationen in getrennten Spalten zu halten.) Bei Spalten, die relativ unabhängig voneinander sind, wie Name und Adresse, ist es meistens besser, getrennte Indexe zu setzen, es sei denn, kombinierte Anfragen sind sehr häufig. Natürlich kann man auch redundant indizieren, um sehr häufig vorkommende, aber ansonsten indextechnisch inkompatible Anfragen abzudecken.

Man sollte jedoch davon absehen, anhand der vorkommenden Anfragen mehrspaltige Indexe in allen denkbaren Kombinationen zu setzen, es sei denn, die Tabellen werden so gut wie nie geändert und man hat ausreichend Hauptspeicher für alle Indexe. Auch sollten Spalten in einem mehrspaltigen Index auch die Selektivität merklich verbessern. Ein Index über Postleitzahl und Ort wäre wohl nicht sehr sinnvoll, da es zu einer Postleitzahl in der Regel nur eine oder wenige mögliche Werte für den Ort gibt. Ein Index über die Postleitzahl wäre da vollkommen ausreichend. Im Allgemeinen sind Indexe mit mehr als drei Spalten selten sinnvoll.

Indexe über Ausdrücke

Man kann statt einfacher Spalten auch Ausdrücke, also Berechnungen über Spalten, indizieren. Ein klassisches Beispiel ist folgende Anfrage, die einen Namen ohne Beachtung der Groß- und Kleinschreibung sucht:

```
SELECT adresse FROM personen WHERE lower(name) = lower(benutzereingabe);
```

Ein Index über `name` wie oben kann hier nicht zur Anwendung kommen. Stattdessen kann man aber `lower(name)` indizieren:

```
CREATE INDEX personen_name_index ON personen (lower(name));
```

Gegebenenfalls wird man in der Praxis einen Index über `name` und einen über `lower(name)` benötigen.

Hier ist ein weiteres Beispiel. Für die Anfrage in der Variation

```
SELECT * FROM personen WHERE (vorname || ' ' || nachname) = 'Otto Normalverbraucher';
```

könnte man folgenden Index anlegen:

```
CREATE INDEX personen_name_index ON personen ((vorname || ' ' || nachname));
```

Die doppelten Klammern sind hier notwendig. Ein Paar Klammern reicht aber, wenn der Ausdruck wie oben ein einfacher Funktionsaufruf ist.

Für Indexe über Ausdrücke gilt wie für mehrspaltige Indexe, dass man abwägen muss zwischen dem möglichen Geschwindigkeitsgewinn einerseits und der Indexgröße und der Updategeschwindigkeit andererseits, Letzteres insbesondere wenn die Auswertung des Ausdrucks aufwendig ist. Für das zweite Beispiel oben könnte man sich etwa überlegen, ob man die Anfrage nicht umschreibt und stattdessen `vorname = '...' AND nachname = '...'` schreibt und einzelne Indexe setzt.

Unique Indexe

Die Spalten eines Primärschlüssels und eines Unique Constraint werden automatisch indiziert. (Für mehrspaltige Schlüssel ergibt das dann auch einen mehrspaltigen Index.) Dieser besondere Index wird vom System intern verwendet, um die »Uniqueness«, also die Eindeutigkeit, in der Tabelle zu prüfen. Aber er steht dann auch automatisch als normaler Index zur Verfügung.

Eine wichtige Nebenwirkung hat dieser Umstand: Man muss Primärschlüssel nicht noch einmal indizieren und kann sich damit in der Praxis das Setzen vieler Indexe ersparen, weil viele Suchbedingungen ja nach dem Primärschlüssel einer Tabelle suchen.

Man kann einen solchen Index auch selbst erzeugen, indem man das Schlüsselwort `UNIQUE` angibt:

```
CREATE UNIQUE INDEX personen_name_index ON personen (name);
```

Es ist auf gewisse Weise aber eleganter und auch besser kompatibel mit SQL, wenn man stattdessen die Primärschlüssel und Unique Constraints als Constraints der Tabelle anlegt und die Unique Indexe als Implementierungsdetail betrachtet.

Man kann aber mithilfe eines Unique Index auch Bedingungen definieren, die sich nicht als Constraint ausdrücken lassen. Mit dem Index

```
CREATE UNIQUE INDEX personen_name_index ON personen (lower(name));
```

würde man zum Beispiel verhindern, dass Namen in die Tabelle eingetragen werden, die sich von einem vorhandenen Namen nur durch die Groß-/Kleinschreibung unterscheiden.

Partielle Indexe

Partielle Indexe indizieren nur über einen Teil der Tabelle. Dieser Teil wird durch eine Suchbedingung (auch Prädikat genannt) in Form einer WHERE-Klausel definiert. Das ist hauptsächlich sinnvoll, um uninteressante Bereiche der Tabelle aus dem Index auszuschließen und den Index klein zu halten. Vielfach ist man zum Beispiel aus rechtlichen Gründen gezwungen, bestimmte Daten sehr lange aufzuheben, obwohl nur die neueren Daten für Anfragen und Suchen wirklich interessant sind. Oft kann man das entschärfen, indem man die Tabelle partitioniert oder die alten Daten in eine separate Archivtabelle auslagert. Derartig einschneidende Maßnahmen sind aber oft nicht nötig, wenn man die Indexe als partielle Indexe anlegt und somit Platz spart.

Hier ist ein Beispiel:

```
CREATE TABLE bestellungen (
    bestellnr int,
    artikel text,
    anzahl int,
    preis numeric,
    bezahlt boolean
);

CREATE INDEX bestellungen_unbezahlt ON bestellungen (bestellnr) WHERE NOT bezahlt;
```

Dieser Index könnte jetzt für folgende Anfrage verwendet werden:

```
SELECT * FROM bestellungen WHERE bestellnr = 555 AND NOT bezahlt;
```

Beachten Sie, dass für einen partiellen Index zwei Dinge relevant, aber semantisch verschieden sind: die indizierte Spalte (oder auch Spalten oder Ausdrücke) und der Prädikatsausdruck. Für maximale Effizienz sollten beide in der Suchbedingung der Anfrage vorkommen. Wenn das Prädikat nicht vorkommt, wird der Index gar nicht für einen möglichen Ausführungsplan in Betracht gezogen. Folgende Anfrage könnte den Index also nicht verwenden:

```
SELECT * FROM bestellungen WHERE bestellnr = 555;
```

Eventuell sollte man also die Anfragen umschreiben, um von einem partiellen Index Gebrauch zu machen.

Wenn die indizierten Spalten nicht vorkommen, wie zum Beispiel in der offensichtlich durchaus sinnvollen Anfrage

```
SELECT * FROM bestellungen WHERE NOT bezahlt;
```

dann könnte der Index trotzdem verwendet werden, müsste aber komplett gelesen werden. Das lohnt sich im Vergleich mit einem normalen sequenziellen Scan der Tabelle nur, wenn die Anteil der nicht bezahlten Bestellungen klein ist.

Ein anderer Anwendungsfall für partielle Indexe ist, dass man häufige Werte aus dem Index ausschließt. Wenn ein Wert in einer Spalte sehr häufig auftritt, würde eine Suche nach dem Wert mit dem Index sowieso keinen Sinn machen, da ein Tabellenscan schneller wäre. Dann kann man die Indizierung des Wertes auslassen und spart Speicherplatz und RAM.

Ein Beispiel sei diese sehr einfache biologische Datenbank:

```
CREATE TABLE pflanzen (
    name text,
    farbe text,
    ...
);
```

Vielleicht wäre folgender Index dann brauchbar:

```
CREATE INDEX pflanzen_farbe_index ON pflanzen (farbe);
```

Da aber die meisten Pflanzen grün sind, kann man diesen Wert auslassen:

```
CREATE INDEX pflanzen_farbe_index ON pflanzen (farbe) WHERE farbe <> 'grün';
```

Diese Anfrage könnte zum Beispiel diesen Index verwenden:

```
SELECT * FROM pflanzen WHERE farbe = 'rot';
```

Diese aber nicht, aber das würde sie in der Praxis wohl sowieso nicht, selbst wenn ein Index verfügbar wäre:

```
SELECT * FROM pflanzen WHERE farbe = 'grün';
```

Man beachte, dass der Planer aus `farbe = 'rot'` schließen kann, dass das Indexprädikat `farbe <> 'grün'` erfüllt ist. Das ist aber ungefähr die maximale Intelligenz, die man erwarten kann. Abgesehen von einfachen logischen Umformungen muss das Prädikat exakt in der Suchbedingung vorkommen, damit der partielle Index zur Anwendung kommen kann.

Generell gilt, dass man ziemlich genaue Kenntnis über die vorkommenden Anfragen und ihr Ausführungsverhalten haben muss, um sinnvolle partielle Indexe zu setzen. Schließlich setzt man dem Planer damit Grenzen beziehungsweise muss vorausahnen, was er vorhat. Genaue Analyse vorher und Überwachung zur Laufzeit sowie Erfahrung sind nötig, um partielle Indexe sinnvoll zum Einsatz zu bringen.

Operatorklassen

Operatorklassen sind etwas esoterische Konstrukte, die Indextypen mit den zugehörigen Operatoren verbinden. Ein Endanwender oder Administrator hat in der Regel nur in wenigen Situationen mit ihnen zu tun.

Wie oben beschrieben, ist zum Beispiel ein B-Baum für Operatoren wie >, <, = und so weiter geeignet. Für »normale« Datentypen wie Zahlen und Text gibt es nur einen Satz dieser Operatoren (würde man denken; siehe aber unten bezüglich Mustersuchen). Anderen Datentypen kann man aber theoretisch auf verschiedene Arten vergleichen. So könnte man einen hypothetischen Datentyp für komplexe Zahlen nach reellem Anteil, imaginärem Anteil oder Betrag vergleichen. Auch XML-Daten könnte man auf verschiedene Arten vergleichen.

Um diese verschiedenen Vergleichsarten zu indizieren, erstellt man verschiedene Operatorklassen. Zunächst muss man die Operatoren selbst anlegen. Diese können nicht alle <, >, = und so weiter heißen, sondern man muss sich andere Namen ausdenken, vielleicht <*, >* oder etwas in der Art. Die Namen der Operatoren sind für die Indexe aber auch egal, da sie die Operatoren ja anhand der Operatorklassen identifizieren. Nun erstellt man für jede Vergleichsart eine Operatorklasse, die die zugehörigen Operatoren enthält. Bei der Erstellung eines Index kann man dann die Operatorklassen zu jeder Spalte mitangeben:

```
CREATE INDEX bsp_index ON bsp_tabelle (spalte complex_real_ops);
```

`complex_real_ops` ist hier ein Beispielname für eine Operatorklasse, die komplexe Zahlen nach reellem Teil vergleicht. Dieser Index könnte dann vom Planer in Betracht gezogen werden, wenn eine Anfrage einen entsprechenden Operator, vielleicht eben <*, verwendet.

Wenn man gleichzeitig auch noch anders vergleichen will, kann man auch noch einen Index mit einer anderen Operatorklasse anlegen. Diese Indexe sind im Prinzip vollkommen unabhängig voneinander.

Meist wird man mit dieser ganzen Angelegenheit nichts zu tun haben, weil die meisten Datentypen nur eine Operatorklasse sind, die voreingestellt ist. Im folgenden Abschnitt wird aber ein praxisrelevanter Anwendungsfall beschrieben.

Indizierung von Mustersuchen

PostgreSQL unterstützt drei Operatoren für Mustersuchen:

- `LIKE`
- `SIMILAR TO`
- `~` (reguläre Ausdrücke)

(`LIKE` und `SIMILAR TO` sind syntaktisch keine normalen Operatoren, werden aber intern wie solche behandelt.) Diese Ausdrücke können mit herkömmlichen Methoden nicht indiziert werden, aber sie können unter bestimmten Umständen in Vergleiche mit herkömmlichen Operatoren umgewandelt werden. So impliziert

```
x LIKE 'abc%'
```

bei genauerer Betrachtung ungefähr

```
x ">" 'abc' AND x "<" 'abd'
```

Die Vergleichsoperatoren sind hier absichtlich in Anführungszeichen gesetzt, denn mit den normalen Vergleichsoperatoren funktioniert diese Rechnung nicht immer in allen Locales, da dort teilweise – aus deutscher Sicht – sehr abenteuerlich anmutende sprachliche Sonderregeln beachtet werden müssen. Daher gibt es eine parallele Gruppe mit Vergleichsoperatoren, die diese Sonderfälle anders behandelt und deshalb in der obigen Rechnung sicher eingesetzt werden kann. Diese Gruppe ist – Sie haben es geahnt – als Operatorklasse definiert.

In der Praxis gilt:

- Indexe können bei Mustersuchen nur verwendet werden, wenn am Anfang des Musters eine konstante Zeichenkette steht, also etwa `LIKE 'abc%'` oder auch `LIKE 'abc'` oder `SIMILAR TO 'xyz%'` oder `~ '^abc'` (bei regulären Ausdrücken ist der Zirkumflex am Anfang des Musters in diesem Fall Pflicht). Andere Suchen wie `LIKE '%abc%'` oder `~ '^[a-z]'` können so nicht verarbeitet werden. Hier ist eventuell das Feature Volltextsuche nützlich, wenn es auch nicht äquivalent in der Funktionalität ist.
- Wenn die Locale des Datenbankclusters, dabei genau die Locale-Kategorie `lc_collate`, nicht C ist, muss der Index mit einer anderen Operatorklasse angelegt werden. Diese Operatorklasse heißt je nach Datentyp `text_pattern_ops`, `varchar_pattern_ops`, `bpchar_pattern_ops` (für Typ `character`) und `name_pattern_ops`. Wenn man die Spalte auch noch mit normalen Vergleichsoperatoren besuchen möchte, sollte man sie auch nochmal mit der Standardoperatorklasse indizieren. (Die Standardoperatoren heißen übrigens `text_ops`, `varchar_ops`, `bpchar_ops` und `name_ops`, aber das muss nicht ausdrücklich hingeschrieben werden.)
- Wenn die Locale-Kategorie `lc_collate` C ist (für deutschsprachige Anwendungen nicht sinnvoll), werden die Indexe mit der Standardoperatorklasse verwendet. Die `*_pattern_ops`-Indexe sind dann nicht nötig.

Man wird also in der Praxis, wenn Mustersuchen gefordert werden, oft zwei Indexe haben, zum Beispiel

```
CREATE INDEX personen_name_index ON personen (name);
CREATE INDEX personen_name_pattern_index ON personen (name text_pattern_ops);
```

Das ist das Schicksal der Realität und nicht zu vermeiden. Natürlich sollte man auch hier den Speicherverbrauch im Hinterkopf haben und die Benutzung beider Indexe überwachen. Für fortgeschrittene Fälle von Textsuchen empfiehlt sich das Volltextsuchsystem von PostgreSQL. Dieses erfordert aber einige Anpassungen im Anwendungscode und gewissermaßen auch ein Umdenken bei der Anwendungsentwicklung. Das ist somit keine Aufgabe, die den Datenbankadministrator direkt etwas angeht, und wird deshalb in diesem Buch nicht erfasst.

Nebenläufiges Bauen von Indexen

Einen Index anzulegen, kann ziemlich lange dauern, bei großen Tabellen sogar Stunden. Während ein Index gebaut wird, können keine Schreiboperationen in die Tabelle stattfinden, sie ist gesperrt. (Leseoperationen sind jedoch möglich.) Dadurch ist es in produktiven Datenbanken oft nicht oder nur schwer möglich, Indexe nachträglich anzulegen. Es besteht jedoch die Möglichkeit, Indexe nebenläufig anzulegen, also in einem Modus, in dem zeitgleiche Schreiboperationen in die Tabelle möglich sind. Dazu verwendet man den Befehl `CREATE INDEX CONCURRENTLY`, zum Beispiel so:

```
CREATE INDEX CONCURRENTLY personen_name_index ON personen (name);
```

Dieses Verfahren funktioniert etwas ungewöhnlich: Die Tabelle muss insgesamt zweimal gelesen werden, weshalb dieses Verfahren auch mindestens doppelt so lange dauert wie das normale Anlegen eines vergleichbaren Index. Es lohnt sich also nicht, `CREATE INDEX CONCURRENTLY` überall »nur für den Fall« zu verwenden. Der Befehl selbst führt intern insgesamt drei Transaktionen durch und kann daher nicht mit anderen Befehlen zusammen in einem Transaktionsblock ausgeführt werden.

Aus dem letztgenannten Grund kann es vorkommen, dass durch Fehler beim Bauen des Index ein unfertiger Index liegen bleibt, denn der unfertige Index kann ja nicht wie normalerweise beim Transaktionsabbruch zurückgerollt werden. Gründe für Fehler sind zum Beispiel Verletzungen von Unique Constraints durch zwischen den Transaktionen geänderte Werte oder Fehler beim Auswerten von Ausdrücken in Indexausdrücken oder Prädikaten.

Ein solcher ungültiger Index wird in psql durch das Wort `INVALID` angezeigt, zum Beispiel so:

```
=> \d personen
 Tabelle »public.personen«
 Spalte  | Typ  | Attribute
---------+------+-----------
 name    | text |
 adresse | text |
Indexe:
    »personen_name_index« btree (name) INVALID
```

So ein ungültiger Index kann nicht für Anfragen verwendet werden und belegt somit nur unnütz Platz. Ansonsten richtet er aber keinen Schaden an.

Um einen ungültigen Index zu reparieren, löscht man ihn einfach mit `DROP INDEX` und versucht den Befehl `CREATE INDEX CONCURRENTLY` nochmal, bis es klappt.

Eine nebenläufige Variante von `REINDEX` gibt es leider in PostgreSQL 8.3 noch nicht.

Ausführungspläne

Wie oben beschrieben, ist die Hauptaufgabe des Datenbankadministrators eines PostgreSQL-Systems bei der Optimierung der SQL-Befehle das Erreichen von optimalen Ausführungsplänen.

Planknoten

Ein Plan ist ein Baum aus verschiedenen Teilplänen. Ein Knoten im Baum ist also ein solcher Teilplan. Zur Beurteilung eines Plans sollte man daher die Planknotentypen kennen. Die wichtigsten Typen sind:

Sequential Scan
: Die Tabelle wird von Anfang bis Ende gelesen und jede Zeile auf eine eventuell angegebene Bedingung überprüft. Das ist bei einigermaßen großen Tabellen natürlich brutal langsam, weswegen eben Indexe üblicherweise verwendet werden.

Indexscan
: Der Index wird, je nach Art des Index, nach Treffern für die Suchbedingung durchsucht. Für jeden Treffer muss dann einzeln in der zugehörigen Tabelle nachgesehen werden, ob die Zeile entsprechend der MVCC-Regeln für die aktuelle Transaktion sichtbar ist. Das ist notwendig, weil nur Tabellen, aber nicht Indexe die MVCC-Sichtbarkeitsinformationen speichern. (Man beachte, dass es somit in PostgreSQL im Gegensatz zu einigen anderen DBMS auch nicht möglich ist, Anfrageergebnisse komplett aus einem Index ohne Zugriff auf die eigentliche Tabelle zu erhalten.) Durch dieses Verhalten wird der Geschwindigkeitsvorteil von Indexen in PostgreSQL eingegrenzt. Sie können schneller sein, weil nicht die ganze Tabelle durchsucht werden muss, sie können aber auch langsamer sein, weil der Lesekopf der Festplatte für jeden Treffer hin- und herhüpfen muss. Generell lohnt sich ein Indexscan nur, wenn ein geringer Teil (etwa bis 5%) einer Tabelle gelesen wird. Bei Werten darüber wird das »Gehüpfe« den Vorteil gegenüber einem kompletten Sequential Scan zunichte machen.

Bitmap Index Scan
: Der Bitmap Index Scan kombiniert quasi das Beste aus Indexscan und Sequential Scan. Er ermittelt zunächst aus dem Index alle Treffer unabhängig von der MVCC-Sichtbarkeit. Er speichert die Treffer dann in einer Bitmap im RAM zwischen (daher der Name). Die Treffer werden dann so sortiert, dass sie in der Reihenfolge vorliegen, wie sie in der Tabelle vorkommen. (Die Indextreffer verweisen auf Blocknummern in der Tabelle, also werden einfach die Blocknummern numerisch sortiert.) Dann werden die Treffer der Reihe nach in der Tabelle aufgesucht und auf MVCC-Sichtbarkeit geprüft. Dadurch wird verhindert, dass dauernd zwischen Index und Tabelle hin- und hergesprungen wird. Auch wird die Tabelle in aufsteigender Reihenfolge durchgesehen, was ebenfalls vorteilhaft für schnelle Festplattenzugriffe sein kann.

: Wo der reine Indexscan nur tauglich ist, wenn einige wenige Treffer in der Tabelle erwartet werden, und der reine Sequential Scan nur, wenn die Tabelle komplett oder fast komplett gelesen werden soll, ist der Bitmap Index Scan für das gesamte Spektrum dazwischen in der Praxis am besten geeignet.

Neben diesen Scantypen gibt auch verschiedene Plantypen für Joins:

Nested-Loop-Join

Der Nested-Loop-Join ist auf Deutsch ein Verbund per verschachtelter Schleife. Das ist die einfachste Join-Methode, die man wohl auch intuitiv von Hand versuchen würde. Eine Tabelle ist dabei die äußere Schleife, die andere die innere. Die äußere Schleife wird einmal durchlaufen, die entsprechende Tabelle also einmal durchsucht. Für jede Zeile wird dann die innere Tabelle einmal durchsucht nach möglichen Join-Partnern. Das Durchsuchen jeder der beiden Tabellen kann wiederum auf verschiedene Arten geschehen. Die Tabelle könnte zum Beispiel per Sequential Scan oder Indexscan betrachtet werden oder das Ergebnis eines anderen Joins oder Teilplans sein.

Der Planer wird versuchen, die Join-Reihenfolge so zu arrangieren, dass die günstiger zu durchsuchende Tabelle die innere Tabelle ist, da diese möglicherweise sehr oft betrachtet werden wird. Ohne Indexe ist das generell die kleinere Tabelle. Möglicherweise ist sie nach dem ersten Durchlauf im Cache und kann danach relativ schnell erneut durchsucht werden. Wenn Indexe vorhanden sind, kann eventuell auch die größere Tabelle die innere werden, je nachdem wie der Planer den Aufwand einschätzt.

Hash-Join

Bei einem Hash-Join wird aus einer der beiden Tabellen zuerst eine Hash-Tabelle im Speicher aufgebaut. Dann wird die andere Tabelle durchsucht (sequenziell oder per Index) und für jeden Treffer ein Join-Partner in der Hash-Tabelle gesucht. Man kann sich das auch so vorstellen, dass ein vorübergehender Hash-Index erzeugt wird.

Hash-Joins lohnen sich eher, wenn zwei große Tabellen verbunden werden sollen, wo der Nested-Loop-Join nicht mehr effizient ist. Nachteile des Hash-Join sind insbesondere der Aufwand, um die Hash-Tabelle zu bauen, und der Speicher, um sie vorzuhalten.

Merge Join

Ein Merge Join sortiert beide Tabellen zuerst anhand der Join-Bedingung und liest sie dann parallel. Da die Eingabemengen sortiert vorliegen, kann davon ausgegangen werden, dass kein Join-Partner mehr zu finden ist, sobald ein arithmetisch größerer entdeckt worden ist. Deswegen muss jede Tabelle nach dem Sortieren nur genau einmal durchgegangen werden.

Das Hauptproblem eines Merge Join ist natürlich, dass das Sortieren sehr aufwendig sein kann. Von Vorteil ist ein Merge Join hauptsächlich, wenn die Eingabemengen sowieso sortiert sind, etwa weil sie aus einem Indexscan oder einem weiteren Merge Join stammen, oder wenn die Ergebnismenge später sowieso sortiert werden soll, da das Ergebnis eines Merge Join ja schon anhand der Join-Bedingung sortiert ist. Außerdem ist ein Merge Join für Outer Joins effizient, da das Fehlen eines Join-Partners leicht erkannt werden kann.

Es ist nicht unbedingt erforderlich, diese Join-Typen oder alle weiteren, hier nicht erwähnten Plantypen im Detail zu verstehen. Für das Lesen von Plänen ist es aber von Vorteil, wenn man sie zumindest erkennt und ihre Bedeutung im Groben nachvollziehen kann.

Pläne ansehen und analysieren

Um einen Ausführungsplan anzusehen, verwendet man den Befehl `EXPLAIN`, gefolgt von der eigentlichen Anfrage. Hier sehen Sie ein Beispiel aus der Regressionstestdatenbank von PostgreSQL 8.3:

```
regression=# EXPLAIN SELECT * FROM tenk1;
                         QUERY PLAN
-------------------------------------------------------------
 Seq Scan on tenk1  (cost=0.00..445.00 rows=10000 width=244)
```

Diese Ausgabe zeigt einen ganz einfachen Plan, der nur aus einem sequenziellen Scan besteht. (Es ist also gewissermaßen der einfachste Plan überhaupt.) Nach dem Plantyp werden vier Zahlen angezeigt:

- Die Startkosten für den Planknoten (»cost=« vor dem »..«). Das ist der geschätzte Aufwand, den der Executor investieren muss, bevor der Planknoten Ergebnisse produzieren kann. Die Startkosten sind hier 0, weil ein sequenzieller Scan mit der Ausgabe des Ergebnisses anfängt, sobald er losläuft. Unten werden wir Beispiele sehen, wo das nicht der Fall ist.
- Die Endkosten für den Planknoten (»cost=« nach dem »..«). Das ist der geschätzte Aufwand für die Abarbeitung des Planknotens, also in der Regel die eigentlich interessante Zahl. Die Kosten werden in einem abstrakten System berechnet und entsprechen nicht etwa Millisekunden oder Ähnlichem. Sie dienen einzig dazu, verschiedene Pläne miteinander zu vergleichen.
- Die Zeilenzahl (»rows=«). Das ist eine Schätzung, wie viele Ergebniszeilen der Planknoten ausgeben wird. Anhand der Schätzung wird die Abwägung zwischen Index oder nicht und anderen Planvarianten getroffen. Die Schätzung selbst wird anhand von Statistikinformationen berechnet.
- Die Größe einer Ergebniszeile in Bytes (»width=«, also Breite). Diese Angabe ist hier nicht so interessant, kann aber zusammen mit der Zeilenzahl dazu dienen, den Speicherbedarf der Ergebnismenge vorherzusehen, hier also 10.000 mal 244 Bytes, was rund 2,5 MBytes entspricht. Bei Plänen mit Sortierschritten oder Hash-Tabellen ist diese Information wichtig, um den RAM-Speicherbedarf im Datenbankserver zu beurteilen.

Die geschätzten Kosten berechnen sich wie folgt. Mit der Anfrage

```
regression=# SELECT relpages, reltuples FROM pg_class WHERE relname = 'tenk1';
 relpages | reltuples
----------+-----------
      345 |     10000
```

wird angezeigt, dass die Tabelle tenk1 aus 345 Diskpages (je 8 KByte) besteht und 10.000 Zeilen enthält. (Diese Informationen werden asynchron von VACUUM oder ANALYZE aktualisiert.) Die Kosten für einen sequenziellen Scan bestehen dann aus dem Aufwand, um die Diskpages zu lesen, nämlich Pages * seq_page_cost, und dem Aufwand der CPU, um die Zeilen zu verarbeiten, nämlich Zeilen * cpu_tuple_cost. seq_page_cost und cpu_tuple_cost sind Konfigurationsparameter, die Voreinstellungen haben, die üblichen Hardwarekonfigurationen entsprechen. seq_page_cost ist in der Voreinstellung 1,0 und ist somit die Basiseinheit für das abstrakte Kostenmodell. cpu_tuple_cost ist in der Voreinstellung 0,01. Die Verarbeitung einer Zeile in der CPU ist dieser Annahme nach hundertmal schneller als das sequenzielle Lesen einer Diskseite. Aber zurück zum Beispiel: Die Gesamtkosten sind also (345 × 1,0) + (10000 × 0,01) = 445.

Weitere Informationen zu diesen Berechnungen und darüber, wie diese Informationen und Parameter ermittelt werden, folgen unten in Abschnitt *Statistiken und Kostenparameter*.

EXPLAIN und EXPLAIN ANALYZE

Die reine Anzeige eines Plans ist nun noch nicht besonders aufschlussreich. Interessanter ist es, den Plan ausführen zu lassen und die Ergebnisse der Ausführung mit den ursprünglichen Plan zu vergleichen. Dazu dient der Befehl EXPLAIN ANALYZE:

```
regression=# EXPLAIN ANALYZE SELECT * FROM tenk1;
                                               QUERY PLAN
--------------------------------------------------------------------------------
 Seq Scan on tenk1  (cost=0.00..445.00 rows=10000 width=244) (actual time=0.011..16.810
rows=10000 loops=1)
 Total runtime: 31.740 ms
```

Die Daten in der ersten Klammer sind dieselben wie bei EXPLAIN. Die zweite Klammer enthält die tatsächliche Ausführungszeit (Start- und Endzeit, analog zu den Kosten) und die tatsächliche Anzahl der Zeilen im Ergebnis. Die letzte Zahl »loops« zeigt an, wie oft dieser Teilplan ausgeführt wird. Das wird bei Joins relevant; bei einfachen Anfragen ist die Zahl logischerweise immer 1.

Die wichtigste Aussage einer solchen Ausgabe ist immer, ob die Zeilenschätzung akkurat war. Das ist hier der Fall gewesen. Größere Abweichungen (also um einen Faktor, nicht nur um ein paar Zeilen) deuten darauf hin, dass die Statistiken verbessert werden müssen (mehr dazu siehe unten).

Generell ist eine Ausgabe von EXPLAIN ANALYZE immer aussagekräftiger als nur die Ausgabe von EXPLAIN. Wenn also irgendjemand (Kollege, Berater, PostgreSQL-Mailingliste) eine Planausgabe zur Analyse wünscht, ist dafür eigentlich immer die Ausgabe von EXPLAIN ANALYZE zu verwenden. Beachten Sie jedoch, dass EXPLAIN ANALYZE die Anfrage tatsächlich ausführt und somit sehr langsam und ressourcenaufwendig sein kann. Es ist also durchaus empfehlenswert, vor dem Ausführen einer unbekannten, aber komplex aussehenden Anfrage ein einfaches EXPLAIN ohne ANALYZE auszuführen, um zu sehen, worauf man sich einlässt.

Pläne mit Bitmap Index Scan

Zurück zur Beispielanfrage. Hier ist die gleiche Anfrage mit einer Suchbedingung:

```
regression=# EXPLAIN ANALYZE SELECT * FROM tenk1 WHERE unique1 < 7000;
                                                 QUERY PLAN
---------------------------------------------------------------------------------------
 Seq Scan on tenk1  (cost=0.00..470.00 rows=7019 width=244) (actual time=0.013..13.939
rows=7000 loops=1)
   Filter: (unique1 < 7000)
 Total runtime: 24.488 ms
```

Zuerst beobachten wir, dass die Schätzung der Ergebniszeilen nahe an der Realität liegt. (Es ist wie gesagt eine Schätzung. Die hier gezeigte Abweichung ist absolut in Ordnung. Bedenklich wäre etwa eine Schätzung von 1.000 oder 50.000.)

Die berechneten Kosten sind jetzt sogar noch höher als bei der Anfrage ohne Suchbedingung, obwohl ja eigentlich weniger Zeilen ausgewählt werden sollen. Das liegt daran, dass die Tabelle immer noch komplett durchgelesen werden muss, was wie oben Kosten von 445 verursacht. Dazu kommt noch die Prüfung der Suchbedingung für jede Zeile, berechnet als (Zeilen * `cpu_operator_cost`), in der Standardeinstellung (10.000 * 0,0025) = 25, ergibt 470 insgesamt. (Die ausgegebene Laufzeit ist hier zwar geringer als oben, allerdings unterliegen diese Messungen einigen Ungenauigkeiten und sollten in diesen kleinen Bereichen nicht allzu ernst genommen werden.)

Dieser Plan mit Kosten 470 würde theoretisch für jede Art Anfrage über `tenk1` mit einer Suchbedingung anwendbar sein. Wenn die Ergebnismenge allerdings kleiner wird, meint der Planer bald, dass sich die Anwendung eines Index lohnen würde:

```
regression=# EXPLAIN ANALYZE SELECT * FROM tenk1 WHERE unique1 < 3000;
                                                 QUERY PLAN
---------------------------------------------------------------------------------------
 Bitmap Heap Scan on tenk1  (cost=55.38..437.68 rows=2984 width=244) (actual time=0.851..
6.441 rows=3000 loops=1)
   Recheck Cond: (unique1 < 3000)
   ->  Bitmap Index Scan on tenk1_unique1  (cost=0.00..54.63 rows=2984 width=0) (actual
time=0.740..0.740 rows=3000 loops=1)
         Index Cond: (unique1 < 3000)
 Total runtime: 10.897 ms
```

Hier wird also ein Bitmap Index Scan ausgeführt. Der Plan besteht wie oben beschrieben aus zwei Schritten: dem Bitmap Index Scan im engeren Sinn, gefolgt vom Tabellenzugriff im Bitmap Heap Scan. Da der Bitmap Index Scan dem Bitmap Heap Scan die Eingabe liefert, ist er diesem im Planbaum untergeordnet, was in der Ausgabe durch die Einrückung und den Pfeil dargestellt wird.

Man sieht in diesem Plan unter anderem, dass der oberste Planknoten Bitmap Heap Scan Startkosten größer null hat. Diese Startkosten ergeben sich daraus, dass der untergeordnete Bitmap Index Scan abgeschlossen sein muss, bevor der Bitmap Heap Scan anfangen kann. (Das ist aber nicht für alle Plantypen zutreffend. Oft laufen über- und untergeordnete Planknoten überlappend ab.) Die Endkosten des Bitmap Index Scan von 69,86 plus etwas Overhead-Kosten ergeben die Startkosten von 70,85 für den Gesamtplan.

Die Gesamtkosten des Plans von 465,20 liegen unter denen von 470 für den sequenziellen Plan, weswegen dieser »billigere« gewählt wurde. Irgendwo zwischen `unique1 < 7000` und `unique1 < 3000` liegt also auf diesem System der Punkt, wo ein Bitmap Index Scan besser ist (in der Einschätzung des Planers) als ein sequenzieller Scan.

Pläne und LIMIT

Relevant werden die Startkosten, wenn die `LIMIT`-Klausel in der Anfrage vorkommt. Dann weiß der Planer, abhängig davon, welche Limitzahl gewählt wurde, dass nur einige Ergebniszeilen gewünscht sind und die Anfrage womöglich gar nicht bis zu Ende ausgeführt werden muss. Bei einer Anfrage mit `LIMIT` wird der Planer daher einen Plan bevorzugen, der schneller losläuft, aber nicht unbedingt schneller fertig ist.

Das ist auch in diesem Beispiel der Fall:

```
regression=# EXPLAIN ANALYZE SELECT * FROM tenk1 WHERE unique1 < 3000 LIMIT 100;
                                                   QUERY PLAN
--------------------------------------------------------------------------------------
 Limit  (cost=0.00..15.75 rows=100 width=244) (actual time=0.018..0.644 rows=100 loops=1)
   ->  Seq Scan on tenk1  (cost=0.00..470.00 rows=2984 width=244) (actual time=0.014..0.
300 rows=100 loops=1)
         Filter: (unique1 < 3000)
 Total runtime: 0.840 ms
```

Der PostgreSQL-Planer hat eine ziemliche ausgefeilte Intelligenz beim Umgang mit `LIMIT`-Anfragen. Deshalb ist es wichtig, dass diese Klausel bei der Analyse von Plänen auch mitangegeben wird, sonst optimiert man eine andere Anfrage, als man wirklich ausführen möchte.

Pläne mit Indexscan

Wenn man die Suchbedingung im ursprünglichen Beispiel weiter modifiziert, wird bei einer kleinen Ergebnismenge irgendwann auf einen einfachen Indexscan umgeschaltet:

```
regression=# EXPLAIN ANALYZE SELECT * FROM tenk1 WHERE unique1 < 5;
                                                       QUERY PLAN
--------------------------------------------------------------------------------------
 Index Scan using tenk1_unique1 on tenk1  (cost=0.00..8.27 rows=1 width=244) (actual
time=0.019..0.037 rows=5 loops=1)
   Index Cond: (unique1 < 5)
 Total runtime: 0.092 ms
```

Hier werden die Indexeinträge also wie oben beschrieben einzeln gelesen und in der Tabelle nachgeschlagen. Das ist teuer, aber für wenige Ergebniszeilen noch billiger als die ganzen Zwischenschritte im Bitmap Index Scan.

Pläne auswählen und vergleichen

Nun kann man die gezeigten Pläne einfach hinnehmen. Wenn man allerdings mit der Ausführungsgeschwindigkeit unzufrieden ist, ist es jetzt die Aufgabe, herauszufinden, ob ein anderer Plan eventuell besser ist, und wie man den Planer davon überzeugen kann, diesen zu verwenden. (Alternativ liegt das Problem vielleicht nicht im Plan, sondern anderswo; siehe die Abhandlung oben.)

PostgreSQL bietet keine »Optimizer Hints« oder in anderen Worten keine Möglichkeit, dass der Anwender selbst einen Plan oder einen Teil davon vorgibt. Man kann stattdessen aber PostgreSQL dazu zwingen, bestimmte Plantypen nicht zu verwenden, wodurch dann ein anderer Plan zur Anwendung kommen muss. Auf diese zugegebenermaßen eingeschränkte Art kann man verschiedene Planarten ausprobieren.

Um die oben beschriebenen Scanplantypen auszuschalten, gibt es drei Konfigurationsparameter: `enable_seqscan`, `enable_bitmapscan` und `enable_indexscan`. Sie sind normalerweise alle an. Schaltet man einen aus, wird der entsprechende Plantyp nicht mehr verwendet:

```
regression=# SET enable_bitmapscan TO off;
regression=# EXPLAIN ANALYZE SELECT * FROM tenk1 WHERE unique1 < 3000;
                                                QUERY PLAN
-------------------------------------------------------------------------------------
 Seq Scan on tenk1  (cost=0.00..470.00 rows=2984 width=244) (actual time=0.015..7.908
rows=3000 loops=1)
   Filter: (unique1 < 3000)
 Total runtime: 12.469 ms
```

Hier wurde also der im früheren Beispiel gewählte Bitmap Index Scan »verboten«, und der Planer verwendet einen anderen Plan. Die tatsächliche Laufzeit ist aber mit 12,469 ms größer als mit der ursprünglichen Wahl (10,897 ms); wir müssen dem Planer hier also recht geben.

Wenn der neue Plan aber wirklich schneller gewesen wäre als der ursprüngliche (und die Unterschiede reproduzierbar und nicht nur minimal sind), müsste man den Planer umkonfigurieren, um bessere Planwahl zu erreichen. Wenn die Zeilenschätzungen nicht stimmen, sollte man zuerst dort ansetzen, indem man bessere Statistiken sammelt. Ansonsten kann man an den angesprochenen Kostenparametern drehen. Diese Aufgaben werden später in diesem Kapitel behandelt.

Um das Beispiel fortzusetzen: Auch Bitmap Index Scans kann man ausschalten.

```
regression=# SET enable_indexscan TO off;
regression=# EXPLAIN ANALYZE SELECT * FROM tenk1 WHERE unique1 < 3000;
                                                QUERY PLAN
-------------------------------------------------------------------------------------
 Seq Scan on tenk1  (cost=0.00..470.00 rows=2984 width=244) (actual time=0.015..8.237
rows=3000 loops=1)
   Filter: (unique1 < 3000)
 Total runtime: 12.753 ms
```

Auch hier war die ursprüngliche Planwahl besser.

Den sequenziellen Scan kann man auch abschalten. Wenn allerdings alle möglichen Plantypen abgeschaltet sind, oder aber der sequenzielle Scan abgeschaltet ist und es keinen passenden Index gibt, wird der Planer die abgeschalteten Plantypen trotzdem heranziehen:

```
regression=# SET enable_seqscan TO off;
regression=# EXPLAIN ANALYZE SELECT * FROM tenk1 WHERE unique1 < 3000;
                                                    QUERY PLAN
------------------------------------------------------------------------------------
 Bitmap Heap Scan on tenk1  (cost=100000055.38..100000437.68 rows=2984 width=244) (actual
time=0.835..6.338 rows=3000 loops=1)
   Recheck Cond: (unique1 < 3000)
   ->  Bitmap Index Scan on tenk1_unique1  (cost=0.00..54.63 rows=2984 width=0) (actual
time=0.725..0.725 rows=3000 loops=1)
         Index Cond: (unique1 < 3000)
 Total runtime: 10.879 ms
```

Hier erschließt sich, wie diese Einstellungen funktionieren: Es wird lediglich 100.000.000 zu den Kosten für den Plantyp hinzugefügt, wodurch die anderen Plantypen attraktiver erscheinen.

Join-Pläne

In diesem Abschnitt folgen nun einige Beispiele von Join-Plänen. Vom Prinzip her gilt hier das gleiche Verfahren wie für die einfachen Scans. Man kann die drei Join-Plantypen mit den Konfigurationsparametern `enable_nestloop`, `enable_hashjoin` und `enable_mergejoin` selektiv ausschalten, wobei der Nested-Loop-Join im Notfall trotzdem zu Rate gezogen wird, wenn kein anderer Plan technisch möglich ist.

Hier sehen Sie also wieder eine Anfrage gegen die Regressiontestdatenbank.

```
regression=# EXPLAIN ANALYZE SELECT * FROM tenk1 t1, tenk2 t2 WHERE t1.unique1 < 100 AND
t1.unique2 = t2.unique2;
                                              QUERY PLAN
------------------------------------------------------------------------------------
 Nested Loop  (cost=5.02..695.00 rows=99 width=488) (actual time=53.886..105.675 rows=100
loops=1)
   ->  Bitmap Heap Scan on tenk1 t1  (cost=5.02..223.19 rows=99 width=244) (actual
time=15.565..18.358 rows=100 loops=1)
         Recheck Cond: (unique1 < 100)
         ->  Bitmap Index Scan on tenk1_unique1  (cost=0.00..4.99 rows=99 width=0)
(actual time=15.503..15.503 rows=100 loops=1)
               Index Cond: (unique1 < 100)
   ->  Index Scan using tenk2_unique2 on tenk2 t2  (cost=0.00..4.75 rows=1 width=244)
(actual time=0.860..0.863 rows=1 loops=100)
         Index Cond: (t2.unique2 = t1.unique2)
 Total runtime: 106.152 ms
```

Das ist also ein Nested-Loop-Join der Tabelle `tenk1`, die aus den bisherigen Beispielen bekannt ist, und `tenk2`, einer ähnlichen Tabelle. Die äußere Schleife ist über `tenk1`, und tenk1 wird mit dem gleichen Bitmap Index Scan wie in den obigen Beispielen gelesen. In diesem Fall sind die Kosten für diesen Scan 223,19. Für jeden Treffer wird die innere Schleife über tenk2 ausgeführt. Die Tabelle tenk2 wird dann anhand eines Index Scan durchsucht, dessen Suchbedingung (»Index Cond«) t2.unique2 = t1.unique2 ist, wobei t1.unique2 aus der äußeren Schleife kommt. Ein Aufruf dieser Art kostet 4,75, und da aufgrund der Schätzung von der äußeren Schleife 99 Ergebnisse erwartet werden, wird dieser Aufwand 99-mal eingeplant. (Tatsächlich wird der Plan 100-mal ausgeführt, was man an der Angabe »loops=100« ablesen kann.) Die Gesamtkosten des Join ergeben sich ungefähr aus 223,19 + 99 * 4,75 = 693,44 sowie etwas Overhead im Join selbst, was dann die Gesamtkosten von 695,00 ergibt.

Ein Join-Plan besteht also immer aus dem Join selbst sowie zwei untergeordneten Teilplänen, die jeweils einer der verschiedenen Scan-Typen oder ein weiterer Join oder ein anderer Plantyp sein können.

Wenn man nun den Nested-Loop-Plantyp abschaltet, wählt der Planer in diesem Beispiel einen Hash-Join:

```
regression=# SET enable_nestloop TO off;
regression=# EXPLAIN ANALYZE SELECT * FROM tenk1 t1, tenk2 t2 WHERE t1.unique1 < 100 AND
t1.unique2 = t2.unique2;
                                          QUERY PLAN
--------------------------------------------------------------------------------------
 Hash Join  (cost=224.43..696.92 rows=99 width=488) (actual time=1.373..120.614 rows=100
loops=1)
   Hash Cond: (t2.unique2 = t1.unique2)
   ->  Seq Scan on tenk2 t2  (cost=0.00..434.00 rows=10000 width=244) (actual time=0.020.
.23.958 rows=10000 loops=1)
   ->  Hash  (cost=223.19..223.19 rows=99 width=244) (actual time=1.164..1.164 rows=100
loops=1)
         ->  Bitmap Heap Scan on tenk1 t1  (cost=5.02..223.19 rows=99 width=244) (actual
time=0.181..0.684 rows=100 loops=1)
               Recheck Cond: (unique1 < 100)
               ->  Bitmap Index Scan on tenk1_unique1  (cost=0.00..4.99 rows=99 width=0)
(actual time=0.113..0.113 rows=100 loops=1)
                     Index Cond: (unique1 < 100)
 Total runtime: 121.071 ms
```

Der Hash-Join baut zuerst eine Hash-Tabelle aus einer der Tabellen, in diesem Fall tenk1, was hier 223,19 Einheiten kostet. Die Hash-Tabelle muss erst komplett fertig sein, bevor dieser Plan weiterarbeiten kann. Daher werden die Kosten für die Hash-Tabelle in die Startkosten des Gesamtplans eingerechnet. Für Anfragen mit LIMIT wird dieser Plantyp also seltener in Frage kommen. Als zweiten Teilplan verwendet dieser Join einen einfachen sequenziellen Scan über tenk2. Für jeden Treffer in diesem Scan wird dann in der Hash-Tabelle ein möglicher Join-Partner gesucht.

Wenn man auch den Hash-Join ausschließt, bietet der Planer in diesem Beispiel einen Merge-Join an:

```
regression=# EXPLAIN ANALYZE SELECT * FROM tenk1 t1, tenk2 t2 WHERE t1.unique1 < 100 AND
t1.unique2 = t2.unique2;
                                          QUERY PLAN
------------------------------------------------------------------------------------------
 Merge Join  (cost=226.59..836.21 rows=99 width=488) (actual time=1.607..55.067 rows=100
loops=1)
   Merge Cond: (t2.unique2 = t1.unique2)
   ->  Index Scan using tenk2_unique2 on tenk2 t2  (cost=0.00..583.25 rows=10000
width=244) (actual time=0.089..32.349 rows=10000 loops=1)
   ->  Sort  (cost=226.47..226.72 rows=99 width=244) (actual time=1.392..1.587 rows=100
loops=1)
         Sort Key: t1.unique2
         Sort Method:  quicksort  Memory: 68kB
         ->  Bitmap Heap Scan on tenk1 t1  (cost=5.02..223.19 rows=99 width=244) (actual
time=0.229..1.000 rows=100 loops=1)
               Recheck Cond: (unique1 < 100)
               ->  Bitmap Index Scan on tenk1_unique1  (cost=0.00..4.99 rows=99 width=0)
(actual time=0.148..0.148 rows=100 loops=1)
                     Index Cond: (unique1 < 100)
 Total runtime: 55.880 ms
```

Der Merge-Join sortiert beide Seiten des Join und fügt sie dann zusammen. Zum Sortieren gibt es dabei mehrere Möglichkeiten. In diesem Beispiel wird tenk2 per Indexscan gelesen, was automatisch sortierte Werte zurückgibt. (Das ist aber nur der Fall für B-tree-Indexe mit den Standardoperatorklassen.). Die Tabelle tenk1 wird hier mit dem bekannten Bitmap Index Scan gelesen und danach in einem zusätzlichen Schritt sortiert. Eine weitere Möglichkeit wäre, dass ein Teilplan selbst ein Merge-Join ist, denn das Ergebnis eines Merge-Join ist auch sortiert.

Hash- und Merge-Joins sind auch abhängig von der Konfigurationseinstellung für work_mem, da die Hash-Tabelle sowie die Sortieroperationen soviel Speicher belegen dürfen und ansonsten auf die Festplatte auslagern müssen, wodurch sie teurer werden. Höhere Einstellungen für work_mem können daher zu besseren Plänen führen, natürlich bei höherem Speicherbedarf.

Statistiken und Kostenparameter

Wenn Anfragen zu langsam sind, wird man in der Regel neue Indexe setzen oder Indexe umstellen, eventuell auch den Speicher anders Konfigurieren oder neue Hardware anschaffen. Wenn die richtigen Indexe vorhanden sind und Hardware und Software gut und richtig konfiguriert sind, werden normalerweise die besten Ausführungspläne gefunden und so schnell es geht ausgeführt. Nur wenn trotz alldem falsche Pläne gewählt werden und man entsprechend den oben gezeigten Verfahren Anzeichen gefunden hat, dass eine bessere Wahl möglich wäre, muss man am Planer herumkonfigurieren.

Der Planer wählt einen Plan den errechneten Ausführungskosten entsprechend aus. Diese Kosten werden für jeden Planknoten aus zwei Komponenten berechnet:

- verarbeitete oder zurückgelieferte Zeilen aus dem Planknoten
- Kostenfaktor für den Planknoten selbst

Dazu kommen für Planknoten im Inneren des Baums noch die Kosten ihrer untergeordneten Planbäume. Wie diese Faktoren zusammengerechnet werden, hängt von der Art des jeweiligen Plantyps ab. Für die wichtigsten Plantypen wurden einige Beispiele oben erklärt.

Um den Planer nun dazu zu bringen, einen anderen Plan zu verwenden, muss man die Kosten für diesen Plan drücken. Dazu kann man einerseits Anpassungen vornehmen, damit die Zeilenschätzungen besser werden, andererseits kann man diverse Kostenparameter ändern.

Statistiken für den Planer

Um die Anzahl der für jeden Planknoten zu erwartenden Ergebniszeilen zu ermitteln, hält der Planer Statistiken vor. (Diese Statistiken haben übrigens nichts mit dem in Kapitel 5 und anderswo erwähnten Statistikkollektor zu tun.) Diese Statistiken enthalten unter anderem

- die Anzahl der Zeilen in der Tabelle und
- die Anzahl der von der Tabelle belegten Blöcke.

Diese Informationen stehen in der Systemtabelle `pg_class`. Für die in den obigen Beispielen verwendeten Tabellen `tenk1` und `tenk2` samt ihrer Indexe kann man sich diese Informationen mit folgender Anfrage ansehen:

```
regression=# SELECT relname, relkind, reltuples, relpages FROM pg_class WHERE relname
LIKE 'tenk%' ORDER BY 1;
       relname        | relkind | reltuples | relpages
----------------------+---------+-----------+----------
 tenk1                | r       |     10000 |      345
 tenk1_hundred        | i       |     10000 |       24
 tenk1_thous_tenthous | i       |     10000 |       30
 tenk1_unique1        | i       |     10000 |       24
 tenk1_unique2        | i       |     10000 |       24
 tenk2                | r       |     10000 |      334
 tenk2_hundred        | i       |     10000 |       24
 tenk2_unique1        | i       |     10000 |       24
 tenk2_unique2        | i       |     10000 |       24
(9 Zeilen)
```

Wie man sieht, haben alle diese Tabellen (relkind = r) und Indexe (relkind = i) 10.000 Zeilen, aber die Tabellen sind wesentlich größer als die Indexe (1 Block = 1 Page = 8 KByte). Diese Statistiken erlauben dem Planer zum Beispiel, die Anzahl der Zeilen für einen sequenziellen Scan über eine Tabelle sowie den Speicher- und I/O-Aufwand für diese Tabelle zu ermitteln.

Das sind wohlgemerkt Statistiken, keine aktuelle Abbildung der tatsächlichen Größe. Es würde das Datenbanksystem sehr langsam und problemanfällig machen, wenn PostgreSQL diese und andere Statistiken auf den Punkt aktuell halten müsste. Aktualisiert werden diese Statistiken von den Befehlen `VACUUM`, `ANALYZE` und einigen anderen Befehlen wie `CREATE INDEX` (da nach dem Bauen des Index die Größe ja sowieso bekannt ist). Aus Effizienzgründen liest `ANALYZE` nicht die gesamte Tabelle, was bei sehr großen Tabellen sehr viele Ressourcen benötigen würde, sondern nur einen Teil der Tabelle, und extrapoliert daraus die Anzahl der Zeilen in der gesamten Tabelle. Deswegen können diese Zahlen auch geringfügig von der tatsächlichen Zahl abweichen. Die Anzahl der Pages kann dagegen einfach aus dem Dateisystem ermittelt werden und ist zumindest zu dem Zeitpunkt, zu dem sie ermittelt wird, akkurat.

> Eine Anfrage der Art `SELECT count(*) FROM tabelle` muss in PostgreSQL die gesamte Tabelle lesen, um die Antwort zu ermitteln, was sehr langsam sein kann. Als Abhilfe, wenn keine ganz genaue Zahl benötigt wird, kann man auf die gezeigten Statistiken zurückgreifen.

Die meisten Anfragen lesen eine Tabelle aber nicht komplett, sondern wählen Zeilen nach bestimmten Kriterien mithilfe einer `WHERE`-Klausel aus. Der kniffligere Teil des Planers ist, herauszufinden, wie viele Zeilen (aus der bekannten Gesamtzahl) durch diese `WHERE`-Klauseln gefunden werden. Das ist die sogenannte Selektivität einer Suchbedingung. Dazu hält der Planer weitere Statistiken vor. Diese stehen in der Tabelle `pg_statistic` und können in etwas besser lesbarer Form in der Sicht `pg_stats` eingesehen werden:

```
regression=# \x
regression=# SELECT * FROM pg_stats WHERE tablename = 'tenk1' AND attname = 'hundred';
-[ RECORD 1 ]-----+-------------------------------------
schemaname        | public
tablename         | tenk1
attname           | hundred
null_frac         | 0
avg_width         | 4
n_distinct        | 100
most_common_vals  | {24,80,35,62}
most_common_freqs | {0.0133333,0.013,0.0126667,0.0126667}
histogram_bounds  | {0,9,18,29,39,49,59,70,79,90,99}
correlation       | 0.0109758
```

Diese Statistiken werden durch `ANALYZE` (oder `VACUUM ANALYZE`) gesammelt und stellen immer Näherungswerte dar.

Im Gegensatz zu den Werten in `pg_class` beziehen sich die Werte in `pg_stats` immer auf eine Spalte. Die Bedeutung der Werte ist wie folgt:

`schemaname`
: Schemaname der Tabelle

`tablename`
: Name der Tabelle

`attname`
: Name der Spalte

`null_frac`
: Anteil NULL-Werte, zwischen 0 und 1. Dieser Wert wird zum Beispiel verwendet, um die Selektivität einer `IS NULL`-Bedingung zu ermitteln.

`avg_width`
: Durchschnittliche Größe eines Spaltenwerts in Bytes

`n_distinct`
: Anzahl unterschiedlicher Werte in der Tabelle. Eine positive Zahl zeigt an, wie viele unterschiedliche Werte in der Tabelle vorhanden sind. Eine negative Zahl zeigt an, was der relative Anteil unterschiedlicher Werte in der Tabelle ist, man minus Eins. Der Wert -1 zeigt also an, dass die Spalte so viele unterschiedliche Werte hat wie Einträge. `ANALYZE` wählt eine dieser beiden Formen (positiv oder negativ), je nachdem ob erwartet wird, dass die Anzahl konstant ist oder mit der Größe der Tabelle wächst.

`most_common_vals`
: Ein Array mit den häufigsten Werten in der Tabelle. (NULL, wenn kein Wert häufiger ist als ein anderer.)

`most_common_freqs`
: Ein Array mit den Häufigkeiten der genannten häufigsten Werte, relativ zur Gesamtzahl der Zeilen. Damit kann die Selektivität der häufigsten Werte ermittelt werden.

`histogram_bounds`
: Ein Array mit Werten, das alle Werte in der Tabelle in ungefähr gleich große Gruppen unterteilt. Im obigen Beispiel gibt es also angeblich ungefähr gleich viele Vorkommen von Werten zwischen 0 und 9 wie zwischen 79 und 90. Die oben schon erfassten häufigsten Werte werden hier nicht miteinbezogen, um die Datenerfassung für die restlichen Werte genauer machen zu können.

  Für die meisten Suchbedingungen wird anhand dieser Informationen die Selektivität ermittelt.

`correlation`
: Die statistische Korrelation zwischen der logischen Reihenfolge der Werte und der physischen Reihenfolge auf der Festplatte, zwischen -1 und +1. Wenn der Wert näher an -1 oder +1 ist, werden Indexscans günstiger, weil die Zugriffe auf die Festplatte nicht so weit verteilt sind.

Die Anzahl der in den Feldern `most_common_vals`, `most_common_freqs` und `histogram_bounds` jeweils geführten Werte wird bestimmt durch das sogenannte Statistics Target (»Statistikziel«), das global und für jede Tabelle eingestellt werden kann. Die Voreinstellung ist 10. Es können aber auch weniger Werte abgespeichert sein, wie im Beispiel, wenn nicht zehn entsprechende Werte gefunden werden. Im Feld histogram_bounds steht ein Wert mehr, da man ja elf Werte benötigt, um zehn Bereiche zu definieren.

Wenn die Selektivitätsschätzungen in den mit EXPLAIN inspizierten Plänen schlecht ist und man sichergestellt hat, dass ANALYZE in letzter Zeit ausgeführt worden ist, dann ist das Erhöhen des Statistics Target (gefolgt von erneutem ANALYZE) das beste Mittel. Denn wenn mehr Informationen über die Häufigkeiten verschiedener Werte gespeichert werden können, können meist auch bessere Selektivitätsschätzungen gemacht werden.

Das globale Statistics Target wird über den Konfigurationsparameter default_statistics_target eingestellt. Diesen Wert kann man für einzelne Spalten in einzelnen Tabellen mit dem Befehl ALTER TABLE ... SET STATISTICS ändern:

```
ALTER TABLE tenk1 ALTER COLUMN hundred SET STATISTICS 100;
```

Wenn man diesen Wert auf -1 setzt, wird die globale Einstellung für diese Spalte verwendet.

Anzeigen kann man die globale Einstellung normal mit dem Befehl SHOW:

```
regression=# SHOW default_statistics_target;
 default_statistics_target
---------------------------
 10
(1 Zeile)
```

Und die aktuelle Einstellung einer Spalte mit folgender Anfrage:

```
regression=# SELECT attstattarget FROM pg_attribute a JOIN pg_class c ON (a.attrelid =
c.oid) JOIN pg_namespace n ON (c.relnamespace = n.oid) WHERE attname = 'hundred' AND
relname = 'tenk1' AND nspname = 'public';
 attstattarget
---------------
           100
(1 Zeile)
```

Generell ist der voreingestellte Wert 10 für viele Fälle ausreichend, für etwas kompliziertere Fälle, das heißt Spalten mit einer außergewöhnlichen Verteilung der Werte, aber zu klein. Eine wachsende Zahl von PostgreSQL-Anwendern geht dazu über, die globale Einstellung zu erhöhen, zum Beispiel auf 100, und es wird erwartet, dass die Voreinstellung in einer zukünftigen Version von PostgreSQL erhöht wird. Der Maximalwert für das Statistics Target ist aktuell 1.000. Beachten Sie, dass hohe Werte eine quadratisch ansteigende Laufzeit von ANALYZE sowie erhöhten Platzbedarf in pg_statistic zur Folge haben.

ANALYZE

Schnelle SQL-Anfragen benötigen also gut ausgewählte Ausführungspläne, und gut ausgewählte Ausführungspläne benötigen gute Statistiken. Neben der gelegentlichen Anpassung des Statistics Target ist es besonders wichtig, dass die Statistiken aktuell sind. Der Befehl ANALYZE (und in einigen Fällen auch andere Befehle) aktualisieren wie erwähnt die Statistiken. ANALYZE sollte regelmäßig ausgeführt werden, insbesondere wenn sich die

Menge oder die Verteilung der Daten in einer Tabelle oder Spalte erheblich geändert hat. (Als grober Anhaltspunkt: Wenn 10% der Tabellenzeilen sich geändert haben, dann kann das schon erheblich sein.)

In der Vergangenheit wurde das üblicherweise so organisiert, dass der Befehl `ANALYZE` zu festgelegten Zeiten, oft einmal täglich, als Cronjob aufgerufen wurde. Seit PostgreSQL 8.3 erledigt der Autovacuum-Dienst aber das automatische `ANALYZE`. (In einigen Versionen davor gibt es den Autovacuum-Dienst auch schon, aber erst seit 8.3 ist er voreingestellt.) Wenn man also kein außergewöhnlich komplexes oder hochperformantes Datenbanksystem hat, braucht man im einfachsten Fall gar nichts zu unternehmen, weil alles automatisch funktioniert. Für alle anderen Fälle verweisen wir auf Kapitel 3, wo die Konfiguration des Autovacuum-Dienstes und andere wiederkehrende Wartungsaufgaben für PostgreSQL-Systeme und -Administratoren beschrieben werden.

Kostenparameter

Der zweite Faktor bei der Bewertung von Plänen sind die Kostenparameter für die verschiedenen Planknotenarten. In den Beispielen oben wurde schon angedeutet, wie die Kosten berechnet werden. In diesem Abschnitt stellen wir nun die entsprechenden Parameter im Detail vor. Beachten sie jedoch, dass das Manipulieren der Kostenparameter die allerletzte Maßnahme auf der Suche nach einem guten Plan sein sollte.

Genauer gesagt werden die Kostenparameter nicht einem bestimmten Plantypen zugeordnet, sondern arbeiten sogar noch eine Ebene darunter. Tatsächlich zählen die Kosten den erwarteten I/O- und CPU-Aufwand. Die Basiseinheit des Kostenmodells ist der Aufwand, der für das Lesen einer Diskseite im Rahmen eines sequenziellen Scans erwartet wird; er wird mit 1,0 bewertet. Daneben gibt es Parameter, die bestimmen, wie aufwendig das Lesen einer Indexseite ist, also im nichtsequenziellen Zugriff, was normalerweise mehr als 1,0 sein sollte, sowie der Aufwand für diverse CPU-Operationen, was weniger als 1,0 sein dürfte.

Diese verschiedenen Kostenfaktoren werden durch Konfigurationsparameter eingestellt. Ändert man diese, werden die danach ausgeführten Anfragen andere Plankosten haben, und dadurch wird dann eventuell ein anderer Plan gewählt, weil dieser nun günstiger erscheint. Das ist natürlich das, was man damit in der Regel erreichen will. Allein das Ändern der Kosten macht die tatsächliche Ausführungszeit desselben Plans nicht besser. Man möchte die Kostenfaktoren vielmehr so einstellen, dass der Plan, der tatsächlich schneller ist, dem Planer auch günstiger erscheint.

Es gibt Voreinstellungen für diese Parameter, die das ungefähre Verhalten eines typischen Computers darstellen, aber nicht besonders gut getunt sind. Es gibt leider auch kein automatisiertes Verfahren, etwa ein Benchmark-Programm, mithilfe dessen man diese Parameter für das eigene System einstellen kann. Weitreichende Änderungen an diesen Parametern sind aber auch unüblich und selten notwendig, außer in einigen bestimmten Fällen, auf die wir gleich eingehen werden.

Bedenken Sie, dass grob falsch eingestellte Kostenfaktoren zu irrwitzig falschen, langsamen und Ressourcen fressenden Plänen führen können. Ändern Sie diese Parameter also nur in kleinen Schritten und mit ausführlichen Tests aller für die Datenbankanwendung relevanten Anfragen.

Wenn man einen dieser Parameter ändert, weil man festgestellt hat, dass sich der eigene Rechner anders verhält, als die Voreinstellungen modellieren sollten, dann schreibt man diese Änderung normalerweise in die Konfigurationsdatei *postgresql.conf*. Teilweise benutzt man diese Parameter aber auch als Mittel, um einen anderen Plan zu erzwingen, ohne tatsächlich irgendeine Systemanalyse durchgeführt zu haben. Dann ist es auch vertretbar, einen Wert nur in einer Sitzung oder in einer Transaktion zu ändern (`SET` oder `SET LOCAL`).

In den folgenden Unterabschnitten sehen Sie nun eine Beschreibung der Kostenparameter.

seq_page_cost: Der Konfigurationsparameter `seq_page_cost` definiert die Kosten für das Lesen einer Datenbankseite vom Festspeicher, wenn sie beim sequenziellen Lesen der Tabelle gelesen wird. Die Voreinstellung für diesen Parameter ist 1.0, weil das wie oben erwähnt die Basiseinheit für das Kostenmodell ist.

Der Grund dafür, dass man diesen Parameter ändern kann, ist, dass ein Datenbanksystem, das komplett gecacht ist, Diskseiten eigentlich schneller lesen kann als die Festplatte ist. In diesem Fall ist das Lesen einer Diskseite eigentlich eine CPU-Operation für den Speicherzugriff. Man kann davon ausgehen, dass ein Datenbanksystem gecacht ist oder sein wird, wenn der Hauptspeicher größer als die Größe des Datenverzeichnisses auf der Festplatte ist. In Anbetracht aktueller Hauptspeichergrößen für Serversysteme im Bereich von 4 bis 128 GByte wird das durchaus für viele Datenbanksysteme zutreffen. Dann kann man `seq_page_cost` auf einen ähnlichen Wert wie `cpu_tuple_cost` setzen, also vielleicht 0.01 oder 0.02.

random_page_cost: Der Konfigurationsparameter `random_page_cost` definiert die Kosten für das Lesen einer Datenbankseite vom Festspeichersystem bei verteilten, wahlfreien Zugriffen, wie es bei Indexscans vorkommt. Das Heruntersetzen der Kosten für verteilte Zugriffe auf Datenbankseiten favorisiert die Verwendung indexbasierter Zugriffspfade.

Vereinfacht kann man sich `seq_page_cost` und `random_page_cost` auch als Kosten für sequenzielle Scans und Indexscans vorstellen. Ein Indexseitenzugriff ist in der Regel langsamer als ein sequenzieller Zugriff, aber bei Indexscans muss man meist nicht so viele Seiten lesen. Die Feststellung, wie viele Seiten bei einer Anfrage gelesen werden müssen, wird mithilfe der oben beschriebenen Planerstatistiken getätigt. Und um wie viel langsamer ein Indexseitenzugriff ist, wird genau hier mit `random_page_cost` angegeben. Mit genau diesen Informationen kann der Planer die Entscheidung zwischen Index und nicht Index treffen.

Die Voreinstellung ist 4.0, da ein Indexseitenzugriff viermal langsamer ist als ein sequenzieller Zugriff. Das kann für moderne Festplattenhardware zu viel sein. Viele PostgreSQL-Anwender setzen diesen Wert pauschal auf 2.0 oder 3.0 herunter. Genaue Messungen zu dieser Frage liegen aber nicht vor.

Bisweilen ist es auch üblich, durch relativ planloses Hoch- und Heruntersetzen dieses Parameters Indexpläne zu motivieren oder auszuschalten. Das kann bei der Entwicklung, beim Testen und beim Tunen hilf- und lehrreich sein, sollte aber in Produktivsystemen durch einen besser strukturiertes Optimierungsverfahren ergänzt werden.

Ein Wert unterhalb des Kostenfaktors in `seq_page_cost` ergibt keinen Sinn, da Festspeichersysteme in der Regel deutlich höher Durchsatzwerte für sequenzielle Zugriffe liefern als für verteilte. Das Gleichsetzen von `seq_page_cost` und `random_page_cost` ist sinnvoll für Datenbanken, die komplett im Hauptspeicher des Systems gecacht werden können. Da spielt es keine Rolle mehr, weil sequenzielle und verteilte Zugriffe denselben Aufwand bedeuten. Auch kann es dann sinnvoll sein, Werte zu wählen, die in Relation zu den CPU-Kostenparametern stehen, wie oben bei `seq_page_cost` beschrieben ist.

cpu_tuple_cost: Der Konfigurationsparameter `cpu_tuple_cost` definiert die Kosten für das Verarbeiten einer Tabellenzeile durch die CPU im Rahmen einer SQL-Anfrage. Die Voreinstellung ist 0.01. Dieser Parameter wird in der Praxis sehr selten geändert.

cpu_index_tuple_cost: Der Konfigurationsparameter `cpu_index_tuple_cost` definiert die Kosten für das Verarbeiten eines Indexeintrags durch die CPU im Rahmen eines Indexscans. Die Voreinstellung ist 0.005. Auch dieser Parameter wird in der Praxis sehr selten geändert.

cpu_operator_cost: Der Konfigurationsparameter `cpu_operator_cost` definiert die Kosten, die für das Ausführen einer Funktion oder eines Operators in einer Anfrage veranschlagt werden. Die Voreinstellung ist 0.0025. Auch dieser Parameter wird in der Praxis sehr selten geändert.

effective_cache_size: Der Konfigurationsparameter `effective_cache_size` gibt an, wie viel Cache-Speicher das Betriebssystem für den Datenbankserver für eine Anfrage bereitstellt. Wohlgemerkt legt der Parameter keinen Speicher an, sondern teilt nur eine Vermutung darüber mit, wie viel Speicher vorhanden ist. Das beeinflusst die Entscheidung des Planers, ob beispielsweise ein Index höchstwahrscheinlich im Hauptspeicher bereits gepuffert ist oder noch vom Festspeicher gelesen werden muss, und dahingehend seine Entscheidung, einen indexbasierten Zugriffspfad zu wählen oder eine eventuell kostengünstigere Alternative. Grob gesagt sorgt ein höherer Wert für `effective_cache_size` dafür, dass mehr Indexscans verwendet werden.

Bei der Einstellung dieses Parameters geht man vom vorhandenen RAM aus, zieht den vom Betriebssystem und anderen laufenden Anwendungen verwendeten Platz ab, zieht außerdem noch die Einstellung für `shared_buffers` ab, und erhält somit den für den Kernel-Cache freien Platz *insgesamt*. Den aktuellen Zustand im System kann man sich auch ausgeben lassen, zum Beispiel mit den Programmen `free` oder `top` und anderen.

```
$ free
18:30:30
                   total        used        free      shared     buffers      cached
Mem:             3107616      886704     2220912           0       57784      540152
-/+ buffers/cache:            288768     2818848
Swap:            2715640           0     2715640
```

Dieses System verwendet aktuell 540.152 Bytes Kernel-Cache und hat 2.220.912 Bytes noch komplett unbenutzt. Die verfügbare Cachegröße insgesamt wäre also cached + free = 540.152 + 2.220.912 = 2.761.064 = ca. 2,6 GByte. Diese Berechnung sollte man natürlich machen, wenn das System läuft und sich in einem Durchschnittszustand befindet. Das Ergebnis hier ist aber noch nicht die Einstellung für `effective_cache_size`, also lesen Sie weiter ...

Beim Einstellen dieses Parameters muss man berücksichtigen, wie viele Anfragen auf verschiedene Tabellen gleichzeitig im System abgearbeitet werden, da all diese Anfragen sich den verfügbaren Platz teilen müssen. Hier muss man das Nutzungsprofil der Anwendung kennen oder zumindest vorausahnen können. Durch diesen Wert teilt man den oben ermittelten Cachevorrat und kann das Ergebnis dann bei `effective_cache_size` einstellen.

Bedenken Sie, dass dieser Wert nur ein Hinweis an den Planer ist. Etwas ungenaue Werte richten daher keinen großen Schaden an. Problematisch sind nur viel zu große Werte bei großen Datenbanken, weil dadurch Indexscans hervorgerufen werden können, die das System nicht in vernünftiger Zeit bearbeiten kann.

Die Voreinstellung ist 128 MByte, was für viele Systeme zunächst ausreicht. Ansonsten stellt man den Parameter nach dem beschriebenen Verfahren ein.

Partitionierung

PostgreSQL bietet die Möglichkeit, Daten auf Tabellenebene zu partitionieren. Die Datenbank nutzt dabei die vorhandene Infrastruktur für Vererbung. Es werden eine sogenannte Haupttabelle angelegt und alle Partitionen von dieser Tabelle abgeleitet. Die Partitionsregeln werden dann durch Tabellen-Constraints definiert, die angeben, welche Daten in welche Tabelle gehören. PostgreSQL unterstützt dabei Partitionierung anhand von Listen, Wertebereichen und Hashes, die jedoch eine eigene Hash-Funktion erfordern.

Im folgenden Beispiel soll eine Kundentabelle erstellt werden, in der die Kundendaten nach Erfassungsdatum partitioniert werden. Die Partitionierung erfolgt monatsweise, für jeden Monat eines Jahres steht eine eigene Partition zur Verfügung.

```
BEGIN;

CREATE SEQUENCE kunde_id_seq;

CREATE TABLE kunde (
    id bigint PRIMARY KEY DEFAULT nextval('kunde_id_seq'),
    nachname text NOT NULL,
    vorname text NOT NULL,
    plz varchar(5) NOT NULL,
    strasse text NOT NULL,
    stadt text NOT NULL,
    registration_ts timestamp NOT NULL DEFAULT localtimestamp
);

COMMENT ON TABLE kunde IS 'Tabelle mit Kundendaten';

CREATE TABLE kunde_2008_jan (
    CHECK(registration_ts
        BETWEEN timestamp '2008-01-01' AND timestamp '2008-01-31'))
INHERITS(kunde);

CREATE TABLE kunde_2008_feb (
    CHECK(registration_ts
        BETWEEN timestamp '2008-02-01' AND timestamp '2008-02-29'))
INHERITS(kunde);

CREATE TABLE kunde_2008_mar (
    CHECK(registration_ts
        BETWEEN timestamp '2008-03-01' AND timestamp '2008-03-31'))
INHERITS(kunde);

CREATE TABLE kunde_2008_apr (
    CHECK(registration_ts
        BETWEEN timestamp '2008-04-01' AND timestamp '2008-04-30'))
INHERITS(kunde);

COMMIT;
```

Die Kundendaten bieten vier Partitionen für Januar, Februar, März und April an. Auf die Haupttabelle sollte kein Check-Constraint implementiert werden, da Constraint-Prüfungen teuer sind und die Haupttabelle auf jeden Fall bei einer Abfrage miteinbezogen wird. Aus diesem Grund sollten das Befüllen der Haupttabelle vermieden und Daten nur in die Partitionen eingefügt werden, wenn man ausschließlich von der Partitionierung profitieren möchte.

Das Abfragen der Tabellen kann wie gewohnt über eine SELECT-Abfrage auf die Tabelle kunde erfolgen:

```
db=# EXPLAIN SELECT * FROM kunde;
                                   QUERY PLAN
-------------------------------------------------------------------------------
 Result  (cost=0.00..72.00 rows=2200 width=153)
   ->  Append  (cost=0.00..72.00 rows=2200 width=153)
         ->  Seq Scan on kunde  (cost=0.00..14.40 rows=440 width=153)
```

```
        ->  Seq Scan on kunde_2008_jan kunde  (cost=0.00..14.40 rows=440 width=153)
        ->  Seq Scan on kunde_2008_feb kunde  (cost=0.00..14.40 rows=440 width=153)
        ->  Seq Scan on kunde_2008_mar kunde  (cost=0.00..14.40 rows=440 width=153)
        ->  Seq Scan on kunde_2008_apr kunde  (cost=0.00..14.40 rows=440 width=153)
```

Der Plan lässt erkennen, dass alle Partitionen mit in die Anfrage einbezogen sind und daher wie gewohnt alle Daten zurückliefern.

Nun kann testweise eine qualifizierte Anfrage erfolgen, die Kundendaten aus einem spezifischen Zeitraum selektiert:

```
db=# EXPLAIN SELECT * FROM kunde WHERE registration_ts BETWEEN timestamp '2008-02-15' AND
timestamp '2008-03-15';
                                                                                 QUERY
PLAN
-----------------------------------------------------------------------------------------
 Result  (cost=0.00..83.00 rows=10 width=153)
   ->  Append  (cost=0.00..83.00 rows=10 width=153)
         ->  Seq Scan on kunde  (cost=0.00..16.60 rows=2 width=153)
               Filter: ((registration_ts >= '2008-02-15 00:00:00'::timestamp without time
zone) AND (registration_ts <= '2008-03-15 00:00:00'::timestamp without time zone))
         ->  Seq Scan on kunde_2008_jan kunde  (cost=0.00..16.60 rows=2 width=153)
               Filter: ((registration_ts >= '2008-02-15 00:00:00'::timestamp without time
zone) AND (registration_ts <= '2008-03-15 00:00:00'::timestamp without time zone))
         ->  Seq Scan on kunde_2008_feb kunde  (cost=0.00..16.60 rows=2 width=153)
               Filter: ((registration_ts >= '2008-02-15 00:00:00'::timestamp without time
zone) AND (registration_ts <= '2008-03-15 00:00:00'::timestamp without time zone))
         ->  Seq Scan on kunde_2008_mar kunde  (cost=0.00..16.60 rows=2 width=153)
               Filter: ((registration_ts >= '2008-02-15 00:00:00'::timestamp without time
zone) AND (registration_ts <= '2008-03-15 00:00:00'::timestamp without time zone))
         ->  Seq Scan on kunde_2008_apr kunde  (cost=0.00..16.60 rows=2 width=153)
               Filter: ((registration_ts >= '2008-02-15 00:00:00'::timestamp without time
zone) AND (registration_ts <= '2008-03-15 00:00:00'::timestamp without time zone))
(12 rows)
```

Sie sehen, dass erneut alle Partitionen mit in die Abfrage einfließen. Das ist nicht unbedingt das, was man von einer Partitionierung erwartet. PostgreSQL verwendet ein spezielles Verfahren, genannt Constraint Exclusion, das dem Planer mitteilt, ob er eine Partitionierung bei einer derartigen Anfrage berücksichtigen soll. Entspricht die Bedingung einer Anfrage den Check-Constraints der einzelnen Partitionen, so ist der Planer in der Lage, nicht erfüllte Constraints auszuklammern. `constraint_exclusion` ist ein Konfigurationsparameter und kann jederzeit gesetzt werden. Standardmäßig ist er deaktiviert, da Constraint-Prüfungen relativ teuer sind. Wiederholt man die vorherige Abfrage erneut mit aktiviertem `constraint_exclusion`, ergibt sich dieser Plan:

```
db=# SET constraint_exclusion TO on;
db=# EXPLAIN SELECT * FROM kunde WHERE registration_ts BETWEEN timestamp '2008-02-15' AND
timestamp '2008-03-15';
                                                                                 QUERY
PLAN
-----------------------------------------------------------------------------------------
 Result  (cost=0.00..49.80 rows=6 width=153)
```

```
   ->  Append  (cost=0.00..49.80 rows=6 width=153)
         ->  Seq Scan on kunde  (cost=0.00..16.60 rows=2 width=153)
               Filter: ((registration_ts >= '2008-02-15 00:00:00'::timestamp without time
zone) AND (registration_ts <= '2008-03-15 00:00:00'::timestamp without time zone))
         ->  Seq Scan on kunde_2008_feb kunde  (cost=0.00..16.60 rows=2 width=153)
               Filter: ((registration_ts >= '2008-02-15 00:00:00'::timestamp without time
zone) AND (registration_ts <= '2008-03-15 00:00:00'::timestamp without time zone))
         ->  Seq Scan on kunde_2008_mar kunde  (cost=0.00..16.60 rows=2 width=153)
               Filter: ((registration_ts >= '2008-02-15 00:00:00'::timestamp without time
zone) AND (registration_ts <= '2008-03-15 00:00:00'::timestamp without time zone))
(8 rows)
```

Nun werden lediglich diejenigen Tabellen berücksichtigt, die aufgrund der Anfragebedingung benötigt werden.

Um eine partitionierte Tabelle zu aktualisieren, benötigt man einen Trigger, da PostgreSQL nicht transparent die Daten umlenken kann. Der Trigger wird auf der Haupttabelle erzeugt und fügt die entsprechenden Daten in die korrekte Partition ein:

```
BEGIN;

CREATE OR REPLACE FUNCTION kunde_insert_trigger()
RETURNS TRIGGER
LANGUAGE plpgsql
STRICT
AS
$$
BEGIN

        IF NEW.registration_ts BETWEEN timestamp '2008-01-01' AND timestamp '2008-01-31'
THEN
                INSERT INTO kunde_2008_jan VALUES(NEW.*);
        ELSIF NEW.registration_ts BETWEEN timestamp '2008-02-01' AND timestamp '2008-02-
29' THEN
                INSERT INTO kunde_2008_feb VALUES(NEW.*);
        ELSIF NEW.registration_ts BETWEEN timestamp '2008-03-01' AND timestamp '2008-03-
31' THEN
                INSERT INTO kunde_2008_mar VALUES(NEW.*);
        ELSIF NEW.registration_ts BETWEEN timestamp '2008-04-01' AND timestamp '2008-04-
30' THEN
                INSERT INTO kunde_2008_apr VALUES(NEW.*);
        END IF;

        RETURN NULL;
END;
$$;

CREATE TRIGGER tg_i_kunde
BEFORE INSERT ON kunde
FOR EACH ROW
EXECUTE PROCEDURE kunde_insert_trigger();

COMMIT;
```

Eine INSERT-Operation wird nun auf die entsprechende Tabelle ausgeführt. Durch die Rückgabe von NULL in der Trigger-Funktion bleibt die Haupttabelle unberührt. Folgendes Beispiel zeigt das Verhalten:

```
db=# INSERT INTO kunde VALUES (DEFAULT, 'Max', 'Mustermann', '80151', 'Hinterstraße 7',
'Tupfingen', timestamp '2008-02-15');

db=# SELECT * FROM kunde_2008_feb;
 id | vorname | nachname  |  plz  |    strasse      |   stadt   |   registration_ts
----+---------+-----------+-------+----------------+-----------+---------------------
  1 | Max     | Mustermann | 80151 | Hinterstraße 7 | Tupfingen | 2008-02-15 00:00:00
(1 Zeile)
```

Für UPDATE- und DELETE-Operationen können (und sollten) entsprechende Trigger ebenfalls angelegt werden.

Durch die Möglichkeit der Datenumlenkung durch Trigger und die Constraint-Exclusion-Unterstützung des Planers lassen sich in PostgreSQL transparent partitionierte Tabellen bauen. Besonders bei größeren Datenmengen, in denen nur bestimmte Bereiche häufiger abgefragt werden müssen, lohnt sich die Aufteilung in Partitionen. Die Daten benötigen jedoch einen definierten Schlüssel für die Aufteilung der Daten, der sich auch in CHECK-Bedingungen abbilden lassen und in den Bedingungen der Anfrage verwendet werden muss.

Befüllen der Datenbank

Neben der Optimierung von Anfragen und einzelnen Änderungen in der Datenbank, also Operationen typischer OLTP-Anwendungen, ist es auch oft sinnvoll, die Laufzeit der Befüllung der Datenbank zu verbessern. Das Befüllen der Datenbank tritt ja nicht nur ganz am Anfang des Lebenszyklus einer Datenbankanwendung auf, sondern auch in anderen Zusammenhängen. Wenn zum Beispiel eine Datensicherung zurückgespielt werden muss oder ein Versionsupgrade durchgeführt oder ein Replikationsknoten aufgesetzt wird, dann wird eine Datenbank neu befüllt. Und in den genannten Szenarien ist es auch verständlich, dass die Operation relativ zeitkritisch sein kann.

Dieser Abschnitt gibt einige Anleitungen und Hinweise, wie das Befüllen der Datenbank beschleunigt werden kann.

Transaktionen

Zunächst ist es äußerst wichtig, beim Laden von Daten den gesamten Ladevorgang zu einer Transaktion zusammenzufassen. Das beschleunigt einerseits das Laden der Daten erheblich, andererseits ist es auch für die Datenkonsistenz und Fehlerbehandlung von Vorteil.

Wenn jeder SQL-Befehl in einer einzelnen Transaktion ausgeführt wird, muss das Datenbanksystem nach jedem Befehl eine Menge zusätzlicher Arbeit verrichten, die in der

Masse schon ins Gewicht fallen wird. Insbesondere führt der PostgreSQL-Server am Ende jeder erfolgreichen Transaktion (beim `COMMIT`) einen `fsync` des Write-Ahead-Logs (WAL) durch, um zu gewährleisten, dass die Daten nach der Transaktion selbst im Fall eines kurz darauf folgenden Systemabsturzes erhalten bleiben. Daraus folgt, dass theoretisch nur so viele Transaktionen pro Zeiteinheit möglich sind, wie hardwareseitig Festplattenschreibzugriffe möglich sind. Wenn der WAL also beispielsweise auf einer Festplatte mit 15.000 rpm liegt, sind nur 15.000 Transaktionen pro Minute möglich. Das Laden von einer Millionen Zeilen in einzelnen Transaktionen dauert dann also schon mindestens 66 Minuten. Die Lösung ist, all diese Operationen in eine Transaktion zusammenzufassen, womit nur ein `fsync` nötig wird. Natürlich wird damit die Ladezeit nicht gegen null reduziert, aber zumindest ist der WAL nicht mehr der Flaschenhals.

Außerdem ist die Verwendung von Transaktionsblöcken von Vorteil, um kontrolliertes Verhalten bei einem Abbruch des Ladens zu erhalten. Ladevorgänge können aus verschiedenen Gründen abbrechen, etwa wenn die Festplatte voll ist oder die Daten selbst fehlerhaft sind (Kodierung, Datenformat, Constraints, Fremdschlüssel usw.). Die Verwendung eines Transaktionsblocks für den gesamten Ladevorgang rollt dann automatisch alle bisher geladenen Daten zurück, anstatt halb geladene Daten und ein kompliziertes Aufräumvorhaben zurückzulassen. In PostgreSQL sind im Gegensatz zu den meisten anderen SQL-Datenbank-Managementsystemen auch fast alle DDL-Befehle transaktionsfähig und können somit zurückgerollt werden.

Es gibt jedoch auch vereinzelt Umstände, unter denen man Fehler ignorieren möchte und so viele Daten wie möglich laden möchte. In dem Fall sollte man dann in der Tat alle Befehle in einzelnen Transaktionen ausführen.

Das Transaktionsverhalten ist in den verschiedenen mit PostgreSQL verwendbaren Programmierschnittstellen unterschiedlich. Die nötigen Einstellungen sind daher verschieden. In den meisten Fällen werden Daten aus einer SQL-Textdatei mit *psql* geladen. *psql* ist in der Voreinstellung im Autocommit-Modus, das heißt, jeder SQL-Befehl wird in einer Transaktion für sich ausgeführt. Um einen Transaktionsblock zu starten, in dem mehrere Befehle zusammengefasst werden, startet man eine Transaktion mit `BEGIN` oder `START TRANSACTION`. Abgeschlossen wird die Transaktion dann mit dem Befehl `COMMIT`.

```
START TRANSACTION;
CREATE TABLE ...
INSERT ...
INSERT :::
COMMIT;
```

Alternativ kann die `psql`-Option `-1`/`--single-transaction` verwendet werden, die ein Skript automatisch in einen Block aus `BEGIN` und `COMMIT` einpackt. Der Aufruf ist dann zum Beispiel

```
psql -1 -f load.sql
```

Beachten Sie, dass mit *pg_dump* erzeugte Skripten keinen Transaktionsblock automatisch verwenden. Die Verwendung der letztgenannten `psql`-Option ist daher empfehlenswert, wenn Dumps zurückgespielt werden.

COPY statt INSERT

Um Daten schneller in eine Tabelle zu laden, kann der Befehl `COPY` verwendet werden. `COPY` ist speziell dafür gedacht, große Datenmengen schnell zu laden. Dafür ist es nicht so flexibel und vielseitig wie `INSERT`; es sollte also `INSERT` im Normalbetrieb nicht ersetzen.

Da `COPY` alle Zeilen einer Tabelle auf einmal lädt, ist die Verwendung eines Transaktionsblocks wie oben beschrieben nicht zwingend notwendig, wenn nur eine Tabelle befüllt werden soll. Sobald aber mehrere Tabellen geladen oder weitere SQL-Befehle ausgeführt werden, zum Beispiel um Tabellen oder Indexe anzulegen, dann gilt die Empfehlung nach wie vor.

Wenn `COPY` in derselben Transaktion ausgeführt wird wie `CREATE TABLE` oder `TRUNCATE` für dieselbe Tabelle, ist es besonders schnell, weil kein WAL-Eintrag geschrieben werden muss, sofern die WAL-Archivierung ausgeschaltet ist (mehr dazu unten).

`COPY` verwendet ein spezielles Eingabeformat. Entweder wurden die zu ladenden Daten schon vorher mit `COPY` ausgegeben, dann können sie in der Regel direkt wieder geladen werden; oder die Daten müssen in das vorgeschriebene Format formatiert werden. Beachten Sie, dass `COPY` zwar die eine oder andere Option bietet, um das Eingabe- und Ausgabeformat zu variieren, es aber kein universelles Datenformatierungswerkzeug ist. Wenn das Format also nicht zu demjenigen passt, in dem die Daten vorliegen, müssen die Daten mit externen Werkzeugen wie AWK oder Perl umformatiert werden.

`pg_dump` erzeugt automatisch Skripten, die `COPY` verwenden. Ebenso verwendet beispielsweise Slony-I den Befehl `COPY` beim Laden von Daten in einen neuen Slave (Receiver).

Indexe, Fremdschlüssel, Reihenfolge

Wenn eine Tabelle komplett neu befüllt wird, ist es zu empfehlen, die Indexe und Fremdschlüssel nach dem Befüllen anzulegen. Es geht erheblich schneller, einen neuen Index über eine gefüllte Tabelle zu bauen, als Zeilen einzeln in einen bestehenden Index einzufügen. Ähnliches gilt für Fremdschlüssel.

Wenn die Tabelle noch Daten enthält, kann man die Indexe und Fremdschlüssel vor dem Laden entfernen und nachher wieder anlegen. Wenn die Tabelle allerdings noch benutzt wird, ist die Suchgeschwindigkeit (im Fall eines Index) beziehungsweise die Datenintegrität (im Fall von Fremdschlüsseln sowie Indexen, die Unique Constraints und Primärschlüssel implementieren) vorübergehend ausgesetzt. Derartige Operationen sollte man also mit Vorsicht angehen.

Einen Fremdschlüssel auf »deferred« zu setzen, hat übrigens nicht den gleichen gewünschten Effekt, wie den Fremdschlüssel zu löschen und neu anzulegen.

Von `pg_dump` erstellte Skripten erzeugen Indexe und Fremdschlüssel entsprechend den hier gegebenen Ratschlägen automatisch nach dem Befüllen der Tabellen. Das funktioniert jedoch nicht, wenn Schema und Daten separat gedumpt werden (Optionen `-s` und

-a). In dem Fall müsste der Anwender die Indexe und Fremdschlüssel selbst löschen und nach dem Laden der Daten wieder erzeugen.

Serverkonfiguration

Einige Einstellungen in der Serverkonfiguration helfen beim Beschleunigen des Ladens von Daten.

Checkpoints

Checkpoints werden durchgeführt, wenn entweder mehr als `checkpoint_segments` an WAL-Daten vollgeschrieben worden sind oder die Zeit in `checkpoint_timeout` verstrichen ist. Beide Werte, also die Datenmenge und die Zeit, können beim Laden von vielen Daten überschritten werden. Generell sollte man aber viele Checkpoints beim schnellen Laden vermeiden, da bei einem Checkpoint alle schmutzigen Seiten aus dem Cache auf die Festplatte geschrieben werden und weiterer Overhead entsteht, was das gesamte Datenbanksystem ausbremst.

Die erste Maßnahme ist daher, `checkpoint_segments` auf einen sehr viel höheren Wert als normal zu setzen. Die konkrete Empfehlung hängt davon ab, welcher Wert im Normalbetrieb verwendet wird. Wir würden aber mindestens 100 verwenden.

Den Wert für `checkpoint_timeout` sollte man hoch ansetzen, wenn der Wert sehr viel kürzer ist als die Dauer der Ladeaktion. Das ist wahrscheinlich der Fall, wenn `checkpoint_timeout` auf dem Vorgabewert 5 min steht, aber die Ladeaktion beispielsweise eine Stunde oder mehr dauert. Oft wird `checkpoint_timeout` aber auch im Normalbetrieb schon auf höhere Werte wie 15 min oder 1 h gesetzt; da sind dann keine Änderungen mehr nötig.

Zu bedenken ist, dass seltenere Checkpoints im Fall eines Absturzes eine längere Recovery-Zeit beim Neustart nach sich ziehen. Beim anfänglichen Befüllen einer Datenbank ist das aber eher kein Problem: Statt einer Recovery startet man das Befüllen einfach neu. Außerdem benötigt man Festplattenplatz für den WAL, aber selbst bei 100 Segmenten sind das nur 100 × 16 MByte = ca. 1,5 GByte, was kein Problem darstellen sollte.

Wenn diese Maßnahmen vernachlässigt werden, werden mit ziemlicher Sicherheit Logmeldungen »Checkpoints passieren zu oft« im Serverlog erscheinen, wenn die Daten geladen werden. Das sind Hinweise auf den daraus resultierenden Leistungsverlust.

Speicher

Wenn beim Laden der Daten Indexe (`CREATE INDEX`) oder Fremdschlüssel (`ALTER TABLE ... ADD FOREIGN KEY`) angelegt werden, lohnt es sich, den Parameter `maintenance_work_mem` hoch zu setzen. Das lohnt sich aber nur, wenn wie oben beschrieben die Indexe und Fremdschlüssel angelegt werden, nachdem die Daten in die Tabellen eingefügt worden sind.

Wenn der Rechner beim Laden nichts weiter macht, also insbesondere keine Anfragen abarbeiten muss, kann man im Prinzip den gesamten freien Hauptspeicher für `maintenance_work_mem` verwenden. Lediglich `shared_buffers` und etwas Platz für den Rest des Betriebssystems sollten freigehalten werden. Wir haben jedoch beobachtet, dass PostgreSQL nicht mehr als zwei GByte an `maintenance_work_mem` verwendet; deswegen lohnt es sich wohl nicht, mehr einzustellen. (Dabei handelt es sich möglicherweise um einen Bug in PostgreSQL.)

Archivierung

Wenn Transaktionslogarchivierung als Datensicherungsmethode verwendet wird, ist zu empfehlen, die Archivierung während des Ladens auszuschalten. Das gilt natürlich nur, wenn das Datenbanksystem während des Ladens nichts anderes Wichtiges, Sicherungswürdiges macht. Zum Abschalten der Archivierung wird der Parameter `archive_mode` auf off gesetzt. Nach dem Laden können die Archivierung wieder angeschaltet und eine Basissicherung durchgeführt werden. (Eine Basissicherung wäre sowieso zu empfehlen, wenn sich viele Daten geändert haben.)

Wenn man die Archivierung ausschaltet, spart man nicht nur die Zeit zum Archivieren selbst. Einige SQL-Befehle werden dadurch schneller, weil sie dann überhaupt keine WAL-Daten schreiben. Sie machen stattdessen einen `fsync` am Ende, um die Datenintegrität trotzdem sicherzustellen. Das betrifft insbesondere die üblicherweise beim Befüllen verwendeten Befehle `CREATE INDEX` und `COPY FROM` (wenn die Tabelle vorher in derselben Transaktion angelegt oder mit `TRUNCATE` geleert worden ist). Außerdem profitieren die seltener benutzten Befehle `CREATE TABLE AS SELECT`, `ALTER TABLE ... SET TABLESPACE` und `CLUSTER` von diesem Verhalten.

Fsync

Schließlich kann man das Schreiben in die Datenbank massiv beschleunigen, indem man den Parameter `fsync` ausschaltet. Dadurch gibt es dann aber bei einem Absturz oder Stromausfall keine Datenintegrität mehr. Wenn das Datenbanksystem aber gerade sowieso komplett neu eingerichtet wird, ist das wohl auch egal. Im Fall eines Absturzes setzt man es einfach neu auf (beginnend mit `initdb`).

Überblick

Als Ausgangsbasis kann man beim Datenladen folgende Konfiguration verwenden, natürlich wie immer abhängig von der Hardwareausstattung und den konkreten Gegebenheiten:

```
checkpoint_segments = 100
checkpoint_timeout = 1h
maintenance_work_mem = 2GB
archive_mode = off
fsync = off
```

Um `archive_mode` zu ändern, muss der Server neu gestartet werden. Die anderen Einstellungen kann man in der Konfigurationsdatei ändern und mit einem Reload aktivieren und dann später auch so zurücksetzen.

Nach dem Laden

Nach dem Laden von Daten ist es empfehlenswert, `ANALYZE` aufzurufen. Das gilt allgemein immer, wenn sich die Menge oder die statistische Verteilung der Daten in einer Tabelle erheblich ändert. Der Befehl `ANALYZE` sammelt Statistiken über Tabellen, die vom Anfrageplaner verwendet werden. Ohne aktuelle Statistiken wird der Planer ungünstige und langsame Ausführungspläne für Anfragen über die betroffenen Tabellen erzeugen.

Wenn der Autovacuum-Dienst verwendet wird, wird `ANALYZE` früher oder später automatisch ausgeführt. Nichtsdestotrotz ist es zu empfehlen, dass man `ANALYZE` auch direkt ausführt, da der Autovacuum-Dienst abhängig von den aktuellen Umständen länger brauchen kann, um die betroffenen Tabellen zu bearbeiten. Schließlich ist es auch kein Problem, einfach »`ANALYZE`« in das Ladeskript einzufügen oder selbst einzugeben.

Entgegen gelegentlich zu beobachtender Praxis ist es übrigens ziemlich sinnlos, nach dem Laden von Daten `VACUUM` auszuführen, wenn nicht während des Ladens große Mengen von Daten geändert oder gelöscht (`UPDATE` oder `INSERT`) worden sind, was aber selten der Fall ist.

KAPITEL 9

Replikation und Hochverfügbarkeit

Replikationssysteme werden in Datenbanksystemen für Hochverfügbarkeits- und Skalierungslösungen eingesetzt. Beide Anwendungsgebiete haben ein umfangreiches Portfolio mit Problemen, die es bei der jeweiligen Lösung zu berücksichtigen gilt, weshalb es unmöglich erscheint, eine Replikationslösung für alle bestehenden Problemfelder zu implementieren. Wir werden im Folgenden zunächst die Begrifflichkeiten erläutern und Problemstellungen besprechen, um dann konkrete Lösungen für PostgreSQL vorzustellen.

Begriffserklärung

Replikation (oder auch Clustering) wird als Oberbegriff für eine Vielzahl von Lösungen für Hochverfügbarkeit, Skalierung und Backup verwendet. Dabei ist jedoch jedes dieser drei Einsatzgebiete ein geschlossener Anwendungsfall, der spezifische Lösungsansätze verlangt. Es gibt eine Vielzahl unterschiedlicher Ansätze, die für bestimmte Anwendungsfälle geeignet sind, jedoch nicht alle Probleme erfassen können.

Connection Pooling

Der Begriff *Connection Pooling* beschreibt das Verwalten von Datenbankverbindungen über eine Zwischenschicht, die Datenbankverbindungen offen hält und somit den Aufwand für Verbindungsaufnahme und -trennung signifikant verringern kann. Ferner lässt sich mit intelligenten Pools die Verbindungslast auf Datenbanken deutlich verringern, da leer laufende Verbindungen wiederverwendet werden können. Dieses Prinzip gestattet auch das unkomplizierte Verwalten von spezialisierten Datenbankverbindungen, wie sie beispielsweise massenhaft bei Webanwendungen auftreten können; dabei laufen Datenbanken Gefahr, durch die sehr hohe Anzahl an Webserververbindungen einer Art Denial-of-Service-Angriff ausgesetzt zu werden. Besonders wenn sie im Cluster-Verbund fungieren, schaffen Webserver in der Regel eine deutlich höhere Verbindungsanzahl, als Datenbanksysteme verkraften können. Die Verwendung eines Connection Pool kann in dieser Hinsicht wirkungsvoll die Datenbankserver entlasten.

Beispiele dafür sind die im diesem Kapitel vorgestellten Lösungen wie pgpool und PgBouncer. Anwendungsserver, wie beispielsweise JBoss, bieten eigene Pools an.

Clustering

Dieser Begriff ist der Geläufigste und wird überhaupt für jede Art von Skalierung, Absicherung und Backup eines Datenbanksystems verwendet. Mit der Bezeichnung *Clustering* ist aber oft konkret ein Hochverfügbarkeitsszenario gemeint, das die Absicherung einer oder mehrerer Datenbankinstanzen gegen Ausfall gewährleistet. Der Begriff Clustering bezeichnet auch die Verwendung mehrerer Datenbankinstanzen, idealerweise auf separaten Maschinenknoten, die auf unterschiedliche Weise die Daten speichern und vorhalten können. Dabei teilen sich die darauf installierten Datenbankinstanzen die anfallende Verwaltung der Daten, entweder gleichberechtigt als schreibende und lesende Knoten oder als rein lesende Knoten, oder als Standby-Knoten, der bei Ausfall des Hauptknotens dessen Arbeit übernimmt. Es kommen ferner unterschiedliche Speicheransätze zum Einsatz, die die Speicherung der Daten innerhalb eines derartigen Clusters implementieren.

Clustering ist also ein vielfältig verwendeter Begriff; im Allgemeinen beschreibt er die Verteilung der Daten auf mehrere Knoten, um den Transaktionsdurchsatz im System zu erhöhen (horizontale Skalierung) oder um die Ausfallsicherheit zu verbessern.

Shared Storage

Die *Shared-Storage*-Methode verwendet dasselbe Speichermedium für alle im Cluster beteiligten Knoten. Dieses Medium steht jedem Knoten im Cluster zur Verfügung. Gleichberechtigte und nur lesende Knoten haben parallelen Zugriff auf diese Speichersysteme, Standby-Lösungen erhalten bei Ausfalls des Hauptknotens durch Übernahme des Speichermediums vollständigen Zugriff. Allerdings stellen zentrale Speichersysteme einen Single-Point-of-Failure dar, müssen also gesondert gegen Ausfall abgesichert sein, um so eine Beeinträchtigung des gesamten Datenbankclusters zu verhindern. Des Weiteren muss das System entsprechend leistungsfähig sein, um einem Cluster mit gleichberechtigten Knoten entsprechend hohe Durchsatzraten liefern zu können.

Shared Nothing

Shared Nothing verfolgt den Ansatz, für jeden am Cluster beteiligten Knoten ein eigenes Speichermedium zur Verfügung zu stellen. Damit umgeht man das Problem, ein zentrales Speichersystem separat absichern zu müssen, allerdings ist der Aufwand für den Abgleich der Daten bei derartigen Systemen deutlich höher. Diese Lösungen sind jedoch günstiger und bieten insbesondere für Hochverfügbarkeitslösungen günstige, aber zuverlässige Alternativen.

Partitionierung

Diese häufig auch »horizontale Partitionierung« genannte Methode beschreibt die Möglichkeit, Daten anhand eines zentralen Schlüssels auf mehrere Knoten zu verteilen. Die Verteilung übernimmt in der Regel ein Proxy, eine Zwischeninstanz, die die Verteilung und den Zugriff der Daten regelt. Es werden möglichst nicht überlappende Partitionierungsschlüssel definiert, die eine Partition und die dort abgelegten Daten eindeutig identifizieren können. Anhand dieser festgelegten Schlüssel kann der Zugriff auf die jeweiligen Partitionen beziehungsweise Datenbankinstanzen erfolgen.

Replikation

Replikation wird häufig mit Clustering gleichgesetzt, sollte jedoch eher als Grundlage für die Implementierung von Datenbankclustern verstanden werden. Es existieren unterschiedliche Replikationsverfahren, die auf unterschiedliche Weise für Hochverfügbarkeitssysteme, Skalierung und auch Backup eingesetzt werden können. Clustering ist somit ein Aspekt, für den Replikationssysteme eingesetzt werden können.

Master/Slave-Replikation

Master/Slave-Replikationssysteme verfügen über genau einen Knoten, der Lese- und Schreiboperationen durchführen kann. Sogenannte Slave-Knoten können dagegen nur Leseanfragen bedienen. Die Replikation der Daten kann asynchron oder synchron erfolgen, wobei auf den Slave-Knoten keine Konfliktlösungsmechanismen nötig sind, da lediglich lesende Transaktionen bedient werden. Synchrone Lösungen bieten gegenüber asynchronen deutlich schlechtere Schreibgeschwindigkeiten, da Transaktionen synchron auf alle Knoten verteilt werden müssen und somit der langsamste Knoten den Ausschlag gibt. Die Lesegeschwindigkeit kann bei diesem Ansatz weiter gesteigert werden, indem Lesetransaktionen über mehrere Knoten verteilt werden. Deshalb lässt sich ein Cluster für horizontale Skalierung implementieren.

Multimaster-Replikation

Multimaster-Replikation verbindet gleichberechtigte Knoten innerhalb eines Clusters. Alle beteiligten Knoten können Schreib- und Leseoperationen ausführen. Um schreibende Transaktionen zu koordinieren und Schreibkonflikte aufzulösen, sind umfangreiche Kommunikations- und Sperrmechanismen nötig, die hohen Aufwand für die einzelnen Transaktionen zur Folge haben. Asynchrone Multimaster-Replikationssysteme benötigen außerdem aufwendige Konfliktverwaltungslösungen, um Änderungen beziehungsweise dadurch entstehende Konflikte an der Datenbasis entsprechend auflösen zu können. Oft gibt es bei derartigen Systemen die Möglichkeit, manuelle Konfliktlösungen einzubinden, die die Entscheidung, was mit einer konfliktbehafteten Transaktion nachträglich passieren soll, als Businesslogik behandeln und somit eine flexible Auflösung der Konflikte bieten.

Multimaster-Replikationssysteme gelten als Lösungen, die theoretisch alle Probleme hinsichtlich Hochverfügbarkeit, Skalierung und Backup lösen. Jedoch können auch derartige Systeme nur spezielle Anwendungszenarien wirklich zufriedenstellend abdecken. Anwendungen, die sehr schreiblastige Transaktionen verwenden, leiden unter der im Allgemeinen langsamen Abarbeitung der Schreiboperationen, besonders wenn diese sehr konfliktbehaftet sind. Ferner sind die Kosten für die Kommunikation zwischen den beteiligten Knoten nicht zu unterschätzen: Häufig wird teure Spezialhardware benötigt. Lösungsansätze wie Systeme, die Two-Phase-Commit (2PC) nutzen, leiden ebenfalls unter hoher Latenz und lang andauernden Sperren, die für die Dauer der kompletten verteilten Transaktion auf allen Systemen gehalten werden müssen.

Standby-Systeme

Standby-Systeme sind Systeme, die zusätzliche Knoten für Hochverfügbarkeit verwenden. Standby-Systeme stehen für lesende oder gar schreibende Transaktionen nicht zur Verfügung und werden erst bei Bedarf hochgefahren. Aus diesem Grund verschwenden sie aus Sicht mancher Administratoren Hardware. Die meisten Standby-Systeme gestatten den automatischen Failover, was für 24/7-relevante Systeme wichtig ist.

Je nachdem, wie oft die Daten auf das Standby-System kopiert werden, kann man zwischen Hot Standby, Warm Standby und Cold Standby unterscheiden, wobei Hot-Standby-Systeme immer aktuell sind, also synchron mit Daten versorgt werden. Für hochverfügbare Datenbanksysteme kommt in der Regel nur Hot Standby und Warm Standby in Frage.

In PostgreSQL gibt es die Möglichkeit, mithilfe von WAL-Replikation oder DRBD Standby-Systeme mit sehr hohem Verfügbarkeitsgrad aufzusetzen. In PostgreSQL sind Warm-Standby-Systeme mit automatischer Umschaltung im Fehlerfall möglich, jedoch stehen diese Maschinen nicht für Lese- oder Schreiboperationen zur Verfügung. Ferner unterscheidet man DRBD- und WAL-basierte Lösungen. Die erstgenannten gestatten synchrone Replikation, bei den letztgenannten erfolgt sie asynchron und kann unter Umständen Datenverlust zur Folge haben, etwa wenn Transaktionslogs nicht rechtzeitig vor dem Ausfall der Primärknotens repliziert wurden.

pgpool-II

pgpool-II wurde ursprünglich mit dem Ziel der Implementierung eines transparenten Connection Pool für PostgreSQL-Datenbanken entwickelt. Er erlaubt die Definition eines Pools von Datenbankverbindungen, die von den jeweiligen Clients wiederverwendet werden können, so dass der Aufwand für das Erzeugen neuer Verbindungen zum Datenbankserver entfällt. pgpool-II unterstützt auch einen Replikationsmodus, der es erlaubt, SQL-Anfragen auf zwei (bei der älteren Version pgpool 1.0) oder mehrere (pgpool-II) zu verteilen. Diese Replikation erfolgt auf SQL-Ebene, so dass Applikationen unter Umständen an diese Architektur angepasst werden müssen, da sich Ergebnisse von SQL-Abfragen auf unterschiedlichen Datenbankinstanzen unterscheiden können. Daher ist dieses Verfahren weniger weit verbreitet, weshalb im Folgenden der Schwerpunkt auf die Fähigkeiten des Connection Pool und das transparente Load Balancing mit alternativen Replikationslösungen erörtert werden. Die deutlich vielseitigere Variante gegenüber dem älteren pgpool ist pgpool-II, da diese Version auch mehr als zwei Server unterstützt.

Installation

Die Installation gestaltet sich einfach. Die Pakete können einfach von *http://www.pgfoundry.org/* bezogen werden:

```
$ wget http://pgfoundry.org/frs/download.php/1843/pgpool-II-2.1.tar.gz
$ tar -xvzf pgpool-II-2.1.tar.gz
$ cd pgpool-II.2.1
$ ./configure
$ make
$ make install
```

pgpool-II installiert sich in das Verzeichnis */usr/local/*, was aber auf Wunsch beim Aufruf von `configure` mit dem Parameter `--prefix` angepasst werden kann:

```
$ ./configure -prefix=/usr
```

Konfiguration

Die Konfiguration von pgpool-II ist ziemlich unkompliziert. Nach der Eingabe von IP-Adresse und Portnummer sowie eventuell gewünschter Replikation müssen die einzelnen Knoten in der Konfigurationsdatei */etc/pgpool.conf* definiert werden. Die Position der Konfigurationsdatei kann je nach Installation abweichen.

```
listen_addresses = '192.168.100.100'
port = 6666

# node1 mit ID 0
backend_hostname0 = 'node1.beispiel.de'
backend_port0 = 5432
backend_weight0 = 1

# node2 mit ID 1
backend_hostname1 = 'node2.beispiel.de'
backend_port1 = 5432
backend_weight1 = 1
```

Der Knoten in `backend_hostname0` fungiert dabei implizit immer als Master, was insbesondere für den Betrieb im Master-Slave-Modus wichtig ist.

Einzelne Knoten können mit der Direktive `backend_weight` eine Gewichtung für das Verteilen von Anfragen erhalten. Knoten mit höherer Gewichtung werden stärker frequentiert. Der Connection Pool kann in der Datei *pgpool.conf* in Größe und Aufteilung detailliert konfiguriert werden. Größere Pool-Einstellungen benötigen auch mehr Ressourcen, was insbesondere auf Systemen mit wenig Hauptspeicher beachtet werden sollte.

Für die Konfiguration des Pools stellt pgpool-II folgende Parameter zur Verfügung:

`connection_cache`
: Schaltet den Cache für Datenbankverbindungen an.

`num_init_children`
: Setzt die Anzahl von Preforked Connections vom Pool zu Datenbankserver. Für das Abbrechen von Abfragen ist jeweils eine weitere Verbindung notwendig, so dass bei Erreichen dieser Obergrenze unter Umständen das Abbrechen nicht mehr funktioniert.

`child_life_time`
: Bestimmt die maximale Zeitspanne, die ein Prozess des Connections Pool untätig sein kann. Sie wird nach Ablauf der Zeitspanne terminiert, und eine neue Datenbankverbindung wird erzeugt. Für pgpool-II-Prozesse, die noch keine Abfrage bearbeitet haben, gilt dieses Zeitintervall nicht.

`child_max_connection`
: Definiert die Anzahl von Verbindungen, die ein pgpool-II-Prozess verarbeitet, bevor er terminiert und neu erzeugt wird.

`client_idle_limit`
: Zeitintervall, nach dem eine Verbindung des Client zu pgpool terminiert wird, wenn der Client untätig ist und seither keine neue Anfragen an die Datenbank gestellt hat.

`max_pool`
: Definiert die Anzahl von Datenbankverbindungen, die pro pgpool-Prozess vorgehalten werden. Die Gesamtanzahl aller Datenbankverbindungen im Pool entspricht num_init_children * max_pool. pgpool-II hat als Standardeinstellung 4.

`connection_life_time`
: Definiert in Sekunden das maximale Alter von Datenbankverbindungen im Pool, bevor sie terminieren und neu erzeugt werden. `connection_life_time = 0` schaltet dieses Verhalten ab.

`reset_query_list`
: Definiert eine Auflistung von SQL-Kommandos, die ausgeführt werden, wenn ein Client durch Beenden seiner Verbindung zurück in den Pool legt. Pgpool-II führt standardmäßig folgende SQL-Kommandos aus:

```
reset_query_list = 'ABORT; RESET ALL; SET SESSION AUTHORIZATION DEFAULT';
```

Pgpool und Slony

pgpool-II besitzt einen Betriebsmodus für Load Balancing, der den Einsatz als Software insbesondere für das Clustering mit anderen Replikationslösungen interessant macht. So kann pgpool-II als herkömmlicher Connection Pool eingesetzt werden, der transparent als Datenbank-Proxy lesende Transaktionen beispielsweise in Zusammenarbeit mit Slony-I auf die entsprechenden Knoten verteilt. Existiert bereits ein Slony-I-Cluster, können so Leseanfragen auf einzelne Maschinen verteilt werden, während Schreibtransaktionen auf dem Master landen (zum Aufsetzen von Slony-I siehe »Slony-I«). Für diesen Betriebsmodus muss pgpool mit folgenden Parametern konfiguriert werden:

```
replication_mode = false
load_balance_mode = true
master_slave_mode = true
```

Ab sofort werden bei Verbindungen über den Connection Pool (in unserem Beispiel Portnummer 6666) alle Anfragen transparent auf den entsprechenden Knoten verteilt. `SELECT`-basierte Anfragen werden auf die Slaves verteilt, während schreibende Operationen auf dem Master ausgeführt werden. Somit eignet sich diese Lösung für Slony-I, das nur einen schreibenden Knoten erlaubt. Der schreibende Knoten wird in der Konfiguration von pgpool-II über `backend_hostname0` identifiziert.

SQL-Funktionen beziehungsweise -Prozeduren, die schreibende SQL-Operationen enthalten, müssen durch explizites Starten von Transaktionen ebenfalls an den Master übergeben werden. pgpool-II erkennt das explizite Starten einer Transaktion mit `BEGIN` oder `START TRANSACTION` und bindet sie an den Master. Nur so können auch Aufrufe von Stored Procedures mit Datenmodifikationen sicher auf dem Cluster ausgeführt werden. Für den Betrieb in einem solchem Einsatzszenario sollte auch der Parameter `health_check_timeout = 0` gesetzt werden, so dass unnötige Failover-Tests entfallen. Auch stellt pgpool-II in einem solchen Fall einen Single-Point-of-Failure dar, der entsprechend abgesichert werden sollte. Dafür bietet sich unter anderem Heartbeat an (siehe »Integration mit Heartbeat«).

PgBouncer

PgBouncer ist ein Connection Pool, der eine Alternative zu pgpool-II darstellt. Es ist ein separates Projekt, das direkt von der PgFoundry-Projektseite heruntergeladen werden kann.

Installation

Version 1.2.3 wird so installiert:

```
$ wget http://pgfoundry.org/frs/download.php/1873/pgbouncer-1.2.3.tgz
$ tar -xvzf pgbouncer-1.2.3.tgz
$ cd pgbouncer-1.2.3
$ ./configure
$ make
$ make install
```

Das installiert PgBouncer nach */usr/bin* und erstellt die Konfigurationsdatei *pgbouncer.ini* in */etc*. Anschließend kann der Connection Pool eingerichtet werden.

PgBouncer verwendet ausschließlich das PostgreSQL-Protokoll Version 3 und ist daher erst ab PostgreSQL-Version 7.4 einsetzbar. Da ältere Versionen des PostgreSQL-Projekts nicht mehr unterstützt werden, stellt das keine starke Einschränkung dar.

Konfiguration

PgBouncer unterstützt drei unterschiedliche Modi für den Betrieb eines Pools:

Session Pooling
: Weist einer neuen Clientverbindung eine neue Datenbankverbindung zu. Diese bleibt solange bestehen, bist der Client die Verbindung schließt. Die Datenbankverbindung wird anschließend wieder zurück in den Pool gelegt und steht nachfolgenden Clients zur Verfügung. Das ist der flexibelste Modus, da sich Clients nicht gegenseitig beeinflussen können.

Transaction Pooling
: Dieser Modus weist einem Client eine Verbindung für die Dauer einer Transaktion zu. Danach wird die Verbindung zurück in den Pool gelegt. Dieser Modus erfordert die Kooperation der Anwendung, da Anwendungen sich eine Datenbankverbindung teilen müssen.

Statement Pooling
: Dieser Modus teilt Verbindung pro Anfrage an die Datenbank dem Client zu. Explizite Transaktionen mit mehreren Anfragen sind nicht erlaubt. Man kann diesen Modus mit einer Art Autocommit-Modus vergleichen. Er muss sorgfältig mit der Anwendung abgestimmt werden, da sich einzelne Statements unter Umständen beeinflussen könnten.

Für den Transaction-Pooling-Modus können vom Client folgende Funktionen der PostgreSQL-Datenbank nicht verwendet werden:

- `SET` und `RESET`
- `LISTEN` und `NOTIFY`
- `CURSOR WITH HOLD`
- `PREPARE` zum Vorbereiten von Anfragen auf Protokollebene
- `PREPARE` und `DEALLOCATE` auf SQL-Ebene
- `CREATE TEMPORARY TABLE ... ON COMMIT PRESERVE ROWS` oder `ON COMMIT DELETE ROWS`
- `LOAD` für das Laden von Bibliotheken

Der Session-Pooling-Modus ist der für Anwendungen angenehmste Modus, da er keine Einschränkungen gegenüber dem Betrieb gegen eine Datenbank ohne Connection Pool hat. Die Konfiguration über die Datei *pgbouncer.ini* gestaltet sich recht einfach:

```
[databases]
dbalias = host=/var/run/postgresql port=5432 dbname=db pool_size=64

[pgbouncer]
```

```
listen_port = 9999
listen_addr = 127.0.0.1
auth_type = md5
auth_file = /etc/pgbouncer_users.txt
logfile = pgbouncer.log
pidfile = pgbouncer.pid
admin_users = someuser, postgres
pool_mode = session
```

Die Benutzerauthentifizierung wird im Beispiel über die Direktive `auth_file = users.txt` festgelegt. Der PgBouncer-Dienst wird auf Port 9999 mit der Direktive `listen_port` konfiguriert. Die IP-Adresse, auf die der Dienst hören soll, wird mit `listen_addr` festgelegt. Für die Authentifizierung muss eine separate Benutzerdatenbank mit `auth_file` festgelegt werden. Sie kann so aussehen:

```
"someuser" "same_password_as_in_server"
"anotheruser" "same_password_as_in_server"
"postgres" "same_password_as_in_server"
```

Die Authenfizierungsmethode wird mit `auth_type = md5` definiert. PgBouncer unterstützt die Methoden `md5`, `crypt`, `plain`, `trust` und `any`.

Der zentrale Teil der Konfiguration ist der Abschnitt `[databases]`. Hier werden die einzelnen Pools der PgBouncer-Instanz definiert. Im obigen Beispiel konfiguriert der Pool `dbalias` den Zugriff auf die Datenbank `db` über den lokalen Unix Domain Socket in `/var/run/postgresql` bei einer Poolgröße von maximal 64 Datenbankverbindungen. Nach dem Start von PgBouncer ist es ab sofort möglich, über PgBouncer mit dem Pool-Alias `dbalias` auf diese Datenbank zuzugreifen.

PgBouncer wird ganz simpel gestartet:

```
$ pgbouncer /etc/pgbouncer.ini
2008-08-29 01:05:02 7778 LOG File descriptor limit: 1024 (H:1024), max_client_conn: 100,
max fds possible: 238
2008-08-29 01:05:02 7778 LOG listening on 127.0.0.1:9999
```

Alternativ kann PgBouncer mit der Option `-d` als Prozess im Hintergrund gestartet werden. Mit `-v` lässt sich der Log-Level erhöhen, mit `-R` wird der PgBouncer-Prozess durch eine neue Instanz ersetzt, die alte wird beendet.

Die Verbindung zur Datenbank kann mit jedem normalen PostgreSQL-fähigen Client erfolgen. Im folgenden Beispiel verwendet man einfach `psql`:

```
$ psql -p 9999 -h /tmp -q dbalias
Passwort:
dbalias=# \d
               Liste der Relationen
 Schema |       Name       |   Typ   | Eigentümer
--------+------------------+---------+-----------
 public | customer         | Tabelle | postgres
 public | customer_id_seq  | Sequenz | postgres
 public | order            | Tabelle | postgres
 public | product          | Tabelle | postgres
```

```
 public | product_id_seq  | Sequenz | postgres
(5 Zeilen)
```

Überwachung und Wartung

In PgBouncer steht ferner noch der vordefinierte Datenbankalias `pgbouncer` zur Verfügung. Über diese Verbindung ist der Administrator in der Lage, die entsprechende PgBouncer-Instanz zu steuern und Informationen abzurufen:

```
$ psql -p 9999 -h /tmp -q pgbouncer
Passwort:
pgbouncer=#
```

Das können jedoch nur Benutzer, die in der Direktive `admin_users` der Konfigurationsdatei *pgbouncer.ini* angegeben wurden.

Die Datenbank `pgbouncer` muss nicht in der PostgreSQL-Datenbank angelegt werden. Es handelt sich hier um einen vordefinierten Pool-Alias, der die Clientverbindung entsprechend auf die integrierte Konsole der PgBouncer-Instanz leitet.

Über diese sogenannte Administratorkonsole können Kommandos für Statusabfrage, Neustart und sonstige Informationen abgerufen werden. PgBouncer unterstützt dafür eine Reihe von Administratorkommandos. Die wichtigsten sind im Folgenden aufgelistet.

`SHOW DATABASES`

Erlaubt das Abfragen aller konfigurierten Pools.

```
pgbouncer=# SHOW DATABASES;
   name    | host | port | database  | force_user | pool_size
-----------+------+------+-----------+------------+-----------
 dbalias   |      | 5436 | db        |            |       128
 pgbouncer |      | 9999 | pgbouncer | pgbouncer  |         2
(2 Zeilen)
```

`SHOW STATS`

Zeigt Statistiken über den jeweiligen Pool an (hier mit der erweiterten Ansicht von `psql` Zeile für Zeile). Interessant sind insbesondere die Auflistung der durchschnittlichen Anzahl von Anfragen pro Sekunde (`avg_req`) und die Größe der gesendeten Daten (`avg_size`, `total_sends`).

```
pgbouncer=# SHOW STATS;
-[ RECORD 1 ]----+----------
database         | dbalias
total_requests   | 1
total_received   | 17
total_sent       | 110
total_query_time | 1123
avg_req          | 0
avg_recv         | 0
avg_sent         | 1
avg_query        | 1123
```

```
-[ RECORD 2 ]----+----------
database         | pgbouncer
total_requests   | 1
total_received   | 0
total_sent       | 0
total_query_time | 0
avg_req          | 0
avg_recv         | 0
avg_sent         | 0
avg_query        | 0
```

`PAUSE`
: Alle Verbindungen der Pools zu den Datenbanken werden terminiert, wenn alle Clientanfragen abgeschlossen sind. Das kann auch durch das Senden des SIGINT-Signals an den PgBouncer-Prozess erreicht werden.

`SHUTDOWN`
: Fährt die PgBouncer-Instanz herunter; entspricht dem Signal SIGTERM.

`SUSPEND`
: Der PgBouncer-Prozess wird suspendiert, nimmt also keine Anfragen über seine Sockets entgegen.

`RESUME`
: Setzt den PgBouncer-Prozess nach einem `SUSPEND`- oder `PAUSE`-Kommando fort.

`RELOAD`
: Lädt die Konfiguration der PgBouncer-Instanz neu; entspricht dem Signal SIGHUP.

`SHOW POOLS`
: erzeugt eine Übersicht über alle konfigurierten Connection Pools. Interessant ist hier das Feld `maxwait`. Es protokolliert die Zeit, die der jeweils älteste Client auf eine Verbindungsanfrage warten musste. Steigt dieser Wert stark an, sollte entweder der Parameter `pool_size` des entsprechenden Pools vergrößert werden, oder es besteht ein Lastproblem auf der Datenbank, die mit dem Abarbeiten der Verbindungsanfragen nicht hinterherkommt. Der Wert in der Spalte `cl_active` gibt die Anzahl aktiver Clientverbindungen an und kann gegen `cl_waiting`, die Anzahl wartender Clientverbindungen, abgeglichen werden. Ist letztere ebenfalls permanent sehr hoch angesiedelt, sollte auch über eine Erhöhung der `pool_size` nachgedacht werden. Die Anzahl tatsächlich vom Server verwendeter Datenbankverbindungen ergibt sich aus der Spalte `sv_used`.

Im folgenden Beispiel existiert im Pool `dbalias` ein Client mit einer aktiven Datenbankverbindung, sowie natürlich die Verbindung des Administrators mit der PgBouncer-Instanz.

```
pgbouncer=# SHOW POOLS;
-[ RECORD 1 ]--------
database   | dbalias
user       | postgres
cl_active  | 1
```

```
cl_waiting | 0
sv_active  | 1
sv_idle    | 0
sv_used    | 0
sv_tested  | 0
sv_login   | 0
maxwait    | 0
-[ RECORD 2 ]---------
database   | pgbouncer
user       | pgbouncer
cl_active  | 1
cl_waiting | 0
sv_active  | 0
sv_idle    | 0
sv_used    | 0
sv_tested  | 0
sv_login   | 0
maxwait    | 0
```

Daneben gibt es noch weitere Kommandos, die Statusinformationen liefern und je nach Anwendungsfall für den Administrator nützlich sein können.

`SHOW CLIENTS`
: Zeigt alle verbundenen Clients und ihren Status in der Spalte `state` an. Mögliche Werte sind hier `waiting`, `idle`, `active`, `used`. Die Spalten `ptr` und `link` repräsentieren eine eindeutige ID, die für interne Pool-Adressen beziehungsweise den verwendeten Server benutzt wird, und haben daher für Überwachungszwecke keine Bedeutung.

```
pgbouncer=# SHOW CLIENTS;
-[ RECORD 1 ]+--------------------
type         | C
user         | postgres
database     | pgbouncer
state        | active
addr         | unix
port         | 9999
local_addr   | unix
local_port   | 9999
connect_time | 2008-08-29 16:43:58
request_time | 2008-08-29 16:44:19
ptr          | 0x80849a0
link         |
```

`SHOW USERS`
: Zeigt eine Liste aller konfigurierten Benutzer an.

`SHOW DATABASES`
: Liste der konfigurierten Datenbanken.

`SHOW FDS`
: Liste der verwendeten Dateideskriptoren.

`SHOW CONFIG`
: Listet alle Konfigurationsparameter und ihre Werte auf.

Aufgrund der schlanken Architektur eignet sich PgBouncer vor allem für Datenbanken, die als Datenspeicher für stark frequentierte Webserver fungieren. Da PgBouncer jedoch nicht über eine eigene Zugriffsbegrenzung auf IP-Ebene verfügt, sollte der Einsatz ohne zusätzliche Absicherung durch Firewalls nur in vertrauenswürdigen Netzen erfolgen.

PL/Proxy

PL/Proxy ist ein Kommando-Proxy, der Funktionen mit gleicher Signatur auf alternativen Servern beziehungsweise Datenbanken transparent ausführen kann. Damit können beispielsweise die Partitionierung bestimmter Datensätze auf separaten Datenbanken implementiert oder Anfragen auf leistungsstärkere Server umgeleitet werden. PL/Proxy ist keine Alternative zu Replikationslösungen wie Slony-I. Vielmehr ist es hervorragend geeignet, um ein transparentes horizontales Partitionieren von Datenbanken zu erreichen.

Installation

Der Quelltext kann direkt von *http://pgfoundry.org/projects/plproxy* bezogen werden.

Die Installation gestaltet sich nach dem Entpacken des Archivs beispielsweise unter Linux einfach:

```
$ tar -xvzf plproxy-2.0.5.tar.gz
$ cd plproxy-2.0.5
$ make BISON=bison FLEX=flex
$ make install
```

Den letzten Installationsschritt muss man je nach notwendigen Berechtigungen gegebenenfalls als Superuser durchführen.

Die notwendigen Skripten für das Initialisieren einer Datenbank mit PL/Proxy werden im »sharedir« der jeweiligen PostgreSQL-Installation abgelegt. Es kann mit dem Programm `pg_config` ermittelt werden, sollte es nicht bekannt sein:

```
$ pg_config --sharedir
/usr/share/postgresql/8.3
```

Dieses Beispiel entstammt einer Debian-Installation.

Anschließend können die notwendigen PL/Proxy-Funktionen in der gewünschten Datenbank angelegt werden:

```
$ psql -f /usr/share/postgresql/8.3/plproxy.sql db
```

Ab sofort steht PL/Proxy in der Datenbank zur Verfügung.

Alternativ kann PL/Proxy auch in der Datenbank `template1` erzeugt werden, so dass alle weiteren neu angelegten Datenbanken es automatisch zur Verfügung stellen.

Konfiguration

Nach der Installation von PL/Proxy in das Datenbanksystem müssen Konfigurationsfunktionen für den Betrieb von PL/Proxy auf jeder beteiligten Datenbank erzeugt werden. PL/Proxy definiert dabei feste Funktionsnamen und -Signaturen, die vom Administrator entsprechend vorbereitet werden müssen. PL/Proxy fungiert als Pass-Through-Proxy oder als Cluster-Proxy. Für Clusterbetrieb sind die im Folgenden beschriebenen Funktionen vorgesehen, die entsprechend erzeugt werden müssen. Am besten legt man sie auf jeder beteiligten Datenbank in ein separates Schema `plproxy`, um sie einfach wieder entfernen zu können:

```
=# CREATE SCHEMA plproxy;
```

Datenbankverbindungen, die die PL/Proxy-Funktionalität nutzen, können entweder den Suchpfad modifizieren oder die Funktionsaufrufe direkt mit dem Namen des Schemas qualifizieren.

Im Folgenden benötigen wir für eine beispielhafte Implementierung von PL/Proxy drei Datenbanken, die auch auf unterschiedlichen Maschinen laufen können: `proxy`, `customer1` und `customer2`. Es sollte sichergestellt sein, dass auf alle Datenbanken ohne Probleme zugegriffen werden kann. Die Datenbank proxy fungiert als Proxy-Datenbank. Mit dieser Datenbank verbinden sich alle Clients, und alle Anfragen werden auf die Clusterdatenbanken `customer1` und `customer2` verteilt. Auf der Proxy-Datenbank müssen die nachfolgend erklärten Konfigurationsprozeduren definiert werden.

plproxy.get_cluster_version

Die Funktion `get_cluster_version` gibt die Versionsnummer der verwendeten Clusterkonfiguration zurück. Jede PL/Proxy-Installation muss diese Funktion implementieren. Weicht die Versionsnummer bei aufeinanderfolgenden Aufrufen ab, wird die PL/Proxy-Konfiguration mit den Funktionen `get_cluster_config` und `get_cluster_partitions` neu geladen. Das ist nützlich, wenn Konfigurationsänderungen im laufenden Betrieb vorgenommen werden, beispielsweise das Hinzufügen neuer Partitionen. Das sollte sich in einer entsprechenden neuen Versionsnummer widerspiegeln. Das folgende Beispiel illustriert auf einfache Weise eine mögliche Implementierung der Funktion `get_cluster_version`. Denkbar sind auch komplexere Funktionen, die beispielsweise separate Konfigurationstabellen entsprechend abfragen.

```
CREATE OR REPLACE FUNCTION plproxy.get_cluster_version(cluster_name text)
RETURNS integer AS $$
BEGIN
    IF cluster_name = 'erster_cluster' THEN
        RETURN 1;
    END IF;
    RAISE EXCEPTION 'Unbekannter Cluster';
END;
$$ LANGUAGE plpgsql;
```

plproxy.get_cluster_config

Die für den jeweiligen Cluster relevante Konfiguration wird durch die PL/Proxy-Funktion get_cluster_config implementiert. Die Funktion liefert über OUT-Parameter eine Ergebnismenge zurück, die über die Parameter Key und Value die Konfigurationswerte zurückliefert.

Hier sehen Sie eine Beispielimplementierung:

```
CREATE OR REPLACE FUNCTION plproxy.get_cluster_config (
    IN cluster_name text,
    OUT key text,
    OUT val text)
RETURNS SETOF record AS $$
BEGIN
    IF cluster_name = 'erster_cluster' THEN
         -- query_timeout entspricht 15 Minuten
        key := 'query_timeout';
        val := 15 * 60;
        RETURN NEXT;

        -- spezifischer connection timeout mit 5 Minuten
        key := 'connection_lifetime';
        val := 300;
        RETURN NEXT;
    ELSE
        -- deaktiviert fuer andere Cluster
        key := 'query_timeout';
        val := 0;
        RETURN NEXT;
    END IF;
    RETURN;
END;
$$ LANGUAGE plpgsql;
```

PL/Proxy unterstützt folgende Konfigurationsparameter, die über die Funktion get_cluster_config implementiert werden können:

query_timeout
: Setzt ein Zeitintervall, nach dessen Ablauf eine Anfrage abgebrochen wird. Es ähnelt dem Parameter statement_timeout in einem PostgreSQL-Datenbanksystem, allerdings sollte dieser Wert mit Bedacht großzügiger gewählt werden. Diese Konfigurationsvariable ist dafür gedacht, Netzwerkproblemen vorzubeugen und nicht entsprechend lang laufende Anfragen automatisch zu stoppen. Dafür sollte die jeweilige PostgreSQL-Datenbank über statement_timeout entsprechend angepasst werden.

connection_lifetime
: Setzt die Lebensspanne in Sekunden, die eine Verbindung zu einer anderen Datenbank untätig besteht. Nach Ablauf dieser Zeitspanne wird die Verbindung terminiert.

disable_binary
: Deaktiviert Binärverbindungen innerhalb des Clusters.

connect_timeout
: Setzt die Zeitspanne, die auf einen erfolgreichen Verbindungsaufbau zu einer anderen Datenbank gewartet wird. Dieser Parameter ist veraltet. Soll ein bestimmter Timeout verwendet werden, wird dieser direkt als Parameter über die Verbindung mitgegeben.

plproxy.get_cluster_partitions

Die Funktion get_cluster_partitions implementiert die einzelnen Partitionen eines Clusters. Dabei werden alle Verbindungsparameter definiert, die ausgehend von der Proxy-Datenbank notwendig sind, um den jeweils anderen Knoten zu erreichen. Die Proxy-Datenbank nimmt die Anfragen des Client entgegen und verteilt sie auf die einzelnen durch get_cluster_partitions definierten Datenbanken.

Hier sehen Sie wieder eine Beispielimplementierung:

```
CREATE OR REPLACE FUNCTION plproxy.get_cluster_partitions(cluster_name text)
RETURNS SETOF text AS $$
BEGIN
    IF cluster_name = 'erster_cluster' THEN
        RETURN NEXT 'dbname=customer1 host=192.168.0.1 port=5436';
        RETURN NEXT 'dbname=customer2 host=192.168.0.2 port=5432';
        RETURN;
    END IF;
    RAISE EXCEPTION 'Unbekannter Cluster: %', cluster_name;
END;
$$ LANGUAGE plpgsql;
```

Wird der Benutzername bei einer Verbindung weggelassen, wird automatisch versucht, mit dem Benutzer der Proxy-Datenbank auf die Clusterdatenbank zuzugreifen (SQL-Variable current_user). Die Reihenfolge der einzelnen Knoten ist wichtig, da sie die Aufteilung der Partitionen definiert.

Werden Verbindungsinformationen für die einzelnen Partitionen geändert oder Partitionen hinzugefügt, müssen die Funktion plproxy.get_cluster_version entsprechend angepasst und die Versionsnummer erhöht werden. Das veranlasst PL/Proxy, die Clusterkonfiguration neu zu laden.

Beispiel

Auf den beteiligten Datenbanken proxy, customer1 und customer2 werden nun die entsprechenden Tabellen erzeugt, in unserem Beispiel eine kleine Tabelle mit Kundendaten:

```
CREATE TABLE customer (
        id serial PRIMARY KEY,
        lastname text NOT NULL,
        firstname text NOT NULL,
```

```
        zipcode varchar(5) NOT NULL,
        street text NOT NULL,
        town text NOT NULL,
        registration_ts timestamp NOT NULL DEFAULT localtimestamp
);

COMMENT ON TABLE customer IS 'Tabelle mit Kundendaten';
```

Der lesende Zugriff auf diese Tabelle geschieht über Funktionen. Auf den Datenbanken `customer1` und `customer2` werden die entsprechenden Zugriffsfunktionen deklariert:

```
CREATE OR REPLACE FUNCTION plproxy.get_customer(firstname text, lastname text)
RETURNS SETOF customer
LANGUAGE SQL
AS
$$
    SELECT * FROM customer WHERE lastname = $2 AND firstname = $1;
$$;

CREATE OR REPLACE FUNCTION plproxy.insert_customer(p_first text,
                                                   p_lastname text,
                                                   p_zipcode text,
                                                   p_street text,
                                                   p_town text)
RETURNS integer
LANGUAGE plpgsql
STRICT
AS
$$
BEGIN
    INSERT INTO customer (firstname, lastname, zipcode, street, town)
        VALUES (p_firstname, p_lastname, p_zipcode, p_street, p_town);
    RETURN 1;
END;
$$;
```

Für das Löschen und Aktualisieren der Datensätze müssen gegebenenfalls entsprechende Prozeduren erzeugt werden.

Auf der Proxy-Datenbank müssen nun die Proxy-Funktionen angelegt werden. Sie verteilen die entsprechenden Anfragen auf die Clusterdatenbanken und weisen dieselbe Signatur auf. In unserem Beispiel sollen die Daten nach Vornamen partitioniert werden:

```
CREATE OR REPLACE FUNCTION plproxy.get_customer(p_firstname text, p_lastname text)
RETURNS SETOF customer
STRICT
AS
$$
    CLUSTER 'erster_cluster';
    RUN ON hashtext(p_firstname) ;
    SELECT * FROM customer WHERE lastname = p_lastname AND firstname = p_firstname;
$$ LANGUAGE plproxy;
```

```
CREATE OR REPLACE FUNCTION plproxy.insert_customer(p_firstname text,
                                                   p_lastname text,
                                                   p_zipcode text,
                                                   p_street text,
                                                   p_town text)
RETURNS integer
STRICT
AS
$$
    CLUSTER 'erster_cluster';
    RUN ON hashtext(p_firstname);
$$ LANGUAGE plproxy;
```

Nun ist der Cluster einsatzbereit. Um Daten einzufügen, verbindet sich der entsprechende Cluster mit der Proxy-Datenbank proxy und ruft die entsprechende Prozedur auf:

```
proxy=> SELECT plproxy.insert_customer('Hans', 'Mustermann', '87654', 'Hinterstraße 7',
'Tupfingen');
 insert_customer
-----------------
               1
(1 Zeile)
```

Das Lesen eines Datensatzes geschieht analog über die entsprechende Prozedur `plproxy.get_customer`:

```
=> \x
Erweiterte Anzeige ist an.
proxy=> SELECT * FROM plproxy.get_customer('Hans', 'Mustermann');
-[ RECORD 1 ]---+--------------------------
id              | 31
lastname        | Hans
firstname       | Mustermann
zipcode         | 00000
street          | Hinterstraße 7
town            | Tupfingen
registration_ts | 2008-08-31 15:12:28.349324
```

Neben dem Partitionieren von Daten unterstützt PL/Proxy das Durchreichen von Datenbankverbindungen. Dabei werden die entsprechenden Proxy-Funktionen mit der `CONNECT`-Direktive implementiert:

```
CREATE OR REPLACE FUNCTION plproxy.get_customer(p_firstname text, p_lastname text)
RETURNS SETOF customer
STRICT
AS
$$
    CONNECT 'dbname=customer1 host=localhost port=5436';
    SELECT * FROM customer WHERE firstname = p_firstname AND lastname = p_lastname;
$$ LANGUAGE plproxy;
```

Zusammenfassung

PL/Proxy ist ein mächtiges Werkzeug für das transparente Partitionieren und Clustern von PostgreSQL-Datenbanken. Die Zugriffe werden über Stored Procedures gekapselt, was aber gleichzeitig den größten Nachteil der Lösung darstellt, da Anwendungen so unter Umständen großflächig angepasst werden müssen. Für das Erstellen neuer Applikationen, die dieses Paradigma von vornherein berücksichtigen, ist PL/Proxy aber eine ernste Alternative. Da PL/Proxy selbst sehr viele Datenbankverbindungen verbraucht, sollte der Einsatz eines Connection Pool mit in Betracht gezogen werden. Insbesondere PgBouncer stellt eine hervorragende Lösung dafür dar. Ferner muss berücksichtigt werden, dass Änderungen an den Signaturen und Tabellen umfangreiche Änderungen auch an Proxy-Funktionen auf der Proxy-Datenbank selbst und auf den eigentlichen Clusterdatenbanken zur Folge haben können. Das muss bei entsprechenden großflächigen Datenbankänderungen berücksichtigt werden.

Slony-I

Slony-I ist das populärste Replikationssystem für PostgreSQL-Installationen, das nach dem asynchronen Master/Slave-Verfahren arbeitet und wie PostgreSQL frei unter der BSD-Lizenz zur Verfügung steht. Es unterstützt mehrere Slave-Knoten und kann Änderungen nur über einen Master-Knoten replizieren. Slony-I ist sehr flexibel für Load Balancing und mit einigen Einschränkungen für Hochverfügbarkeitssysteme einsetzbar, seine Stärken hat das System aber eindeutig in der Konfiguration, die das Hinzufügen und Entfernen von Knoten im laufenden Betrieb gestattet, ohne den gesamten Clusterbetrieb zu blockieren. Ferner bietet Slony-I eine mächtige Kommandosprache, die die Flexibilität des Systems hinsichtlich der Konfiguration über die Kommandozeile und zusätzliche Administrationstools erleichtert.

Konzeption

Slony-I implementiert einen Master-Knoten, den sogenannten Origin. Das ist der einzige Knoten eines Slony-I-Clusters, der in der Lage ist, Änderungen an den Objekten einer Datenbank durchzuführen. Sequenzen und Tabellen können repliziert werden. Diese Objekte werden in sogenannten Sets zusammengefasst, die somit mehrere Tabellen oder Sequenzen enthalten können. Die Slave-Knoten, im Slony-I-Jargon Subscriber genannt, abonnieren ein solches Set und geben damit dem Origin bekannt, dass diese Objekte auf diese Knoten repliziert werden müssen. Ein Subscriber kann natürlich mehrere Sets abonnieren. Eine Datenbank lässt sich damit beispielsweise teilweise auf unterschiedliche Subscriber replizieren. Ferner können kaskadierende Nachbildungen erstellt werden, die über sogenannte Forwarder-Knoten Änderungen des Master jeweils über einzelne Subscriber weiterverteilen können. Kommunikationspfade zwischen den einzelnen Knoten können individuell konfiguriert und den Gegebenheiten angepasst werden.

Zentrale Komponente von Slony-I sind slon-Prozesse, die die Replikation der Daten durchführen und kontrollieren. Pro Subscriber und Origin muss für einen Cluster mindestens ein Prozess laufen. Der slonik-Kommandoprozessor interpretiert Kommandoskripten, die über einen umfangreichen Befehlssatz das Steuern, Konfigurieren und Ändern eines Slony-I-Clusters gestatten. Die Replikation findet über Trigger statt, die Änderungen der Daten in die von Slony-I eingerichteten Logtabellen auf der jeweiligen Datenbank protokollieren. Die Daten werden von diesen Triggern auf Zeilenebene erfasst, so wie sie auch letztendlich in die Datenbank geschrieben werden. Das hat Vorteile gegenüber anderen Replikationslösungen, die die SQL-Anfragen an die entsprechenden Knoten weiterreichen und damit problematische, nicht deterministische Operationen nur sehr aufwendig konsistent replizieren können. Allerdings verdoppeln diese Trigger die Schreiblast auf dem Origin und in gewissen Teilen auf Subscribern. Das muss man beim Design eines Slony-I-Clusters berücksichtigen. Ferner verfügt Slony-I über eine spezielle Infrastruktur für das Replizieren von Sequenzen: eine Eigenschaft, die bisher in dieser Form keine vergleichbare Lösung in PostgreSQL kennt.

Slony-I kann mit Einschränkungen als Komponente einer hochverfügbaren PostgreSQL-Installation implementiert werden. Die Replikationslösung selbst verfügt nicht über eine eingebaute Überwachung, kann aber beispielsweise in Verbindung mit Heartbeat einen Failover auf einen ausgewählten Subscriber durchführen und diesen zum neuen Origin erklären. Jedoch besteht die Gefahr, dass Transaktionen aufgrund der asynchronen Architektur des Systems noch nicht vom Origin auf den Subscriber repliziert wurden, und so bereits erfolgreich abgeschlossene Transaktionen unter Umständen nicht rechtzeitig auf dem Subscriber landen. Somit droht der Verlust dieser Daten: Es muss also im Einzelnen geklärt werden, ob in diesem Fall ein Verlust erfolgreich abgeschlossener Transaktionen akzeptabel ist. Des Weiteren ist es möglich, Slony-I zum Load Balancing von Leseanfragen einzusetzen, wenn Aktualität der gelesenen Daten und die Verteilung der Transaktionen nach Nur-Lesen und Lesen-Schreiben innerhalb der Applikation nicht gewährleistet sind. Dazu bedarf es einer zusätzlichen Load Balancing-Komponente, Slony-I bietet keine integrierte Lösung an. Als Beispiel sei hier pgpool-II genannt, das einen speziellen Modus für Load Balancing von Nur-Lese-Anfragen auf Subscriber im Zusammenspiel mit Slony-I besitzt (siehe auch das vorhergehende Kapitel zu pgpool-II).

Seit Version 1.2 bietet Slony-I ein dateibasiertes Logshipping an. Dieser Betriebsmodus ermöglicht das Ausschreiben der replizierten Daten in eine Datei, bestehend aus den SQL-Anweisungen, die sich aus den replizierten Daten ergeben. Dieser Betriebsmodus ist jedoch noch experimentell und sollte nur mit sehr neuen Versionen von Slony-I eingesetzt werden.

Zusammengefasst ergeben sich daraus vielfältige Anwendungsmöglichkeiten der Software. Selbst als Migrationstool kann Slony-I herangezogen werden, insbesondere wenn für produktive Systeme nur eine minimale Ausfallzeit akzeptiert werden kann. Auf diese Weise kann die Ausfallzeit beim Umschalten der Produktivsysteme reduziert werden, die Datenübernahme von Alt- auf Neusystem erfolgt im laufenden Betrieb. Slony-I kann nicht als umfassende Lösung für alle Aspekte von hochverfügbaren oder ausfallsicheren Systemen herangezogen werden. Wenn die Anforderungspunkte klar definiert sind und durch die Leistungsmerkmale dieser Lösung abgedeckt werden können, kann Slony-I die genannten Vorteile ausspielen.

Die Kommandosprache slonik

Der Kommandoprozessor `slonik` ist ein zentraler Punkt beim Erzeugen und Administrieren eines Slony-I-Replikationsclusters. slonik verwendet dafür eine eigene Kommandosprache, die in Form von Skripten vom Kommandoprozessor verarbeitet wird. Die Syntax ist leicht verständlich, wenn auch das Aufsetzen sehr großer Cluster mit vielen Tabellen einige Mühe macht.

Jedes `slonik`-Skript beginnt mit einer Präambel, die die teilnehmenden Knoten und den Namen des Clusters festlegt. Die einzelnen Knoten werden jeweils mit ihrem Rechnernamen, Datenbank, Port und gegebenenfalls Benutzernamen und Passwort versehen. Soll Letzteres geschehen, ist ein wenig Fingerspitzengefühl vonnöten, denn dann müssen die `slonik`-Skripten möglichst an einem sicheren Ort aufbewahrt werden, da das Passwort im Klartext in der Datei stehen muss.

slonik-Präambel

Jedes slonik-Skript verfügt über eine Präambel, die die Parameter für die Verbindungen zu den einzelnen Knoten regelt und den Clusternamen festlegt, auf dem die Skriptkommandos ausgeführt werden.

CLUSTER NAME

```
CLUSTER NAME = 'myBookstore';
```

Das Kommando `CLUSTER NAME` legt den Namen des Slony-I-Clusters fest. Der Clustername entspricht dem Namensraum, in dem alle von Slony-I erzeugten Tabellen, Sichten und Sequenzen verwaltet werden. In einer Datenbank wird dabei ein Schema erzeugt, das das '_' als Namenspräfix erhält. Ein Clustername wie mySite hat das Erzeugen eines Schemas _mySite in jeder in diesem Cluster verwendeten Datenbank zur Folge.

NODE ADMIN CONNINFO

```
NODE 1 ADMIN CONNINFO = 'dbname = bookstore;host=master.slony.cluster';
NODE 2 ADMIN CONNINFO = 'dbname = bookstore;host=slave1.slony.cluster';
```

`NODE ADMIN CONNINFO` legt für jeden am Cluster beteiligten Knoten die Informationen darüber ab, wie dieser durch Slony-I zu erreichen ist. Für jeden Knoten wird ein slon-Prozess gestartet. Diese Prozesse nutzen die durch dieses Kommando festgelegten Verbindungsparameter zur Kommunikation mit der jeweiligen Datenbank. Da diese Informationen von allen slon-Prozessen ausgewertet und verwendet werden, muss man unbedingt Verbindungsparameter angeben, die von jedem beteiligten Knoten aus erreichbar sind.

Initialisieren eines Clusters

Ein Cluster muss zunächst initialisiert werden. Das bedeutet im Allgemeinen das Erzeugen der notwendigen Slony-I-Tabellen innerhalb des Namensraums des Clusters. Alle notwendigen Datenbanktabellen, -sichten und -prozeduren, die für den Betrieb von Slony-I notwendig sind, werden mit diesen Kommandos auf den in der angegebenen Präambel referenzierten Knoten angelegt.

INIT CLUSTER

```
INIT CLUSTER (id = 1, comment = 'Slony Cluster');
```

Das Initialisieren bereitet die Datenbank auf dem Origin für den Betrieb mit Slony-I vor. Dazu werden ein Schema mit dem Namen des Clusters erzeugt und die Slony-I-Tabellen und alle benötigten Prozeduren und Funktionen geladen. Die ID des Clusters muss dabei eindeutig den neuen Cluster definieren, und der optionale Parameter `comment` einen optionalen Kommentar, der in der Clusterkonfiguration hinterlegt wird.

Verwalten und Konfigurieren von Clustern

CLONE PREPARE, CLONE FINISH

```
CLONE PREPARE (id = 3, provider = 2, comment = 'Clone of node id 2');
CLONE FINISH (id = 3, provider = 2);
```

Die CLONE-Funktionalität ist ab Version 2.0 der Slony-I-Replikationslösung verfügbar. Sie implementiert die Möglichkeit des Klonens eines Subscribers (Parameter `provider`) inklusive aller bereits replizierten Daten. Der Parameter `id` definiert die ID des geklonten Subscribers.

CREATE SET

```
CREATE SET (id =1, origin = 1, comment = 'Mein erstes Slony-I-Set');
```

Das Erzeugen eines Sets wird durch das Kommando CREATE SET durchgeführt. Ein Set ist die kleinste Einheit einer Slony-I-Replikationslösung und enthält alle zu replizierenden Tabellen und Sequenzen. Im Normalfall entspricht ein Set einem Namensraum einer PostgreSQL-Datenbank, in dem alle voneinander abhängigen Tabellen und Sequenzen definiert sind, so dass sie für Slony-I eine Entität ergeben. Dem Set werden beim Erzeugen Tabellen und Sequenzen hinzugefügt, ein nachträgliches Hinzufügen ist allerdings nicht möglich.

Die ID des Sets muss für den gesamten Slony-I-Cluster eindeutig sein und wird durch den Parameter `id` angegeben, der Parameter `origin` definiert den Origin.

DROP LISTEN

```
DROP LISTEN (origin = 1, receiver = 2, provider = 3);
```

Entfernt einen LISTEN-Pfad aus der Clusterkonfiguration. Dieses Kommando hat in Slony-I 1.2 keine praktische Verwendung mehr, wird aber weiterhin unterstützt.

DROP NODE

```
DROP NODE (id = 2);
DROP NODE (id = 3, event node = 1);
```

Knoten können durch das slonik-Kommando DROP NODE aus einem bestehenden Slony-I-Clusterverbund entfernt werden. Der zu entfernende Knoten wird durch den Parameter `id` identifiziert. Das Entfernen des Knotens muss durch den Cluster propagiert werden. Das dazu notwendige SYNC-Event wird auf dem im Parameter `event node` angegebenen Knoten erzeugt. Der Parameter ist optional und wird standardmäßig mit der ID 1 definiert, was in der Regel dem Origin eines Slony-I-Clusters entspricht. Das muss man besonders berücksichtigen, wenn beispielsweise der Origin des Clusters eine abweichende ID erhält. Ab Slony-I Version 2.0 ist die Angabe des Parameters `event node` verpflichtend.

DROP PATH

```
DROP PATH(server = 1, client = 2, event node = 1);
```

Entfernt den definierten Kommunikationspfad zwischen den Knoten, die mit den Parametern `server` und `client` identifiziert werden. Das Argument `event node` definiert den Knoten, auf dem das SYNC-Event für die Konfigurationsänderung erzeugt wird, standardmäßig der Knoten, der im Parameter `client` definiert wurde.

EXECUTE SCRIPT

```
EXECUTE SCRIPT(set id = 1, filename = '/sql/schema_changes.sql', event node = 1);
```

Um DDL-Änderungen an replizierten Tabellen oder Sequenzen vorzunehmen, muss die durch das Kommando EXECUTE SCRIPT zur Verfügung gestellte Infrastruktur verwendet werden. Änderungen an Tabellen dürfen keinesfalls direkt auf den Subscribern bzw. dem Origin vorgenommen werden.

Bis Slony-I Version 1.2 gingen die damit verbundenen DDL-Änderungen immer einher mit exklusiven Sperren auf alle replizierten Tabellen des angegebenen Sets. Ab Version 2.0 nutzt Slony-I eine neue Infrastruktur von PostgreSQL, die das dynamische Abschalten von Replikations-Triggern gestattet und daher diese Situation deutlich verbessert. Dennoch sollte EXECUTE SCRIPT nur während des Wartungsfensters verwendet werden, in dem alle entsprechenden Applikation gestoppt werden. Slony-I 2.0 erfordert die Angabe des Parameters `event node` (bis Version 1.2 ist diese optional).

FAILOVER

```
FAILOVER(id = 1, backup node = 2);
```

Steht der Origin eines Clusters beziehungsweise Sets durch einen Ausfall nicht mehr zur Verfügung, kann mit dem FAILOVER-Kommando das Wechseln auf einen neuen Origin erzwungen werden. Dabei übernimmt der durch den Parameter backup node spezifizierte Knoten die neue Rolle. Wird beim Failover festgestellt, dass ein anderer Knoten einen aktuelleren Stand aufweist als der neue designierte Origin, wird so lange gewartet, bis der neue Knoten aufgeholt und denselben Stand hat wie der jeweils aktuellste im Verbund. Erst dann wird die Origin-Rolle propagiert und als Schreiber aktiv. Es ist zu beachten, dass nach einem FAILOVER keine Möglichkeit mehr besteht, den ausgefallenen Knoten erneut in Betrieb zu nehmen, ohne ihn ganz von vorn in den Cluster wiedereinzugliedern. Danach kann mit einem MOVE SET die Origin-Rolle erneut an den ausgefallenen Knoten propagiert werden, zum Beispiel wenn etwaige Hardwarefehler behoben wurden. Auch besteht die Gefahr, dass bereits auf dem Origin geschriebene Änderungen verloren gehen können, wenn sie noch nicht auf einen anderen Subscriber repliziert wurden. Die Integrität der Datenbanken ist jedoch überhaupt nicht gefährdet. Dieses Kommando eignet sich also für Failover im Fall eines Komplettausfalls eines Origin, wenn dieser nicht anderweitig abgesichert ist. Denkbar wäre beispielsweise eine Absicherung des Origin durch den Einsatz eines hochverfügbaren PostgreSQL-Clusters auf Basis von DRBD und Heartbeat, insbesondere dann, wenn keine bereits erfolgreich abgeschlossenen Transaktionen verloren gehen dürfen. Auch muss der entsprechende Backup-Knoten sein Abonnement mit der *forward*-Direktive eingeleitet haben, da ansonsten die Replikationsinformationen nicht auf dem Knoten zur Verfügung stehen (siehe Kommando SUBSCRIBE SET).

LOCK SET, UNLOCK SET

```
LOCK SET (id = 1, origin = 1);
UNLOCK SET (id = 1, origin = 1);
```

Schützt einen Cluster vor Änderungen während eines MOVE SET-Befehls. Das Kommando LOCK SET sperrt jede im Set replizierte Tabelle exklusiv und fügt ihr Trigger hinzu, die das Ändern der Daten verhindern. Nach diesen Änderungen kann das Set mit dem UNLOCK SET-Kommando wieder entsperrt werden.

MERGE SET

```
MERGE SET(id = 1, add id = 999, origin = 1);
```

Das Kommando MERGE SET führt zwei existierende Sets zu einem zusammen. Das ist besonders hilfreich, wenn bestehende Sets geändert werden sollen. Slony-I unterstützt das Hinzufügen von Sets in bereits abonnierten Sets nicht. Mithilfe von MERGE SET können jedoch ein temporäres Set erzeugt, ihm neue Objekte hinzugefügt und das Set anschließend mit einem bereits existierenden Set zusammengeführt werden. Zum neuen Set (definiert über den Parameter add id) werden die neuen Tabellen beziehungsweise Sequenzen hinzugefügt. Anschließend müssen alle beteiligten Subscriber dieses Set abonnieren, so dass die Daten anschließend in das Set (definiert im Parameter id) übernommen werden. Wichtig ist hier vor allem, das MERGE SET-Kommando nicht zu früh zu starten, also bevor alle Daten übernommen wurden. Das folgende Listing verdeutlicht den Prozess für das Zusammenführen dieses temporären Sets mit einem existierenden:

```
# Neu erzeugtes Set mit neuen Objekten
SUBSCRIBE SET (ID = 999, PROVIDER = 1, RECEIVER = 2);
SYNC (ID=1);
WAIT FOR EVENT (ORIGIN = 1, CONFIRMED = 2, WAIT FOR=1);
SUBSCRIBE SET (ID = 999, PROVIDER = 1, RECEIVER = 3);
SYNC (ID=1);
WAIT FOR EVENT (ORIGIN = 1, CONFIRMED = 3, WAIT FOR=1);
      # Zusammenführen des neuen Sets mit dem existierenden Set mit der ID 1
MERGE SET ( ID = 1, ADD ID = 999, ORIGIN = 1 );
```

Man verwendet das WAIT FOR EVENT-Kommando mit einem vorhergehenden manuellem SYNC-Befehl, um das Propagieren und die Datenübernahme auf allen Subscribern abzuwarten. Anschließend wird das MERGE SET-Kommando ausgeführt. Nach Abschluss dieser Prozedur ist das temporäre Set in das bereits existierende Set überführt.

MOVE SET

```
MOVE SET(id = 1, old origin = 1, new origin = 2);
```

MOVE SET implementiert das Umschalten eines spezifizierten Sets auf einen neuen Origin. Der alte Origin muss verfügbar sein, weshalb dieses Kommando bei Ausfall des Origin nicht für einen Failover geeignet ist (siehe Kommando FAILOVER). `old origin` definiert die ID des alten Origin-Knotens, `new origin` ist die ID des neuen Origin. Die ID des Sets wird im Parameter `id` definiert.

MOVE SET ist kein Failover, da der ursprüngliche Origin voll funktionsfähig zur Verfügung stehen muss. Das Kommando muss auch für die Durchführung des Origin-Wechsels alle im Set replizierten Tabellen exklusiv sperren, was unter Umständen mit produktiv betriebenen Datenbanken ein Problem darstellen kann, da Transaktionen für die Dauer des MOVE SET nicht auf diese Tabellen zugreifen können. Für die Durchführung dieses Kommandos sind daher das Aussetzen des Produktivbetriebs und das Herunterfahren eventuell vorhandener Applikationsserver oder Connection-Pools angeraten. MOVE SET muss im Vorfeld immer in Verbindung mit dem Kommando LOCK SET aufgerufen werden, das das Set vor konkurrierenden Änderungen schützt.

RESTART NODE

```
RESTART NODE (id = 1);
```

Es kann notwendig sein, einen slon-Daemon auf einem Knoten neu zu starten. Das wird durch das slonik-Kommando RESTART NODE implementiert, das dem durch den Parameter `id` definierten Knoten ein SYNC-Event zum Neustart schickt. Der Einsatz dieses Kommandos ist pragmatischer Natur, kann es doch durch TCP-Timeouts notwendig sein, entsprechende slon-Daemon zur Neukonfiguration durch Neustart zu zwingen.

SET ADD TABLE

```
SET ADD TABLE (set id = 1, origin = 1, id = 1, fully qualified name = 'public.test',
comment = 'Meine erste replizierte Tabelle');
```

Tabellen werden beim Erzeugen eines Sets durch das Kommando SET ADD TABLE hinzugefügt. Das nachträgliche Ändern eines Sets, das bereits von Subscribern abonniert wurde, ist nicht möglich. Demzufolge können bereits in Funktion befindliche Slony-I-Cluster nicht nachträglich in ihren Sets um Tabellen und Sequenzen erweitert werden. Hier muss auf das Kommando MERGE SET zurückgegriffen werden.

Der Parameter `set id` identifiziert das Set, dem die neue Tabelle hinzugefügt werden soll. Die ID wird durch CREATE SET an das neue Set eindeutig vergeben. Ein gute Praxis ist, diese IDs sorgfältig zu protokollieren, insbesondere wenn innerhalb eines Slony-I-Clusters viele unterschiedliche Sets existieren.

Des Weiteren muss beim Hinzufügen einer Tabelle zu einem Set noch die ID des dafür zuständigen Origin angegeben werden. Der Parameter `origin` definiert den Origin des Sets, dem die Tabelle hinzugefügt wird, kann also nicht von diesem abweichen. Slony-I ist in aktuellen Versionen nicht in der Lage, diese Informationen selbst zu ermitteln.

Jede Tabelle wird durch eine eindeutige ID innerhalb des Sets identifiziert. Der Parameter `id` muss eindeutig für den gesamten Slony-I-Cluster festgelegt werden. Die Vergabe der ID legt auch die Reihenfolge fest, in der das Kommando LOCK SET die Tabellen sperrt. Hier sollte sorgfältig abgewogen werden, ob bestimmte Abhängigkeiten nicht ansonsten zu Deadlocks innerhalb eines slonik-Skripts führen könnte. Durch entsprechende Verteilung der IDs kann diese Reihenfolge beeinflusst und so Deadlocks entgegengewirkt werden.

`Fully qualified name` spezifiziert den schemaqualifizierten Namen der Tabelle. Es ist zu beachten, dass Tabellen, die gequotet in PostgreSQL erzeugt wurden, auch hier entsprechend mit doppelten Hochkommata versehen werden müssen, beispielsweise eine Tabelle »Kunden« im Schema *public*:

```
SET ADD TABLE (set id = 1, origin = 1, id = 2, fully qualified name = 'public."Kunden"');
```

Auch SET ADD TABLE kann mithilfe des optionalen Parameters `comment` den Metainformationen des Sets einen Kommentar zur besseren Erläuterung der Tabelle hinzufügen.

Für das erfolgreiche Hinzufügen einer Tabelle müssen einige Bedingungen erfüllt sein:

- Die Tabelle muss über einen Primärschlüssel oder mindestens einen eindeutigen Index verfügen. Letzteres muss durch den optionalen Parameter KEY im SET ADD TABLE-Kommando spezifiziert werden.
- Gibt es keinen eindeutigen Schlüssel oder Primärschlüssel, kann das Kommando TABLE ADD KEY verwendet werden. Die Empfehlung geht aber in die Richtung der Verwendung eines Primär- oder eindeutigen Schlüssels, da TABLE ADD KEY in neueren Slony-I-Versionen nicht mehr unterstützt wird und sehr fehleranfällig ist.

SET ADD SEQUENCE

```
SET ADD SEQUENCE (set id = 1, origin = 1, id = 1, fully qualified name = 'public.seq_pk',
comment = 'Meine erste replizierte Sequenz');
```

Das Hinzufügen von Sequenzen zu einem Set funktioniert analog zu Tabellen mithilfe des Kommandos SET ADD SEQUENCE. Die Objekt-ID der zu replizierenden Sequenz muss ebenfalls eindeutig für den gesamten Cluster gewählt werden, kann jedoch für Tabellen und Sequenz doppelt vergeben werden.

SET DROP TABLE

```
SET DROP TABLE (origin = 1, id = 20);
```

Das Entfernen einer Tabelle wird durch das Kommando SET DROP TABLE durchgeführt. Der Parameter `origin` identifiziert den Origin des Sets. Die zu entfernende Tabelle wird durch den Parameter `id` festgelegt. Das ist die eindeutige Identifikationsnummer, die bei Hinzufügen der Tabelle mit SET ADD TABLE festgelegt wurde.

SET DROP SEQUENCE

```
SET DROP SEQUENCE (origin = 1, id = 20);
```

Eine Sequenz wird analog zu Tabellen mit SET DROP SEQUENCE entfernt. `origin` identifiziert den Origin des Sets, und `id` ist die durch SET ADD SEQUENCE eindeutig festgelegte Identifikationsnummer der jeweiligen Sequenz.

STORE LISTEN

```
STORE LISTEN (origin = 1, receiver = 2, provider = 3);
```

STORE LISTEN wird für Slony-I-Versionen ab 1.2 nicht mehr benötigt, für alte Versionen aber notwendig. STORE LISTEN definiert, wie ein spezifischer Knoten auf SYNC-Events prüfen soll, die für ihn bestimmt sind. Jeder Knoten muss auf SYNC-Events von jedem anderen aktiven Knoten innerhalb desselben Slony-I-Clusterverbunds reagieren können und benötigt daher eine LISTEN-Konfiguration. Zusätzlich muss für einen vorhandenen LISTEN-Pfad ein Kommunikationspfad zu diesem Knoten existieren, der mit STORE PATH angelegt wird. Ab Slony-I 1.2 übernimmt STORE PATH automatisch entsprechende LISTEN-Pfade, so dass in diesen neueren Slony-I-Versionen ihr zusätzliches Konfigurieren entfällt.

Der Parameter `receiver` definiert den Zielknoten, für den die SYNC-Events bestimmt sind. `origin` definiert den Quellknoten eines Events. Es ist zu beachten, dass ein Knoten über das SUBSCRIBE SET-Kommando einen vom Origin abweichenden Knoten für den Erhalt der zu replizierenden Daten definieren kann. Ein Knoten sollte daher immer auf demjenigen Knoten nach SYNC-Events prüfen, von dem er auch die Daten erhält (der im optionalen Parameter `provider` festgelegt ist). Für den Origin gilt das in umgekehrter Reihenfolge gleichermaßen.

STORE NODE

```
STORE NODE (id = 2, comment = 'A Slave Node');
STORE NODE (id = 3, comment = 'Another Node', spoolnode = true, event node = 1);
```

Das slonik-Kommando STORE NODE initialisiert einen neuen Slony-I-Knoten und fügt ihn der Clusterkonfiguration hinzu. Das Kommando erzeugt das Clusterschema auf der Knotendatenbank und alle notwendigen Tabellen und Prozeduren sowie Funktionen, die für den Betrieb des Clusters auf diesem Knoten notwendig sind. Dieser Vorgang ist nicht mit dem Kommando INIT CLUSTER zu verwechseln, das lediglich einmalig ausgeführt wird und den Origin eines Slony-I-Clusters initialisiert. STORE NODE kann wiederholt aufgerufen werden, was das Hinzufügen weiterer Subscriber bzw. Knoten zu einem bereits initialisierten Slony-I-Cluster ermöglicht. Der Parameter `id` definiert die neue ID des hinzuzufügenden Knotens, der für den gesamten Cluster eindeutig sein muss. `spoolnode` ist ein optionales Argument, dessen Wert `true` definiert, dass der neue Knoten für Logshipping innerhalb des Clusters gedacht ist. Das Erzeugen der Konfiguration für den neuen Knoten muss durch den Cluster an alle bereits existierenden Knoten übermittelt werden. Dazu wird ein SYNC-Event erzeugt und durch den Cluster propagiert. Der Knoten, der dies übernimmt, kann durch den Parameter `event node` definiert werden. Ab Slony-I 2.0 ist die Angabe dieses Parameters Pflicht. In der Regel gibt man hier die ID des Origin an.

STORE PATH

```
STORE PATH(server = 1, client = 2, conninfo='dbname=test host=node2');
STORE PATH(server = 1, client = 3, conninfo='dbname=test', connretry=30);
```

Slony-I kommuniziert mit den einzelnen Knotendatenbanken über definierbare Pfade. Das Kommando STORE PATH ermöglicht die Konfiguration dieser Kommunikationspfade.

Ein Pfad wird über folgende Parameter festgelegt:

- `server` definiert das Ziel des Pfades, also den Zielknoten, mit dem innerhalb eines Slony-I-Cluster kommuniziert werden soll.
- `client` ist der Ursprung der Kommunikationsaufnahme.
- `conninfo` definiert die Parameter für die Verbindung zur jeweiligen Knotendatenbank. Dies sind die Parameter, die der Client benötigt, sich mit der Datenbank auf dem Server in Verbindung zu setzen.
- `connretry` spezifiziert die Anzahl von Verbindungsversuchen, falls der Server nicht direkt erreichbar ist. Der Standardwert ist 10.

Die Notation mit Client und Server hat keine Bedeutung für die jeweiligen Rollen der beiden Knoten innerhalb des Kommunikationspfades. Kommunikationspfade werden von Slony-I nur bei Bedarf verwendet. Es ist daher kein Fehler, Kommunikationspfade von und zu jedem einzelnen Knoten zu definieren, im Gegenteil ist das für ein sauberes Clustersetup empfehlenswert. In der Regel werden nur wenige dieser Pfade in der Praxis gleichzeitig benötigt, weshalb der Kommunikationsaufwand im Betrieb eher gering ausfällt. Als Faustregel kann gelten, dass jeder Knoten einen beliebigen anderen Knoten im Cluster erreichen können sollte. Auch bietet STORE PATH ein gutes Interface, um besondere Verbindungsparameter für einzelne Kommunikationspfade zu definieren, wenn beispielsweise einzelne Netzwerksegmente voneinander getrennt und nur durch spezielle IP-Adressen oder Ports erreichbar sind.

SUBSCRIBE SET, UNSUBSCRIBE SET

```
SUBSCRIBE SET (id = 1, provider = 1, receiver = 2, forward = yes);
UNSUBSCRIBE SET(id = 1, receiver = 2);
```

Replikation in Slony-I wird durch sogenannte Abonnements (Subscriptions) vorgenommen. Dabei meldet sich ein designierter Slave-Knoten am Cluster an und abonniert ein Set. Das wird durch das SUBSCRIBE SET-Kommando realisiert. Die Definitionen von Sequenzen und Tabellen müssen vorher auf dem jeweiligen Knoten angelegt werden, die Tabellen sind idealerweise leer. Die Datenübernahme wird von Slony-I automatisch vorgenommen. Die Tabellendefinitionen und Sequenzen sollten exakt den Definitionen des Origin entsprechen. Das SUBSCRIBE SET-Kommando stellt folgende Parameter zur Verfügung:

- `id`: Definiert die eindeutige ID des zu abonnierenden Sets (siehe dazu das CREATE SET-Kommando).
- `provider`: Subscriber können die Daten von alternativen Knoten replizieren. Damit ist die Implementierung von kaskadierenden Clustern möglich. In aller Regel ist dies der Origin des Sets.
- `receiver`: Definiert die ID des neuen Subscribers.
- `forward`: Dieser Parameter sollte auf den Wert yes konfiguriert werden, wenn der neue Subscriber als eventueller Backup-Knoten für das FAILOVER-Kommando verwendet werden soll. In diesem Fall werden sämtliche Ereignisse ebenfalls auf diesen neuen Subscriber übertragen und stehen dort zur Verfügung. Erhält der neue Subscriber über die `provider`-Direktive seine Daten direkt vom Origin, sollte immer `forward=yes` definiert werden. Ein sogenannter Non-Forwarding-Knoten (`forward=no`) läuft ansonsten Gefahr, im Fall eines Failover unbenutzbar zu werden, wenn er anderen Forwarding-Knoten (`forward=yes`) so weit voraus ist, dass es keine Möglichkeit mehr gibt, ihn nach dem Failover wieder abzugleichen. Das ist dann der Fall, wenn der Non-Forwarding-Knoten beispielsweise bereits das Ereignis 100 bearbeitet hat, andere Forwarding-Knoten dagegen nur bis Ereignis 95 gekommen sind. Fällt der Origin jetzt aus, gibt es keine Möglichkeit mehr, die Lücke zwischen Ereignis 95 und 100 durch den Einsatz dieses Non-Forwarding-Knotens zu füllen, weshalb der Failover nur auf die übrigen Knoten vorgenommen werden kann. Alternativ kann dieser Non-Forwarding-Knoten auch als Origin verwendet werden, allerdings sind dann die übrigen Knoten nicht mehr benutzbar, da diese Ereignislücke nicht reproduziert werden kann. Durch die Angabe von `forward=yes` kann dieses Fehlerszenario verhindert werden.

Das Kommando SUBSCRIBE SET kann eine signifikante Zeit in Anspruch nehmen. Alle Daten der im Set befindlichen Tabellen werden per COPY vom Origin kopiert. Danach werden alle in dieser Zeit angefallenen Änderungen an den Daten nachgezogen. Dieser Vorgang kann bei sehr großen Tabellen eine entsprechende Zeitspanne in Anspruch nehmen. Slony-I optimiert diesen Kopiervorgang durch Deaktivierung und anschließende Neuerzeugung der Indexe, der Administrator kann aber durch Optimierungen am neuen Subscriber im Vorfeld diesen Vorgang beschleunigen (siehe auch Kapitel 8). Sollen mehrere SUBSCRIBE SET-Kommandos in einem slonik-Skript kombiniert werden, muss jedes SUBSCRIBE SET-Kommando durch ein WAIT FOR EVENT-Kommando abgeschlossen werden. Nur so ist gewährleistet, dass die einzelnen Ereignisse korrekt abgearbeitet werden, indem der slonik-Kommandoprozessor jeweils auf den Abschluss des Abonnements wartet. Um beispielsweise auf ein bestimmtes SUBSCRIBE SET-Kommando zu warten, benötigt man ein WAIT FOR EVENT-Konstrukt wie im folgenden Listing:

```
SUBSCRIBE SET(id = 1, provider = 1, receiver = 2);
WAIT FOR EVENT(origin = 2, confirmed = 1);
SYNC(1);
WAIT FOR EVENT(origin = 1, confirmed = 2);
```

Das Auslösen des benutzerdefinierten Ereignisses durch SYNC auf dem Origin (hier der Knoten mit `id = 1`) nach dem SUBSCRIBE SET-Kommando bewirkt, dass der Subscriber dieses Ereignis erst nach seinem Abonnement des Sets verarbeiten kann. Das erste WAIT FOR EVENT wartet auf die Bestätigung des Abonnements durch den Origin, der zweite WAIT FOR EVENT-Aufruf wartet anschließend so lange, bis der neue Subscriber das Kopieren der Daten und damit das SUBSCRIBE SET-Ereignis komplett verarbeitet hat.

Das Gegenstück zum SUBSCRIBE SET-Kommando ist UNSUBSCRIBE SET. Nach erfolgreichem Abarbeiten dieses Events werden auf dem jeweiligen Subscriber alle Trigger und Rules restauriert und die Tabelle für Änderungen freigegeben. Die Daten der Tabelle werden jedoch nicht wieder gelöscht oder anderweitig geändert, sondern bleiben erhalten. Es ist jedoch zu beachten, dass ein erneutes SUBSCRIBE SET diese Tabellen wieder neu kopiert, um einen definierten Zustand garantieren zu können. Alle Änderungen, die dann mittlerweile an den Daten vorgenommen wurden, gehen verloren.

TABLE ADD KEY

```
TABLE ADD KEY (node id = 1, fully qualified name = 'public.my_table');
```

TABLE ADD KEY ermöglicht das nachträgliche Hinzufügen eines eindeutigen Schlüssels zu einer Tabelle während der Registrierung in einem Slony-I-Set. Das stellt eine Möglichkeit dar, Tabellen ohne Primärschlüssel bzw. eindeutigen Index zu einem Set hinzuzufügen.

Das Kommando TABLE ADD KEY wird in aktuellen Versionen von Slony-I 1.2 nicht mehr unterstützt und ist in vorhergehenden Versionen sehr fehleranfällig. Slony-I implementiert den Primärschlüssel über eine zusätzliche Tabellenspalte, die allerdings nur auf dem Subscriber der replizierten Tabelle hinzugefügt wird. Verfügt eine Tabelle nicht über einen Primär- oder eindeutigen Schlüssel, sollte erst ein Primärschlüssel oder eindeutiger Index hinzugefügt werden. Im Allgemeinen wird das als gutes Datenbankdesign angesehen, und man vermeidet dadurch die Probleme, die durch die zusätzliche Spalte der Tabelle im replizierten Set entstehen können. Auch wird TABLE ADD KEY innerhalb der Logshipping-Infrastruktur von Slony-I nicht unterstützt.

UNINSTALL NODE

```
UNINSTALL NODE(id = 2);
```

Der Kommandoprozessor slonik unterstützt das Entfernen eines Knotens mit dem Kommando UNINSTALL NODE. Nach dem Ausführen ist die Datenbank in ihrem Ursprungszustand, alle Trigger und Rules sind wiederhergestellt. Das Argument `id` definiert die ID des zu entfernenden Knotens. Im Gegensatz zum Kommando DROP NODE bleiben keinerlei Rückstände von Slony-I innerhalb der Datenbank zurück. Damit lassen sich beispielsweise Knoten, die dem Cluster nur für die Datenübernahme hinzugefügt werden, schnell in eine Standalone-Datenbank umwandeln.

WAIT FOR EVENT

```
WAIT FOR EVENT(origin = ALL, confirmed = ALL, WAIT ON = 1, TIMEOUT = 100);
```

Das Kommando WAIT FOR EVENT veranlasst den Slony-I Cluster, auf das Abarbeiten aller innerhalb des Clusters vorhandenen Ereignisses zu warten. Der Parameter `origin` definiert den Origin-Knoten, das Schlüsselwort ALL kann für alle Origins innerhalb des Clusters verwendet werden, und der Parameter `confirmed` definiert die ID des Knotens, auf dessen Bestätigung gewartet werden soll. Mit dem Schlüsselwort ALL besteht auch hier die Möglichkeit, auf alle Subscriber des Clusters zu warten. `wait on` ist ein optionaler Parameter, der die ID des Knotens definiert, auf dem auf das Abarbeiten der Ereignisse gewartet werden soll. Ab Slony-I 2.0 ist die Angabe von `wait on` Pflicht, frühere Versionen verwendeten als Standard den Knoten mit `id = 1`.

Installation

Slony-I lässt sich – eine vorhandene PostgreSQL-Installation vorausgesetzt – recht einfach installieren. Es stehen Quelltext-Tarballs, Debian- und RPM-Pakete sowie ein MSI-Installer für 32-Bit-Windows zur Verfügung. Gibt es RPM- bzw. Debian-Pakete, sollten diese favorisiert werden. Windows-Nutzer sollten auf jeden Fall den vorhandenen MSI-Installer in Erwägung ziehen.

Debian

Unter Debian stehen die aktuellen Slony-I-Versionen als Binärpaket zur Verfügung, so dass eine Installation sehr einfach mit der Paketverwaltung bewerkstelligt werden kann:

```
$ apt-get install postgresql-8.3-slony1 slony1-bin slony1-doc
```

Das installiert alle für Slony-I notwendigen Bibliotheken (*postgresql-8.2-slony1*), die slon-Prozesse (*slony1-bin*) sowie die Dokumentation (*slony1-doc*). Die slon-Prozesse können auch auf einem anderen Server installiert werden, sollte der Betrieb auf dedizierten Servern gewünscht sein.

Quelltextinstallation

Slony-I kann selbstverständlich mit einem Tarball direkt aus den Quellen installiert werden. Das aktuelle Tarball kann direkt von der Projektseite der Slony-I-Entwicklergruppe heruntergeladen werden:

```
$ wget http://lists.slony.info/downloads/1.2/source/slony1-1.2.14.tar.bz2
```

Das Bauen der Quelltextpakete erfordert jeweils die GNU-Toolchain (make, gcc) und eine PostgreSQL-Installation, die *pg_config* zur Verfügung stellt. Slony-I benötigt das, um seine Bibliotheken und Funktionen innerhalb des Datenbankservers zu installieren. Nach dem Entpacken des Tarball kann Slony-I dann sofort mithilfe der üblichen Unix-Kommandos kompiliert und installiert werden:

```
$ tar xjf slony1-1.2.14.tar.bz2
$ cd slony1-1.2.14
$ ./configure ??with?pgconfigdir=/usr/local/bin/ --with-perltools
$ make
$ make install
```

Der Parameter `--with-pgconfigdir` kann entfallen, wenn sich das Programm `pg_config` bereits im Pfad der Systemumgebung befindet. Interessant ist hier noch der Parameter `--with-perltools`, der die Perl-Tools für eine einfache Slony-I-Konfiguration installiert. Alternativ kann mit `--with-perltools=PFAD` ein anderer Installationspfad für die Perl-Programme angegeben werden.

Auswahl der Slony-I-Version

Die aktuelle stabile Version von Slony-I ist 1.2. Die neue Hauptversion Slony-I 2.0 hat aktuell RC-Status, sollte also bald als stabile Version veröffentlicht werden. Während Version 1.2 noch auf älteren PostgreSQL-Versionen ab 7.3 lauffähig war, ist die neue Version 2.0 nur ab Version 8.3 einsetzbar.

Version 2.0 hat einige deutliche Unterschiede gegenüber Version 1.2:

1. Es wird neue Funktionalität in PostgreSQL-Versionen ab 8.3 verwendet. Bisherige Slony-I-Implementierungen verwendeten für das notwendige Abschalten von Rules und Triggern spezielle Änderungen an den Systemkatalogen, die beispielsweise das Sichern von Subscribern mit `pg_dump` schwierig gestalteten, da es unter Umständen zu inkonsistenten Snapshots kommen konnte. Daher ist Version 2.0 nicht mehr mit älteren PostgreSQL-Versionen bis einschließlich 8.2 einsetzbar.
2. Verbesserungen im Ablauf von `EXECUTE SCRIPT` sorgen für ein deutlich sichereres Ablaufen von DDL-basierten Datenbankänderungen.

3. Slony-I 2.0 bietet nun ein deutlich effizienteres Monitoring von Änderungen an Sequenzen. So werden jetzt für die jeweilige Sequenz die letzten Werte in `sl_seqlog` gespeichert, anstatt pro SYNC-Event alle Sequenzen auf Änderungen zu überprüfen. Besonders wenn nur einige der replizierten Sequenzen aktiv sind, ergibt sich hier eine deutliche Ersparnis an SYNC-Zeiten.
4. Die neuen Befehle `CLONE PREPARE` und `CLONE FINISH` helfen dabei, einen neuen Knoten basierend auf einem bereits vorhanden Subscriber aufzusetzen.
5. Die Befehle `LISTEN` und `NOTIFY`, die zu Problemen mit dem Systemkatalog *pg_listener* führten, werden nicht mehr verwendet. Stattdessen verwendet Slony-I 2.0 eine neue Ereignistabelle mit eigenem Polling-Mechanismus.
6. Diverse slonik-Befehle erfordern nun die explizite Angabe des Ereignisknotens. Dazu gehören `STORE NODE`, `DROP NODE`, `WAIT FOR EVENT`, `FAILOVER` und `EXECUTE SCRIPT`.

Die alten Versionen 1.1 und 1.0 sind für den produktiven Einsatz nicht mehr zu empfehlen.

Die Versionsnummern der PostgreSQL-Instanzen in einem Cluster können sich unterscheiden, jedoch müssen die Slony-I-Versionen über alle Knoten hinweg identisch sein.

Der erste Slony-I-Cluster

Im Folgenden wird beispielhaft ein Slony-I-Cluster eingerichtet. Die Beispieldatenbank umfasst für die Übersicht nur drei Tabellen: Produkte, Kunden und ein Verzeichnis für Bestellungen. Die Datenbank soll auf eine alternative Datenbank repliziert werden, die auf einem separaten Server läuft und eine dedizierte PostgreSQL-Instanz enthält. Das folgende SQL-Skript definiert das einfache Datenbankmodell.

```
BEGIN;

DROP TABLE IF EXISTS "order";
DROP TABLE IF EXISTS customer;
DROP TABLE IF EXISTS product;

CREATE TABLE product (
       id serial PRIMARY KEY,
       name text NOT NULL,
       description text NOT NULL,
       available timestamp NOT NULL DEFAULT localtimestamp
);

COMMENT ON TABLE product IS 'Tabelle mit Produktdaten';


CREATE TABLE customer (
       id serial PRIMARY KEY,
       lastname text NOT NULL,
       firstname text NOT NULL,
       zipcode varchar(5) NOT NULL,
```

```
        street text NOT NULL,
        town text NOT NULL,
        registration_ts timestamp NOT NULL DEFAULT localtimestamp
);

COMMENT ON TABLE customer IS 'Tabelle mit Kundendaten';


CREATE TABLE "order" (
        id serial NOT NULL PRIMARY KEY,
        product_id integer NOT NULL,
        customer_id integer NOT NULL,
        order_ts timestamp NOT NULL DEFAULT localtimestamp,
        pieces smallint NOT NULL DEFAULT 1,
        payment_status boolean NOT NULL DEFAULT false,
        FOREIGN KEY(product_id) REFERENCES product (id),
        FOREIGN KEY(customer_id) REFERENCES customer (id)
);

COMMENT ON TABLE "order" IS 'Tabelle mit Bestelldaten der einzelnen Kunden';


CREATE LANGUAGE plpgsql;

COMMIT;
```

PL/PgSQL muss für den Betrieb in allen Datenbanken des Clusters installiert werden. Alternativ kann das unabhängig für bereits existierende Datenbankschemata vorgenommen werden:

```
psql -U postgres db
db =# CREATE LANGUAGE plpgsql;
CREATE LANGUAGE
```

Für die Replikation steht ein Server unter der IP-Adresse 10.10.1.2 zur Verfügung, der Hauptserver (und damit der Origin) wird unter der IP-Adresse 10.10.1.1 angesprochen. Für ein reibungsloses Funktionieren des Slony-I-Clusters ist es notwendig, im Vorfeld die Zugriffsberechtigung auf beiden Datenbanksystemen zu konfigurieren. Wir wollen an dieser Stelle den Origin `Node1`, den Subscriber als `Node2` bezeichnen. Die Zugriffsparameter ergeben sich für beide Server wie folgt:

```
Node1: IP 10.10.1.1, Datenbankname db, Port 5432, Rolle postgres, Passwort pg
Node2: IP 10.10.1.2, Datenbankname db, Port 5432, Rolle postgres, Passwort pg
```

Slony-I kann am einfachsten mit Superuser-Berechtigungen betrieben werden, aktuelle Versionen von Slony-1.2 können jedoch auch mit nicht privilegierten Datenbankrollen betrieben werden, allerdings erfordert das volle Berechtigungen für die jeweiligen zu replizierenden Relationen. Ferner muss die Rolle Berechtigungen aufweisen, innerhalb der Datenbank selbst Schema und Datenbankobjekte erzeugen zu dürfen. Die Datei *pg_hba.conf* sollte nun auf beiden Servern entsprechend angepasst werden. Die Authentifizierungsmethode ist dabei sehr flexibel einstellbar. Mit Slony-I können auch SSLverschlüsselte Datenbankverbindungen verwendet werden. Auf Node1 ergibt sich die Zugriffsberechtigung wie folgt:

```
hostssl    db    postgres    10.10.1.2/0    md5
```

Node2 muss entsprechend für Node1 konfiguriert werden:

```
hostssl    db    postgres    10.10.1.1/0    md5
```

Die Zugänge können nun mit `psql` geprüft werden. Wichtig ist, dass Zugriffspfade innerhalb von Slony-I-Setups in der Regel auf jeden Fall über die externen IP-Adressen definiert werden sollten. Da die `slon`-Prozesse jeweils auf die anderen Knoten verbinden müssen, kann das lokale Interface (loopback) nicht verwendet werden. Ausgenommen sind Installationen, die Datenbanken nur innerhalb eines Knotens replizieren. Dementsprechend müssen eventuell auch Firewalls und Router konfiguriert werden, wenn beispielsweise die Knoten in unterschiedlichen Netzen beheimatet sind.

Funktionieren die Zugriffe auf die Datenbanken vom jeweiligen Server aus, kann nun der Slony-I-Cluster initialisiert werden. Wird ein neues System aufgesetzt, muss das Datenbankschema nun auf beiden Datenbanken angelegt werden:

Auf dem Origin sieht das so aus:

```
$ psql -f schema.sql db
$ pg_dump -s db | psql -h 10.10.1.2 -U postgres db
```

Der letzte Befehl spielt das soeben erzeugte Datenbankschema vom designierten Origin in die neue Subscriber-Datenbank ein. Alternativ kann das natürlich durch das Einspielen des SQL-Skripts in die Subscriber-Datenbank erreicht werden. Nun können die ersten Schritte zur Initialisierung des Slony-I-Clusters vorgenommen werden. Grundsätzlich bestehen mehrere Möglichkeiten, um das zu bewerkstelligen:

1. Über `slonik`-Skripten, die der Administrator selbst erstellt.
2. Man verwendet die Perl-Tools, die die Erstellung von `slonik`-Skripten erheblich vereinfachen.
3. Die einfachste Methode ist sicherlich der Weg über die Perl-Tools. Dabei werden die zu replizierenden Objekte über eine Konfigurationsdatei festgelegt, die als Grundlage für die Generierung von `slonik`-Skripten über die Perl-Tools dient. Für die kleine Beispieldatenbank wird im Folgenden die Konfigurationsdatei *slon_tools.conf* festgelegt. Der erste Abschnitt von *slon_tools.conf* definiert die Knoten des Slony-I-Clusters:

```
if ($ENV{"SLONYNODES"}) {
    require $ENV{"SLONYNODES"};
} else {

    $CLUSTER_NAME = 'replication';
    $LOGDIR = '/var/log/slony1';
    $MASTERNODE = 1;
    # $APACHE_ROTATOR = '/usr/local/apache/bin/rotatelogs';
```

```
    $SYNC_CHECK_INTERVAL = 1000;

    add_node(node     => 1,
             host     => '10.10.1.1',
             dbname   => 'db',
             port     => 5432,
             user     => 'postgres',
             password => 'pg');

    add_node(node     => 2,
             host     => '10.10.1.2',
             dbname   => 'db',
             port     => 5432,
             user     => 'postgres',
             password => 'pg');

}
```

Die Variable $MASTERNODE definiert die ID des Origin, wie er auch direkt von slonik-Befehlen verwendet wird. $LOGDIR gibt ein Verzeichnis für Logdateien der slon-Prozesse an. Die Variable $CLUSTERNAME legt den Namen des Clusters und damit das Datenbankschema fest, in dem die Slony-I-Objekte innerhalb der am Cluster beteiligten Datenbanken angelegt werden. Optional kann die Variable $APACHE_ROTATOR angegeben werden, falls das vom Administrator gewünscht wird. Bei Nichtverwendung sollte diese Variable einfach auskommentiert werden, wie im obigen Beispiel praktiziert. $SYNC_CHECK_INTERVAL erlaubt das Einstellen der bereits erwähnten Intervalllänge für SYNC-Events. Der slon-Prozess des Origin erzeugt nach Ablauf dieser Zeitspanne automatisch SYNC-Events, so dass auch Datenbanken, die lange Zeit untätig sind, keine allzu hohe Lagtime aufweisen. Die Einstellung wird hier auf eine Sekunde genau festgelegt.

Der zweite Abschnitt definiert des Weiteren die Sets und einzelnen zu replizierenden Objekte:

```
$SLONY_SETS = {
    "set1" => {

        "set_id" => 1,
        "origin" => 1,
        foldCase => 0,
        "table_id"    => 1,
        "sequence_id" => 1,

        "pkeyedtables" => [
                           'product',
                           'customer',
                           'order'
                          ],

        "keyedtables" => {},
        "serialtables" => [],
        "sequences" => ['product_id_seq',
```

```
                        'customer_id_seq',
                        'order_id_seq'
                       ],
    },
};
```

Die einzelnen Parameter definieren im Einzelnen:

- set_id: Die eindeutige ID des Sets. Wie erwähnt, muss sie eindeutig für den gesamten Cluster sein.
- origin: Legt die ID des Origin-Knotens fest. Es muss also identisch mit einem der Knoten sein, die mit add_node() festgelegt werden. Wird der Parameter auskommentiert oder für ein Set nicht spezifiziert, wird automatisch die ID aus dem Parameter $MASTERNODE verwendet.
- FoldCase: Dieser Konfigurationswert bestimmt das Verhalten von Slony-I bei der Verarbeitung von Bezeichnern für Tabellen und Sequenzen, die für die Replikation definiert werden. Das Standardverhalten von Slony-I sieht vor, Bezeichner immer mit Quotes zu versehen. Wird foldCase auf 1 gesetzt, werden immer kleingeschriebene Bezeichner verwendet (aus PRODUCT wird dann beispielsweise product, was dem Standardverhalten von PostgreSQL entspricht). Werden Bezeichner mit Großbuchstaben verwendet, sollte der Wert als 1 definiert sein, andernfalls kann es zu Fehlern kommen, da diese Bezeichner nicht gequotet werden (PRODUCT wird innerhalb von PostgreSQL dann als »PRODUCT« definiert).
- Die ID in table_id definiert den Startwert für eindeutige Tabellen-IDs innerhalb eines Slony-I-Clusters. Analog dazu ist sequence_id für Sequenzen.
- pkeyedtables definiert die Liste von Tabellen, die mit Slony-I innerhalb des Sets repliziert werden sollen und über einen Primärschlüssel verfügen.
- In keyedtables werden Tabellen aufgelistet, die über keinen Primärschlüssel, aber über einen anderen eindeutigen Schlüssel verfügen. Die Namen der Indexe müssen dabei ebenfalls definiert werden:

  ```
          "keyedtables" => {
          'table3' => 'eindeutiger_index_von_table3',
          'table4' => 'eindeutiger_index_von_table4',
  }
  ```
- serialtables enthält eine Liste von Tabellen, die nicht über einen Primärschlüssel oder einen eindeutigen Index verfügen. Slony-I fügt diesen Tabellen einen eigenen Schlüssel hinzu. Diese Funktion ist jedoch veraltet und sollte nicht verwendet werden, wenn es nicht unter allen Umständen vermieden werden kann. Die Verwendung der Slony-I-eigenen Schlüssel wird von einigen Funktionen der Replikation (zum Beispiel Logshipping) nicht unterstützt, ferner kann es zu Problemen mit einigen Anwendungen kommen (beispielsweise Anwendungen mit objektrelationalen Frameworks).
- Die Liste sequences enthält alle zu replizierenden Sequenzen des Sets.

Die Syntax der Konfigurationsdatei *slon_tools.conf* folgt Perl-Regeln. Daher kann nach Abschluss der Konfiguration die Syntax mit dem Kommando `perl` geprüft werden:

```
$ perl -c slon_tools.conf
slon_tools.conf syntax OK
```

Anschließend können die Perl-Tools für das Aufsetzen des Slony-I-Clusters verwendet werden:

```
$ slonik_init_cluster --config /etc/slony1/db/slon_tools.conf | slonik
<stdin>:10: Set up replication nodes
<stdin>:13: Next: configure paths for each node/origin
<stdin>:16: Replication nodes prepared
<stdin>:17: Please start a slon replication daemon for each node
```

Der Befehl `slonik_init_cluster` initialisiert alle konfigurierten Knoten des Clusters. Alle Knoten verfügen nach erfolgreichem Lauf über ein dem Clusternamen entsprechendes Schema mit vorangestelltem »_«:

```
db=# \dn
        Liste der Schemas
        Name        | Eigentümer
--------------------+------------
 _replication       | postgres
 information_schema | postgres
 pg_catalog         | postgres
 pg_toast           | postgres
 pg_toast_temp_1    | postgres
 public             | postgres
(6 Zeilen)
```

`slonik_init_skript` generiert ein slonik-Skript, das per Pipe direkt an den slonik-Kommandoprozessor übergeben wird. Das Skript kann natürlich auch in eine Datei zwischengespeichert und noch weiter verarbeitet werden. Das slonik-Skript für die in `slonik_init_skript` zusammengefassten Aktionen gestaltet sich demnach wie folgt.

- Die sogenannte »slonik-Präambel«. Sie muss jeden slonik-Skript vorangestellt sein:

  ```
  luster name = replication;
  node 1 admin conninfo='host=10.10.1.1 dbname=db user=postgres port=5432';
  node 2 admin conninfo='host=10.10.1.2 dbname=db user=postgres port=5432';
  ```

- Den Cluster initialisieren. Das legt das Replikationsschema auf dem Origin an und initialisiert ihn vollständig:

  ```
  init cluster (id = 1, comment = 'Node 1 - db@10.10.1.1');
  ```

- Dem Cluster die Subscriber hinzufügen, in unserem Beispiel Node 2:

  ```
  store node (id = 2, event node = 1, comment = 'Node 2 - db2@10.10.1.2');
  ```

- Die Pfade für die Kommunikation der slon-Prozesse festlegen. Die Perl-Tools erledigen das automatisch, für spezifische Kommunikationswege kann es auch manuell erfolgen. Es ist darauf zu achten, dass alle slon-Prozesse untereinander bidirektional miteinander Daten austauschen können:

```
store path (server = 1, client = 2, conninfo = 'host=10.10.1.1 dbname=db user=postgres
port=5432');
store path (server = 2, client = 1, conninfo = 'host=10.10.1.2 dbname=db user=postgres
port=5432');
```

Wie bereits der Ausgabe von `slonik_init_cluster` zu entnehmen ist, müssen nach erfolgreicher Initialisierung die slon-Prozesse gestartet werden. Alle beteiligten Knoten verfügen über ihre eigene slon-Instanz. Das Skript *slon_start* aus den Perl-Tools vereinfacht diesen Vorgang:

```
$ slon_start --config /etc/slony1/db/slon_tools.conf 1
Invoke slon for node 1 - /usr/bin/slon -p /var/run/slony1/node1.pid -s 1000 -d2
replication 'host=localhost dbname=db user=postgres port=5436' >>/var/log/slony1/node1-
db.log 2>&1 </dev/null &
Slon successfully started for cluster replication, node node1
PID [15755]
Start the watchdog process as well...

$ slon_start --config /etc/slony1/db/slon_tools.conf 2
Invoke slon for node 2 - /usr/bin/slon -p /var/run/slony1/node2.pid -s 1000 -d2
replication 'host=localhost dbname=db2 user=postgres port=5436' >>/var/log/slony1/node2-
db2.log 2>&1 </dev/null &
Slon successfully started for cluster replication, node node2
PID [15798]
Start the watchdog process as well...
```

Beide slon-Prozesse werden separat für den jeweiligen Knoten gestartet. Alternativ kann das auch über eigene Skripten erfolgen, die den jeweiligen slon-Prozess entsprechend initialisieren. Der direkte Aufruf der slon-Prozesse kann wie folgt geschehen:

```
$ /usr/bin/slon -p /var/run/slony1/node1.pid -s 1000 -d2 replication 'host=10.10.1.1
dbname=db user=postgres port=5432'

$ /usr/bin/slon -p /var/run/slony1/node2.pid -s 1000 -d2 replication 'host=10.10.1.2
dbname=db user=postgres port=5432'
```

Die Logausgabe beider slon-Instanzen lässt sich dann auf Wunsch in eine Datei umleiten. Des Weiteren kann der Dienst *slon_watchdog* der Perl-Tools für die Verwaltung der slon-Instanzen herangezogen werden. Er überwacht und startet die jeweiligen slon-Instanzen bei Bedarf:

```
$ slon_watchdog --config /etc/slony1/db/slon_tools.conf 1 1000
```

Das startet die slon-Instanzen für Node1 über den Watchdog.

Sind die slon-Instanzen nun erfolgreich gestartet, können die Sets für die Replikation erstellt werden. Die Beispieldatenbank verwendet ein Replikationsset und fügt die Tabellen und Sequenzen in dieses Set zur Replikation über den Slony-Cluster ein. Das Erzeugen des Sets erfolgt über das Skript *slonik_create_set*:

```
$ slonik_create_set --config /etc/slony1/db/slon_tools.conf 1 | slonik
<stdin>:16: Subscription set 1 created
<stdin>:17: Adding tables to the subscription set
<stdin>:21: Add primary keyed table public.product
```

```
<stdin>:25: Add primary keyed table public.customer
<stdin>:29: Add primary keyed table public.order
<stdin>:32: Adding sequences to the subscription set
<stdin>:36: Add sequence public.product_id_seq
<stdin>:40: Add sequence public.customer_id_seq
<stdin>:44: Add sequence public.order_id_seq
<stdin>:45: All tables added
```

Über den Kommandoprozessor wird das Set mit dem Befehl CREATE SET erzeugt. Das fügt die Set-Informationen dem Cluster hinzu.

- Zunächst die obligatorische Präambel mit allen Knoteninformationen und dem Clusternamen:

```
cluster name = replication;
node 1 admin conninfo='host=10.10.1.1 dbname=db user=postgres port=5432';
node 2 admin conninfo='host=10.10.1.2 dbname=db user=postgres port=5432';
```

- Es folgt der Befehl CREATE SET. Zu beachten der `try ... on error`-Block, der Fehler entsprechend abfängt und eine Fehlermeldung generiert. Dieses slonik-Konstrukt ist interessant für Fehlerbehandlungen und aussagekräftige Fehlermeldungen.

```
try {
  create set (id = 1, origin = 1, comment = 'Set 1');
} on error {
  echo 'Kann Replikation-Set 1 nicht erzeugen!';
  exit -1;
}
echo 'Subscription Set 1 erzeugt';
```

- SET ADD TABLE bzw. SET ADD SEQUENCE fügt die entsprechenden Objekte in das Set ein. Diese Objekte werden dann an die zukünftigen Subscriber repliziert.

```
echo 'Fuege Tabellen Set 1 hinzu';
set add table (set id = 1, origin = 1, id = 1,
               full qualified name = 'public.product',
               comment = 'Tabelle public.product');
echo 'Tabelle public.product hinzugefuegt';
set add table (set id = 1, origin = 1, id = 2,
               full qualified name = 'public.customer',
               comment = 'Tabelle public.customer');
echo 'Tabelle public.customer hinzugefuegt';
set add table (set id = 1, origin = 1, id = 3,
               full qualified name = 'public.order',
               comment = 'Tabelle public.order');
echo 'Tabelle public.order hinzugefuegt';

echo 'Fuege Sequenzen Set 1 hinzu';
set add sequence (set id = 1, origin = 1, id = 1,
                  full qualified name = 'public.product_id_seq',
                  comment = 'Sequenz public.product_id_seq');
echo 'Sequenz public.product_id_seq hinzugefuegt';
set add sequence (set id = 1, origin = 1, id = 2,
                  full qualified name = 'public.customer_id_seq',
                  comment = 'Sequenz public.customer_id_seq');
echo 'Sequenz public.customer_id_seq hinzugefuegt';
```

```
set add sequence (set id = 1, origin = 1, id = 3,
                  full qualified name = 'public.order_id_seq',
                  comment = 'Sequenz public.order_id_seq');
echo 'Sequenz public.order_id_seq hinzugefuegt';
echo 'Alle Objekte initialisiert';
```

Wichtig an dieser Stelle ist die eindeutige Nummerierung aller Objekte beim Hinzufügen zum Set (Argument id). Diese muss für die jeweilige Tabelle oder Sequenz jeweils eindeutig innerhalb des verwendeten Clusters sein, also auch über Setgrenzen hinweg! Noch werden keine Daten auf Node2 unseres Beispielclusters repliziert. Node2 muss nun noch die sogenannte Subscription des Sets vornehmen, quasi die Replizierung von Set 1 vom Origin »abonnieren«. Das erfolgt erneut am einfachsten mit dem *slonik_subscribe_set*-Skript aus den Perl-Tools:

```
$ slonik_subscribe_set --config /etc/slony1/db/slon_tools.conf set1 2 | slonik
<stdin>:10: Subscribed nodes to set 1
```

Das führt das Kommando SUBSCRIBE SET aus und initiiert die Replizierung der Tabellen und Sequenzen in Set 1. Das korrespondierende slonik-Skript gestaltet sich wie folgt.

- Erneut die obligatorische Präambel des slonik-Skripts:

  ```
  cluster name = replication;
  node 1 admin conninfo='host=10.10.1.1 dbname=db user=postgres port=5432';
  node 2 admin conninfo='host=10.10.1.2 dbname=db user=postgres port=5432';
  ```

- Das Kommando SUBSCRIBE SET initiiert die Datenübernahme und Replizierung der Tabellen und Sequenzen.

  ```
  subscribe set (id = 1, provider = 1, receiver = 2, forward = yes);
  echo 'Subscription von Set1 erfolgreich durchgeführt';
  ```

  Da Node2 auch als Failover-Knoten genutzt werden soll, wird der Parameter forward des SUBSCRIBE SET-Kommandos auf yes gesetzt. Das SUBSCRIBE-Event wird sofort an den jeweiligen Knoten propagiert, allerdings kann es eine gewisse Zeit dauern, bis alle bestehenden Daten der Tabellen des Origin auf den Subscriber kopiert wurden. Den Abschluss des Kopiervorgangs protokolliert die slon-Instanz des Subscribers in seiner Ausgabe. Alternativ lässt sich die Sicht *sl_status* abfragen. Sie bietet Auskunft über die Lagtime des Subscribers, also die Zeit, die der Subscriber hinter dem Origin hinterherhinkt (siehe dazu auch »Überwachung und Wartung«). Während der Subscription werden zunächst keine aktuellen Daten auf den Subscriber repliziert. Erst wenn er die initialen Daten der Tabellen kopiert hat, werden alle Daten seit dem Zeitpunkt des Beginns der Subscription nachgezogen. Das initiale Kopieren der Tabellendaten kann nicht erfolgen, wenn auf dem Origin noch Transaktionen aktiv sind, die älter als das SUBSCRIPTION-Event sind. Die slon-Instanz des betroffenen Subscribers protokolliert das entsprechend in ihrer Ausgabe:

  ```
  WARN: remoteWorkerThread_2: transactions earlier than XID 1032391 are still in progress
  ```

  Der slon-Prozess wird versuchen, die COPY-Prozedur so lange durchzuführen, bis die entsprechende Transaktion auf dem Origin beendet wurde.

Abschließend ist der Slony-I-Cluster nun einsatzbereit.

Überwachung und Wartung

Ein Slony-I-Cluster erfordert zur optimalen Wartung eine grundlegende Überwachung des Systems. Folgende Attribute eines Clusters müssen in das Monitoring des Administrators einbezogen werden:

- Die Lagtime aller Subscriber. Darunter versteht man die Zeit, die der Subscriber »hinter« dem Origin liegt. Da mit Slony-I implementierte Replikationssysteme die asynchron auf die Subscriber verteilen, entsteht hier eine natürliche Diskrepanz, die sich aber bei hoher Transaktionslast schnell vergrößern kann, wenn der Subscriber nicht in der Lage ist, diese Last in angemessener Zeit zum Origin zu bewältigen.
- Die slon-Prozesse müssen auf allen Subscribern und Origins des Slony-I-Clusters überwacht werden. Der Ausfall des slon-Prozesses auf dem Origin hat zur Folge, dass keine SYNC-Ereignisse erzeugt werden, was bei einem späteren Neustart des slon-Prozesses eine sehr große Transaktionslast auf dem Subscriber zur Folge hat. Die Änderungen laufen auf dem Origin auf und werden erst beim Neustart des slon-Prozesses für den Origin in einem einzigen SYNC-Ereignis an die Subscriber verteilt, was dort eine hohe Transaktionslast zur Folge haben kann.
- Die Tabellen sl_log_1 und sl_log_2 sollten anhand der Datenbankstatistiken der PostgreSQL-Datenbank überwacht werden. Da diese stark durch die Logdaten der Replikation frequentiert werden, können sie sehr schnell anwachsen. Insbesondere kann das lange VACUUM-Läufe zur Folge haben, die die I/O-Geschwindigkeit des Systems verringern.

Lagtime überwachen

Kritischer Punkt beim Betrieb eines Slony-I-Clusters ist die Überwachung der Lagtime, also der Zeit, die ein Subscriber dem Master hinterherhinkt. Diese Verzögerung kann unterschiedliche Ursachen haben und kann ein Indiz für ein Problem innerhalb des Clusters sein, üblicherweise sollte die Lagtime sich in Grenzen halten. Slony-I bietet die Möglichkeit, direkt über die clustereigenen Tabellen und Sichten die Lagtime und den Betriebszustand des Clusters bzw. eines Knoten abzufragen.

Wie bereits erwähnt, verwaltet Slony-I seine Konfiguration in Tabellen und Sichten, die im Namensraum bzw. Schema auf jedem Knoten zu finden sind. Ein guter Ansatzpunkt für die Überwachung des Clusterbetriebs ist die Sicht *sl_status* auf dem Origin. Sie enthält Informationen über die Lagtime des jeweiligen Subscribers und die Events die noch abzuarbeiten sind.

slon-Prozesse überwachen

Slony-I verfügt über einen Watchdog-Prozess namens *slon_watchdog*, der für die Überwachung der slon-Prozesse eingesetzt werden kann. Er ist unter den optionalen Perl-Tools, muss also bei der Installation gesondert mitangegeben werden. Die Watchdog-Prozesse überwachen die auf dem System laufenden slon-Prozesse und starten sie gegebenenfalls neu.

Speicherverbrauch überwachen

Je nach Konfiguration können slon-Prozesse größere Mengen an Hauptspeicher konsumieren. Die *Group Size* eines einzelnen slon-Prozesses bestimmt den Hauptspeicherverbrauch. Der Parameter -g eines slon-Prozesses konfiguriert diese Größe, die die Datenmenge für einen Replikationsdurchgang beeinflusst. Es kann auch notwendig werden, sie zu erhöhen, wenn beispielsweise erkennbar ist, dass mehr Hauptspeicher für die Beschleunigung der Replikation zur Verfügung steht. Gerade wenn sehr große Binärdaten repliziert werden, ist es jedoch empfehlenswert, entsprechende Überwachungsmaßnahmen zu installieren.

Optimierung

Die Optimierung eines bestehenden Slony-I-Clusters erfordert zunächst die genaue Identifikation des Problems. Dazu muss festgestellt werden, ob Engpässe auf dem betroffenen Subscriber oder auf dem Origin die Ursache darstellen. Hier können mehrere Faktoren zum Tragen kommen, die im Folgenden vorgestellt werden.

Subscriber mit hoher oder anwachsender Lagtime

Der Origin eines Slony-I-Clusters führt genaue Protokolle über abgearbeitete Events jedes Subscribers. Das bestimmt die sogenannte Lagtime, die durch eine Abfrage der Statussichten ermittelt werden kann. Dadurch kann ermittelt werden, wie weit Events zurückliegen und ob Probleme bei der Konfiguration vorliegen. Beispielsweise kann eine hohe Anzahl von *st_lag_num_events* und *st_lag_time* ein Indiz für fehlerhafte Kommunikationspfade sein, wenn ein Subscriber seine Events nicht bestätigen kann oder die Kommunikation anderweitig gestört ist. Die Sicht *sl_status* findet sich im jeweiligen Schema eines Slony-I-Clusters und sollte auf dem Origin dieses Clusters abgefragt werden. Zwar ist diese Sicht auch auf allen Subscribern verfügbar, jedoch spiegeln die dort abgelegten Daten nur die Werte aus Sicht des jeweiligen Subscribers wieder. *sl_status* kann wie im folgenden Beispiel abgefragt werden, in diesem Fall ein Cluster mit nur einem Subscriber:

```
db=# \x
Erweiterte Anzeige ist an.
db=# SELECT * FROM _replication.sl_status ;
-[ RECORD 1 ]-------------+--------------------------
st_origin                 | 1
st_received               | 2
st_last_event             | 13037
st_last_event_ts          | 2008-08-09 20:54:35.104613
st_last_received          | 13036
st_last_received_ts       | 2008-08-09 20:54:30.034302
st_last_received_event_ts | 2008-08-09 20:54:25.099988
st_lag_num_events         | 1
st_lag_time               | 00:00:10.486171
```

Wichtige Informationen sind zunächst die ID des Subscribers (hier die ID 2), das letzte erreichte Event dieses Subscribers `st_last_event` und sein Zeitpunkt `st_last_event_ts`. Ferner enthält die Sicht das letzte bestätigte Event dieses Subscriber `st_alst_received` und seinen Zeitpunkt `st_last_received_ts`. Die wichtigste Information findet sich in den Feldern `st_lag_num_events` und `st_lag_time`, die Auskunft darüber geben, wie weit das letzte Event zurückliegt und welches als letztes verarbeitet wurde. In einer Standardinstallation beträgt diese Zeit in der Regel zehn Sekunden, kann aber je nach Last des Clusters deutlich höher liegen. Da ein slon-Prozess in der Standardeinstellung die Events nach einem Intervall von zehn Sekunden prüft, ist das auch die minimale Lagtime.

Werden Events zu langsam verarbeitet, sollte der Subscriber hinsichtlich I/O-Auslastung untersucht werden. Auch muss festgestellt werden, ob lange laufende Transaktionen (wie beispielsweise komplexe Batch-Operationen) die Verzögerungen verursachen. Das wäre ein normaler Vorgang, da Events erst nach erfolgreichem Abschluss der Transaktion propagiert werden können. Werden auf dem Origin sehr viele Events erzeugt, kann es auch notwendig werden, dort die SYNC-Events häufiger zu generieren. In der Regel führt der dafür zuständige slon-Prozess diese SYNC-Events alle zwei Sekunden durch. Durch den Parameter `-s` kann das für den Origin konfiguriert werden. SYNC-Events werden häufiger generiert. Des Weiteren kann auf den Subscribern die sogenannte Group Size angepasst werden. Das geschieht mit dem slon-Kommandozeilenparameter `-g`. Die Group Size wird standardmäßig auf sechs eingestellt. Das reicht für kleine Systeme mit wenig Hauptspeicher aus, große Subscriber-Maschinen können deutlich mehr SYNC-Events in eine Transaktion gruppieren und somit deutlich schneller aufholen, auf Kosten höheren Hauptspeicherverbrauchs der slon-Prozesse. Werte jenseits von 80 oder 90 machen allgemein wenig Sinn, da die Größen der Transaktionen bei dieser Group Size in der Regel zu groß werden. Gute Startwerte liegen zwischen 2 und 20. Abhängig von der Anwendung kann es durchaus lohnenswert sein, mit größeren Werten zu experimentieren.

Hohe I/O-Last auf Origin

Slony-I arbeitet als triggerbasierte Lösung mit Log-Triggern auf Tabellen, die einem Slony-I-Set hinzugefügt wurden. Änderungen dieser Tabellen werden durch die Trigger in die Logtabellen des Clusters geschrieben. Dadurch verdoppelt man effektiv die Schreiblast einer PostgreSQL-Datenbank, da die Daten innerhalb der zu replizierenden Transaktionen ebenfalls auf die Festplatte synchronisiert werden müssen. Das muss bei der Konzeption der Hardware des Clusters berücksichtigt werden, kann es doch bei stark frequentierten Datenbanken zu unvorhergesehenen Problemen hinsichtlich der prognostizierten Auslastung des Festspeichersystems führen.

slon-Prozesse und Instabilitäten

Die slon-Prozesse eines Slony-I-Clusters sind natürlich weitere Ressourcen, die vom Administrator überwacht werden müssen. Sie sind in der Regel sehr robust, trotzdem kann es zu Ausfällen kommen. Nicht laufende slon-Prozesse auf den Subscribern verursachen ein stetiges Anwachsen der Logtabellen und damit der SYNC-Events auf dem Origin. Zwar kommt es nicht zu Ausfällen auf den PostgreSQL-Datenbanken an sich, aber bei längerfristigen Ausfällen der slon-Prozesse kann das Abarbeiten eine signifikante Zeit in Anspruch nehmen. Wird auf dem Subscriber der slon-Prozess neu gestartet, muss er alle bis zu diesem Zeitpunkt aufgelaufenen Events bearbeiten. In der Regel wird versucht, sie in einem einzigen großen SYNC abzuarbeiten, was bei sehr vielen replizierten Daten entsprechende Verzögerungen erzeugen kann. Problematisch sind auch Probleme bei der Verbindung zwischen slon-Prozess und PostgreSQL-Instanz. Insbesondere WAN-Verbindungen oder anderweitige Verbindungen mit hohen Latenzen sollten unbedingt vermieden werden.

WAL-Replikation mit pg_standby

Das Programm *pg_standby* befindet sich im Lieferumfang von PostgreSQL im *contrib*-Verzeichnis. Es unterstützt das Aufsetzen von Standby-Servern mithilfe von WAL-basierter Replikation. Die Konfiguration von `pg_standby` gestaltet sich sehr einfach, erfordert jedoch das Aufsetzen einer vollständigen WAL-Archivierung wie bei der Datensicherung (siehe dazu auch Kapitel 4).

Zunächst muss `pg_standby` installiert werden. In paketbasierten Installationen findet sich `pg_standby` in aller Regel in einem Paket namens *postgresql-contrib* oder so ähnlich, auf Debian beispielsweise *postgresql-contrib-8.3* für PostgreSQL-8.3-Installationen. Wurde PostgreSQL aus den Quellen installiert, muss das `pg_standby`-Programm aus den *contrib*-Quellen erst noch gebaut werden. Je nachdem, wo die Quellen abgelegt wurden, wechselt man dazu in das *contrib*-Verzeichnis der PostgreSQL-Quellen und führt Folgendes aus:

```
$ cd postgresql-8.3.3/contrib/pg_standby
$ make
$ make install
```

Ab sofort steht das Programm zur Verfügung. Als Installationsziel wird in der Regel dasselbe Verzeichnis wie für die anderen PostgreSQL-Programme verwendet.

Um den Standby-Server aufzusetzen, wird zunächst die Basissicherung auf dem Standby-Server »wiederhergestellt«. Es ist sehr wichtig darauf zu achten, dass dieser zweite Server dem produktiven Server möglichst genau entspricht. Insbesondere müssen Pfade der einzelnen Tablespaces vorhanden sein, da sie vom Recovery ebenfalls angesprochen werden müssen. CPU-Architektur und Betriebssystem müssen ebenfalls identisch sein, um Binärinkompatibilitäten auszuschließen.

Nun wird auf dem Standby-Server die Rücksicherung implementiert (wie in Kapitel 4 erläutert). Für das notwendige `restore_command` in der Datei *recovery.conf* verwendet man jedoch anstatt eines cp-Befehls eben `pg_standby`:

```
$ cat recovery.conf
restore_command = 'pg_standby -l -d -s 2 -t /tmp/standby.trigger /archive %f %p %r 2>> /
var/log/postgresql/pg_standby.log'
```

Es sollte sichergestellt werden, dass das pg_standby-Programm vom PostgreSQL-Server ausführbar ist. Eventuell sollten absolute Pfade zum Programm verwendet werden.

pg_standby sorgt dafür, dass die Recovery-Prozedur in einer Schleife läuft und vom produktiven System angelieferte WAL-Segmente konsumiert. Die Datenbank ist dabei nicht ansprechbar, das heißt, dass sich Clients nicht mit dieser Datenbank verbinden können.

Über die Logdatei */var/log/postgresql/pg_standby.log* (in diesem Beispiel) kann der Fortschritt der WAL-Replikation beobachtet werden:

```
Trigger file            : /tmp/standby.trigger
Waiting for WAL file    : 000000020000000000000032
WAL file path           : /archive/000000020000000000000032
Restoring to...         : pg_xlog/RECOVERYXLOG
Sleep interval          : 2 seconds
Max wait interval       : 0 forever
Command for restore     : ln -s -f "/archive/000000020000000000000032" "pg_xlog/
RECOVERYXLOG"
Keep archive history    : 000000020000000000000025 and later
WAL file not present yet. Checking for trigger file...
running restore         : OK
WAL file not present yet. Checking for trigger file...
WAL file not present yet. Checking for trigger file...
WAL file not present yet. Checking for trigger file...
```

Um den Standby-Server zu aktivieren, benötigt man die sogenannte Trigger-Datei. In diesem Beispiel ist sie mit der Option -t als */tmp/standby.trigger* definiert. Wird diese an der konfigurierten Stelle angelegt, terminiert *pg_standby* die Recovery-Prozedur und lässt PostgreSQL anschließend durchstarten. Das lässt sich beispielsweise durch eine Hochverfügbarkeitslösung mithilfe von Heartbeat realisieren. Das Anlegen im Failover-Fall übernimmt dabei eine Heartbeat-Ressource. Im folgenden »DRBD« wird beispielhaft beschrieben, wie sich eine solche Ressource in Heartbeat integrieren lässt.

DRBD

Das Distributed Replicated Block Device (DRBD) erlaubt die Implementierung einer hochverfügbaren Speicherlösung. Dazu wird ein Blockgerät über Ethernet repliziert. Diese Lösung kann als Grundlage für das Aufsetzen einer hochverfügbaren PostgreSQL-Datenbanklösung dienen: Ein Standby-Server übernimmt die Rolle des Slave, auf den alle Änderungen einer PostgreSQL-Instanz synchron repliziert werden. DRBD kann als RAID-1 über Ethernet angesehen werden. Daten werden blockweise auf ein oder (seit DRBD 0.8) mehrere DRBD-Laufwerke verteilt. Da PostgreSQL-Instanzen aber nicht in der Lage sind, gleichzeitig auf ein und denselben Datenbereich zu schreiben beziehungsweise davon zu lesen, beschränkt sich der Einsatz auf einen hochverfügbaren Warm-

oder Hot-Standby-Cluster, was jedoch relativ kostengünstig und sehr zuverlässig ist. Hot-Standby-Lösungen sind unter Verwendung von Heartbeat oder ähnlichen Clusterlösungen möglich.

Installation

Die Installation erfolgt entweder über die Quelltextpakete des Projekts oder über Binärpakete, die von allen gängigen Distributionen zur Verfügung gestellt werden. Empfohlen wird auch an dieser Stelle die Verwendung der jeweiligen Pakete der verwendeten Distribution.

Kompilieren der Quelltextpakete

Die Quelltexte von DRBD erhält man von *http://www.drbd.org/*. Für das Kompilieren der Quelltexte müssen im System die Kernel-Quellen installiert sein. Die INSTALL-Datei des DRBD-Quelltextpakets gibt detailliert Auskunft über diverse Fallstricke bestimmter Distributionen. Auf einem Debian-System gestaltet sich die Kompilierung der Pakete einfach:

```
$ tar -xvzf drbd-8.2.5.tar.gz
$ cd drbd-8.2.5
$ make
$ make install
```

DRBD steht nur auf Linux-Systemen zur Verfügung. Andere Betriebssysteme wie Sun Solaris bieten eigene ähnliche Lösungen an.

Konfiguration

Für das Replizieren muss eine dedizierte Partition oder ein Festplattenlaufwerk zur Verfügung gestellt werden. Alle beteiligten Blockgeräte sollten am besten dieselbe Größe aufweisen, bei verschiedenen Größen muss die kleinste gemeinsame Größe aller Laufwerke gewählt werden und entsprechend eine Partition dafür erzeugt werden. Anschließend kann eine Konfiguration für das Replizieren dieses Blockgeräts erzeugt werden. DRBD legt sich dabei quasi über das vorhandene Gerät, so dass ab sofort das Blockgerät */dev/drbdX* für das Ansprechen des Laufwerks verwendet wird. Auf diesem neuen Blockgerät wird anschließend das Dateisystem erzeugt.

Im Folgenden sehen Sie eine Beispielkonfiguration mit zwei Servern im Clusterverbund, server1 mit IP-Adresse 192.168.0.1 und server2 mit IP-Adresse 192.168.0.2. Beide verfügen über eine dedizierte Gigabit-Verbindung, die idealerweise über eine Cross-Verbindung ohne Beteiligung von Switches oder Hubs direkt von Server zu Server gelegt wird. Das verhindert Probleme bei Ausfall eines Switch und erhöhte Latenzen. Es sollte eine Gigabit-Verbindung sein, denn 100-MBit-Verbindungen sind für den Betrieb von Datenbanken zu wenig. Die im Folgenden beschriebene Beispielkonfiguration definiert ein

Blockgerät */dev/drbd0* auf beiden Maschinen, und eine Ressource namens »postgresql« dient als Identifikator für das Gerät.

Die Konfiguration steht in der Datei */etc/drbd.conf*:

```
resource postgresql {

  protocol C;

  disk {
    on-io-error detach;
  }

  syncer {
    rate   70M;
    group   1;
  }

  on server1 {
    device      /dev/drbd0;
    disk        /dev/sda5;
    address     192.168.0.1:7789;
    meta-disk   internal;
  }

  on server2 {
    device     /dev/drbd0;
    disk       /dev/sda5;
    address    192.168.0.2:7789;
    meta-disk  internal;
  }
}
```

Wichtig ist das gewählte »Protocol C« der Ressource, die für synchrones Schreiben auf beiden Blockgeräten und so für Datensicherheit sorgt. Das heißt, Schreibvorgänge werden synchron auf dem Slave vorgenommen und müssen bestätigt werden, bevor der Primary Server (Master) den Schreibvorgang als erfolgreich registriert.

Nach erfolgter Konfiguration muss das Kernel-Modul geladen werden:

```
# modprobe drbd
```

Anschließend müssen auf beiden Knoten die DRBD-Blockgeräte und Metadaten initialisiert werden:

```
# drbdadm attach postgresql
# drbdadm connect postgresql
```

Unter */proc/drbd* kann der Status des DRBD-Blockgeräts nun verfolgt werden. Bevor anschließend das Dateisystem auf */dev/drbd0* erzeugt werden kann, muss der Primärknoten festgelegt werden. Auf diesem Knoten wird die anfängliche Synchronisation vorgenommen:

```
# drbdadm -- --overwrite-data-of-peer primary postgresql
```

Nun kann das gewünschte Dateisystem erzeugt werden und mit `initdb` die Datenbankinstanz auf diesem Blockgerät im spezifischen Mountpoint angelegt werden, in diesem Fall auf server1:

```
# mkfs -t ext3 /dev/drbd0
# mount /dev/drbd0 /srv/postgresql
# initdb /srv/postgresql
```

Das kann bereits während der Synchronisation der beiden DRBD-Geräte erfolgen, mit ein wenig gebremster Geschwindigkeit.

Ist die DRBD-Synchronisation abgeschlossen, erscheint in */proc/drbd* ein entsprechender Status:

```
$ cat /proc/drbd
version: 0.7.21 (api:79/proto:74)
SVN Revision: 2326 build by root@pg01, 2008-08-08 07:40:26
 0: cs:Connected st:Primary/Secondary ld:Consistent
    ns:5004420 nr:26232 dw:5031684 dr:95224261 al:23616 bm:190 lo:0 pe:0 ua:0 ap:0
```

Vor der abgeschlossenen Synchronisation erscheint die Ressource als »Inconsistent«, nach der erfolgreichen Synchronisation sollte hier wie im obigen Beispiel »Consistent« erscheinen.

Beim Betrieb von PostgreSQL befindet sich lediglich der Primärknoten im Schreibmodus. Der Sekundärknoten kann nicht gemountet werden, solange das DRBD-Blockgerät auf dem Primärserver als Primary aktiviert ist.

Integration mit Heartbeat

Ein DRBD-Setup wie der oben beschriebene repliziert zwar die Daten auf einen zweiten Rechner, macht aber nichts, wenn der erste Rechner ausfällt. Man kann das zwar von Hand anstoßen, aber sinnvoll ist das im Produktivbetrieb nicht. Eine Hochverfügbarkeitslösung wie Heartbeat übernimmt das Umschwenken vom Sekundär- zum Primärknoten im Fall eines Ausfalls des Servers. Heartbeat vom Linux-HA-Projekt (*http://www.linux-ha.org/*) enthält bereits vorgefertigte Ressourcen für die automatischen Failover.

Die Konfiguration von Heartbeat2 umfasst folgende Dateien:

- */etc/ha.d/ha.cf*
- */etc/ha.d/authkeys*
- */etc/ha.d/haresources*

Die Konfigurationsdatei /etc/ha.d/ha.cf

Die Datei */etc/ha.d/ha.cf* definiert die Knoten und Kommunikationswege des Heartbeat-Clusters. Primär- (`server1`) und Sekundärknoten (`server2`) sollten jeweils über eine Crossover-Netzwerkverbindung und eine herkömmliche Netzwerkverbindung überwacht werden. Auch eine serielle Verbindung ist möglich. Crossover- und serielle Verbindung sind insbesondere sinnvoll, wenn die Beeinflussung des Clusterbetriebs durch defekte Switches oder Hubs ausgeschlossen werden soll. Ferner können Übernahmezeiten definiert werden, die festlegen, wann der Sekundärknoten bei Ausfall der primären Maschine übernehmen soll. Im Folgenden sehen Sie als Beispiel eine einfache Konfiguration für unsere bereits bekannten Maschinen `server1` (192.168.0.1) und `server2` (192.168.0.2). Die Namen der Knoten müssen der Ausgabe des Kommandos `uname -n` entsprechen.

```
$ cat /etc/ha.d/ha.cf
keepalive 200ms
warntime 20s
deadtime 40s
initdeadtime 30
auto_failback off
baud 19200
serial /dev/ttyS0
bcast eth1 eth2
node server1
node server2
```

Diese Grundkonfiguration definiert alle notwendigen Eigenschaften für das Überwachen der Maschinen `server1` und `server2`. Die Überwachung findet über eine Crossover-Verbindung, das entsprechende externe Netzgerät sowie die serielle Schnittstelle statt.

Wichtig ist auch der Parameter `auto_failback`, der auf den Wert `off` gesetzt wird. Das verhindert das Zurückschwenken auf den ausgefallenen Master, sollte dieser nach dem Neustart automatisch seine Rolle zurückhaben wollen. Das sollte verhindert werden, da nur durch Administrator-Intervention sichergestellt werden kann, dass der Ausfall des Primärknotens nicht auf einen Hardware- oder Softwarefehler zurückzuführen ist. Erst wenn das feststeht, sollte der Administrator einen manuellen Fallback durchführen.

Die Konfigurationsdatei /etc/ha.d/authkeys

Die Datei */etc/ha.d/authkeys* definiert Passwörter für die sichere Kommunikation der Heartbeat-Knoten. Sie muss die Berechtigungen 600 und als Benutzer und Gruppe *root* haben:

```
# chmod 600 /etc/ha.d/authkeys
# chown root:root /etc/ha.d/authkeys
$ cat /etc/ha.d/authkeys
auth 1
1 sha1 MySecretPassword
```

Die Angaben des Passworts und des Verschlüsselungsschemas sollten auf beiden Systemen natürlich identisch sein.

Man kann die Datei oben aus dem Beispiel übernehmen und braucht dabei nur das Passwort anzupassen. Weitere Informationen enthält die Dokumentation zu Heartbeat.

Die Konfigurationsdatei /etc/ha.d/haresources

Die Datei */etc/ha.d/haresources* definiert die von Heartbeat kontrollierten Ressourcen. Die Datei muss auf beiden Knoten entsprechend angepasst werden.

```
ha-cluster 192.168.0.3 drbddisk::postgresql Filesystem::/dev/drbd0::/data::ext3::noatime
postgresql MailTo::admin@meine-firma.de

ha-cluster 192.168.0.3 drbddisk::postgresql Filesystem::/dev/drbd0::/data::ext3::noatime
postgresql MailTo::admin@meine-firma.de
```

Die einzelnen Definitionen entsprechen folgender Syntax:

```
Hostname Cluster-IP [Ressource [Ressource] ... ]
```

Die Ressourcen werden in derselben Reihenfolge abgearbeitet, wie sie in der Datei definiert wurden. Hier werden also zuerst DRBD, dann das Dateisystem und dann der PostgreSQL-Server hochgefahren.

Der Hostname sollte auf beiden Rechnern aufgelöst werden können. Wenn kein DNS-Server zur Verfügung stellt, sollte darauf geachtet werden, die Datei */etc/hosts* entsprechend anzupassen und dort die Cluster-IP auf den entsprechenden Hostnamen zu konfigurieren. Natürlich sollte auch sichergestellt sein, dass PostgreSQL entsprechend konfiguriert ist und auf der gewünschten Cluster-IP 192.168.0.3 erreichbar ist. Dazu sollte die PostgreSQL-Konfigurationsdatei *postgresql.conf* daraufhin untersucht werden, ob der Parameter `listen_addresses` die Cluster-IP enthält:

```
listen_addresses = '*'  # auf alle IP-Adressen hören
```

oder etwa

```
listen_addresses = '192.168.0.3'
```

Die Cluster-IP darf keinesfalls direkt im System außerhalb der Datei */etc/ha.d/haresources* konfiguriert werden, etwa in der Netzwerkkonfiguration des Betriebssystems.

Neben der bereits vordefinierten können weitere Ressourcen anhand eigener Skripten implementiert werden. So werden Ressourcen für DRBD, Dateisystem-Mount und IP-Adressübernahme bereits mit Heartbeat mitgeliefert. Diese Skripten und selbst erstellte werden in der Regel im Verzeichnis */etc/ha.d/resource.d* abgelegt. Die Skripten sollten jeweils Start- und Stopargumente (also ein `start` oder `stop` als Argumenttext) implementieren und jeweils einen Rückgabewert von 1 für Erfolg beziehungsweise 0 für Misserfolg aufweisen. Ein mögliches Beispiel für ein kleines PostgreSQL-Ressourcenskript sehen Sie im folgenden Listing:

```
#!/bin/sh
CMD="$1"
LOGFILE=/var/log/postgresql-heartbeat.log
PGDATA=/data

case "$CMD" in
```

```
    start)
        su - postgres -c /usr/bin/pg_ctl -D $PGDATA -l $LOGFILE start >> $LOGFILE 2>&1;
        ;;

    stop)
        /usr/bin/pg_ctl -D $PGDATA -l $LOGFILE stop >> $LOGFILE 2>&1;
        ;;

    *)
        echo "Usage: postgresql {start|stop}"
        exit 1

        ;;
esac

exit 0
```

Natürlich ist es ohne Weiteres möglich, neben dem hier vorgestellten Beispiel in Bash auch andere Skript- oder Programmiersprachen für die Implementierung einer Ressource zu implementieren. Die vorgestellte PostgreSQL-Ressource lässt sich nun auch sofort testen:

```
$ /etc/ha.d/resource.d/postgresql start
$ /etc/ha.d/resource.d/postgresql stop
```

Die selbst erstellten Skripten sollten gewissenhaft getestet werden, da Fehler den Betrieb von Heartbeat beeinträchtigen können. Insbesondere sollten entsprechende Fehlerbedingungen sorgsam behandelt werden, um dem Abbrechen von Heartbeat beim Failover vorzubeugen.

Abschließendes

Die hier vorgestellten Möglichkeiten von Heartbeat beschreiben nur die Überwachung von IP-Adressen, also im Prinzip das Feststellen, dass der Rechner noch da ist. Für die Überwachung von Prozessen und anderen Ressourcen kann die ungleich kompliziertere XML-Konfiguration von Heartbeat 2 verwendet werden. Diese kommt in der Praxis in Verbindung mit PostgreSQL eher selten zu Einsatz und hätte den Rahmen dieses Buches gesprengt.

Die Integration einer DRBD-basierten Clusterlösung mit PostgreSQL gelingt in der Regel leicht, aber das abschließende Testen dieser Lösung anhand vorgegebener Ausfallszenarien sollte nicht ausbleiben. Der Administrator fixiert schriftlich Szenarien, vor deren Eintreten der Cluster entsprechend schützen soll. Nach abschließender Implementierung, beispielsweise auf Evaluierungssystemen, werden die so festgelegten Szenarien geprobt und entsprechend simuliert. Erfüllt der Cluster diese Vorgaben, steht einem produktiven Einsatz nichts im Wege.

Der Einsatz von Heartbeat erfordert das Planen von Crossover-Verbindungen zwischen den einzelnen Maschinen und eventuell auch den zusätzlichen Einsatz von seriellen Verbindungen, um dem Einfluss von Netzwerkproblemen weitgehend aus dem Wege zu gehen. Auch muss der Fallback nach einem Failover verhindert werden, um so sogenannten Split-Brain-Szenarien vorzubeugen. Das beschreibt den Fall, dass beide Knoten um die Rolle des Master streiten und so im schlechtesten Fall den kompletten operativen Betrieb des Clusters unmöglich machen. Eine gute Möglichkeit besteht im Prinzip von STONITH (Shoot The Other Node In The Head), beispielsweise durch ferngesteuerte Netzdosen, die bei Übernahme des Standby-Knotens den ausgefallenen Primärknoten vom Stromnetz trennen und so diesem Problem wirkungsvoll vorbeugen. Auch das erfordert weitergehende Konfigurationsarbeiten an Heartbeat, die jedoch spezifisch für die jeweils gewählte STONITH-Lösung sind, je nachdem, wie derartige Geräte angesprochen werden.

Zusammenfassung

Die vorgestellten Lösungen gestatten das Aufsetzen umfangreicher Lösungen, um den Betrieb von PostgreSQL abzusichern, zu verteilen oder Load Balancing zu betreiben. Das erfordert jedoch im Vorfeld eine sehr genaue, fundierte und auch tiefreichende Planung, angefangen vom Leistungskatalog über Spezifizierung der einzelnen Szenarios, die die gewünschte Lösung abdecken soll, bis hin zu Tests, ob die Lösung auch wirklich den gewünschten Funktionsumfang mitbringt. PostgreSQL ist nur ein Bestandteil solcher Lösungen, die Implementierung beginnt bereits bei Hardware, Betriebssystem und den verwendeten Programmen. Steht eine Lösung und erfüllt sie die gewünschten Anforderungen, dann sollte unbedingt auch ein Notfallplan erstellt werden, der die Vorgehensweise bei entsprechend formulierten Szenarios beschreibt. Nur so kann auch später im Ernstfall zum Beispiel die Funktionsfähigkeit eines DRBD-Heartbeat-Clusters garantiert werden. Kriterien müssen festgelegt werden, wann und wie ein Fallback durchgeführt werden oder etwa Slony-I für einen Failover verwendet werden soll. Diese Vorgehensweise ist unabdingbar für hochverfügbare Systeme, bei denen Verhaltensfehler auch von Administratoren im Ernstfall keine Verschärfung der Situation bedeuten dürfen. Der Ausbau einer hochverfügbaren Lösung muss auch das jeweilige Rechenzentrum und die dortigen Operatoren und möglichen Ausfallfaktoren beachten.

KAPITEL 10

Hardware

Die Auswahl der Hardware für ein Datenbanksystem erfordert sorgfältige Auswahl von Prozessor (CPU), Hauptspeicher (RAM), Speichersystem und eventuell ausfallsicheren Komponenten, die zur Laufzeit getauscht werden können, je nach Anforderung. Es gilt sorgfältig die notwendigen Anforderungen an ein solches System zu beschreiben, um nicht kurz darauf erneut Hardware aufgrund von Engpässen neu kaufen zu müssen. Besonderes Augenmerk sollte dabei auf das Festspeichersystem, den Hauptspeicher und zuletzt auf die CPU gerichtet werden.

Dieses Kapitel gibt einen Überblick über wichtige Faktoren, Eigenschaften und Funktionalitäten, die neue Hardware in Verbindung mit einem Datenbanksystem wie PostgreSQL zu einem leistungsfähigen Gesamtsystem machen. Es werden dabei keine konkreten Hardwaremodelle besprochen, sondern vielmehr wird eine Übersicht darüber gegeben, worauf geachtet werden sollte und welche Fallstricke bei bestimmten Implementierungen lauern. Diese Erkenntnisse lassen sich auch auf alternative Datenbank-Managementsysteme anwenden.

Festspeichersystem

Das Festspeichersystem, normalerweise eine oder mehrere Festplatten, ist die wichtigste Komponente in einem Datenbanksystem. Die Geschwindigkeit der Festplatten und ihre Anbindung sowie Multitasking-Fähigkeit entscheiden über den Transaktionsdurchsatz und seine Skalierbarkeit. PostgreSQL hat – wie viele andere Datenbanksysteme auch – gewisse Anforderungen an die Leistungsattribute von Speichersystemen:

- Die Datenbasis (Heap) der Datenbank erfordert sequenziellen Datenzugriff. Tabellen werden aufsteigend vom Plattensystem gelesen.
- Das Transaktionslog beansprucht hohen sequenziellen Schreibdurchsatz auf das Speichersystem. Zudem sollte das Speichersystem eine hohe Synchronisationsgeschwindigkeit haben. Je schneller das Transaktionslog auf die Platten synchronisiert werden kann, desto höher ist der Durchsatz an Transaktionen. Das Transaktionslog

ist sehr kritisch, da alle Transaktionsinformationen zunächst in das Write Ahead Log protokolliert werden. Damit ist es der größte Flaschenhals der Datenbank, was den Durchsatz in das Speichersystem angeht. Gleichzeitig sichert das Write Ahead Log die Wiederherstellbarkeit der Datenbank im Fall eines Absturzes oder Ausfalls, so dass das Speichersystem entsprechende Redundanz und Zuverlässigkeit bieten sollte.

- Indexzugriffe erfolgen nicht sequenziell, sondern zufällig (Random Seek). Demzufolge sollte das Speichersystem auch hohe Durchsatzraten bei zufällig verteilten Lese- und Schreiboperationen bieten können.

Auswahl eines Festspeichersystems

Die Planung eines Festspeichersystems für einen Datenbankserver sollte unter Berücksichtigung von Größe der Datenbank, Erweiterbarkeit und Durchsatz durchgeführt werden. Eine wichtige Rolle spielt auch das Einsatzgebiet der Datenbank: OLTP-Anwendungen erfordern sehr hohen Transaktionsdurchsatz, da die Datenmengen bei laufenden Transaktionen zwar relativ klein sind, aber sehr viele Einzeltransaktionen auf die Datenbank treffen. Data Warehousing und Data Mining verlangen dagegen sehr hohen sequenziellen Zugriff, da sehr große Datenmengen materialisiert und vorgehalten werden müssen. Zudem muss die Ausfallsicherheit des Speichersystems berücksichtigt werden, die die Geschwindigkeit, aber auch die verfügbare Speicherkapazität beeinflusst.

Nach heutigen Gesichtspunkten gibt es für die Implementierung eines Speichersystems folgende Möglichkeiten:

Direct Attached Storage (DAS)
: Das Speichersystem wird direkt ins Serversystem integriert und über SCSI, SATA oder SAS an das System angebunden. SAS verspricht eine hohe Geschwindigkeit und Integrationsdichte, was der Speicherkapazität zugute kommt. SATA (oder eSATA für externe Laufwerke) bietet kostengünstige Lösungen, die allerdings in der Geschwindigkeit aktuellen SAS-Laufwerken deutlich unterlegen sind. Daher bieten sich solche Systeme für kleinere OLTP-Systeme an, und für Datawarehouse-Systeme, bei denen der Gesamtdurchsatz durch die Vielzahl an Spindeln ausgeglichen werden kann. SATA-Laufwerke stehen auch in deutlich größeren Gesamtkapazitäten zur Verfügung, was die Eignung für solche Systeme noch attraktiver erscheinen lässt. Direct Attached Storage Systeme erfordern die sorgfältige Auswahl des Speicher-Controller. Hier sollte auf hochwertige Systeme zurückgegriffen werden, die auch batteriegestützte Schreibpuffer zur Absicherung enthalten.

Storage Area Network (SAN)
: Das Speichersystem oder Blockgerät wird über ein spezialisiertes Netzwerk angebunden. Derartige Speichernetzwerke finden derzeit häufig Gebrauch, insbesondere in größeren Netzwerken, wo mehrere Server ihre Speichersysteme auf zentrale Speicherkomponenten auslagern. SAN-Systeme sind im Grunde genommen eine Erwei-

terung von Direct Attached Storage-Systemen, wo statt Punkt-zu-Punkt-Verbindungen ein Netzwerk zur Verteilung der Zugriffe implementiert wird. Mehrere Server können mehrere Speichersysteme einbinden. SAN-Systeme sind aufgrund ihrer Flexibilität sehr populär, meist geschieht die Anbindung an die Serversysteme per Fibre Channel, aber auch iSCSI (internal Small Computer Interface) findet in Rechenzentren immer häufiger Verwendung. Gegenüber Fibre Channel bietet iSCSI eine geringere Schnittstellengeschwindigkeit, 1 GBit gegenüber 4 GBit. Das kann womöglich durch die Einführung von 10-GBit-Ethernet ausgebaut werden, allerdings spricht hier der noch sehr hohe Kostenfaktor dagegen. Ferner benötigen iSCSI-Anbindungen deutlich höhere CPU-Leistung, was für Hochleistungssysteme ebenfalls negativ ausfallen kann. Hardwarebasierte iSCSI-Lösungen versprechen entsprechende Lösungen, allerdings muss auch hier der Kostenfaktor entscheiden.

In der Regel verfügen Datenbanksysteme über ein dediziertes Speichergerät im SAN, um größtmögliche Geschwindigkeit zu garantieren. Kleinere Systeme können auch auf einem SAN zusammengelegt werden.

Ein SAN bietet gegenüber DAS durch die Virtualisierung der Speicherlaufwerke sehr hohe Flexibilität, Ausbaufähigkeit und häufig gut durchdachte und intelligente Managementlösungen bei hoher Geschwindigkeit. Insbesondere bei sehr großen Datenbanken kann sich dadurch die Anschaffung eines SAN lohnen. Moderne SAN-Systeme bieten zusätzlich noch sehr gute Redundanz- und Sicherungsoptionen. Sollte die Wahl auf ein SAN-System fallen, sollte insbesondere die Kompatibilität aller Komponenten geprüft werden (Controller und ihre Betriebssystemuntersützung, Laufwerksschnittstellen, Ausbaufähigkeiten).

Network Attached Storage (NAS)

Das Dateisystem wird direkt über das Netzwerk eingebunden (gemountet). NAS-basierte Lösungen realisieren ohne viel Aufwand unabhängige Speichersysteme innerhalb eines Netzwerks. Für Datenbanksysteme eignen sich derartige Systeme, auch Filer genannt, nur bedingt. Insbesondere die verwendeten Netzwerkprotokolle SMB, NFS oder CIFS, die den Massenspeicherzugriff über Ethernet realisieren, leider unter hohen Latenzen und belasten das zugehörige Netz sehr stark. Für die bei Datenbanksystemen notwendigen schnellen und gleichzeitig hohen Durchsatzraten eignet sich daher eine NAS-Lösung nur bedingt. Für Datenbanken mit geringeren Zugriffszahlen und Anforderungen kann durchaus eine NAS-Speicherlösung in Erwägung gezogen werden, insbesondere wenn eine derartige Lösung bereits im Netz vorhanden ist.

Allerdings unterliegt die Nutzung von derartigen Speicheranbindungen mit PostgreSQL einigen Einschränkungen. PostgreSQL arbeitet nur mit NFS zusammen, SMB/CIFS-Lösungen sollten nicht eingesetzt werden. Die Zusammenarbeit mit NFS-basierten Lösungen erfordert das sorgfältige Abstimmen der NFS-Mount-Optionen mit dem Server- und Speichersystem. Viele Anwender haben jedoch auch mit NFS Probleme und raten von der Verwendung ab. Generell sind für den reibungslosen Betrieb von PostgreSQL auf einem derartigen Speichersystem hochwertige, zuverlässige Hardware und Software notwendig, was für das verwendete Netzwerk ebenso gilt wie für das NAS-System.

Größe des Speichersystems

Für die Kapazitätsberechnungen des Speichersystems müssen Tabellen-, Index- und Transaktionsloggröße berücksichtigt werden. Die Bestimmung von Tabellen- und Indexgröße kann näherungsweise erfolgen, jedoch müssen als Overhead zusätzliche Informationen im Tupel- sowie Page-Header auf dem Speichersystem berücksichtigt werden. Der Tupel-Header enthält wichtige Informationen wie beispielsweise Sichtbarkeitsattribute, die ebenfalls auf das Speichersystem geschrieben werden müssen. Ebenso enthalten Speicherblöcke für Index- und Tabellendateien entsprechende Header. Ist abschätzbar, wie viele Tupel näherungsweise zu erwarten sind, kann die Größe einer Tabelle mit folgender Berechnung in etwa bestimmt werden:

```
tuple header: 24 Bytes
item pointer: 4 Bytes
data size   : 8 Bytes (2 x Integer)
---------------------
              34 Bytes
```

Der Tuple Header wird hier mit einer Größe von 24 Bytes mit in die Berechnung einbezogen, die Größe unterscheidet sich jedoch geringfügig gegenüber älteren PostgreSQL-Versionen. Für eine ungefähre Bestimmung ist diese Größe jedoch ausreichend. Der ItemPointer nimmt auf einem Block der Tabelle je vier Byte pro Tupel ein und speichert Position des Tupels. Die Datengröße der Beispielrechnung wird mit acht Byte angegeben, was der Größe von zwei Ganzzahlspalten (Datentyp Integer) entspricht. Für textbasierte Datentypen müssen zusätzlich vier Bytes pro Textfeld hinzuaddiert werden, da die Längeninformationen für die Daten mitabgelegt werden müssen. Die Blockgröße in PostgreSQL entspricht im Normalfall 8192 Bytes, falls es während der Kompilierung des Servers nicht anders festgelegt wurde. Legt man diese Blockgröße zugrunde, ergibt sich pro Block einer Tabelle in PostgreSQL Folgendes:

```
Blockgröße: 8192 Bytes
/
Tupelgröße:   34 Bytes
--------------------------------
            ca. 241 Tupel / Block
```

Bei einer zu erwartenden Anzahl von 10.000.000 Tupel ergibt sich beispielsweise eine ungefähre Gesamtgröße von 325 MByte für eine Tabelle:

```
10.000.000 / 241    = 41.494 Blöcke
41.494 * 8192 Bytes = 339.917.013 Bytes = 324,17 MB
```

Pro Datenblock kommt noch ein Header von 23 Bytes hinzu.

Die Größe von Indexdateien liegt deutlich unterhalb der von Tabellendateien, da diese einen deutlich schlankeren Header aufweisen. Die tatsächliche Größe einer Tabelle beziehungsweise eines Index kann im produktiven Betrieb deutlich von den ermittelten Größen abweichen, etwa wenn sie stark von INSERT- oder UPDATE-Operationen frequentiert werden.

Die ungefähre Größe des Transaktionslogs kann für PostgreSQL-Versionen ab 8.3 wie folgt ermittelt werden:

```
((2 + checkpoint_completion_target) * checkpoint_segments + 1) * 16 MB = Gesamtgröße
Transaktionslogs
```

Für ältere PostgreSQL-Installationen bis PostgreSQL 8.2 gilt dagegen:

```
(2 * checkpoint_segments + 1) * 16 MB = Gesamtgröße Transaktionslogs
```

Zu Spitzenzeiten können auch mehr Transaktionslogs anfallen.

Es ist auf jeden Fall gute Praxis, beim Festlegen der Speichergröße mindesten 50% zusätzlichen Speicherplatz als Reserve einzuplanen. Wenn bereits erkannt wird, dass die Datenmengen rasant anwachsen, sollte auch darauf geachtet werden, Dateisysteme zu verwenden, die nachträglich vergrößert werden können, zum Beispiel in Zusammenarbeit mit LVM oder ähnlichen Lösungen. So kann das Speichersystem nachträglich den Bedürfnissen angepasst werden, ohne umfangreiche Umstrukturierungen der Datenbank vornehmen zu müssen.

Geschwindigkeit und Redundanz

Das Speichersystem unterliegt zwei wesentlichen Faktoren: Redundanz und Geschwindigkeit der Hardware. Je leistungsfähiger ein Speichersystem sein soll, desto teurer ist die Anschaffung eines solchen Systems, da die Redundanz des Speichers auch die Verwendung einer größeren Anzahl von Festplattenlaufwerken zur Folge hat. Umgekehrt kann je nach Redundanz das System kostengünstiger ausfallen, allerdings meist auf Kosten der Geschwindigkeit. Im Folgenden werden die für Datenbanken am besten geeigneten Redundanzlevel vorgestellt. Man spricht bei redundanten Speichersystemen von RAID-Systemen (Redundant Array of Independent Disks). Der Level unterscheidet Redundanz- und Leistungsfähigkeit des jeweiligen RAID-Systems, eine Ganzzahl klassifiziert den Level. Die verwendbaren RAID-Level werden vom RAID-Controller vorgegeben und stehen nicht alle gleichermaßen in allen Modellen zur Verfügung. Ferner gibt es auch Kombinationen von RAID-Leveln miteinander.

RAID 1

RAID Level 1 ist der kostengünstigste RAID-Level. Dabei wird eine Spiegelung der Festplatte auf eine oder mehrere andere Platten vorgenommen. Das erhöht die Ausfallsicherheit des Festspeichersystems, allerdings kann nur die Nettokapazität des kleinsten Laufwerks als Gesamtgröße des RAID-Systems genutzt werden. Einige RAID-Controller sind in der Lage, Lesezugriffe über die Laufwerke zu verteilen, so dass eine Art Load Balancing bei hoher Lesebelastung erreicht wird. Bei Schreibanfragen müssen allerdings alle Operationen gleichermaßen auf die beteiligten Laufwerke verteilt werden. Es werden mindestens zwei Festplattenlaufwerke benötigt, um ein sinnvolles RAID-1 Festspeichersystem aufzubauen.

RAID 5

Der Level 5 ist der wohl populärste Redundanzgrad, der in Serversystemen zu finden ist. Mindestens drei Laufwerke sind notwendig, um ein Festspeichersystem sinnvoll mit RAID 5 aufbauen zu können. Dabei sind zwei Drittel der Nettokapazität aller Laufwerke zusammen als Speicherplatz nutzbar. Daher bietet RAID 5 ein deutlich besseres Verhältnis zwischen Anzahl verwendeter Laufwerke und Kapazität. Die Daten werden auf RAID-5-Systemen nicht gespiegelt, sondern mit XOR-Prüfsummen versehen auf die beteiligten Festplatten verteilt. Das Schreiben der Redundanzinformationen erfordert neben der Berechnung der XOR-Summe auch einen weiteren Schreibzugriff, daher ist der Schreibaufwand auf RAID-5-Systemen signifikant höher als bei Leseoperationen. Die Berechnung von XOR-Prüfsummen geschieht bei allen hochwertigen Controllern in der Hardware, meist werden dazu spezialisierte XOR-Prozessoren eingesetzt, die den Aufwand erheblich reduzieren. Günstige RAID-5-fähige Controller erledigen diese Aufgabe in der Regel im Treiber und sollten für schreiblastige Datenbankanwendungen nicht verwendet werden. Auch können gute RAID-Controller Leseanfragen über die Festplatten verteilen, allerdings wirkt sich das nur bei sehr großen Leseanforderungen spürbar aus. Besonders Datamining- oder Datawarehouse-Anwendungen profitieren von der gesteigerten Leseleistung von RAID-5-Systemen. Solche Systeme verfügen dann über eine sehr große Anzahl von Festplattenlaufwerken, kombiniert als RAID 5, um sehr hohe Transferraten bei Lesezugriffen zu erreichen. Bei RAID-5-Systemen kann der Ausfall eines Festplattenlaufwerks verkraftet werden.

RAID 6

RAID 6 ist ähnlich aufgebaut wie RAID 5, kann aber den Ausfall von bis zu zwei Festplatten verkraften. Im Gegensatz zu RAID 5 werden mindestens vier statt drei Festplatten benötigt. Durch die notwendige aufwendigere Berechnung von ergänzenden Bits für die zusätzliche Redundanz sinkt die Schreibleistung gegenüber RAID 5 weiter, außerdem liegt die Leseleistung bei gleicher Anzahl von Spindeln niedriger. Die bessere Redundanz garantiert allerdings kürzere Ausfallzeiten. Für RAID 6 gibt es bei verschiedenen Herstellern unterschiedliche Implementierungsformen. So wird die erweiterte Redundanz beispielsweise über zusätzliche XOR-Berechnungen realisiert oder mit Redundanzcodes zur Behebung von Zwei-Bit-Fehlern. Wie auch bei RAID 5 werden die Paritätsinformationen über alle Festplattenlaufwerke verteilt. Diese unterschiedlichen Realisierungsweisen machen die Einschätzung der Leistungsfähigkeit RAID-6-fähiger Controller für den Systemarchitekten schwer. Es ist daher unumgänglich, den ausgewählten Controller hinsichtlich der gewünschten Geschwindigkeit ausgiebig zu testen.

RAID 10

RAID 10 ist kein eigener RAID-Level, sondern eine Kombination aus RAID Level 1 und 0. Dabei werden Laufwerke zu RAID 1 zusammengefasst und mit einem RAID Level 0 kombiniert. Dadurch sinkt die Nettospeicherkapazität um die Hälfte. RAID 10 garantiert im Gegensatz zu RAID 5 deutlich höhere Transferleistungen bei Schreibzugriffen, da keine zusätzlichen Operationen für XOR-Prüfsumme und Schreiben der Redundanzinformationen anfällt. Auch bei zufällig verteilten kleinen Lesezugriffen ist RAID 10 aufgrund der Organisation als RAID Level 0 im Vorteil. RAID 10 verkraftet den Ausfall von bis zu zwei Festplattenlaufwerken.

RAID 15

Dieser RAID-Level ist eine Erweiterung von RAID 10. Anstatt eines RAID-1- werden RAID-5-Laufwerke verwendet und diese zu einem RAID-0-Verbund kombiniert. Dadurch steigt die Nettokapazität des Speichersystems, ferner profitiert man von den höheren Transferraten der RAID-5-Verbünde. Das erfordert hochwertige RAID-Controller, die die entsprechende Funktionalität zur Verfügung stellen.

Redundanz in NAS- oder SAN-Systemen

SAN- und NAS-Systeme abstrahieren die Redundanz der verwendeten Systemfestplatten. In derartigen Speichersystemen kommen oft proprietäre Redundanzlevel zum Einsatz, je nach Implementierung stehen meist aber auch mit RAID 5 oder RAID 10 verwendete Konfigurationen zur Verfügung. Für solche Systeme gilt dasselbe wie für Direct Attached Storage Systeme: Für Datenbanken sollte auf jeden Fall ein Redundanzgrad gewählt werden, der gleichzeitig optimale Ausfallsicherheit und Durchsatz garantiert. Gerade bei SAN-Systemen mit proprietären Redundanzgraden sollten die implementierten RAID-Level sorgfältig evaluiert werden. Ferner verfügen SAN-Systeme über sehr intelligente Caches, was den Einsatz von spezialisierten I/O-Schedulern beispielsweise auf Linux-Systemen fast überflüssig werden lässt. Des Weiteren lassen sich bei sehr hochwertigen Systemen diese Caches auf Schreib- und Instruktionscache aufteilen, um optimalen Durchsatz bei vielen kleinen I/O-Operationen zu gewährleisten.

Arbeitsspeicher

PostgreSQL profitiert wie jedes Datenbank-Managementsystem von einer großzügigen Speicherausstattung des Serversystems. Neben dem Shared-Buffer-Pool profitiert PostgreSQL unter anderem auch von einem großen Dateisystemcache des Betriebssystems. Im produktiven Betrieb wird der Kernel des Betriebssystems häufig benutzte Index- und Tabellendateien im eigenen Dateisystemcache zwischenspeichern und Zugriffe darauf ebenfalls beschleunigen können.

Für kleinere Datenbanken im einstelligen Gigabyte-Bereich sollte man durchaus mindestens so viel Hauptspeicher einplanen, wie das Datenbanksystem auf der Festplatte Platz braucht. Für größere Datenbanken gilt generell, dass man so viel Hauptspeicher wie möglich einbauen sollte. Server mit 64 GByte sind heute durchaus auch für normale Anwender keine Seltenheit mehr.

Prozessor

Die Prozessoren eines Serversystems entscheiden über die Geschwindigkeit des Datenbanksystems in geringerem Maße als die Leistungsfähigkeit des Festspeichersystems. Allerdings darf die Rolle des Prozessors nicht unterbewertet werden. So sind vor allem Sortierung, Aggregierung und Gruppierung abhängig von der Prozessorgeschwindigkeit des Serversystems. Ist die Datenbank vollständig im Hauptspeicher abbildbar beziehungsweise gepuffert, ist die CPU neben der Transferrate aus dem Hauptspeicher in der Regel der limitierende Faktor.

Aufbau eines Serversystems für PostgreSQL

Speichersystem

Nimmt man sich die in diesem Kapitel gewonnenen Erkenntnisse vor, lassen sich PostgreSQL-Systeme in drei Klassen einteilen:

1. Kleine PostgreSQL-Installationen mit Direct Attached Storage und RAID-5-Systeme mit zwei oder vier CPU-Kernen: Der Arbeitsspeicher richtet sich bei solchen Systemen nach der maximalen Ausstattung der Hauptspeicherplatinen, in der Regel kommen zwei bis vier Gigabyte zum Einsatz, mit Option auf acht Gigabyte. Hier werden in der Regel auch günstige RAID-Controller verwendet, die allerdings selten ab Werk mit einem batteriegestützten Schreibpuffer ausgestattet sind. Die Anbindung des Speichersystems geschieht in der Regel bei langsameren Systemen über SATA und ausgesuchte Laufwerke oder SCSI beziehungsweise SAS.
2. Mittlere PostgreSQL-Installationen mit RAID-5-Laufwerken oder kombinierten RAID-Systemen: Während die Datenbankdateien auf einem schnellen RAID-5- oder RAID-10-Laufwerk abgelegt werden, wird das Transaktionslog (WAL) auf ein dediziertes RAID-1-Laufwerk gelegt, das mit Festplatten von bis zu 15.000 Umdrehungen hohen Schreibdurchsatz bietet. Die verwendeten RAID-Controller sollten auf jeden Fall über batteriegestützte Schreibpuffer verfügen und Hot-Swap-Fähigkeiten unterstützen, damit defekte Festplatten im laufenden Betrieb gewechselt werden können. Um hohen Durchsatz des Speichersystems zu garantieren, wird meist der Einsatz von SCSI beziehungsweise SAS bevorzugt. Solche Systeme verfügen in der Regel über acht oder mehr Kerne, der Hauptspeicher befindet sich im Normalausbau

im Bereich von 16 GByte. Solche Systeme können noch weiter ausgebaut werden, indem Prozessoren und Hauptspeicher weiter aufgestockt werden.

3. Große PostgreSQL-Installationen werden mit SAN-Systemen kombiniert, die dedizierte Laufwerke für Index-, Tabellen- und temporären Tablespace zur Verfügung stellen. Ferner kommen extrem schnelle Laufwerke zum Einsatz, die hohen Transaktionsdurchsatz garantieren, insbesondere für das Write Ahead Log. Der Datenbank stehen je nach Ausbaustufe acht oder mehr Prozessoren zur Verfügung, Hauptspeicherausbauten bis 64 GByte sind möglich. Die weitere Ausbaustufe kann nur noch durch Mainframes oder große RISC-Maschinen wie IBMs pSeries erreicht werden. Solche Systeme bieten bis zu 64 CPU-Kerne, 128 GByte oder mehr Hauptspeicher und hervorragende Virtualisierungsmöglichkeiten, so dass sich auch mehrere kleinere PostgreSQL-Installationen auf einem System konsolidieren lassen.

Je nach Einsatzgebiet werden diese drei kategorisierten Serverszenarien entsprechend auf ihr Wirkungsgebiet ausgelegt. Das erste System beispielsweise kann für Datamining- und Datawarehouse-Anwendungen mit weiteren Festplattenlaufwerken ausgestattet werden, um hohe RAID-5-Leseleistung und -Kapazität zur Verfügung zu stellen. Allerdings stehen hier der erweiterbare Festplattenplatz und Gehäusegrenzen des verwendeten Direct-Attached-Storage der Expansion im Wege, so dass bei sehr großen Datenbeständen schnell der Wunsch nach einem in der Erweiterbarkeit deutlich flexibleren SAN-System entsteht. Der zweite Servertyp garantiert durch dedizierte Tablespaces und RAID-Laufwerke gute Durchsatzraten, da Transaktionslog, Index- sowie Tabellendaten und temporäre Daten auf spezialisierte Laufwerke geschrieben werden. PostgreSQL gestattet das Aufteilen der physischen Speicherlokalitäten über Tablespaces, die im System einfach über symbolische Links realisiert werden. So kann für Indexdaten, WAL und temporären Tablespace RAID 10 für schnellen verteilten Zugriff realisiert werden, oder ein RAID 5 kann ein guter Kompromiss für die großen Tablespaces der eigentlichen Tabellendateien und Geschwindigkeit sein. Besonders bei OLTP-Anwendungen profitiert PostgreSQL von einer derartigen Speicherkonfiguration, da Schreib- und Lesezugriffe für Index- und Tabellenscan bei vielen gleichzeitigen Anfragen parallel ablaufen können, ohne vielfach die Lese- und Schreibpositionen der Festplattenlaufwerke für Index- und Tabellenzugriff neu justieren zu müssen. Abbildung 10-1 zeigt unterschiedliche Varianten von Ausbaustufen eines PostgreSQL-Speichersystems.

Die erste Variante zeigt einen leistungsfähigen PostgreSQL-Server für OLTP-Anwendungen, optimiert für hohen Lese- und Schreibdurchsatz. Das zweite System verfügt über ein sehr schnelles RAID-5- oder RAID-10-Laufwerk, wobei ersteres idealerweise über sehr viele Spindeln verfügt, um hohe Lesetransferraten zu garantieren. Gerade bei Datamining-Anwendungen, die sehr große Datenbestände verwalten, kommt es auf Kapazität und Lesedurchsatz an. Mit vielen kombinierten Plattenlaufwerken lässt sich der Lesetransfer beeinflussen. Weniger häufig gebrauchte Indexe und das WAL können auf separate Laufwerke ausgelagert werden. Da nur wenige Schreibzugriffe anfallen, können WAL und weniger gebrauchte Datenbankobjekte auf ein alternatives RAID-1-Laufwerk ausgelagert werden, das jedoch über sehr schnelle Festplatten verfügen sollte. Für Aggregierungen und JOIN- und Sortieroperationen wird ein dedizierter Tablespace für temporäre Objekte verwendet. Das sind idealerweise schnelle RAID-10-Laufwerke, die wiederum Indexdaten für schnellen Zugriff enthalten können.

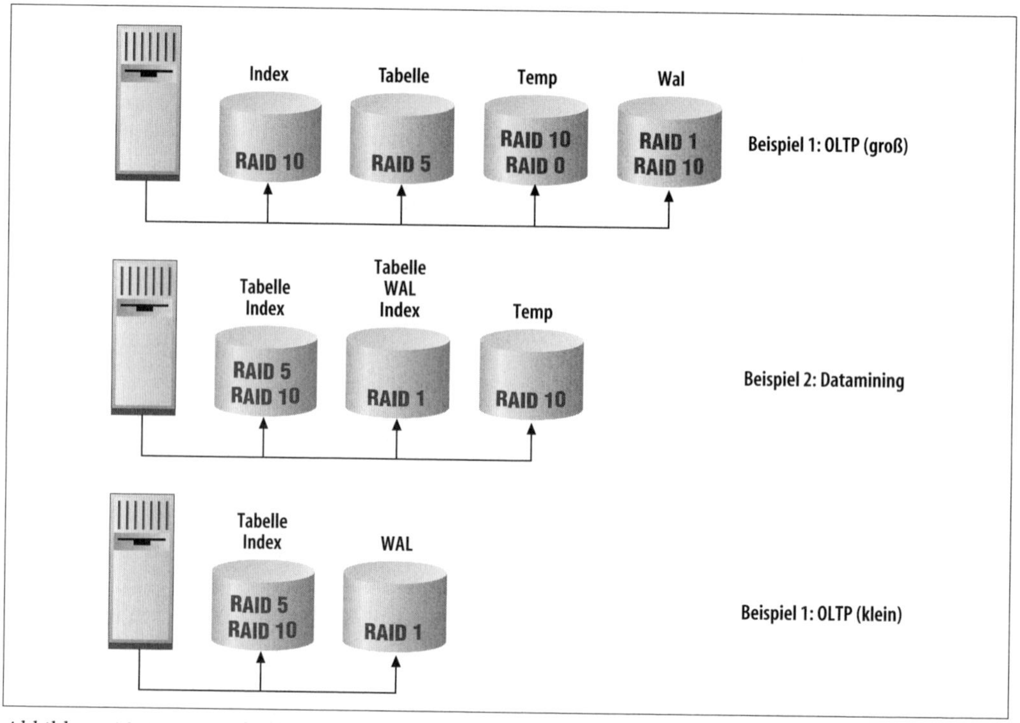

Abbildung 10-1: Unterschiedliche Ausbaustufen eines PostgreSQL-Speichersystems

Das dritte Beispiel ist ein etwas einfacher aufgebauter PostgreSQL-Server, der jedoch Tabellen-, Index- sowie temporären Tablespace auf einem schnellen RAID-10- oder RAID-5-Laufwerk verwaltet. Die Verwendung eines dedizierten Laufwerks für das Transaktionslog garantiert jedoch bei Verwendung schneller Festplattenlaufwerke hohen Transaktionsdurchsatz.

Einrichtung von Tablespaces auf dedizierten Laufwerken

Die Laufwerke für die einzelnen Tablespaces werden innerhalb des Systems eingebunden. In Linux-Systemen beispielsweise werden die Laufwerke in Verzeichnisse eingehängt; diese sollten im Vorfeld vorbereitet werden:

```
drwx------  2 postgres postgres 4096  6. Aug 22:03 data
drwx------  2 postgres postgres 4096  6. Aug 22:03 index
drwx------  2 postgres postgres 4096  6. Aug 22:03 tmp
drwx------  2 postgres postgres 4096  6. Aug 22:03 wal
```

Der Systembenutzer, in dessen Kontext die PostgreSQL-Instanz betrieben wird, sollte Besitzer und gleichzeitig alleiniger Rechteinhaber der Verzeichnisse sein, die später die Tablespaces enthalten werden. In diesem Beispiel wird von einem recht weit ausgebauten System ausgegangen, das Tablespaces beziehungsweise separate Laufwerke für Tabellen (`data`), Indexe (`index`) sowie temporäre Objekte (`tmp`) bietet. Ferner findet sich noch ein separates Laufwerk für WAL-Daten, eingehängt unter `wal`. Ist die PostgreSQL-Instanz bereits installiert, können die einzelnen Tablespaces sofort konfiguriert werden:

```
db=# CREATE TABLESPACE tmp LOCATION '/mnt/tmp';
CREATE TABLESPACE
db=# CREATE TABLE "index" LOCATION '/mnt/index';
CREATE TABLESPACE
db=# CREATE TABLESPACE data LOCATION '/mnt/data';
CREATE TABLESPACE

db=# \db
       Liste der Tablespaces
    Name    | Eigentümer |    Pfad
------------+------------+------------
 data       | postgres   | /mnt/data
 index      | postgres   | /mnt/index
 pg_default | postgres   |
 pg_global  | postgres   |
 tmp        | postgres   | /mnt/tmp
(5 Zeilen)
```

Anschließend sollten, falls erforderlich, die notwendigen Privilegien für die Verwendung der Tablespaces an die jeweiligen Rollen vergeben werden.

Tabellen und Indexe können nun unter Verwendung der Tablespace-Bezeichner auf den jeweiligen Laufwerken abgelegt werden. Ein Tablespace ist somit nicht wie von einigen anderen Datenbanken gewohnt ein Datencontainer, sondern vielmehr ein Speicherort, in dem die entsprechenden Daten- und Indexdateien abgelegt werden. Bei der Definition der Tabellen und Indexe kann der Speicherort beziehungsweise der Tablespace angegeben werden:

```
db=# CREATE TABLE buch
(id SERIAL NOT NULL PRIMARY KEY USING INDEX TABLESPACE index,
titel TEXT NOT NULL,
autor TEXT NOT NULL,
isbn TEXT NOT NULL)
TABLESPACE data;
```

Das platziert die Datendateien für die Tabelle `buch` im Tablespace `data`, während der Index für den Primärschlüssel durch die Direktive `USING INDEX TABLESPACE` index direkt auf dem Tablespace index landen. Auch Indexdefinitionen können direkt den Tablespace angeben:

```
db=# CREATE UNIQUE INDEX buch_isbn_uniq_idx ON buch
USING BTREE(isbn) TABLESPACE index;
```

Ein Blick in die Verzeichnisse zeigt dann folgenden Inhalt:

```
data/:
insgesamt 16
drwx------ 3 postgres postgres 4096  6. Aug 22:52 .
drwxr-xr-x 6 root     root     4096  6. Aug 22:03 ..
drwx------ 2 postgres postgres 4096  6. Aug 22:52 18638
-rw------- 1 postgres postgres    4  6. Aug 22:43 PG_VERSION

index/:
insgesamt 16
drwx------ 3 postgres postgres 4096  6. Aug 22:52 .
drwxr-xr-x 6 root     root     4096  6. Aug 22:03 ..
drwx------ 2 postgres postgres 4096  6. Aug 22:55 18638
-rw------- 1 postgres postgres    4  6. Aug 22:44 PG_VERSION

tmp/:
insgesamt 12
drwx------ 2 postgres postgres 4096  6. Aug 22:44 .
drwxr-xr-x 6 root     root     4096  6. Aug 22:03 ..
-rw------- 1 postgres postgres    4  6. Aug 22:44 PG_VERSION
```

Die Datei *PG_VERSION* zeigt an, dass sie als Tablespace von PostgreSQL verwendet wird, gleichzeitig findet man dort die Version der PostgreSQL-Instanz, die die Objekte dort erzeugt hat:

```
$ cat index/PG_VERSION
8.3
```

PostgreSQL selbst speichert direkt symbolische Links vom eigentlichen Datenbankverzeichnis aus, dass mit `initdb` initialisiert wurde. Das Verzeichnis *pg_tblspc* speichert die symbolischen Links ausgehend vom Datenbankverzeichnis:

```
$ ls -la /var/lib/postgresql/8.3/main/pg_tblspc/
insgesamt 8
drwx------  2 postgres postgres 4096  6. Aug 23:03 .
drwx------ 10 postgres postgres 4096 30. Jul 13:50 ..
lrwxrwxrwx  1 postgres postgres    9  6. Aug 23:02 31750 -> /mnt/data
lrwxrwxrwx  1 postgres postgres   10  6. Aug 23:02 31751 -> /mnt/index
lrwxrwxrwx  1 postgres postgres    8  6. Aug 23:03 31752 -> /mnt/tmp
```

Der Tablespace `tmp` kann nun für das Ablegen temporärer Tabellen oder für Spool-Dateien, die für Operationen wie Sortierung benötigt werden, herangezogen werden. Beispielsweise können Transaktionen, die sehr viele temporäre Spool-Dateien benötigen, das zur Laufzeit konfigurieren:

```
db=# SET temp_tablespaces TO tmp;
```

Die Konfigurationsvariable `temp_tablespaces` (siehe auch Kapitel 2) bestimmt ab sofort den Tablespace, in dem die Spool-Dateien abgelegt werden. Alternativ können mehrere Tablespaces kommasepariert in `temp_tablespaces` angegeben werden, die dann kreisförmig durchrotiert werden. Diese Funktion steht jedoch erst ab PostgreSQL 8.3 zur Verfügung, davor kann aber mit einem Symlink das ansonsten verwendete temporäre Verzeichnis auf ein anderes Laufwerk beziehungsweise Verzeichnis verschoben werden. Da keine Tablespaces verwendet werden können, geschieht das auf Betriebssystemebene, weshalb sichergestellt sein muss, dass die PostgreSQL-Instanz während der Konfigurationsarbeiten keine temporären Dateien schreibt, idealerweise durch das Herunterfahren der Instanz. Im jeweiligen Datenbankverzeichnis befindet sich ein Verzeichnis `pgsql_tmp`. Ist es nicht vorhanden, kann der Symlink mit gleichem Namen einfach angelegt werden, andernfalls müssen das Verzeichnis verschoben oder gelöscht und der gleichnamige Symlink angelegt werden:

```
$ cd base/31749 && ls -la pgsql_tmp
lrwxrwxrwx 1 postgres postgres      8  6. Aug 23:27 pgsql_tmp -> /mnt/tmp
```

Das Spool-Verzeichnis liegt unterhalb des Verzeichnisses der jeweiligen Datenbank. Über den Systemkatalog *pg_database* lässt sich die `OID` und damit das Speicherverzeichnis der jeweiligen Datenbank ermitteln. Es ist zu beachten, dass auch komplette Datenbanken auf definierte Tablespaces abgelegt werden können:

```
db=# CREATE DATABASE db_backup TABLESPACE data;
CREATE DATABASE
db=# SELECT a.oid, datname, spcname, spclocation FROM pg_database a JOIN pg_tablespace b
ON (a.dattablespace = b.oid);
  oid  |  datname  | spcname | spclocation
-------+-----------+---------+-------------
 31753 | db_backup | data    | /mnt/data
(1 Zeile)
```

Ab sofort werden alle Objekte innerhalb der Datenbank zukünftig im Tablespace `data` abgelegt.

Einrichtung eines dedizierten WAL-Laufwerks

Der Speicherort für WAL-Dateien kann nicht mit Bordmitteln von PostgreSQL verändert werden. Um den Speicherort zu konfigurieren, muss die Datenbank unbedingt heruntergefahren werden. Anschließend verschiebt man das Verzeichnis *pg_xlog* und seinen Inhalt in das gewünschte Verzeichnis und legt anschließend einen entsprechenden Symlink an. Auf UNIX-ähnlichen Systemen kann das wie folgt geschehen:

```
$ ls -la pg_xlog
drwx------  3 postgres postgres 4096  6. Aug 23:32 pg_xlog

$ cd pg_xlog && ls -la
insgesamt 32820
drwx------  3 postgres postgres     4096  6. Aug 23:32 .
drwx------ 10 postgres postgres     4096  6. Aug 23:40 ..
-rw-------  1 postgres postgres 16777216  6. Aug 23:40 00000001000000000000008A
-rw-------  1 postgres postgres 16777216  6. Aug 23:25 00000001000000000000008B
drwx------  2 postgres postgres     4096 30. Jul 13:49 archive_status

$ mv * /mnt/wal
$ cd ..
$ ln -s /mnt/wal pg_xlog && ls -la
lrwxrwxrwx 1 postgres postgres    9  6. Aug 23:41 pg_xlog -> /mnt/wal/
```

Die Datenbank muss heruntergefahren werden, und es ist absolut notwendig, alle Dateien zu kopieren oder zu verschieben. Anschließend kann die Datenbank neu gestartet werden. PostgreSQL ab Version 8.3 bietet über den Befehl `initdb` und die Option `-X` beziehungsweise `--xlogdir` direkt beim Initialisieren der Datenbank die Möglichkeit, einen alternativen Speicherort für WAL-Dateien anzugeben.

Verschieben in alternative Tablespaces

PostgreSQL gestattet das Verschieben von bereits existierenden Datenbankobjekten in alternative Tablespaces. Das erfordert jedoch eine Sperre auf den jeweiligen Objekten und muss daher während definierter Wartungsintervalle geschehen. Insbesondere bei großen Tabellen- oder Indexdateien kann es zu längeren Wartezeiten kommen, da die Daten verschoben werden müssen. Die Dauer des Kopiervorgangs ist dabei gleichzeitig der Zeitfaktor für die Sperren auf den Datenbankobjekten. Das Reorganisieren von Tabellen und Indexen kann über `ALTER`-Kommandos abgewickelt werden. Am Beispiel einer Tabelle wird im Folgenden erklärt, wie das Reorganisieren dieser Tabelle geschehen kann:

```
db=# \d buch
                         Tabelle »public.buch«
 Spalte |   Typ   |                    Attribute
--------+---------+------------------------------------------------
 id     | integer | not null default nextval('buch_id_seq'::regclass)
 titel  | text    | not null
 autor  | text    | not null
 isbn   | text    | not null
Indexe:
    »buch_pkey« PRIMARY KEY, btree (id)
    »buch_isbn_uniq_idx« UNIQUE, btree (isbn)
```

Die Tabelle `buch` verfügt über zwei Indexe, einen eindeutigen für den Primärschlüssel und einen eindeutigen für die ISBN. Die Tabelle selbst wird auf den `data`-Tablespace verschoben, Indexdateien werden zukünftig den `index`-Tablespace verwenden:

```
db=# ALTER INDEX buch_pkey SET TABLESPACE index;
ALTER INDEX
db=# ALTER INDEX buch_isbn_uniq_idx SET TABLESPACE index;
ALTER INDEX
```

Somit sind alle Indexe auf den dedizierten Tablespace verschoben. Auch verfügt die Tabelle noch über implizit erzeugte Objekte. Dazu gehören die TOAST-Tabellen und TOAST-Indexe, die die Datenblöcke für Datentypen speichern, die große Datenmengen erlauben. Diese können über den Systemkatalog der Datenbank identifiziert werden:

```
db=# SELECT c.oid, c.relname, a.oid, a.relname, d.oid, d.relname, b.nspname
     FROM pg_class a
          JOIN pg_namespace b ON (a.relnamespace = b.oid)
          JOIN pg_class c ON (c.reltoastrelid = a.oid)
          JOIN pg_class d ON (a.reltoastidxid = d.oid)
     WHERE c.relname = 'buch';
```

```
  oid  | relname |  oid  |     relname      |  oid  |         relname          | nspname
-------+---------+-------+------------------+-------+--------------------------+----------
 31771 | buch    | 31775 | pg_toast_31771   | 31777 | pg_toast_31771_index     | pg_toast
(1 Zeile)
```

PostgreSQL hinterlegt diese Informationen auch, solange noch keine TOAST-Objekte zum Speichern sehr großer Tupel notwendig sind. Beim Verschieben auf den neuen Tablespace werden die TOAST-Objekte mitverschoben, was für die zum Kopieren benötigte Zeit und damit die Sperrzeit des Datenbankobjekts relevant ist.

Datensicherheit bei Festplattenlaufwerken und RAID-Controllern

Bei Ablage der WAL-Dateien auf dedizierten RAID- oder Festplattenlaufwerken sollte sichergestellt werden, dass die Synchronisation der verwendeten Speichersysteme korrekt funktioniert und Daten nicht im Schreibpuffer zwischengespeichert werden. Insbesondere preisgünstige SATA-Festplatten tendieren dazu, das Paradigma der Synchronisation zwischen Betriebssystem und Speichersystem zu verletzen, indem zwar die erfolgreiche Synchronisation der Dateien an das Betriebssystem zurückgemeldet wird, aber die Daten in Wirklichkeit erst im Schreibpuffer der Festplatte zwischengespeichert sind. Insbesondere beim Schreiben der Transaktionsinformationen in das WAL kann das irreparablen Schaden verursachen, beispielsweise bei Stromausfall, wenn Daten nicht schnell genug zurückgeschrieben werden können oder die Schreibreihenfolge nicht garantiert ist. Diese Gefahr lauert auch bei RAID-Controllern ohne batteriegestützte Schreibpuffer. Und auch wenn ein Controller die Daten mit einer Batterie puffern kann, muss diese regelmäßig gewartet werden, da die Betriebsbedingungen diese Batterien schnell altern und damit Leistungsdauer verlieren lassen. Bei dedizierten Laufwerken lässt sich gegebenenfalls der Schreibpuffer einfach abschalten, bei Laufwerken, die auch andere Objekte speichern, sollte man auf entsprechende Hardware umsteigen. PostgreSQL verwendet Betriebssystemfunktionen (zum Beispiel *fsync()*), um WAL-Dateien auf das Speichersystem zu synchronisieren. SCSI- oder SAS-Systeme dürften hier keine Überraschungen bereithalten, diese Systeme gelten als sehr zuverlässig. In diesem Segment gibt es auch leistungsfähige Hardware, die entsprechend auf sehr sicheren Datenbankbetrieb ausgelegt ist.

Arbeitsspeicher

Der Arbeitsspeicher für einen PostgreSQL-Server sollte so gewählt werden, dass der Datenbank selbst und dem Betriebssystem genügend Speicher zum Abarbeiten der Daten (Sortierung, Gruppierung und Aggregierung), Shared Buffer Pool und Dateisystemcache zur Verfügung stehen. Sollen große Datenmengen aggregiert oder sonstwie verarbeitet werden, sollten über den Parameter `work_mem` hinreichend große Hauptspeichermengen für die Datenbank konfiguriert werden können. Je nach Einsatzgebiet können Speicherbausteine mit Paritätsbit in die Planung miteingeschlossen werden, so dass Speicherfehler rasch identifiziert und entsprechende Gegenmaßnahmen eingeleitet werden können. Grundsätzlich muss dem Betriebssystem und der Datenbank ausreichend Speicher auch für Wartungsarbeiten zur Verfügung stehen. Das Betriebssystem sollte in der Lage sein, alle wichtigen Daten für die meisten SQL-Anfragen entsprechend im Cache des Kernel zu halten, und PostgreSQL sollte einen ausreichend dimensionierten Shared Buffer Pool erhalten. Das Auslagern von Hauptspeicherbereichen in den Swap eines Servers behindert die Geschwindigkeit der Datenbank und kann nie Ersatz für echten Arbeitsspeicher sein, der um ein Vielfaches schneller ist.

Prozessoren

PostgreSQL verwendet für jede Datenbankverbindung einen Datenbankprozess. Dadurch ist jede der Verbindungen in der Lage, eine dedizierte CPU zu verwenden. Einzelne SQL-Anfragen können nicht parallelisiert werden. Aus dieser Sicht scheint es nicht lohnenswert, bei PostgreSQL-Systemen mit nur einer Datenbankverbindung Mehr-CPU-Systeme zu verwenden. Werden beispielsweise durch die Anwendung vorgegeben immer nur zwei Anfragen parallel gestartet, lohnt es sich nicht, auf dedizierten Systemen acht oder gar mehr Prozessoren einzusetzen. Zu beachten ist, dass PostgreSQL selbst einige spezialisierte Prozesse einsetzt; dazu gehören der WAL Writer für asynchrone Transaktionen, der Background Writer für `CHECKPOINT` und das Ausschreiben von Datenblöcken aus dem Shared Buffer Pool und der Autovacuum-Prozess. Allerdings laufen diese Prozesse selten gleichzeitig.

Für PostgreSQL-Systeme, die Datenmengen auswerten oder verdichten, sollte eine schnelle CPU für schnelles Sortieren, Gruppieren oder Hashing ausgewählt werden. Insbesondere wenn die Daten durch großzügigen Hauptspeicherausbau direkt im Arbeitsspeicher verarbeitet werden können, kann die CPU der limitierende Faktor sein. Eine gute Anbindung an Hauptspeicher und Bussystem ist besonders bei Systemen mit vielen Kernen oder Einzelprozessoren notwendig. Hier empfehlen sich Systeme mit Crossbar-Architektur, die jedem CPU-Kern einen eigenen lokalen Zugriffspfad auf den Hauptspeicher garantieren. Beispiele dafür sind AMD Opteron- und IBM POWER-Architekturen.

Wird ein Datenbankserver mit mehr als vier GByte Hauptspeicher ausgerüstet, sollte eine 64-Bit-Architektur erwogen werden. Systeme mit PAE (Physical Address Extension) sollten für hochperformante Datenbankserver nur im unbedingten Bedarfsfall gewählt werden, da solche Systeme deutlich geringere Geschwindigkeitswerte zum Hauptspeicher aufweisen als native 64-Bit-Systeme. Durch die Multiprozess-Architektur von PostgreSQL wird das Datenbanksystem auch in die Lage versetzt, mehr als vier GByte Hauptspeicher pro Datenbankverbindung zu verwenden. Es muss auch beachtet werden, dass selbst PAE unterstützende Systeme die Verwendung von Shared Buffer Pools mit mehr als vier GByte nicht gestatten, da der adressierbare Bereich pro Prozess trotz größerer Hauptspeichermengen auf 32 Bit beschränkt bleibt.

Hardware-Tests

Bei Anschaffung neuer Datenbankserver sind Belastungs- und Geschwindigkeitstests der neuen Hardware ein guter Weg, um sich ein Bild von der ungefähren Leistungsfähigkeit des neuen Systems zu machen. Solche Leistungstests spiegeln jedoch nur die Leistungsfähigkeit für diese synthetischen Benchmarks wider, für entsprechende anwendungsnahe Tests müssen eigene Tools entwickelt werden, die beispielsweise Benutzerverhalten, Applikationsverhalten und damit einhergehende Leistungsmerkmale implementieren und simulieren können. Das im Umfang von PostgreSQL enthaltene Benchmark *pgbench* implementiert Tools zur Messung des Transaktionsdurchsatzes einer PostgreSQL-Datenbank anhand von TPC-B. Das Linux-Tool *bonnie* erlaubt das Messen des I/O-Durchsatzes des Festspeichersystems.

Leistungsmessung mit pgbench

Das Tool *pgbench* befindet sich im Lieferumfang einer PostgreSQL-Installation im *contrib*-Zweig. Gegebenenfalls müssen die *contrib*-Tools auf der jeweiligen Plattform nachinstalliert werden. Auf Debian-Systemen beispielsweise muss das Paket *postgresql-contrib* installiert werden. Steht das Programm zur Verfügung, muss eine Datenbank für den Test vorbereitet werden. Dabei gilt es, den Skalierungsfaktor der Datenbank zu bestimmen. Er entscheidet über die Größe der Datenbank, sollte aber auch mindestens so groß gewählt werden wie die Anzahl der Clients, die im Test verwendet werden sollen. Ist der Skalierungsfaktor zu klein gewählt, kann es bei einer gewissen Anzahl von Clients während des Tests zu sogenannter Lock-Contention kommen, da die Clients dann jeweils dieselben Tupel aktualisieren. Das kann die Messergebnisse erheblich verfälschen. Auch sollte Autovacuum abgeschaltet werden, um die Resultate nicht zu großen Schwankungen, verursacht durch `VACUUM`-Läufe, auszusetzen. *pgbench* führt vor Beginn eines Testlaufs jeweils eigenständig `VACUUM` durch. Für aussagekräftige Messresultate sollte ein *pgbench*-Lauf auch mehrfach wiederholt werden, um einen Durchschnittswert ermitteln zu können. Da jedoch durch die jeweiligen Testläufe entsprechende Fragmentierung innerhalb von Tabellen und Indexe auftritt, sollte gegebenenfalls nach einer bestimmten Anzahl von Durchgängen die Datenbank jeweils neu initialisiert werden. Der Parameter `-i` übernimmt die Initialisierung der Datenbank, `-s` bestimmt den Skalierungsfaktor:

```
$ createdb db && pgbench -i -s 100 db
```

Der Skalierungsfaktor von 100 entspricht einer Datenbankgröße von ca. 1,5 GByte, 1.000 entsprechend 15 GByte. Ein Testlauf kann anschließend initiiert werden. Im Vorfeld muss die Anzahl von Transaktionen (Parameter `-t`) und Clients (Parameter `-c`) bestimmt werden:

```
$ pgbench -t 100 -c 2 db
starting vacuum...end.
transaction type: TPC-B (sort of)
scaling factor: 100
query mode: simple
number of clients: 2
number of transactions per client: 100
number of transactions actually processed: 200/200
tps = 91.816530 (including connections establishing)
tps = 92.426396 (excluding connections establishing)
```

Das vorliegende Testergebnis in Form des Transaktionsdurchsatzes mit und ohne Verbindungs-Overhead kann nun zu Vergleichszwecken herangezogen werden.

pgbench bietet auch die Möglichkeit, eigene SQL-Skripten auszuführen. Das dafür erstellte Skript wird pro Transaktion jeweils in einer eigenen Datenbankverbindung ausgeführt. SQL-Kommandos dürfen nur eine Zeile umfassen, mehrzeilige SQL-Befehle sind nicht erlaubt. Für das Initialisieren von Laufzeitwerten und -variablen steht eine Anzahl eingebauter Kommandos zur Verfügung:

```
\set variable1 10
\set variable2 0 + :variable1
```

Das initialisiert die Variable `variable1` mit Wert 10 und `variable2` mit der Summe aus 0 und dem zugewiesenen Wert der Variable `variable1`.

```
\setrandom variable 10 100
```

Der `\setrandom`-Befehl setzt die Variable `variable` auf einen zufälligen Wert zwischen 10 und 100.

```
\sleep 100 ms
```

Das `\sleep`-Kommando lässt das Skript die angegebene Zeit anhalten. Als Maßeinheiten sind `us`, `ms` und `s` zulässig. Der Parameter `-f` definiert das SQL-Skript und kann auch mehrfach angegeben werden. *pgbench* wählt dann zufällig ein SQL-Skript für eine Transaktion aus. Alle definierten Variablen sind nur für die jeweilige Transaktion definiert und daher nicht transaktionsübergreifend. Das Standardskript für das TPC-B-basierte Benchmark von *pgbench* sieht so aus:

```
\set nbranches :scale
\set ntellers 10 * :scale
\set naccounts 100000 * :scale
\setrandom aid 1 :naccounts
\setrandom bid 1 :nbranches
\setrandom tid 1 :ntellers
\setrandom delta -5000 5000
BEGIN;
UPDATE accounts SET abalance = abalance + :delta WHERE aid = :aid;
SELECT abalance FROM accounts WHERE aid = :aid;
UPDATE tellers SET tbalance = tbalance + :delta WHERE tid = :tid;
UPDATE branches SET bbalance = bbalance + :delta WHERE bid = :bid;
INSERT INTO history (tid, bid, aid, delta, mtime) VALUES (:tid, :bid, :aid, :delta,
CURRENT_TIMESTAMP);
END;
```

Das Skript kann nach Belieben abgeändert und gestaltet werden, um entsprechende Anforderungen für das Testen der Hardware zu erfüllen. So können beispielsweise übliche SQL-Befehle aus der Anwendung herausgezogen werden, um über ein benutzerdefiniertes *pgbench*-Skript die entsprechende Last zu simulieren.

Index

Symbole

A

B

C

D

E

F

G

H

I

J

K

L

M

N

O

P

Q

R

S

T

U

V

W

X

Z

Über die Autoren

Peter Eisentraut ist seit neun Jahren PostgreSQL-Entwickler und ist Mitglied des Core Teams des PostgreSQL-Projekts. Er hat viele Jahre PostgreSQL-Datenbanksysteme entworfen, repariert und getunt sowie zahlreiche PostgreSQL-Schulungen abgehalten. Er schreibt gelegentlich Bücher und Artikel in Fachzeitschriften und auf Konferenzen kann man ihn regelmäßig als Vortragenden antreffen. Er ist außerdem Mitwirkender im Debian-Projekt und anderen Open-Source-Projekten. Aktuell arbeitet er für Sun Microsystems in Finnland.

Bernd Helmle betreut und entwickelt seit sechs Jahren Software und Datenbanken auf Basis von PostgreSQL. Aktuell arbeitet er als Berater für die credativ GmbH in Mönchengladbach und wird des öfteren auf diversen Community-Veranstaltungen als Vortragender gesehen. Der Schwerpunkt seiner Arbeit liegt im Bereich Hochverfügbarkeit und Tuning von PostgreSQL-Installationen.

Kolophon

Die Tiere auf dem Cover von *PostgreSQL-Administration* sind zwei Blaurückenwaldsänger (*Dendroica caerulescens*). Sie stammen aus der Familie der Waldsänger und sind kleine, insektenfressende Vögel.

Männliche Blaurückenwaldsänger besitzen auf der Oberseite ein dunkelblaues Federkleid und an der Unterseite weiße Federn mit einer schwarzen Kehle, einem schwarzen Gesicht und schwarzen Flanken. Weibchen haben eine hellgelbe Unterseite und außerdem eine graue Krone auf dem Kopf. Sie haben eine olivbraune Oberseite mit dunkleren Flügeldecken und Schwanzfedern. Unter dem Auge trägt das Weibchen einen weißen Augenhöhlenhalbkreis, über dem Auge einen weißen Streifen. Noch nicht ausgereifte männliche Jungvögel ähneln den erwachsenen Männchen, jedoch haben sie ein grünliches Oberseitengefieder. Bei beiden Geschlechtern befinden sich weiße Flecken auf den Flügeln, die jedoch nicht immer sichtbar sind. Die Beine, die Augen und der kleine dünne spitze Schnabel haben eine schwarze Farbe.

Blaurückenwaldsänger ernähren sich überwiegend von Insekten, die sie in der niedrigen Vegetation aufspüren oder im Flug fangen. Im Winter bereichern sie ihren Speiseplan um Früchte, Beeren und Sämereien. Für die nordamerikanischen Wälder sind sie wichtig, da sie viele Schädlinge und die Raupen von schädlichen Insekten vertilgen.

Zur Vorbereitung auf die Fortpflanzung baut das Weibchen ein schalenförmiges Nest aus Materialien wie Rinde, toten Blättern und Spinnweben, die mit Speichel aneinander befestigt werden. In das Nest werden zwei bis fünf Eier gelegt. Die Küken schlüpfen nach etwa zwölf bis dreizehn Tagen. Blaurückenwaldsänger bewohnen in der Brutzeit gemischte Laubwälder oder das dichte Unterholz in Gebüschen unter anderem südwestlich in Ontario und im Norden von Minnesota, südlich nach New York und Pennsylvania. Im Winter ziehen sie in die tropischen Wälder nach Zentralamerika, unter anderem auf die Antillen und auf weitere Inseln in der Karibik. Als seltener Gast kommt der Blaurückenwaldsänger auch in Westeuropa vor.

Der Umschlagsentwurf dieses Buchs basiert auf dem Reihenlayout von Edie Freedman und stammt von Michael Oreal, der hierfür einen Stich aus *Animate Creation Illustrated Volume II Birds* verwendet hat. Das Coverlayout der deutschen Ausgabe wurde von Michael Oreal mit InDesign CS3 unter Verwendung der Schriftart ITC Garamond von Adobe erstellt. Als Textschrift verwenden wir die Linotype Birka, die Überschriftenschrift ist die Adobe Myriad Condensed und die Nichtproportionalschrift für Codes ist LucasFont's TheSans Mono Condensed.